U0572742

中国社会科学院 学者文选

孙叔林集

中国社会科学院科研局组织编选

中国社会科学出版社

图书在版编目(CIP)数据

孙叔林集／中国社会科学院科研局组织编选．—北京：中国社会科学出版社，2006.9（2018.8 重印）
（中国社会科学院学者文选）
ISBN 978-7-5004-5752-7

Ⅰ.①孙… Ⅱ.①中… Ⅲ.①孙叔林—文集②国际政治—文集③国际关系—文集 Ⅳ.①D5-53②D8-53

中国版本图书馆 CIP 数据核字(2006)第 088061 号

出 版 人 赵剑英
责任编辑 周兴泉
责任校对 朱小青
责任印制 戴 宽

出 版 中国社会科学出版社
社 址 北京鼓楼西大街甲 158 号
邮 编 100720
网 址 http：//www.csspw.cn
发 行 部 010-84083685
门 市 部 010-84029450
经 销 新华书店及其他书店

印刷装订 北京市十月印刷有限公司
版 次 2006 年 9 月第 1 版
印 次 2018 年 8 月第 2 次印刷

开 本 880×1230 1/32
印 张 13.75
字 数 331 千字
定 价 79.00 元

凡购买中国社会科学出版社图书，如有质量问题请与本社营销中心联系调换
电话：010-84083683

出版说明

一、《中国社会科学院学者文选》是根据李铁映院长的倡议和院务会议的决定，由科研局组织编选的大型学术性丛书。它的出版，旨在积累本院学者的重要学术成果，展示他们具有代表性的学术成就。

二、《文选》的作者都是中国社会科学院具有正高级专业技术职称的资深专家、学者。他们在长期的学术生涯中，对于人文社会科学的发展作出了贡献。

三、《文选》中所收学术论文，以作者在社科院工作期间的作品为主，同时也兼顾了作者在院外工作期间的代表作；对少数在建国前成名的学者，文章选收的时间范围更宽。

中国社会科学院

科研局

1999年11月14日

目　　录

二战后的国际关系

亚太政治及国际关系

其他

前　言

我于1978年11月“业务归队”，进入中国社会科学院，先在世界政治研究所国际关系史组，1981年5月后在世界经济与政治研究所世界政治研究室，专业方向为战后国际关系史，1995年晋升为研究员。1988年初至1997年中，根据组织安排担任研究所和院机关党委的领导工作，走上了党政工作与科研业务“双肩挑”的道路。在此期间，由于党政工作繁忙，只能挤出一点业余时间继续从事科研。1997年中至2001年底，调任亚太、日本所联合党委书记，才得以实现党政事务和国际政治专业研究真正意义上的“双肩挑”。2002年初退休后，在受聘从事院史研究的同时，继续国际政治专业研究和写作。

我的国际政治研究是从编著《第二次世界大战后国际关系大事记》一书入手的，因而奠定了较好的资料基础。在随后进行的战后国际关系史综合研究中，凭借日复一日、年复一年的心血付出和孜孜以求的探索精神，使我对战后国际关系的发展变化及其规律的认识逐步提高。加之不满足于埋头书斋，而是乐于把自己的研究成果交给同行和研究生，接受检验和批评意见，从而不断克服认识上的局限性，一步步增强了驾驭纷繁复杂的国际政治事件的能力。此外，由于我坚持学习马克思主义基本理论和党的路线、方针、政策，并且用以指导自己的科学研究实践，所以在政治方向上从不动摇。

收入本文集的是自20世纪80年代至21世纪初期的作品，共28篇。就时间而言，主要集中于以下两段：20世纪80年代前期到90年代前期为第一阶段；90年代后期及新世纪之初为第二阶段。从内容上看，则大体可以分为以下三个部分。

第一部分，关于二战后的国际关系及相关问题。把《战后国际关系史（1945—1982）纲要》作为开篇，意在忠实地反映我从事国际政治研究的最初切入点及基本观点。在此基础上，先后为研究生院国际学科相关专业的研究生开设了两个学期的"战后国际关系史"课程，后又整理成二十余万字的《战后国际关系简史》一书。80年代中期，我被吸收进中国国际关系史研究会主持的国家社科基金重点项目、获国家图书奖的10卷本《国际关系史》总编委会，并与卫林、俞源共同主编了其中第九卷（60年代的国际关系史）。除综合性研究、讲授、撰写战后国际关系史外，我还选取二战后的社会主义国家关系、联合国和第三世界的崛起等专题为重点，较深入地钻研了世人瞩目的战争与和平、国际关系民主化趋势以及第三世界（即发展中国家）的历史地位及作用等问题，提出了一些自己的观点。这在当时的国际政治研究领域可能是比较前沿的。

第二部分，关于亚太政治及国际关系，其中以中、日、俄关系为重点。我在研究战后国际关系过程中，一向把苏联东欧国家关系，乃至当时所有的社会主义国家之间的关系作为自己的一个侧重点。这方面的一系列观点，比较集中地体现在上面提到的《国际关系史》第九卷第三章《社会主义国家之间的关系》中。此后的苏东剧变，同样成为我重点追踪的课题。但随着工作岗位的变动，并适应新形势的需要，亚太政治及地区国际关系纳入了我的研究范围。对亚太政治的形成、现状及发展趋势做了比较系统的探讨，对该区域合作面临的形势以及应当注意的问题提出了自己的看法。另外，从这方面的一系列科研成果可以看出，作为苏联继承者的俄罗斯的外交，特别是俄罗斯的亚太外交，仍然是我在亚太国际关系研究中继续关注的新的重点之一。也许有必要一提的是，无论是对苏联还是对如今俄罗斯外交的研究，我都格外重视中苏（中俄）关系，而且提出了自己的看法或建议。对于苏联解体后的俄罗斯，尽管它失去了昔日超级大国的地位，但我仍然认为，鉴于俄罗斯在经济、科技、文化等方面巨大的潜力，在当前国际关系中对俄罗斯的任何歧视都是政治上的近视。与此同时，由于工作性质的变化和适应中日关系发展新形势的需要，我根据自己的专业特长，选取中日关系和日俄关系作为进入日本外交研究的突破口。从收入文集的文章可以看出，我对中日关系的发展寄予厚望，尤其寄希望于日本人民，特别是日本青年。我主张把右翼的日本统治集团与广大日本人民区分开来，高举“中日两国人民要世世代代友好下去”的旗帜，以扎扎实实发展中国自己的综合国力去推动和促进两国关系的发展。至于日俄关系，鉴于双方领土争端的错综复杂性，以及日美军事同盟的存在等特定国际背景，我认为日、俄两国关系完全正常化的实现尚需假以时日，同时吁请有关方面关注这一对中国周边外交有着利害关系的问题。此外，为了对中日、日俄关系作进一步深入探讨，我还特地就 1904—1905 年的日俄战争及其对日本军国主义发展的影响作了比较系统的研究。这一研究对于把握日本近代外交的本质，揭露当前日本右翼势力掩盖和歪曲侵略历史的真实面目，想必是有益的。

第三部分，其他问题。除了可以直接划归以上两个主题的文章等作品之外，还有一些不同时期、不同领域的科研成果。这些作品大都是由组织交办、适应当时特定的需要而完成的，因而往往留有鲜明的时代烙印。譬如关于波兰团结工会问题的研究即是一例。众所周知，20世纪80年代初期在美苏争霸愈演愈烈、国际共运步入低潮的情况下，在波兰发生了旨在推翻无产阶级政权的所谓“团结工会”运动。它实际上是苏东剧变的一个先兆，因而在国际上甚至在我国也引起了很大的思想混乱。根据组织安排，我对其跟踪研究达10年之久，1989年8月应北京市总工会之邀在“坚持四项基本原则与工人阶级”专题讲座上系统阐述了自己的观点和看法，后以此为基础整理成为《波兰团结工会问题及其教训》一文。又如，2005年是中国抗日战争和世界反法西斯战争胜利60周年，为揭露日本右翼势力歪曲侵略历史的阴谋，我撰写了《有关苏联出兵参加对日作战的几个问题》，经中国社会科学院推荐，入选了由中宣部、中央党史研究室等七部委联合主办的“纪念中国人民抗日战争暨世界反法西斯战争胜利60周年学术研讨会”论文集。其他一些文章也各有大同小异的背景，恕不一一赘述。

总之，本文集收选了我将近30年来科研工作中较有代表性的成果，应该说基本上体现了我对国际问题坚持不懈的探索精神。但是由于时空的变迁和国际形势的急剧变化，作品中恐难免有落伍甚至不当之处，敬请读者不吝指教。

孙叔林

2006年1月

二战后的国际关系

战后国际关系史(1945—1982)纲要[1]

序　言

战后国际关系的新格局

第二次世界大战，以法西斯势力的彻底失败、反法西斯阵线的辉煌胜利而告结束，帝国主义和无产阶级革命的时代进入了一个新的发展阶段。

随着战争的结束，国际关系新格局的基本轮廓业已出现：资本主义世界几个帝国主义强国群雄鼎立的局面为美国的一家独霸所取代；社会主义的苏联最终冲破了资本主义的包围，成为世界上惟一能够同美国相抗衡的强国；以美国为首的帝国主义阵营和以苏联为首的社会主义阵营初步形成，它们之间的对立和斗争，构成当时国际关系的基本内容。

第二次世界大战的结局以及各大国的政策，对战后国际关系新格局的形成具有决定性意义。战争后期，伴随着反法西斯军事

---

① 由于本《纲要》篇幅过大（3万余字），收入文集时作者在其正文部分仅保留了三编十二章的标题。

斗争的节节胜利，苏、美、英三国首脑相继举行了德黑兰、雅尔塔和波茨坦会议，就战后世界的安排进行了磋商。他们在维护各自利益的基础上，共同炮制了一份战后世界政治蓝图，即“雅尔塔体制”。旨在维护战后世界政治和经济秩序的联合国以及国际货币基金组织、国际复兴开发银行的建立，则是在“雅尔塔体制”下的具体安排。在战后相当长的时期内，美苏（英国由于力不从心，被迫退出）两国基本上是以“雅尔塔体制”为无形的界线，制订和实施各自的全球战略。但是，作为大国交易的产物，“雅尔塔体制”的破产，又是历史的必然。因此，把握“雅尔塔体制”有助于认识战后国际关系格局的本质。

战后，虽然仍处于帝国主义和无产阶级革命的时代，但同战前相比，国际关系却发生了深刻变化，其基本标志是，国际范围的阶级力量对比越来越有利于社会主义和各国人民，而不利于帝国主义和各国反动派。具体表现为：社会主义越出一国范围，形成一个世界体系；苏联逐步走上霸权主义道路后，社会主义阵营虽然不复存在，但真正坚持社会主义的国家，却同其他第三世界国家汇合在一起，成为反帝、反霸、反殖的主力军；资本主义世界受到严重削弱，特别是长期称霸世界的美国已经内外交困，危机四伏；民族解放运动蓬勃发展，冲垮了殖民主义体系，从殖民奴役下解放出来的新兴国家成为世界政治舞台上的强大力量；世界上多种政治力量趋向联合反霸。

50 年代，由于在第二次世界大战中获得重大突破的军事科学技术转用到民用工业中，并在此基础上实现了以原子能、电子计算机和航天技术为标志的科学技术革命，创造了一系列新兴工业，改变了现代生产的面貌。这次科技革命，使人类社会的生产，从近代的机器工业体系进入由电子计算机控制的自动化体系，表明社会生产力发展到一个新的阶段，对战后世界经济与世界政治的发展具有深远的影响。

新的科技革命，首先是在美国和西欧的发达资本主义国家兴起，它不但使生产能力获得巨大发展，而且推动了生产力的国际化，在国家之间实行生产专业化和协作化，国际分工呈现全球性。在生产力性质和水平发生质变的同时，垄断资本主义的生产关系也出现了重大变化。垄断资本与国家政权相结合的国家垄断资本主义，在资本主义世界中迅速发展。但这一切并没有改变或减轻资本主义的固有矛盾，反而由于资本主义发展不平衡的矛盾加深，对追求各自政治、经济利益的资本主义各国之间的关系，乃至整个国际关系，产生了巨大影响。

战后国际关系史的分期

战后国际关系史分期的依据，是世界主要矛盾的发展变化。

当今世界上，依然存在着四组基本矛盾：无产阶级同资产阶级的矛盾；社会主义同资本主义的矛盾；帝国主义同被压迫人民、被压迫民族的矛盾；帝国主义国家之间的矛盾。它们在不停地运动中，有的激化了，有的趋于缓和。在它们中间，总有一种矛盾居于主导地位，由于它的存在和发展，规定和影响着其他矛盾的存在和发展。历史发展的阶段性，正是由这种主要矛盾的发展变化决定的。

据此，战后时期的国际关系史，大体可分为三个阶段：

第一阶段，1945—1959 年，始于二次大战的结束，终于美苏首脑戴维营会谈。这一阶段的特点是：社会主义阵营的形成与发展，它与帝国主义阵营的对垒；帝国主义阵营内部对美依附关系的确立及其发展变化；美国凭借其雄厚实力四处伸手，充当世界宪兵，成为世界各国人民的主要敌人；世界两大体系（社会主义和资本主义）各自巩固内部，积蓄力量；民族解放运动蓬勃兴起和发展；和平反战运动声势浩大。这一时期的主要矛盾是以苏联为首的社会主义阵营同以美国为首的帝国主义阵营的矛盾。

第二阶段，1960—1969年，以苏联入侵捷克斯洛伐克和中国珍宝岛为下限。这一时期国际关系的主要特点是：世界上各种政治力量经历大动荡、大分化、大改组，战后初期的国际关系格局已被突破；中苏两国关系破裂，社会主义阵营不复存在；以1968年入侵捷克斯洛伐克为标志，苏联最终走上了霸权主义道路；帝国主义阵营四分五裂，矛盾重重；美国继续推行对外扩张的霸权主义政策，与世界各国人民为敌，终于深陷越南战争泥潭，苏联则乘机扩充军事实力；以非洲的觉醒为标志的亚非拉民族解放运动掀起新高潮，最终冲毁了殖民主义体系，成为推动国际关系发展的一支重要力量。这一时期的主要矛盾是以美国为核心的帝国主义、新老殖民主义同世界各国被压迫人民、被压迫民族的矛盾。

第三阶段，1970—1982年。这个阶段的主要特点是国际关系呈现三个世界的新格局：美苏两个超级大国争夺世界霸权的斗争愈演愈烈，以第三世界为主体的反霸斗争蓬勃发展。苏联军事力量急剧膨胀，在“缓和”的烟幕下加紧对外扩张，其战略态势经历了由守转攻，尔后进入僵持的重大变化；美国称霸目标未变，但随着对苏战略优势的逐渐丧失，其战略态势也发生了转攻为守，尔后变劣势为均势的变化；第三世界团结合作成为反霸主力军。这一时期的主要矛盾已经变为以第三世界为主体的世界各国人民同美苏两霸的矛盾。

三个世界划分的理论为研究战后国际关系史提供了有力武器

1974年2月，毛泽东主席指出：“我看美国、苏联是第一世界。中间派，日本、欧洲、加拿大，是第二世界。”“第三世界人口很多。亚洲除了日本都是第三世界。整个非洲都是第三世界，拉丁美洲是第三世界。”

对当代世界政治力量的这种划分，是运用马列主义基本理论，科学地总结战后世界各种基本矛盾的发展变化而得出的结论。它概括了以全世界人民为一方，以苏美两霸为另一方这个当代国际关系的基本战略态势，为国际无产阶级、社会主义国家和被压迫民族团结一致，建立最广泛的统一战线，反对苏美两霸及其战争政策，推动国际关系民主化的发展，提供了强大的思想武器，因而它是我们研究战后国际关系史的指南。

通过对战后38年国际关系的历史考察，探索在新的历史条件下，世界基本矛盾发展的客观规律，加速国际关系民主化的进程，维护世界和平与发展，是本课题的研究目的。

（正文从略，仅列出编章标题）

第一编　两个阵营的对立和斗争

第一章　战后革命力量的发展

第二章　中华人民共和国的成立及其对国际关系的影响

第三章　帝国主义阵营危机四伏

第四章　笼罩着“冷战”阴云的世界

第二编　大动荡、大分化、大改组

第五章　社会主义阵营不复存在

第六章　帝国主义阵营的矛盾和分裂

第七章　民族解放运动的新高涨与不结盟运动的诞生

第八章　60年代的美苏战略态势

第三编　三个世界与反霸斗争

第九章　第三世界成为反霸主力军

第十章　70年代以来的中国对外关系

第十一章　第二世界及其在国际关系中的作用
第十二章　美苏争霸与反霸斗争

结 束 语

战后的38年，国际关系经历了由两个阵营，中经大动荡、大分化、大改组，到三个世界的巨大变化。各种矛盾交织在一起，帝国主义、殖民主义、霸权主义和世界各国人民的矛盾斗争构成了战后国际关系的基本内容，而美苏两国的对抗与斗争（在不同的历史阶段具有不同的性质）在战后国际关系中占有重要的地位。

第三世界在战后国际舞台上的崛起，是我们时代的头等大事。第三世界国家在反帝、反殖、反霸斗争中发展壮大，成为国际舞台上一支举足轻重的力量，推动国际关系朝着民主化的方向不断发展。这是战后国际关系的首要特点。

超级大国的出现及其霸权之争是战后国际关系的另一个突出特点。二战结束，美国登上了资本主义世界霸主地位，并企图霸占对世界的统治。进入50年代末期，另一个超级大国苏联开始了同美国的霸权之争。它们之间的斗争是世界动乱的根源，国际和平的主要威胁。

核武器的出现和整个战争机器的不断完善，以及超级大国之间军备竞赛的无限升级，使战争的危险因素不断增长。这是战后国际关系中的又一个重要特点。

以苏联入侵阿富汗为标志，美苏争霸已进入一个新阶段。双方为夺取战略优势展开了剧烈竞争。由于它们的拼死争夺而引起世界战争的危险是实际存在的。但是，随着第三世界的崛起及其反帝、反殖、反霸斗争的蓬勃发展，国际斗争中的力量对比已经发生了深刻的变化。如果说，当前超级大国的激烈争夺，导致了战争因素的增长，那么第三世界的成长壮大，则正在打乱它们争霸全球的战略部署，推动着世界向和平、民主的方向发展。这个历史发展的总趋势，是任何力量也无法阻挡的。

（原载《中国国际关系史学会第2届年会暨学术讨论会论文集》，1983年）

从联合国看战后国际关系的基本发展趋势

第二次世界大战结束迄今已40年，联合国也即将迎来第40个诞生纪念日。40年来，国际关系历尽沧桑，其变化之巨大和深刻，是史无前例的。作为和这段历史同龄的联合国，堪称战后国际关系的一面镜子。通过这面镜子我们可以把握战后国际关系发展的主要线索和基本趋势，并得到有益的启示。

一 简要的历史回顾

联合国自成立至今，大体经历了以下三个阶段：50年代末期以前，即它被美国操纵充作表决机器的第一阶段；60年代民族解放运动蓬勃发展，大批新兴独立国家涌入联合国，打破少数大国一统天下的第二阶段；70年代以来逐渐成为反帝、反殖、反霸重要讲坛的第三阶段。

联合国成立之初，许多人曾经对它寄予厚望，满以为它将对世界的和平与合作做出重大的贡献。然而，由美国煽起的冷战之风，人们的希望之光幻灭了。当时，美国依仗它在二战中膨胀起来的经济军事实力和资本主义世界霸主的特殊地位，在联合国内控制了一个相对稳定的机械多数，通过它把自己的意志强加给联合国，使联合国成为美国推行遏制社会主义的全球战略的工具。

美国假手联合国在朝鲜南半部制造了以李承晚为首的傀儡政权，继而利用朝鲜内战之机，赤裸裸地侵略朝鲜。美国又操纵联合国安理会做出决定，成立由美国指挥的联合国军统一司令部，并使用联合国的旗帜作战。联合国的旗号成了美国侵略军的标志。美国盗用联合国旗号侵略朝鲜，在联合国的历史上写下了不光彩的一页。

60 年代是联合国的构成发生重大变化的时期，由于亚非拉民族解放运动的胜利发展，数十个前殖民地国家赢得了独立。10 年间，49 个新兴独立国家加入了联合国。随着联合国构成的逐渐变化，美国的表决机器开始失灵。在这种情况下，美国不得不变换手法，以达到继续利用联合国为其侵略和干涉服务的目的。

与此同时，广大新兴独立国家开始显示自己的力量。它们要求并得以增加在联合国尤其是在安理会和经社理事会的发言权和决策权；在 1964 年 3—6 月于日内瓦举行的联合国贸发会议上，77 个发展中国家和地区的代表发表联合宣言，主张摆脱帝国主义和殖民主义的压迫、剥削和掠夺，加速自身经济发展，由此诞生了 77 国集团。它为改变现存不合理的国际经济关系，建立国际经济新秩序进行着不懈的努力，体现着广大发展中国家的利益；十六届联大经过亚非拉国家的努力通过的著名的《关于给予殖民地国家和人民独立的宣言》，以及随后成立的联合国非殖民化特别委员会，为消除殖民主义的危害发挥了有益的作用。

联合国历史上的第三个阶段，是以 1971 年第二十六届联大恢复中国代表权为开端的。中国代表权的恢复是广大第三世界国家团结奋斗的结果；而中华人民共和国重返联合国，尤其是她作为联合国安理会的常任理事国之一，则表明第三世界在联合国的地位和影响得到了加强。中国代表参加安理会工作，改变了过去少数几个大国操纵安理会，滥用否决权以营私的局面，把否决权的运用转而作为维护第三世界整体利益的工具。

这一阶段，恰好是联合国历史上最为生气勃勃的时期，这是因为第三世界国家把联合国作为揭露帝国主义、殖民主义和霸权主义、伸张正义的讲坛，在联合国各种会议上为反压迫、反剥削，维护和平与正义展开了不懈的斗争。例如在联合国贸发会议上，以 77 国集团为代表的广大发展中国家紧密配合，推动会议通过了一系列有利于改变不合理的国际经济关系，建立新的国际经济秩序的决议，其中包括 1974 年联大第六次特别会议通过的《关于建立新的国际经济秩序的宣言》和《行动纲领》。

以上简要回顾表明，40 年来联合国在以下两个方面发生了变化：第一，联合国的构成或者说内部的力量对比发生了有利于国际关系健康发展的巨大变化；第二，联合国在国际事务中的作用，已从初期单纯的所谓“维护国际和平与安全”，扩大到开发援助、人口计划、环境保护、人类安置、贸易发展、资源利用，以至粮农、水利、卫生、气象、外空以及妇女、儿童、青年、老人、难民等方面。这种情况表明，随着第三世界的崛起，它们所面临的各种最迫切的经济、社会问题，已经成为全人类的共同课题。这些课题不是某个国家或某些国家能够单独解决的，惟有通过联合国这种全球性国际组织的协调和沟通，才有可能逐步加以解决。

二　民主化是战后国际关系的基本发展趋势

联合国 40 年来的发展历史表明，它已经从受少数大国操纵的工具逐渐成为维护真理、伸张正义的讲坛，成为沟通和协调世界各国社会、经济生活的枢纽；在这里，强权政治的市场不断缩小，各主权国家，不论大小和强弱，平等地参与国际事务的愿望和要求成为不可阻遏的历史洪流。联合国的这种巨大变化体现着战后国际关系的基本发展趋势：强权政治的衰落，民主化的日益增强。

我们所说的国际关系民主化，主要表现为：各主权国家在政治上趋于平等；少数国家、尤其是两个超级大国主宰国际事务越来越困难；弱小国家任人宰割而孤立无援的时代已经一去不复返。

战后初期，世界上的主权国家大体上可以分为三种类型，即资本主义国家、社会主义国家和新独立的民族主义国家。若从它们的经济力量、政治地位和国际影响来看，似乎也有三种不同情况。第一种是美国和苏联；第二种是美、苏各自的盟国；第三种是亚非拉地区新独立的民族主义国家。在战后初期的国际关系中，主权国家间政治上不平等的状况是相当严重的，至于尚未取得民族独立的国家就更是可想而知了。这种状况的改变是从50年代中后期开始的。进入70年代以来，主权国家间政治上不平等的状况已经基本改观。就资本主义高度发达的美、欧、日等国家关系来看，昔日那种主仆式的支配与依附已不复存在，代之而起的是所谓“伙伴”式的竞争与倾轧。从所谓“社会主义大家庭”的国家关系来看，苏联的控制渐趋松动。从广大发展中国家的情况来看，它们中的绝大多数国家，无论对两个超级大国还是对工业发达的第二世界国家，政治上都是独立、平等的，过去受人控制和奴役的遭遇如今已成为历史。至于广大发展中国家间的关系，从它们获得独立之日起，占主导地位的就是独立自主、互相合作。中、印、缅三国共同倡导的和平共处五项原则不仅被它们视为处理相互关系的基本准则，而且已成为整个国际社会公认的国际关系准则。仅此一点，也足以反映国际关系的巨大变化。

战后国际关系趋向民主化的另一个主要表现是，少数国家尤其是两个超级大国主宰和操纵国际事务越来越困难，甚至已不可能。以美国为例，战后初期，它凭借手中垄断的美元和原子弹，到处设置军事基地，拼凑侵略集团，疯狂推行遏制社会主义的全球战略。当时，它不但紧紧控制了西欧、北美，而且在亚非拉这一辽阔的中间地带上抢占了大量的战略要地，扶植起众多的傀儡政权。正是在这样的基础上，它公然发动了侵朝战争。时隔10年之后，当它对越南发动大规模侵略战争时，它不但不能利用联合国为其提供方便，而且不断遭到来自联合国的正义谴责。它的盟国不仅不愿为其充当牺牲品，甚至想方设法地扯美国后腿，使它处于众叛亲离、进退维谷的可悲境地，最后只好在结束越南战争的停战协定上签字画押。短短30年间，美国国际地位及其影响的变化从一个重要方面体现了国际关系发展的基本趋势。

另一个超级大国苏联的经历也颇为相似，尤其是当它最终走上对外推行霸权主义的道路之后，它的侵略扩张活动便不断遭到国际社会的正义谴责。联合国大会多次通过决议要求苏联从阿富汗撤军即是有力的证明。苏联要把自己的意志强加于国际社会的企图，已经接连遭到挫败。而且种种事实说明苏联对其“大家庭”成员的控制能力也不可避免地下降了。

战后国际关系趋向民主化的第三个标志是，弱小国家和民族任人宰割而孤立无援的时代已经一去而不复返。

此外，随着一系列社会主义国家的出现，以及一大批原来的殖民地半殖民地国家获得独立，国际政治中的力量对比逐渐发生了有利于和平与正义，而不利于强权政治的重大变化。帝国主义、殖民主义、霸权主义日益不得人心，它们的任何侵略扩张行动都无法逃脱世界进步舆论的正义谴责。在今天的世界上，任何一个弱小的国家或民族遭到侵略，都会引起全世界的关注，它们维护主权和独立的斗争总会得到世界各国的同情和支持。

那么，促使战后国际关系趋向民主化的根本原因是什么呢？我们说，是第三世界的崛起及其坚持不懈的反帝、反殖、反霸斗争。首先，第三世界的崛起，使国际社会增加了一大批朝气蓬勃的生力军。悲惨的历史遭遇赋予它们要求独立、和平、发展的强烈愿望。因此，它们一旦踏入国际社会，便理所当然地成为反对强权政治的斗士，推动国际关系健康发展的主力军。其次，第三世界的崛起，改变了战后世界政治舞台上的力量对比，打破了少数大国特别是两个超级大国操纵国际事务的一统天下，初步开创了世界各国不分大小和强弱，平等地参与商讨和决定国际事务的新局面，从而奠定了国际关系的崭新基础。第三，第三世界的崛起及其在政治、经济等各个领域开展的反帝、反殖、反霸斗争，迫使第一、第二世界国家不得不面对现实，正视第三世界的意见和要求，缓和甚至改善同它们的关系，以求得自身的巩固和发展。这就在一定程度上保证了国际关系总体的稳定和健康发展。第四，由于第三世界国家始终把斗争的主要矛头指向两个超级大国，使后者在政治上陷入了孤立的境地，控制和影响国际事务的能力大大削弱。换句话说，是第三世界反霸斗争抑制了美苏强权势力的施展，保证了国际关系民主化趋势的发展。

在战后国际关系基本发展趋势问题上，现在有一种由两极向多极化发展的观点。笔者以为，还是国际关系民主化的提法更为确切，而多极化的观点目前尚有值得商榷之处。首先，它分析国际关系的出发点和着眼点仅限于世界上少数的几个大国，带有按实力论国际关系的资产阶级“权力论”的痕迹。无论他们所说的美、苏两极还是美、苏、西欧、日本、中国五极，都是按实力进行的概括，而两极到五极的变化，无非是权力在大国间的分散化，这当然不能真实地反映战后国际关系巨变的本质。第二，这种观点忽略或回避了战后国际关系发展的真正动力问题。众所周知，第三世界的崛起是战后世界政治舞台发生的头等大事。正是第三世界的崛起及其反帝、反殖、反霸斗争推动了国际关系民主化进程。而两极或多极论都不能正视国际关系的这种现实，因而难以解释国际关系发展的动因。第三，它容易转移国际关系的主要矛盾，不利于全世界人民的反霸斗争。战后 40 年来，国际关系格局由两大阵营，经过动荡、分化、改组，发展到三个世界，其主要矛盾已由战后初期的社会主义阵营同帝国主义两大阵营的矛盾，发展到今天美苏争霸与全世界各国人民反霸斗争的矛盾。但两极或多极论的立足点都是以美苏矛盾作为战后国际关系的主要矛盾，仿佛国际关系的前程完全取决于美苏关系的进程。按照这种逻辑，由于美苏矛盾是长期的，难以调和的，因而国际关系也只能在原地停滞不前。然而事实上，虽然战后美苏关系走过了“冷战”——“缓和”——“新冷战”这样一条马鞍形道路，但整个国际关系却突破了强权的桎梏，在民主化的道路上取得了进展。其原因当然不是美苏矛盾派生的结果，而是以第三世界为主体的全世界进步力量反帝、反殖、反霸的结果。实践证明，只有抓准了主要矛盾，坚持正确的斗争大方向（当前就是要坚持把反对霸权主义的斗争进行到底），才能不断推动国际关系民主化的进程。

三　道路必多坎坷，趋势不可逆转

战后国际关系民主化的进程，从来就不是一帆风顺的。它是第三世界国家不屈不挠地进行反帝、反殖、反霸斗争，亦即反对形形色色的强权政治的重要成果。

联合国40年来的历史证明，国际关系民主化的主要障碍是少数大国，尤其是美苏两个超级大国试图保持特权地位，维护既得利益。当它们尚能控制联合国的时候，它们曾经干了一系列不光彩的勾当。在它们业已无法控制和操纵联合国的时候，它们又往往滥用“否决权”，阻挠联合国正常作用的发挥。这种情况充分暴露了它们的利己主义企图和强权政治卫道士的本来面目。

根据联合国宪章的规定，联合国的主要宗旨之一是维护国际和平与安全。可是事实上，联合国在这方面发挥的作用极其有限。对于帝国主义者、殖民主义者和霸权主义者挑起的侵略战争，联合国理应加以干预和制止。但实际上联合国所能做到的，往往只是通过一项项谴责侵略、声援被侵略者的决议，除此之外，几乎无能为力。

中、苏、美、英、法五大国在安理会拥有“否决权”，是联合国宪章的规定，是第二次世界大战历史的产物。但应当看到，二战结束前后，联合国的倡导者和筹建者罗斯福、丘吉尔，甚至在某种程度上也包括斯大林，他们所以要把大国否决权原则纳入联合国宪章，显然是与当时特定的历史背景直接相关的。如今，40年过去了，国际关系发生了巨大变化，而“否决权”原则一直沿用下来。许多发展中国家对这一原则持有异议是可以理解的。诚然，“否决权”掌握在不同国家的手里，其作用大不相同。战后初期，苏联曾多次使用“否决权”，挫败了美国利用联合国干预苏联东欧国家内政的企图。中国重返联合国后，也曾极其慎重地使用“否决权”以维护第三世界国家的利益。但综观40年的历史，从对国际关系发展的作用来看，“否决权”使用的利弊值得认真权衡。

同时，我们也必须清醒地看到，要在联合国乃至整个国际关系中彻底铲除超级大国的特权，肃清强权政治的影响，绝不是一件轻而易举的事情，而要经过长期、艰巨的斗争。也就是说，联合国和整个国际关系的前进道路不可能是平坦笔直的。但是，既然40年来，由于各社会主义国家和第三世界国家持续不断的努力，联合国已由受美国操纵的表决机器被初步改造成为伸张正义、谴责强权政治的讲坛，国际关系也在民主化的道路上迈出了重要的一步，那么可以预料，在今后的岁月里，只要第三世界国家更加紧密地团结起来，联合世界上一切真正遵循和维护联合国宪章基本宗旨的国家，同形形色色的强权政治，当前特别是霸权主义的种种表现，进行毫不妥协的斗争，就一定能够克服超级大国设置的重重障碍，促使联合国在维护国际和平与安全、推动国际合作与发展的伟大事业中作出新的贡献，保证国际关系在民主化的道路上继续前进，永不逆转。

（原载《世界经济与政治内参》1985年第10期）

论社会主义国家间的矛盾与冲突

继1917年世界上第一个社会主义国家苏联诞生之后，随着反法西斯的第二次世界大战的胜利结束，在欧、亚两大洲又相继出现了十多个新生的社会主义国家，60年代初，古巴也加入了这一行列。这一系列社会主义国家的出现，给当代国际关系注入了新的生机和活力。但是，社会主义的发展并非一帆风顺，同样，社会主义各国间的关系也经历了坎坷曲折的道路。应当承认，40年来，在社会主义国家关系中出现了许多矛盾甚至冲突。这种现象已经引起了人们的广泛关注。本文拟就如何认识和对待这些问题谈点粗浅的看法。

一　发人深思的现象

第二次世界大战后，社会主义越出一国范围，逐渐形成一个由十几个国家组成的、与资本主义相并立的世界社会主义体系。于是，社会主义相互关系的问题随之出现。回顾40年来的社会主义国家关系史，首先必须看到，团结互助、友好合作是它们相互关系的主流。第一，在欧洲的波、捷、匈、保、罗、南、民主德国和亚洲的中、朝、越、蒙以及拉美的古巴等国家争取民族解放与社会主义的斗争中，曾经得到了苏联不同程度的协助和支持。这些国家革命的胜利，又为苏联社会主义事业的巩固和发展提供了极其有利的条件。在战后初期的10年间，当时的各社会主义国家之间曾签订了大量的双边友好合作互助条约，苏联东欧国家还组建了经互会和华沙条约组织。所有这些条约和组织，在那时的特定历史条件下，不仅保证了各国社会主义政权的巩固、国民经济的恢复和发展，而且在反对帝国主义的侵略和战争政策、维护世界和平的斗争中发挥了积极的作用。第二，在此后的岁月中，尽管形势渐渐发生了变化，但大多数社会主义国家间的互助合作关系并没有完全中断，有些还获得了新的发展。在此期间，苏联东欧国家间的政治、经济关系在原有基础上有所加强；中国同部分东欧国家，如南斯拉夫、罗马尼亚的友好合作关系非但没有倒退，反而取得了令人鼓舞的进展，中国同阿尔巴尼亚也曾在长时期内保持了密切的友好互助合作关系；在亚洲的社会主义国家间，中朝两国人民用鲜血凝成的友谊经受了长期考验，越南在艰苦的抗美救国战争中得到中国慷慨无私的援助，两国人民结下了深厚的战斗情谊。第三，近年来，各社会主义国家的互助合作关系呈现出日趋密切的新势头。这不但表现为中国与东欧各国经济、文化乃至政治关系的显著改善，而且表现为中苏两国经济贸易关系的恢复和发展。

同时，我们又必须承认，社会主义的国家关系并不像人们曾经想象的那样单纯。事实上，社会主义国家之间也存在着各种矛盾，而且一旦处理不当，这些矛盾还能够发展成为尖锐的冲突。40年代后期的苏南冲突、50年代中期的波匈事件、60年代初期的中苏、阿苏冲突，60年代末期的捷克斯洛伐克事件和中苏边境事件，以及70年代末期以来的中越边界冲突，即是其最集中的反映。

社会主义国家之间发生如此严重的矛盾和冲突，不能不说是令人痛心的，但却不能说是偶然的。为了从中吸取应有的历史教训，以推动社会主义国家间关系在健康的道路上顺利发展，有必要对上述矛盾和冲突的真正根源进行简要的剖析。

二 霸权主义是社会主义国家关系的大敌

十月革命开创了人类历史的新纪元，也开创了国际关系史的新纪元。对于社会主义的国际关系，马克思和恩格斯曾经提出了自己的构想。他们认为，无产阶级夺取政权上升为统治阶级，将促使各国人民之间的民族隔绝和对立更快地消失。“人对人的剥削一消失，民族对民族的剥削就会随之消失。”“民族内部的阶级对立一消失，民族之间的敌对关系就会随之消失。”[①]“同那个经济贫困和政治昏聩的旧社会相对立，正在诞生一个新社会，而这个新社会的国际原则将是和平，因为每一个民族都将有同一个统治者——劳动!”[②] 遗憾的是马克思、恩格斯没能亲眼看到社会主义的胜利，因而不能更具体地探讨和解决这类问题。列宁领导了胜利的十月社会主义革命，亲手缔造了世界上第一个社会主义国家，并且为它制定了一整套外交路线、方针、政策，从而为苏维埃政权的巩固和发展奠定了坚实的基础。鉴于当时特殊的历史背景，列宁的注意力较多地放到了民族问题上，但在国际关系问题上，他仍给我们留下了宝贵的遗产。他所提出的“各民族

① 《共产党宣言》,《马克思恩格斯选集》第 1 卷，第 270 页。

② 《国际工人协会总委员会关于普法战争的第一篇宣言》,《马克思恩格斯选集》第 2 卷，第 341 页。

完全平等，各民族有自由权，各民族工人融合起来——这就是马克思主义教导给工人的民族问题纲领，全世界经验和我国经验教导给工人的民族问题纲领”①，仍不失为处理社会主义国家关系的指导思想。

当然，马克思、恩格斯，甚至列宁，都没有实际接触到社会主义的国际关系这一问题，因此不可能要求他们做出更加具体、全面的阐述。不过，从社会主义国家关系40年的实践可以看出，他们提出的构想和原则并没有过时，恰恰相反，这些构想和原则还远未真正实现。从理论上讲，各社会主义国家都是工人阶级掌握政权，它们都以社会主义和共产主义作为自己的理想和奋斗目标，因而在相互关系上理应坚持独立自主、互助合作的原则。但从实际情况看来，却不是尽如人意。对于这种现象应该怎样认识呢？

首先，我们必须看到，社会主义是历史发展的产物，各个社会主义国家，同样不是从天上掉下来的，而是从资本主义社会或半封建半殖民地社会脱胎而来的。它们历史上的处境和地位，包括经济发展水平、思想文化传统等等，不能不对这些国家产生影响。例如十月革命前的俄国，虽说是资本主义链条上最薄弱的环节，但它终究是帝国主义的列强之一。俄国沙皇有着侵略扩张的传统，它所灌输的大俄罗斯沙文主义思想深深毒害着俄罗斯民族。列宁清醒地看到了这个问题的严重性。他不仅坚持不懈地揭露和批判老沙皇的种种沙文主义罪行，而且在十月革命胜利之后，亲自为执政的布尔什维克党和苏维埃国家规定了坚持无产阶级国际主义，反对大俄罗斯沙文主义的外交路线和方针政策。不仅如此，他还亲自宣布废除老沙皇强加给中国的各种不平等条

① 《论民族自决权》，《列宁选集》第2卷，第566页。

约，热情声援和支持东方各被压迫民族的解放斗争，在社会主义的对外关系史上写下了光辉的一页。列宁逝世后，斯大林继承和捍卫了列宁主义的外交路线。但是，由于他在对外政策中未能根除沙皇制度遗留下来的大俄罗斯沙文主义的影响，因而在处理国际关系、特别是社会主义国家关系问题上，往往不适当地夸大苏联的作用，以苏联一国的利益为转移，对其他社会主义国家发号施令，因而犯有一系列错误，造成了一系列相当严重的后果。又如，波兰是世界近现代史上深受外来侵略和分裂之苦的国家之一，又是具有反抗侵略、维护民族独立光荣革命传统的国家之一。二战前，波兰资产阶级政府投靠英法等帝国主义列强，推行敌视社会主义苏联的外交政策，结果充当了张伯伦绥靖政策的牺牲品，最先遭受希特勒法西斯铁蹄的践踏。悲惨的历史遭遇进一步增强了波兰人民反对外来控制，维护国家独立和主权的迫切愿望。这种民族意识在社会主义制度下对于国家的外交政策仍然具有不容忽略的影响。在1956年的波匈事件和1980年的波兰事件中都能够明显看到这种影响的存在。

其次，社会主义国家间的关系，更主要的是取决于各国执政的共产党、工人党的对外政策。这是因为，社会主义国家的共同特点，是工人阶级已经成为统治阶级，其先锋队共产党或工人党掌握着国家的领导权，外交决策权即是其中最主要的内容之一。

在社会主义国家的相互关系中，最主要的有两个方面的问题：一是如何处理历史上遗留下来的诸如领土、边界、民族、宗教等争端，二是怎样对待各种现实的矛盾。这两个问题是对各社会主义国家外交政策的严峻考验。种种事实表明，40年来社会主义国家关系中的许多矛盾和冲突，恰好是在这两个问题上处理不当造成的。

各国间历史遗留下来的各种争端，是历史上反动统治阶级造成的，工人阶级没有责任。社会主义制度的建立，为这些历史争端的解决创造了最有利的前提。只要有关国家本着平等协商、互谅互让的精神，通过友好谈判，是不难解决的。许多社会主义国家的实际经验已经反复证明了这一点。可是有的社会主义国家却坚持与众不同的立场，致使有些历史争端长期不能解决。中苏边界争端即是一例。中国政府一贯主张，尽管历史上签订的有关中俄边界的条约是不平等的，但中国方面愿意尊重这些条约，并且以此为基础，通过友好谈判合理解决两国边界问题，在解决之前，应当维持边界现状。然而，苏联政府不但拒不承认历史上签订的有关中俄边界的条约是不平等的，而且从 50 年代末期开始不断破坏边界现状，进占中国领土，直至挑起大规模的武装流血冲突。正是苏联的这种霸道立场和态度严重破坏了两国的友好合作关系，并且至今阻碍着两国关系正常化的实现。

社会主义国家间的现实矛盾是多种多样的，其中最重要的莫过于政治矛盾和经济矛盾。造成这些矛盾的根本原因，一是有的社会主义国家以大国自居，不尊重其他社会主义国家的独立、主权和平等地位，忽视甚至抹煞社会主义各国经济社会发展水平的差异，坚持要搞政治上一个中心、经济上一个模式的家长式统治；二是有的社会主义国家，虽系小国，但其领导集团受狭隘民族利己主义的驱使，为实现自己的政治野心而不惜投靠并仰赖外部强权势力，不择手段地损害同其他社会主义国家的关系。40 年来社会主义国家间的重大冲突，绝大多数属于前一种情况，但也有个别的属于后一种情况。

由此可见，任何一个社会主义国家，特别是社会主义大国，如果违背马列主义的教导，背离无产阶级国际主义原则和国际关系的基本准则，不适当地夸大本国的地位和作用，把自己的利益凌驾于别国之上，实行封建家长式统治，那就势必危害其他社会主义国家的独立和主权。同样，即便是一个社会主义小国，如果不遵循国际关系的起码准则，反而借助超级大国的势力以达到狭隘的民族利己主义目的，也必定会构成社会主义国家关系的破坏因素。因为它们的这种行径，就其实质而言，是沙文主义的恶性膨胀，也就是新形势下的霸权主义。

很久以来，许多人认为，霸权主义是帝国主义的产物，与社会主义毫不相干，换句话说，社会主义国家不可能搞霸权主义。当某个社会主义国家对外推行霸权主义成为既成事实的时候，又有人提出一种看法，认为凡搞霸权主义的就不能称其为社会主义国家，也就是说，他们主张以是否执行霸权主义的对外政策作为判断社会主义国家的基本标准之一。看来这样的认识是不太切合实际的。马克思主义的精髓是对具体事物进行具体分析。既然出现了社会主义国家搞霸权主义的现象，我们就应当勇于面对现实，深入剖析造成这种现象的原因，采取必要的措施加以抵制和克服。这才是捍卫社会主义纯洁性，推动社会主义国家关系健康发展的积极态度。那种把凡是执行了霸权主义对外政策的国家一概从社会主义国家行列中推出了之的想法，不能认为是一种郑重的马克思主义的态度。

在社会主义制度下，生产资料实现了公有制，消灭了人剥削人、人压迫人的现象，因而也就消灭了对外侵略扩张的社会根源。这是问题的一个方面，而且是一个主要的方面。然而也不能忽略问题的另一个方面，那就是，我们今天仍处于帝国主义和无产阶级革命的时代。在这个历史时代里，不仅存在着社会主义和资本主义两种对立的制度，而且存在着国际范围的阶级、阶级矛盾和阶级斗争，其影响所及，社会主义各国均在所难免。在这种情况下，如前所述，有的社会主义国家的共产党或工人党领导集团，对旧时代本国统治阶级的恶劣思想影响缺乏应有的警惕和批判，对当代尖锐复杂的国际阶级斗争的总态势，以及它们自己在这场斗争中所处的地位和作用缺乏清醒的估计，因而常常把爱国主义和国际主义对立起来，一味强调本国、本民族的利益，甚至不惜把它建筑在牺牲别国利益的基础之上。为了维护本国的狭隘利益，它们自觉不自觉地挪用帝国主义的强权手法，对待那些不愿屈从它们意志的社会主义国家，于是酿成了社会主义国家间一系列的矛盾和冲突。

某些社会主义国家在对外关系中搞霸权主义是一种特殊的历史现象，绝不是社会主义的客观规律。而且它在社会主义国家关系中是非法的，不断受到抵制和批判的，因而其市场只能是渐趋缩小，而不可能任其泛滥。只要认真考察和分析一下战后苏东关系发展变化的历史和60年代以来中苏两国关系演变的历史，就不难看出这一趋势。当然，霸权主义也同一切反动的东西一样，你不打它是不会自动倒下的。因此，坚持不妥协地同社会主义国家关系中的霸权主义进行斗争，是各社会主义国家面临的共同任务。

三 五项原则是社会主义国家关系的基本准则

在人类社会发展的历史上，社会主义是一个崭新的阶段，社会主义国家间的关系也是一种崭新的社会实践。因此，社会主义国家关系中出现矛盾和冲突是不足为奇的。关键的问题是，我们应当如何对待这些矛盾，怎样才能有效地杜绝冲突的发生。在这方面，正确地确立和严格地遵循社会主义国家关系的基本准则具有十分重要的现实意义。

1956年10月30日，即波匈事件发生之时，苏联政府发表了《关于发展和进一步加强苏联同其他社会主义国家的友谊和合作的基础的宣言》，承认社会主义国家间的关系“只能够建立在完全平等、尊重领土完整、国家独立和主权、互不干涉内政的原则上”。次日，中国政府就此宣言发表声明，支持苏联政府在社会主义国家关系问题上的立场，并且指出：“中华人民共和国一向认为，互相尊重主权和领土完整、互不侵犯、互不干涉内政、平等互利、和平共处五项原则，应该成为世界各国建立和发展相互关系的准则。社会主义国家都是独立的主权国家，同时又是以社会主义的共同理想和无产阶级的国际主义精神团结在一起的。因此，社会主义国家的相互关系就更应该建立在五项原则的基础上。”1957 年 11 月发表的《社会主义国家共产党工人党莫斯科宣言》进一步指出：“社会主义各国把相互关系建立在完全平等、尊重领土完整、尊重国家独立和主权、互不干涉内政的原则上。这些原则是很重要的。但是还没有包括社会主义国家的相互关系的全部实质。兄弟般的互相援助，是它们的相互关系的不可分割的部分。这种互相援助有力地体现了社会主义的国际主义原则。”这就是说，和平共处五项原则应当成为社会主义国家关系的基本准则，在此基础上，各社会主义国家还应当发扬互助合作的无产阶级国际主义精神，把相互关系推向更高的水平。这样，关于社会主义国家关系准则的问题应该说获得了比较圆满的解决。

当然，要把这样的准则贯彻于社会主义国家关系的实践中，绝不是一件轻而易举的事情。在 40 年的社会主义国家关系史上，围绕这一问题展开了长期、尖锐的斗争，并积累了宝贵的经验教训。

历史的经验之一，是对于以无产阶级国际主义为名，否定和平共处五项原则为社会主义国家关系基本准则的错误倾向，必须保持高度的警惕。苏联政府虽然早在 1956 年便在事实上承认了和平共处五项原则的基本内容应该成为指导社会主义国家关系的准则，但从那以后，无论在理论上还是在实践中它都背离了这一立场。在苏共历次代表大会制定的对外关系路线方针中，都把和平共处原则仅仅局限为不同社会制度国家关系的指导原则，拒不承认和平共处原则亦应成为社会主义国家关系的基本准则。苏联采取这种做法的目的是，第一，为自己的霸权主义对外政策披上列宁主义的伪装。它们以列宁的某些词句装潢门面，欺世盗名，实质上却抛弃了列宁主义关于社会主义国家关系平等的原则，因而是一种机会主义的实用手法。第二，为自己操纵和干涉其他社会主义国家的内部事务，侵犯别国的独立和主权大开方便之门。第三，为自己在国际主义的旗号下贩卖霸权主义私货奠定所谓理论基础。

历史的经验之二，是对于有的社会主义国家以国际无产阶级或社会主义"大家庭"整体利益为名，对其他社会主义国家推行霸权主义政策的强权行径，必须予以坚决的揭露和抵制。从以往的历史经验来看，它们在这方面使用的手法有二。一曰某某国家的"民族主义"危害了国际无产阶级或社会主义"大家庭"的利益。马克思主义认为，当一个国家的人民为争取解放，捍卫国家独立，争取主宰自己命运和自主发展时，这种民族主义（国家独立前）或爱国主义（国家独立后）的精神是进步的。国家获得独立并进入社会主义建设后，如果把民族利益绝对化，与国际无产阶级的整体及长远利益相违背，这种民族主义将转化为大国沙文主义或民族利己主义；反之，如果否定民族利益，否定国家的独立和主权，那就将同样导致大国沙文主义乃至霸权主义。只有把爱国主义与国际主义结合，在不损害国家利益的情况下贯彻国际主义精神，才是惟一正确的选择。显然，恰恰是指责别人搞"民族主义"的国家，在处理民族主义与国际主义的关系上，自己背弃了马克思主义的基本原则。二曰外部的帝国主义势力与某某国家的反动势力相勾结，使该国处于危险之中，从而构成对国际社会主义事业的严重威胁。当然，我们并不否认国际范围阶级斗争的存在，也不想低估内外反动势力对社会主义事业的危害性，但我们反对以捕风捉影的“威胁”为借口，采用帝国主义的炮舰政策，肆意践踏其他社会主义国家的主权和领土完整。一个主权国家是否面临威胁，只能由该国政府和人民作出判断，绝不允许任何外国越俎代庖，更不能允许他国歪曲事实，编造谎言，并且以此为理由对该国事务横加干涉，甚至穷兵黩武，以达到自己霸权主义的目的。事实反复证明，靠编造别国面临“反革命威胁”以营私的国家，往往它们自己才是对别国安全的真正威胁。对此，人们倒是应该保持足够的警惕。

历史的经验还告诉我们，弄清和平共处五项原则和无产阶级国际主义的关系，不论在理论上还是实践中都是十分重要的。概括地说：和平共处五项原则是基础，无产阶级国际主义是在这个基础上的升华。如果抽掉和平共处五项原则这一基础，无产阶级国际主义将被架空。因此，无论在任何情况下，都不允许把无产阶级国际主义和和平共处五项原则对立起来。当前，鉴于40年来社会主义国家关系史上的教训，尤其应当强调任何社会主义国家都必须严格遵循和平共处五项原则。否则，连正常的国家关系都难以保持，哪里还谈得上什么国际主义的团结与合作呢？正如我国领导人所指出的：“事实已经证明：不同意识形态社会制度的国家如果能够遵循和平共处五项原则，完全可以建立起相互信任和友好的关系，如果违反和平共处五项原则，侵犯他国领土和主权，干涉他国内政，损人利己，那么，即使意识形态和社会制度相同的国家，也可能引起尖锐对抗，甚至发生冲突。国际合作只是在平等者之间才有可能，这是颠扑不破的真理。”社会主义国家的出现，冲破了资本主义旧的国际关系的束缚，在人类社会发展的历史上第一次使得国与国之间实现真正平等的合作成为可能。但是，可能并不等于现实。要使社会主义国家间的互助合作成为现实，严格遵循和平共处五项原则是最基本的前提。在这一前提下，各社会主义国家执政的共产党、工人党还应以爱国主义和国际主义相结合的精神教育本国人民，指导本国的外交实践，随时警惕大国沙文主义和狭隘民族主义的影响，同强权政治和霸权主义的任何表现进行坚决的斗争。这样，不仅社会主义国家间的冲突可以避免，而且社会主义国家间的团结互助、友好合作也就有了可靠的保证。

（原载《中国国际关系史研究会第三届年会论文集》，1985 年）

面对“星球大战”计划的苏联

在美国总统里根发表著名的“战略防御”倡议演说之后的第三天，即1983年3月26日，当时的苏共中央总书记安德罗波夫立即作出反应。他以答记者问的方式指出：“‘战略防御’倡议是按照给进行第一次打击增添潜力这一十分明确的方针，全速发展和完善美国的战略进攻力量。在这种情况下，企图靠反导弹防御来获得摧毁别国相应的战略武器的能力，就是说，使别国失去给予回击的能力的目的是，使苏联在美国的核威胁面前解除武装。”并明确表示：“谋求对苏联的军事优势的任何企图都是徒劳的，苏联从来不允许这样做，从来不会对任何威胁毫无防备，但愿华盛顿好好领会这一点。”对于里根的这个所谓“星球大战”计划，苏联领导人的反应之迅速，态度之强硬，实属前所未有。

一　不妥协的强硬立场

从1983年3月到现在，在两年多的时间内，虽然苏联主要领导人两度变更，但苏联对待里根“星球大战”计划的立场始终不曾软化。这不仅表现在苏联领导人发表的大量的讲话中，而且见诸于报刊上连篇累牍的有关文章。上述讲话和文章，概括起来有以下几个方面的内容。

（一）指责

1. 战略防御计划是矛非盾，是进攻性、侵略性概念

针对美国关于“战略防御计划”只是一项防御性计划的说法，苏联国防部长索科洛夫 1985 年 5 月 4 日答塔斯社记者问时指出：“里根总统的所谓‘战略防御倡议’仅仅是为了掩饰而称为‘防御’倡议，而实际上这个倡议是要研制一种新型武器——打击性宇宙武器。”前任苏共中央总书记契尔年科也指出，“使用‘防御性的’这个术语，不过是玩弄字眼。从其实质来说，这一概念是进攻性的，更准确地说是侵略性的”（1985 年 1 月 31 日书面答美国有线新闻广播网记者卢里问）。新任苏共中央总书记戈尔巴乔夫则更明确地将“战略防御计划”称之为“宇宙之剑”。

2. “战略防御计划”将破坏业已形成的苏美军事战略平衡，加剧军备竞赛

进入 80 年代以来，美苏双方的军备竞赛达到了新的水平。在美国提出“战略防御计划”以后，苏联认为，这一计划不仅加剧了地面上的军备竞赛，而且使军备竞赛扩展到太空，开始了宇宙的军事化。前任苏联外长葛罗米柯在就和平利用宇宙空间致联合国秘书长德奎利亚尔的信中指出：“最近把宇宙变成侵略和战争进攻基地的危险性越来越现实。……（这些行动）能够使宇宙军备竞赛具有不可逆转的性质，严重破坏局势稳定，加剧核战争的威胁。”塔斯社观察家博加乔夫甚至认为，宇宙军事化的方针是“里根政府对人类犯下的严重罪行。这一罪行就其后果

来说可以同美国于1945年制造核武器相比”。

关于苏美军事战略平衡，索科洛夫在答塔斯社记者问时明确表示：“苏联同美国之间以及华约与北约之间现有的军事战略均势，这是社会主义大家庭的历史性胜利，是它的安全的必要条件。”但是美国否认这种所谓均衡的存在，认为目前的军事战略态势是，苏联及华约集团处于优势，而美国及北约集团居于劣势，因而美国要采取措施扭转颓势，“战略防御计划”即是美国的措施之一。苏联意识到这一措施可能的后果，断然予以严厉谴责。《真理报》发表编辑部文章指出：这种“意图本身，就是在今后几十年内对苏联和对和平的一种挑衅”。

3. 这一计划破坏了1972年苏美限制反弹道导弹防御系统条约及一系列多边协议

对于1972年的限制反弹道导弹条约，苏联认为有利可图，因此给予相当高的评价，并针对美国的“战略防御计划”，摆出了一副捍卫该条约的姿态。苏军现任总参谋长阿赫罗梅耶夫曾为1985年6月4日《真理报》撰文指出：这一条约的“军事政治意义是很大的。这一条约是双方相互关系的基础之一。……是进一步就限制和削减核武器进行谈判的基础”。他在文章中强调，“美国政府研制新型武器——打击性太空武器的行动是与反弹道导弹防御系统条约的基本原则不相容的。华盛顿宣布‘战略防御计划’后并着手实际实施这一带有宇宙基成分的大规模反导弹系统，实际上是直接破坏这一条约”。在此之前，契尔年科在1985年1月31日也曾表示：“宇宙军事化将会破坏苏美限制反导弹防御系统的无限期的条约。”

除了限制反弹道导弹防御系统条约外，苏联还指责“华盛顿的宇宙空间军事化计划有导致破坏以下多边协议的危险，如禁止在包括宇宙空间在内的三个领域试验核武器条约（1963年），禁止向宇宙空间施放大规模杀伤武器的关于各国探索宇宙空间（包括月球和其他天体）活动原则条约（1967 年），以及禁止为军事或任何其他敌对目的利用影响自然环境的手段公约（1977 年）”。①

（二）威胁

1. 声称美国指望依靠这一计划取得军事优势是幻想

1984 年 5 月，契尔年科在致美国科学家的信中写道：“指望通过宇宙就能铺平通往军事优势的道路，那是幻想。但是，有人不想放弃这种打算，这孕育着极端危险的后果。”1985 年 5 月 4 日，索科洛夫在答塔斯社记者问时进一步宣称：“宇宙打击武器的建立将导致，并且是不可避免地导致美国本身及其盟国安全水平的降低。‘星球大战’的倡导者和那些共同参与这项挑衅计划的人们不应无视这种结局。”《真理报》更加直言不讳地威胁道：“开展研制新的反导弹防御工作，不会加强美国的安全，而是向核战争的门坎接近的一步，越过这道门坎美国是无法免遭报复的。”

2. 苏联将采取反措施

在这一问题上，苏联领导人和报刊文章特别强调的一点是，苏联的反应是被迫的。1983 年 3 月 26 日，安德罗波夫就曾表示：“苏联加强了自己的防御能力，苏联不得不这样做。”1985 年 1 月 31 日，契尔年科进一步强调说：“我们之所以如此强烈地反对把军备竞赛扩展到宇宙，不是因为我们无法对付华盛顿的这些计划。如果有人逼迫我们，则我们将尽一切努力来保卫自己的安全以及我们盟友的安全。”《消息报》1985 年 1 月 24 日的一篇

---

① 参见 1984 年 12 月 3 日苏联《真理报》。

文章则更加直率地宣称：“苏联不会漠不关心地观望美国的‘研究’结果，苏联自己也将不得不采取必要的措施。”

关于反措施在技术上和物质上的可行性，苏联可以说使用了最清楚不过的语言以提醒美国，其用心当然是不言自明的。1985年1月13日，葛罗米柯在谈到美国“战略防御计划”时表示：“我们的物质资源和智力资源是巨大的，它们足够我们用来保障自己的安全。”1985年5月间，苏联科学院副院长、著名物理学家韦利霍夫发表谈话“透露”，“最近研究表明，存在着一整套对付这一系统的可靠的反措施”。“苏联拥有一切可以进行非常有效的反击的科学和技术的潜力，反措施将是非常有效能和廉价的。”

二　军事、外交双管齐下的对策

鉴于美国的“战略防御计划”正在付诸实施，苏联在广造舆论予以谴责的同时，采取了一系列对应行动，以奠定对抗这一计划的实力基础。此外，苏联还在外交上主动出击，千方百计地企图将这一计划扼杀在摇篮之中，即便不能如愿，至少也要多方加以牵制，使其不能顺利地获得进展。迄今而言，苏联的牵制行动主要表现在以下几个方面。

（一）重开谈判，拴住美国

1983年，即“战略防御计划”出笼之际，正值苏美两国为欧洲中程导弹问题闹得不可开交之时，年底，苏联一举退出了几乎所有的重要谈判。一年多过去了，苏联眼见美国不仅如期在西欧国家部署了潘兴Ⅱ式导弹和巡航导弹，而且加速了“战略防御计划”的研究进程，感到继续僵持下去于己不利，于是发出了愿意重返谈判桌的信号。1985 年 1 月 7—8 日，苏美两国外长在日内瓦会晤，经过谈判，达成了恢复武器控制谈判的协议。3 月 12 日，苏美一揽子裁军谈判在日内瓦开始举行。这样，在中断了 15 个月之后，苏美核武器谈判终于得以恢复，而且根据 1 月 8 日苏美外长在日内瓦达成的协议，新的一轮核武器谈判将首次包括讨论和解决太空武器的问题。这无疑是苏联方面求之不得的。

（二）以“暂停部署”、“暂停试验”套美国让步

1985 年 4 月 7 日，戈尔巴乔夫宣布：“从今天起，苏联暂停在欧洲部署自己的中程导弹，并且停止在欧洲采取其他的对应措施，暂停部署导弹的有效期限到今年 11 月。在这之后我们将作出怎样的决定，这要取决于美国是否仿效我们的榜样，它是否将不在欧洲部署自己的中程导弹。”在作出上述承诺之后，戈尔巴乔夫建议，“苏联和美国在整个谈判期间都要暂停研制（其中包括科学研究工作）、试验和部署打击性太空武器，要冻结自己的进攻性战略武器”。明眼人不难看出，苏联暂停部署中程导弹的承诺是廉价的，因为在此之前苏联已经完成了在东欧盟国部署中程导弹的计划，暂停一年半载对它的战略部署不会造成什么损失，但它为此向美方索取的要价却是相当高昂的，那就是要美国事实上停止和放弃“战略防御计划”。一心要重新夺取全面战略优势的美国当然不愿作出如此重大的让步，所以在戈尔巴乔夫提出上述建议的当天便断然加以拒绝。

但是，苏联并没有就此罢休。1985 年 7 月 29 日，戈尔巴乔夫再次亲自宣布，苏联将从 8 月 6 日起暂停核试验 5 个月，并且在 1986 年 1 月 1 日以后继续停止试验，如果美国也同样宣布暂停试验的话。这次美国的答复依然很干脆：拒绝。美国国务卿舒

尔茨在戈尔巴乔夫作出上述宣布的当天就明确表示：“我们认为，在目前这种情况下停止我们的试验计划是不符合我们的利益的。”一周后，即 8 月 5 日，里根在记者招待会上正式拒绝了戈尔巴乔夫的建议。他阐述的理由是：“我们为了同他们并驾齐驱而要对我们的某些和他们同类型的武器进行的试验还没有开始，当然也没有完成。他们已没有更多的事可做了，要求我们暂停试验相互对等的意思是使我们不可能赶上他们。”其实，舒尔茨和里根的话尽管转弯抹角，但意思却是很清楚的，即任你苏联采取什么计策，我美国的核战略目标，尤其是“战略防御计划”绝不会作任何变动。

苏联的这两项建议虽遭到美国的拒绝，但它们的政治影响却是不能低估的。

（三）离间欧美关系，挖美国墙角

西欧国家多系美国的盟国，它们之间有着密切的战略关系。在“星球大战”问题上，美国不但希望获得西欧盟国的道义支持，而且想得到它们在财力、技术等方面的合作。因此，1985 年 3 月，美国政府正式邀请其西欧盟国参加这项计划。但是不能不看到，对于美国的这项计划，西欧国家是深怀疑虑的。它们最为担心的是，一旦建成宇宙反导弹防御系统，美国就有可能躲在这面盾牌后面，重新回到“孤立主义”，那时，西欧的防务将与美国脱节，不得不独自面对强大的苏联及华约集团。倘若爆发战争，欧洲势必成为主战场，西欧国家难免先受其害。针对西欧国家的疑虑和恐惧心理，苏联不失时机地发动了一连串的攻势。

1. 火上浇油

1985 年 1 月 25 日，苏联《消息报》发表编辑部文章挑拨道：“实际上，欧洲人的命运并不使华盛顿很担忧。美国公开谈论部署美国太空武器的好处，因为这有助于恰恰在欧洲上空，而不是在美国上空进行核冲突。”2月18日，塔斯社播发博加乔夫的评论煽动说：“美国的‘星球大战’计划同欧洲‘有限’核战争的概念有着最紧密的联系”，“对侵略者来说是反导弹的盾牌，而对欧洲人来说则是‘有限’核战争，这就是美国‘战略防御倡议’的实质”。塔斯社在一篇社论中甚至蛊惑人心地宣称：“‘战略防御计划’是要让美国的西欧盟国赞同美国使它们充当不仅仅是华盛顿的核人质，而且是宇宙人质角色的倡议。”

2. 多方游说

苏联领导人利用同西欧国家领导人接触的各种机会，不厌其烦地进行游说，以加深他们对“星球大战”计划的疑惧，争取他们站到反对的立场上来。

1984年7月，英国外交大臣杰弗里·豪应邀访苏，葛罗米柯同他进行了会谈。同年12月，戈尔巴乔夫访英，同撒切尔首相举行了会谈。在这两次会谈中，太空武器问题都占据了重要地位。经过葛罗米柯和戈尔巴乔夫的工作，两位英国领导人均表示赞同下列观点，即至关重要的是避免把军备竞赛扩展到空间去，而且有必要采取紧急措施以防止宇宙空间军事化。

1985年2月底3月初，葛罗米柯出访意大利和西班牙。在罗马，他毫不隐讳地表示：“我们并不想隐瞒这一点，即我们愿意看到，意大利也能加入那些为反对走上在外层空间部署武器的道路而大声疾呼的国家的行列。”在马德里，他甚至公开鼓动说，西班牙可以通过“斗争”来为制止武器竞赛作出贡献。

3. 恩威并施

对美国的西欧盟国，苏联一向是区别对待的。在“战略防御计划”问题上，苏联更明确地贯彻了对症下药的方针。例如在对待意大利问题上，苏联察觉到意大利对这一计划犹豫不决，同时又迫切希望改善同苏联的双边贸易状况，以减少逆差，于是先派葛罗米柯往访，并且在访问期间当面警告说，只要意大利政府支持美国的“星球大战”计划，就将很难指望增加意苏间的双边贸易。继而在1985年5月西方七国首脑会议前夕，由戈尔巴乔夫亲自致信意大利总理克拉克西，对美国的计划表示担心，并邀请克拉克西访苏。这一打一拉，反映了苏联领导人用心之良苦。在对待联邦德国问题上，苏联的手法也颇为“巧妙”。由于苏联深知联邦德国在美国的西欧盟国中所处的重要地位和作用，因而格外重视对它的工作。1985年4月，当科尔政府对“战略防御计划”尚未正式明确表态时，苏联派出苏共中央国际宣传部长扎米亚京等重要人物前往游说，敦促联邦德国不要参与美国的计划，否则必将影响它同苏联的关系。然而事与愿违，就在扎米亚京等人尚未离开联邦德国的时候，科尔政府于4月18日正式发表声明，支持里根政府的“战略防御计划”。苏联十分恼火，立即转取强硬态度。5月16日，葛罗米柯在维也纳会见联邦德国外长根舍时，竟毫不客气地威胁说，如果联邦德国参与实施美国的太空武器计划，它就要同美国一道对破坏军事战略均势的后果承担责任。

（四）改善苏中关系，强化对美战略地位

近年来，苏联领导人反复表示，愿意实现苏中两国关系的正常化。苏联方面的这一行动，是有其多方面考虑的，其中一点是企图借以强化自己的对美战略地位。里根抛出的“星球大战”计划，把美苏的核军备竞赛推入一个新的阶段，使苏联的战略地位面临严重威胁。在这种形势下，为了巩固乃至强化自己的对美战略地位，苏联除了加紧对其“大家庭”的笼络和控制外，还比以往更加急于改善同中国的关系。戈尔巴乔夫就任苏共中央总

书记之后，甚至明确地表示希望苏中关系能有“重大改善”。看来苏联领导人似乎认为，由于中国对美国的“星球大战”持反对立场，苏中两国便有了某种合作的基础。

此外，应当特别指出的是，除了上述各种外交牵制行动之外，苏联还就美国的“战略防御计划”采取了一系列对应行动，包括研制和试验反弹道导弹系统、反卫星武器以及宇宙空间站等等。换句话说，苏联实际上也在搞自己的“战略防御计划”，而且取得了相当大的进展。尽管苏联方面极力加以掩盖和否认，但这个事实本身早已成为公开的秘密。因此可以说，在对待美国的“星球大战”问题上，苏联采取的是军事、外交双管齐下的对策。

三　维护既得利益是苏联的真实目的

苏联强烈反对美国的“战略防御计划”并不是偶然的。众所周知，战后 40 年来，美苏之间一直在进行着紧张的军备竞赛，而竞赛的焦点之一显然是进攻性战略武器。从战后直至 60 年代末 70 年代初的长时期内，苏联曾经处于不利地位，并因此而蒙受过诸如古巴导弹危机那样的耻辱。经过竭尽全力的惨淡经营，苏联终于取得了对美战略平衡地位。此后，苏联继续进行坚持不懈的努力，进一步巩固了这种战略平衡，甚至可以说取得了某种程度的战略优势。时至今日，美苏两家的进攻性战略武器竞赛从总体上看已经陷入僵局，任何一方都难以依靠现有的进攻性战略武器取得绝对的军事优势。正是在这种形势下，美国总统里根抛出了“战略防御计划”，其目的显然是要从目前的僵局中跳出来，到宇宙空间去开拓更广阔的竞争领域，以谋取新的战略优势。这个计划一出笼，苏联方面便清醒地意识到，这一计划一旦研制成功，投入部署，势必破坏得来不易的战略平衡，这无疑对自己是极其不利的。这一基本估计决定了苏联反对"战略防御计划"的强硬立场。由此可见，苏联反对这一计划的真正动机是维护它所谓的与美国的军事战略平衡，或者更确切地说，是要维护自己在进攻性战略武器竞赛中获取的既得利益。

具体说来，苏联所以反对美国的这一计划，是出于以下的考虑。

（一）它构成对苏联军事战略利益的实际威胁

美国计划的矛头直指苏联，这是人所共知的事实。虽然美国美其名曰"战略防御系统"，但在当今战略武器高度现代化的时代，防御和进攻之间很难划清一个绝对的界限。就"星球大战"计划而言，与其说是一个战略防御系统，莫如说是一个攻、防兼备的战略综合体更为确切。至于对这一计划效能的估计，确实存在争议，但就苏联的反应来看，却是言不由衷的。表面上，苏联科学家反复论证说，美国大规模宇宙多层反导弹系统计划在科学上是站不住脚的，其效能值得怀疑。如韦利霍夫曾表示，华盛顿的"战略防御倡议"不过是幻想。苏联另一位著名学者普拉托诺夫在《国际生活》1985 年第 1 期《宇宙军事化是对人类的威胁》文章中也声称，"美国所有的太空计划从生产技术的角度看还是渺茫的，而且根据各种情况来判断，上述问题将来也未必能解决"。实际上，苏联领导人不仅对这一计划十分恼火，而且深怀恐惧。这是因为，他们清楚地了解美国的经济和科技实力，也知道自己同美国的差距，因而不能不对苏联未来的处境感到担忧。同时，他们也很清楚，防御系统的有效率对交战双方来说具有不同的含义。对于防御一方来说，有效率即使达到95%，也是无济于事的，因为漏进来哪怕是十个八个，其后果亦不堪设想。而对进攻一方来说，对方防御系统的有效率即使只有50%，也是很伤脑筋的事，因为这意味着，它如果要保持现有的威慑力量，就必须使自己的进攻武器再增加一倍，而且由于事先无法断定哪些弹头会遭拦截，也难以确保摧毁既定的目标。一旦美国这一系统研制成功并投入部署，苏联的整个战略进攻力量就可能处于这样一种尴尬的境地。这当然是苏联不愿看到、而且要极力避免的处境。事实上，正是由于美国这一计划实际构成了对苏联军事战略利益的重大威胁，才迫使苏联从自身安全和争夺霸权的需要出发，不能不坚决地反对它。

（二）不堪重负的经济实力竞赛

里根自恃美国经济实力雄厚，不惜耗资上万亿美元搞“星球大战”计划，并且以此向苏联挑战。鉴于这一计划的直接目标是打破目前的美苏军事战略平衡，危害苏联的战略利益，苏联不得不予以应战。但是，这场宇宙军备竞赛的费用着实是太昂贵了。根据苏联方面反复推算得出的结论，认为西方的估计，即最终完成这一计划所需费用约为15000亿至20000亿美元，是恰当的。这个天文数字对美国尚且是一个极其沉重的负担，那么对于经济增长速度不断下降的苏联来说，实在是不堪重负的。尤其是最近几年来，由于种种原因，苏联经济面临着巨大的困难。为了改善经济状况，苏联有意识地放慢了军费开支增长速度。据统计，1977年至1983年，苏联的军费开支在扣除通货膨胀因素后，年平均增长率为2%，而1977年前的7年中，年平均增长率为4%—5%。然而在美国提出“战略防御计划”而造成的严峻形势面前，苏联只好再次大幅度增加军费预算。1984年11

月，苏联最高苏维埃通过的1985年国防预算，按现在公布的数字与去年公开的军费数字相比，增长率达12%。想必苏联领导人也十分清楚，美国恰恰是企图通过“战略防御计划”这样耗资昂贵的太空军备竞赛来拖垮苏联的经济。对此，苏联却不得不应战。《新时代》1984年第44期一篇文章曾说：“不断吸收物力、人力和财力用于国防的需要，毫无疑问会影响到国家的经济，但是社会主义的敌人希望能从经济上扼杀苏联的想法，在理论上和实践上都是站不住脚的。”

（三）反对宇宙军事化是一面政治上的旗帜

在当今世界上，战争与和平问题是人类面临的最紧迫的两大课题之一。反对任何形式的军备竞赛，维护世界和平，是全世界人民的共同愿望。美苏两个超级大国为争夺霸权而进行无休止的、轮番升级的军备竞赛，严重威胁着世界和平和人类安全，这是同全世界各国人民的迫切愿望背道而驰的，因而不可避免地受到世界舆论的强烈谴责。为了摆脱这种被动、孤立的地位，苏美两国总是千方百计地抓对方的“小辫子”，狠狠地予以揭露和抨击，借以美化自己，争取舆论。在“战略防御计划”问题上，情况也是这样。苏联利用该计划必然导致军备竞赛太空化的把柄，极力要把反对宇宙军事化的旗帜抓到自己手里。但是，不论苏美双方怎样自我美化和表白，它们加剧国际紧张局势，威胁世界和平的责任却是无法推卸的。

四　美苏太空军备竞赛不可避免

自从里根提出“星球大战”计划以来，苏联已经正式表明了自己的立场。那么在今后一段时间内，苏联的立场与对策会不会发生变化呢？美苏之间围绕“战略防御计划”问题展开的这场斗争，其前景如何呢？

首先，苏联的立场与对策是否发生变化，在很大程度上取决于美国对这一计划的态度。也就是说，只要美国不放弃这一计划，苏联除了应战别无其他选择。鉴于迄今为止没有任何迹象表明美国会放弃或者哪怕是延缓执行该计划，因而苏联的立场和对策发生根本变化的可能性是不存在的。最近发生的一件事颇能说明这一问题，那就是1985年8月5日里根在答复戈尔巴乔夫暂停核试验的建议时公开发表的谈话（已引），这些话表面上谈的是核武器试验问题，但真正的要害却在“并驾齐驱”和“没有完成”上。换句话说，里根的真实目的是向人们传送两条信息。其一，美国的目标是同苏联“并驾齐驱”。当然里根所谓的“并驾齐驱”不过是“全面优势”的代名词而已。其二，美国为实现上述目标而作出的安排，包括“星球大战”计划的研制工作尚未完成，因而绝不会停步不前，半途而废。

其次，虽然苏联的立场和对策不会发生重大变化，但其策略重点可能会有某些转移。第一，由于苏联方面对于阻滞或打掉“星球大战”计划不再抱什么幻想，它很可能把更多的注意力放到悄悄地研制自己的太空武器系统上去。因为苏联领导人必定深信不疑的是，没有自己强大的军事力量作后盾，要同只信奉实力政策的美国讨价还价是毫无希望的。第二，虽然苏联不会放弃就“战略防御计划”同美国进行各种形式的接触和谈判，但其牵制行动的重心很可能移往谈判桌外。尤其是集中力量做西欧、日本的工作，力求在美、欧、日之间打进更深的楔子，以便借助西欧、日本等国的力量更加有力地牵制美国。这是因为，苏联领导人同样深知，美国与其西欧、日本等盟国在“星球大战”问题上存在着从战略思想到心理状态的各种深刻分歧，如果运用适当的手段，充分利用这些分歧，有可能收到事半功倍的效果。

最后，既然美国绝不会放弃“星球大战”计划，苏联更不会袖手旁观，坐以待毙，那么其结果只能是展开一场全面的太空军备竞赛。目前，这场竞赛只是刚刚拉开序幕，更加紧张剧烈的角逐肯定还在后面。因此，从现在起到本世纪末、下世纪初的一段时间内，“星球大战”问题将成为影响美苏关系乃至整个国际关系的重要因素之一。至于这场太空军备竞赛的前景，虽然现在还很难作出一个确切的答案，但是可以肯定的是，“星球大战”将使美苏军备竞赛发生质的变化，而且根据战后40年来美苏军备竞赛的历史经验来看，任何一方依靠一两件新式武器或新的武器系统谋取全面战略优势的企图，往往会引起另一方的穷追猛赶。美国前国防部长麦克纳马拉在1985年7月号的《大西洋》刊物上发表文章说：“在核武器竞赛中，几乎每一次技术创新都是美国提出的，但是最后结果却是美国的安全不断受到损害。没有任何迹象表明太空武器将是例外。”新的一轮太空军备竞赛尽管是一次更高军事技术水平和经济承受能力的竞赛，美苏之间任何一方要夺取压倒另一方的全面军事优势的可能性仍然是不大的。

（与陈燕妮合作，原载王书中主编《星球大战》一书，
解放军出版社1986年1月版）

第三世界的发展与国际和平

和平与发展是全人类当前面临的两大基本课题。根据联合国大会决议，宣布1986年为国际和平年，这充分反映了全世界人民的强烈愿望。然而，愿望并不等于现实。战后40年来的历史经验表明，国际和平的取得和维护，不可能靠乞求帝国主义者、殖民主义者或霸权主义者的恩赐，而只能在第三世界自身力量的基础上，团结一切和平力量，同各种形式的强权势力进行不妥协的斗争。因此，第三世界的发展与否，已经成为影响国际和平的决定性因素。同时还必须看到，和平与发展虽紧密关联，相辅相成，但又有标与本之分。如果只抓和平而忽略发展，那么国际和平即便取得也只能维持于一时，而不可能持久和巩固；反之，为了维护和平而大力促进发展，持久和巩固的和平则将早日到来。

一　第三世界的发展壮大是保障国际和平的决定性因素

战后40年来，虽然局部战争和武装冲突连绵不断，但新的世界战争终究没有发生，而且当前和今后相当长的时间内不发生大规模世界战争是有可能的，维护世界和平是有希望的。其原因何在？我们认为，它是由多种因素促成的。其中有：全世界人心思和；世界经济一体化及各国经济相互依存与渗透的加强；西欧、日本及东欧国家经济政治力量的增强；国际关系民主化及其对美苏两个超级大国的牵制；热核武器的出现及战争机器的日臻完善使世界各国，首先是美苏两国置于核毁灭的直接威胁之下，故尽力避免迎头相撞；美苏两国力量对比处于均势，争夺态势处于战略僵持，美苏两国的相互制约……而首要因素是第三世界的崛起及其不屈不挠的反帝、反殖、反霸斗争，其中，中国政局稳定，经济改革和四化建设健康发展，国力日强，坚持独立自主对外政策，成为反对霸权主义维护世界和平的一支重要力量，从而使世界政治力量的对比发生了重大变化，和平力量抑制了战争力量。

第三世界一旦登上世界政治舞台，便担负起反帝、反殖、反霸和维护国际和平的主力军的重任。在战后初期民族解放运动蓬勃发展的基础上，第三世界于50年代中期开始崛起。悲惨的历史遭遇赋予它们要求独立、和平、发展的强烈愿望。但是，它们刚刚步入国际社会，便面临着帝国主义、殖民主义和霸权主义强权势力设置的重重障碍。为求生存和发展，它们不得不继续进行血与火的搏斗。实践证明，它们不仅经受住了历史的考验，而且在斗争中迅速成长壮大。目前，第三世界国家已达130多个，国土面积约8000万平方公里，占全世界总面积的3/5，人口超过30亿，占世界总人口的3/4，它们在世界经济中所占比重已由50年代初的不足1/10上升到1/5以上。由此可见，在当今的世界政治舞台上，第三世界已经成为一支举足轻重的力量。

第三世界国家的存在及其坚持不懈的反霸斗争，冲破了超级大国主宰和操纵国际事务的一统天下，打乱了它们的战略部署，为世界和平事业做出了巨大贡献。战后初期，美国凭借其手中垄断的美元和原子弹，到处设置军事基地，拼凑侵略集团，疯狂推行遏制社会主义的全球战略。为了实现称霸世界的野心，它竭力强化战争机器，甚至不惜在朝鲜和越南发动大规模侵略战争。朝鲜、中国、越南人民在第三世界国家和社会主义国家的支持下，奋起抗击侵略者，挫败了美国的阴谋，迫使它实行全球性“战略收缩”。继美国之后出现的另一个超级大国苏联的经历也颇为相似。尤其是当它最终走上对外推行霸权主义的道路之后，它的侵略扩张活动便接连遭到第三世界国家的有力回击，埃及、索马里、马里等国废除同苏联签订的所谓“友好合作条约”，驱逐苏联顾问或外交官，收回基地等一系列正义行动，特别是阿富汗人民抵抗侵略的武装斗争，给苏联的全球战略以沉重打击，使它不得不停止全球性战略攻势。事实上，第三世界国家反对美苏两个超级大国的斗争，恰恰是世界和平力量与战争势力反复较量的缩影。也正是由于美苏上述战略图谋的连遭挫折，战后世界的总体和平格局才得以维持。

二　第三世界的发展面临新的严重障碍

综上所述，第三世界在维护战后国际和平中的历史作用已毋庸置疑。可是今天，当第三世界国家在自己的发展道路上遇到新的重重障碍，尤其是不公正的国际经济秩序的束缚严重阻碍着它们的经济实力增长的情况下，第三世界国家还能不能继续发挥维护和平的主导作用？对于这个问题，必须进行具体分析。

首先，应当承认，目前第三世界的发展遇到了前所未有的困难，这对维护和平事业是十分不利的。众所周知，战后持续不断的民族解放斗争冲垮了腐朽的殖民主义体系，广大第三世界国家政治上获得了独立，经济上也进入了新的发展阶段。但是，时至今日，第三世界作为一个总体来说，其经济社会发展水平仍然很不理想。仅就在世界经济中所占比重而论，第三世界经济同其人口、土地、资源相比极不相称。不仅如此，众多的第三世界国家还在遭受着债务、饥荒和战乱的严重威胁。据统计，截至 1985 年底，第三世界国家的债务总额已达 9700 亿美元，仅 1985 年一年需要偿还的本息即达 1408 亿美元。在债务总额中，拉美占首位，约 3700 亿美元，几乎占该地区国民生产总值的一半，1985 年仅支付利息一项就要 400 亿美元，也就是说，仅此一项就占去拉美各国全年出口收入的三分之一到一半。其次是非洲国家，债务约 1700 亿美元，超过非洲国家国民生产总值的一半。另据联合国贸发会议和粮农组织提供的材料，目前全世界约有 8 亿人口处于饥饿和营养不良状态，其中绝大多数集中在第三世界国家。全世界 36 个人均国民生产总值低于 400 美元的最不发达国家都是第三世界国家，而且多集中于非洲，人口达 3 亿之多。这些国家在正常年份尚需进口大量粮食，遇到像 1984 年那样的自然灾害，更难免饥荒蔓延，数百万人被夺去生命。除此之外，连绵不断的战乱也威胁着许多第三世界国家的生存和发展。据不完全统计，自二次大战结束至 1984 年底，全世界共发生局部战争 139 起，除 4 起发生在欧洲国家之外，其余 135 起全部集中在第三世界国家，其中亚洲 70 起，非洲 52 起，拉丁美洲 13 起。1985 年以来发生的或正在进行的局部战争也有将近二十起之多。

其次，要弄清第三世界发展受阻和陷入困境的根源。归纳起来，主要有以下三个方面。

1. 不平等的国际经济秩序。二次大战后的国际经济秩序，是以战后初期建立的国际货币基金组织、世界银行、关税及贸易总协定等一整套资本主义国际金融、贸易机构为基础逐步发展形成的，是一个维护国际垄断资本利益，对第三世界国家实行盘剥的庞大体系。正是这种不公正、不合理的国际经济秩序严重损害着广大发展中国家的根本利益，造成国际社会的贫富悬殊和两极分化。迄今为止，虽经第三世界国家的反复冲击，这一根深蒂固的庞大体系尚未根本动摇。更为严重的是，以美国为代表的少数工业发达国家拒不考虑发展中国家的愿望和要求，变本加厉地推行贸易保护主义和高利率政策，竭力压低石油和原料初级产品价格，使发展中国家的处境愈发艰难。正是由于它们坚持维护既得利益的顽固立场，致使刚刚开始的南北对话陷入停顿。

2. 帝国主义、新老殖民主义，特别是超级大国的控制、操纵和干涉。第三世界国家的绝大多数系原殖民地半殖民地国家，对于它们争取民族独立和解放的斗争，帝国主义和殖民主义势力曾极尽阻挠和破坏之能事，然而民族解放的历史洪流终于无情地冲垮了万恶的殖民主义体系。如同历史上一切反动派一样，帝国主义、殖民主义和霸权主义势力绝不会甘心于自己的失败。它们无时无刻不在窥测方向，妄图卷土重来。为了达到这一目的，它们采取了种种手段，其中之一便是利用原宗主国与殖民地间千丝万缕的联系，极力控制和影响第三世界国家的经济社会发展，致使许多第三世界国家在独立之后长期不能摆脱殖民地畸形经济结构的桎梏，经济上至今无法独立，甚至不同程度地加深了对国外的依赖。此外，战后以来，帝国主义、殖民主义和霸权主义侵略扩张的首要目标始终是亚非拉的广大第三世界国家，尤其是美苏两个超级大国在欧洲的战略对峙形成僵局后，它们都采用避免正面冲突，相机迂回包抄的战略战术，因而造成了这种战略重点地区相对平静、亚非拉地区局部战争或武装冲突持续不断的特殊现象。

3. 某些第三世界国家经济社会发展战略的失误。经济社会发展战略正确与否，对于任何一个国家都具有决定性意义，对于经济建设处于起步阶段的第三世界国家尤其如此。但是，由于缺乏经验和不利的国际经济环境的影响，某些第三世界国家恰恰在这一重大问题上走了弯路。其主要表现形式有：缺乏自力更生精神，盲目依赖外国；只顾眼前利益，忽略对殖民地畸形经济结构的改造；对农业在国民经济中的地位缺乏正确认识，长期忽略粮食生产；不切实际地过量举借外债，酿成国民经济的恶性循环；盲目追求高速度，造成国民经济的严重比例失调；一味强调国有化，脱离社会经济实际发展水平；一些政策不利于调动社会各阶层发展民族经济的积极性等等。

第三，要克服第三世界国家的困难，进一步发挥其维护世界和平的主导作用，正确处理南北关系具有十分重要的意义。不过，对于南北关系的现状及其严重性，迄今尚有许多人缺乏清醒的认识，这是极其危险的。其一，战后的世界经济已经逐渐形成为一个有机整体，其中的任何一部分发生问题，其他部分会不可避免地受到影响。比如当前发展中国家经济状况的恶化，先受其害的固然是第三世界国家，而最终危害所及恐怕是任何发达国家都难以逃脱的。仅就市场因素而言，目前绝大多数发达国家的市场已经相对饱和，商品竞争十分激烈。因此，它们自然渴望开拓发展中国家的广阔市场。但严酷的现实却是，许多发展中国家由于经济形势的恶化而无力进口发达国家的商品和技术，因而发达国家的商品、技术乃至资本的出路都成了问题，它们刚刚有所复苏的经济岂不重新面临停滞甚至危机的威胁？其二，在当今的世界经济构成中，发达国家的比重虽然仍居绝对优势，但发展中国家的地位与作用却继续呈现上升的趋势。更为重要的是，发展中国家具有发达国家所无法比拟的巨大潜力。从长远的观点和本质上看问题，就不能不承认，世界经济的全面高涨有赖于广大第三世界国家经济的振兴和腾飞。而要实现第三世界国家经济的振兴与腾飞，首要的前提便是从根本上改变现存不平等的国际经济关系，建立起新的国际经济秩序。但是，某些发达国家不愿正视这一现实，千方百计地向发展中国家转嫁经济危机，企图以牺牲后者的办法达到摆脱新危机甚至制造虚假繁荣的目的。这种急功近利的做法，不仅是目光短浅的表现，而且孕育着极大的危害性。其三，南北关系既是一个经济问题，又是一个政治问题。战后40年的历史充分证明，第三世界国家争取政治和经济独立的斗争是紧密联系在一起的；政治的独立必须以经济的独立作保证，否则政治上的独立便是不牢固的，甚至徒有虚名。当前第三世界国家蓬勃开展的争取经济独立的斗争，其重大意义正在于此。另外，从全球范围来看，发展中国家和发达国家经济上的两极分化，必然加深双方的对立，构成整个世界不安宁的重要因素之一。因此，迅速而有效地协调南北关系，促进第三世界国家的繁荣与发展，已经成为维护世界和平的当务之急。

三　促进发展，维护和平

马克思主义认为，战争是政治的特殊形式的继续；只要有帝国主义存在，便存在战争的土壤。在这种情况下，束缚帝国主义势力的战争手脚，维护世界和平的根本途径，只能是发展壮大全世界一切反帝、反殖、反霸力量，首先是作为主力军的第三世界国家的力量。那么，怎样才能不断发展壮大第三世界国家的力量呢？

第一，必须坚持经济领域的反霸斗争，把争取建立国际经济新秩序的斗争进行到底。第三世界国家在经济领域中为摆脱帝国主义、殖民主义剥削和控制而进行的斗争，是全世界反帝、反殖、反霸斗争的重要组成部分，而且是它的深入和发展。早在40年代末期，拉美国家便举起了反对海洋霸权的旗帜，到60年代，经济领域的反霸斗争已经汇成全球规模的滚滚洪流，进入70年代，斗争达到了高潮。1973年10月第四次中东战争爆发后，阿拉伯国家团结一致，果断地运用石油武器，沉重地打击了经济霸权主义。1974年4月，在联大第六届特别会议上，通过了由77国起草的《关于建立新的国际经济秩序的宣言》和《行动纲领》。同年12月，联大又通过了由墨西哥倡议，以77国集团名义提出的《各国经济权利和义务宪章》，从而表明第三世界要求建立国际经济新秩序的斗争及其基本纲领和原则，已为国际社会所确认。第三世界国家长达三十多年的争取二百浬海洋权的斗争也以1982年4月《联合国海洋法公约》的通过而成功地告一段落。凡此种种，在第三世界反霸斗争的历史上留下了光辉的篇章。

时至80年代，随着资本主义世界经济的复苏，以美国为首的西方发达国家对发展中国家的态度普遍转趋强硬，以致南北对话在1981年10月的坎昆会议后实际上陷入僵局。与此同时，由于国际国内的种种不利因素，发展中国家大都面临严重经济困难。在如此严峻的形势下，第三世界还要不要，而且能不能把反对经济霸权主义的斗争坚持下去呢？我们认为，第三世界国家必须也能够把这一斗争坚持下去，直至取得最后胜利。这是因为：(一) 西方发达国家的经济复苏只是暂时现象，其基础十分脆弱，加之许多潜在危机因素的威胁，决定了西方国家在南北关系上的僵硬态度是不可能持久的。因此，切不可为发达国家一时的气势汹汹所吓倒，更不能搞无原则的妥协退让。相反地，第三世界国家应当针对发达国家的弱点，采取扬长避短的积极方针，力争双方战略地位的转化。（二）发展中国家的困难同样是暂时的，是能够克服的。就以第三世界当前最大的难题之一债务为例，颇能说明这个问题。将近万亿美元的巨额债务，当然是缠绕在第三世界国家身上的绳索，但同时又是使债权国坐卧不安的一大心病。倘若任债务危机恶性发展下去，第三世界国家无疑深受其害，而资本主义的整个金融体系也休想逃脱灭顶之灾。这就是当今世界经济相互依存的现实。正因如此，才出现了诸如联邦德国免除非洲最贫穷国家债务，美国提出“贝克计划”，西方各商业银行纷纷同发展中国家安排延缓付债或提供新贷款等引人瞩目的现象。联系到第三世界债务国调整经济发展战略以缓解债务负担的种种努力，足以令人确信，那种认为债务危机乃第三世界不治之症的悲观论点是没有根据的。（三）应当看到，经过广大发展中国家坚持不懈的努力，建立国际经济新秩序的要求已经赢得国际社会的广泛同情和支持，成为不可抗拒的时代潮流。眼下西方发达国家转嫁危机的各种倒行逆施只能进一步加剧和激化南北矛盾，促使第三世界国家走联合自强之路。这个不依某些人的主观意志为转移的实际结果，必将导致反对经济霸权主义斗争的新高涨。

第二，从实际出发，加速经济社会发展战略的调整，进一步增强第三世界国家的经济实力。在当今世界上，反帝、反殖、反霸，维护世界和平的最可靠的武器，是增强第三世界国家的战斗力，而经济实力则是这种战斗力的基础。因此，发展经济，增强实力早已成为摆在第三世界国家面前的迫切任务。历史实践证明，第三世界国家既然能够从帝国主义和殖民主义的奴役下争得政治上的解放和独立，它们也一定有能力把自己的经济建设搞上去。事实上，许多亚非拉国家已经以自己的建设成就证明了这一点。当然，从维护世界和平、抑制战争势力的高度来衡量，第三世界现在的经济力量还是远远不够的。

为了适应严峻的国际经济形势，不断发展和增强自己的经济实力，对于众多的第三世界国家来说，首要的是及时总结以往的经验教训，调整经济社会发展战略，使之更加符合本国国情，保证国民经济的稳步健康发展。例如，面对科技革命迅猛发展，全球性产业结构进一步调整的新形势，广大第三世界国家应取何种对策呢？看来，鉴于第三世界各国在发展程度等方面存在巨大差异，其对策自然不应千篇一律。特别是对于发展程度较低的大多数国家来说，切不可盲目追求工业化和高精尖技术而忽略关系国计民生的农业及基础工业的建设，否则欲速不达，贻害无穷。至于现在有一种观点认为，随着科技革命的发展和高精尖技术的应用，发达国家和发展中国家的差距必将进一步拉大。我们认为，此种观点虽不无道理，但也有值得商榷之处。由于当今的世界经济已经形成一个互相依存的整体，国际分工自不待言，全球性的产业结构变动也是不可避免的现象。新的科技革命无疑会加速国际分工和产业结构变化的过程。这对第三世界国家既是一种挑战，又是一个机遇。只要第三世界国家抓住时机，因势利导，及时调整自己的经济社会发展战略，加强农业和基础工业的建设，引进和开发新技术，装备那些被西方发达国家称之为“夕阳工业”的部门，发扬自己在劳动力和原料、市场等方面的优势，提高经济效益，就一定能够逐步改善并提高在世界经济中的地位和作用。诚然，在一定时期内，发达国家在高级尖端技术领域的领先地位会进一步加强，但由于国民经济军事化及原料、市场等种种因素的制约，其总体经济力量的增长很可能是趋向缓慢的。而广大发展中国家尽管技术上比较落后，但却拥有发达国家望尘莫及的潜在优势，只要实施正确的发展战略，就一定能够取得大大高于西方发达国家的经济增长率。所以从中远期的前景来看，双方的差距不是进一步拉大，倒完全可能趋于缩小。

第三，加强南南合作是促进第三世界发展的根本保证。第三世界的发展是一项长期而艰巨的战略任务，立足点应当放在哪里呢？是依赖外部援助还是依靠自力更生？我们认为应取后者而不是前者。当然，在今日世界上，要想完全闭关自守地搞经济建设是不可能的；对于经济基础比较薄弱的广大第三世界国家来说，必要的国际援助是十分可贵的。但是，历史的经验反复证明，如果把自身的发展立足于依赖外援，其结果只能是挫折和失败，不仅经济上受制于人，而且政治上的独立也会有名无实；反之，如果立足于自身力量的基础上，立足于各国的自力更生和集体的自力更生——南南合作上，第三世界国家的发展就有了可靠的保障。

南南合作始于 50 年代中期，60 年代以来获得迅速发展。到目前为止，第三世界已经成立的原料生产、输出等国际专业性经济合作组织、区域性经济、金融合作组织总数已超过 40 个。这些组织在协调和增进发展中国家间的经济合作、为摆脱国际经济旧秩序和垄断资本的控制、加强与经济大国的谈判地位等方面，发挥了极其重要的作用。

在当前南北对话陷入僵局，广大发展中国家面临严重困难的情况下，加强南南合作的必要性和现实意义尤其突出，在某种程度上甚至可以说，它是第三世界国家摆脱困境，谋求发展以增强维护和平战斗力的惟一可靠的途径。正是在这一思想指导下，总人口超过 10 亿的南亚 7 国于 1985 年 12 月在达卡举行了首脑会议，成立了“南亚区域合作联盟”，把改善和提高本地区人民的生活福利，促进和加强集体自力更生，促进成员国在经济、社会、文化和科学技术方面的协作和互助作为联盟的宗旨，并且落实了农业、乡村发展、电讯、气象、卫生和人口、交通运输、邮政、科技和体育、艺术与文化等 9 个领域的合作方案。“南亚区域合作联盟”的成立反映了南南合作的发展趋势和强大生命力。

中国作为一个发展中的社会主义国家，一向十分重视发展同亚非拉国家在经济、技术、科学、文化、卫生等各个领域的合作。目前，我国政府严格遵循“平等互利、讲求实效、形式多样、共同发展”四项原则，进一步开拓了同广大第三世界国家，特别是比较落后的发展中国家的经济合作领域，从而为加强第三世界的自力更生能力，促进经济和社会的繁荣与发展做出了自己的努力。

当然，正如一切新生事物一样，南南合作的发展也不可能一帆风顺。目前石油输出国组织成员间在石油标价问题上的分歧即是一例。这种现象的发生固然是由多种因素造成的，但就其实质而言，它依然是西方发达国家向发展中国家转嫁危机的产物。因此可以相信，石油输出国组织成员绝不会听任西方发达国家坐收渔人之利，它们定能通过友好协商，消除分歧，重新团结起来，一致对外。

总之，战后40年的实践证明，当今维护世界和平的重任已经历史地落到第三世界国家的肩上。过去，既然第三世界国家在十分艰苦的条件下能够发挥反帝、反殖、反霸主力军的作用，那么可以断定，在今后的岁月里，随着经济、政治力量的不断增强，它们必将更加出色地履行自己维护世界和平的历史使命。

（原载《外交学院学报》1986年第2期）

美苏对峙下的苏东关系

80 年代上半期，国际关系的一个突出特点是美苏对立空前严重，有人甚至称之为战后的第二次“冷战”。最近，美苏首脑会晤虽使双边关系有所松动，但双方谋求核优势，以夺取世界霸权的严重对峙局面仍未改变。苏美关系是苏联对外政策的中心环节，苏联与其东欧盟国的关系，一直是围绕着这个中心运转的。

一　巩固“大家庭”的新措施

80 年代上半期，在美苏严重对峙的形势下，苏联比以往任何时候都更加注重同其东欧盟国的关系，并且为巩固“大家庭”采取了一系列颇为引人瞩目的新措施。

1. 理论上逐渐默认乃至公开承认东欧社会主义国家民族利益和民族特点的存在。东欧国家的民族利益和特点，过去一向被苏联领导人视为洪水猛兽，成为苏东关系中的一个禁区。但是近年来，要求承认并尊重民族利益与民族特点的呼声逐渐高涨。东欧各国领导人多次提到，“各国共产党应根据民族特点和具体条件，运用马克思列宁主义理论、社会主义革命与社会主义建设的普遍规律，自主地确定自己的政策"[①]。"每个党在注意到本国条件和传统时，运用哪种方式创造向社会主义过渡的条件或最有效地建设社会主义社会，都是由自己决定的事。有争议的问题，不同的设想正确与否，只能由时间和实践来决定。"[②]"在社会主义建设中，强调历史特点和民族特征，不可能意味着否定普遍规律。"[③] 对此，苏联领导人的态度与以往相比却显得比较克制。其中，最耐人寻味的是，戈尔巴乔夫上台后，苏联《新时代》杂志对《真理报》的批驳和纠正。1985 年 6 月 21 日，《真理报》发表署名弗拉基米洛夫的文章《世界革命进程的主导因素》，指责"民族主义仍然是阶级敌人的主要赌注"，"偏离马克思列宁主义路线总是与民族主义倾向有关"。这篇文章一发表，立即引起东欧国家的强烈反响。8 月底，《新时代》杂志第 35 期发表署名希什林的文章《首要的金科玉律》，引用戈尔巴乔夫的话作论据，批驳了《真理报》在民族主义问题上的观点，强调"社会主义国家关系形成和发展的历史曾不止一次地表明和证明，必须无条件地尊重每一个国家的主权，非常仔细地考虑彼此的利益，将互利原则同互相帮助，以及如果适当的话，与为了同盟义务自愿作出某些牺牲这点结合在一起，除此之外，没有别的途径可以建立社会主义国家间的和谐关系"。该文还婉转地承认每个国家在"解决社会主义任务的形式和方法方面，都有其鲜明的民族特点和特殊性"。后来，戈尔巴乔夫在和法共总书记马歇的会谈公报中又公开表示，每个党都可以"完全独立地根据本国的局势作出分析，制定政策，选择自己建设社会主义社会的道路"。

① 卡达尔 1985 年 3 月 25 日在匈牙利社会主义工人党十三大上的书面报告。

② 参见匈牙利社会主义工人党中央书记马加什 1985 年 10 月 30 日在党中央政治学院的报告。

③ 参见雅鲁泽尔斯基 1985 年 12 月在波兰理论、意识形态会议上的讲话。

1985年10月25日公布的苏共纲领新修订本草案，在强调社会主义普遍发展规律的同时，还首次提到，“过去的几十年，丰富了社会主义建设的实践，鲜明地表现出社会主义世界的多样性”，“在完全遵守平等和互相尊重民族利益的情况下，社会主义国家将沿着日益相互理解和接近的道路前进”。

2. 经济上不阻挠东欧各国的经济改革。60年代至70年代，东欧各国的经济年平均增长率为5%—6%，近年来已降为2%—3%，有的国家甚至出现负增长。东欧各国相继进行经济管理体制的改革，以求摆脱僵化的苏联模式的束缚，走出一条适合本国国情的经济发展道路。过去，对于东欧国家的任何经济改革行动，苏联都极其敏感，而且往往竭力加以阻挠，惟恐它们离经叛道，从经济改革开始，逐渐转向政治改革，最后走上捷克斯洛伐克“布拉格之春”式的道路。自安德罗波夫上台以来，这种情况有所改变。戈尔巴乔夫上任后，态度更趋明朗。他在多次讲话中反复强调变粗放经营为集约经营的必要性，要求狠抓科技进步以提高经济效益；同时允许国内进行局部改革的试验，从而在某种程度上为东欧国家的经济改革开了绿灯。

在1985年6月下旬举行的经互会第四十次首脑会议上，苏联不但没有对东欧国家的经济改革提出责难，而且对波兰、匈牙利等国因改革而使经济得以迅速恢复和发展的状况表示赞许。此后，苏联又倡议召开了经互会第四十一次非常首脑会议，通过了《2000年前经互会成员国科技进步综合纲要》。苏联急于采取这一行动的主要目的，是企图通过一体化促进科技发展，缩小同西方的差距，但它的客观效果之一必将是促进各国经济体制的改革。

3. 政治上不公开压制东欧国家相对独立的自主行动。战后以来，苏联领导人一旦发现东欧国家有“越轨”行为，总是毫不客气地予以压制。进入 80 年代，情况似乎发生了变化，最能说明问题的当推波兰事件。自 1980 年 7 月至 1981 年 12 月，波兰国内局势急剧动荡，罢工浪潮此起彼伏，经济濒临崩溃，政治陷入困境。面对如此严峻的形势，苏联勃列日涅夫政权尽管对波兰当局实施的协商和改革路线持有异议，但不仅没有进行军事干涉，而且采取了提供紧急经济援助等措施，以挽救危急的波兰经济，稳定群众生活。苏联的这一做法，对于波兰危机的克服，产生了积极的影响。在民主德国发展与联邦德国关系问题上，苏联态度的变化也反映出这一趋势。最近几年，民主德国主动表示，愿逐步加强同联邦德国的经济文化联系，甚至希望实现两国最高领导人的会晤。而苏联契尔年科政权则暗中作梗，使业已整装待发的昂纳克在最后时刻被迫宣布对联邦德国的访问“延期进行”。戈尔巴乔夫一上任，人们便敏感地注意到，昂纳克利用参加契尔年科葬礼之机，在莫斯科实现了与联邦德国总理科尔的会晤。此后，民主德国显然是在苏联的默许之下，主动撤除了以前在两国交界处布下的最后一批地雷，为进一步改善两国关系创造了有利条件。而且酝酿已久的昂纳克的联邦德国之行，也可望在 1986 年实现。不仅如此，戈尔巴乔夫还比较注意迎合东欧国家的意愿，采取一些灵活措施。例如，在 1985 年 4 月 26 日华约七国首脑会议公报中，同意有条件地写入罗马尼亚提出的华约和北约同时解散的主张（条件是同时声明：只要北约继续存在，欧洲和世界和平继续受到威胁，华约国家就将加强自己的防御同盟）；在经互会第四十次首脑会议公报中，载入并强调了关于经互会和欧洲经济共同体建立直接关系的建议等；在对待中国问题上，由于戈尔巴乔夫一再表示愿同中国改善关系，东欧各国获得了比以前较多的同中国加强经济文化甚至政治联系的主动权。

4. 军事上虽然紧紧抓住华沙条约不放，但在部署中程导弹等问题上避免过分刺激东欧国家。1985 年 5 月，华沙条约延长期届满。围绕着条约的修订与延长期问题，苏联与东欧国家展开了较长时间的争论。罗马尼亚等国主张延长期限越短越好，以便创造条件尽早废弃条约。苏联本想进一步强化该条约，并把延长期规定得更长些。但鉴于东欧国家的不同意见，苏联作了让步。最后，华约有效期和延长期仍维持原样不变，即有效期 20 年，外加自动延长期 10 年。

在欧洲中程导弹问题上，苏联对美国持强硬态度，作为对美国在其西欧盟国部署潘兴Ⅱ式和巡航导弹的报复，苏联只是在民主德国和捷克斯洛伐克境内部署了有限的 SS—20 中程导弹，而没有在其他华约成员国领土上部署中程导弹，这当然是有其考虑的。首先，是为了避免刺激更多的东欧盟国，因为凡是部署了核导弹的国家，自然成为北约核导弹可能的攻击目标。其次，从纯军事意义上说，SS—20 导弹部署在东欧国家，不见得比部署在苏联本土对美国更具威胁。

二 旨在抗衡美国的挑战

苏联采取上述措施，目的何在？

1. 为全力抗衡美国的挑战，巩固和强化自己的战略后方。由于 70 年代的全面战略出击，苏联已经在安哥拉、埃塞俄比亚、古巴、柬埔寨、阿富汗等地背上了一个个沉重的包袱。里根在其第一任期内，以“重振国威”的强硬方针，摆脱了与苏争霸中的被动处境。进入第二任期后，他又以“战略防御计划”为王牌，对苏联发起更加咄咄逼人的挑战。面对里根政府的挑战，苏联不得不进行战略收缩。倘若东欧盟国再度发生像波兰危机那样的变故，苏联势将陷入腹背受敌的窘境。为此，苏联领导人不能不更加关注“大家庭”的团结。

2. 吸取苏东关系以往的经验教训——怀柔胜于压制。近年来，美国、西欧同苏联争夺东欧国家的斗争，逐渐由偏重政治宣传转为更多地运用经济手段。这种方式对于离间苏东关系具有更大的危险性。苏联领导人意识到这种威胁，针锋相对地采取了反措施，其中之一是向经互会成员国提供较多的实惠，继续保证和增加对东欧盟国的石油、天然气供应即是一例。

3. 苏联经济的发展，要求调整对东欧盟国的策略。70 年代后半期以来，苏联经济增长速度长期停滞不前。沉重的军费负担是阻碍苏联经济协调发展的主要原因之一。里根政府正是利用苏联经济的弱点，企图通过昂贵的太空军备竞赛拖垮苏联。苏联领导人，尤其是安德罗波夫和戈尔巴乔夫，希望东欧盟国能够发展本国经济，增强经济、军事实力，以减轻苏联的部分经济、军事负担。特别是在面临美国挑战的严峻时刻，苏联领导人为了把东欧盟国牢固地纳入苏联对美战略的范畴之内，不能不更多地采用怀柔政策，以取代过去那种效果往往适得其反的大棒政策。

4. 迎合东欧各国要求缓和美苏关系的强烈愿望，重新树立和平形象。70 年代美苏关系乃至整个东西方关系的缓和，曾经使东欧国家的经济社会发展明显受益。而 80 年代以来，美苏关系的恶化则给它们带来了损失。东欧各国都殷切希望缓和美苏间的紧张关系。此外，东欧国家还有其更深一层的考虑。它们十分清楚，在目前条件下，它们自身的安全，在很大程度上取决于苏美关系的发展。东欧国家的这种不安全感，十分类似于西欧国家。正是这种想法促使东、西欧国家加速了相互交流和接近的步伐，即使在最近几年美苏关系十分紧张的情况下，东、西欧加强经济贸易交流的势头也有增无减。苏联领导人对此当然是心照不宣的。况且，就苏联本身而言，同美国继续僵持下去亦有害无益。因此，重新高举缓和旗帜，采取一些缓和苏东关系的主动行动，既可以迎合东欧盟国的愿望，又能够影响西欧国家同美国的关系，在全世界还可以树立一个和平的形象，可谓一举多得。

三 苏东关系的发展趋势

80年代以来，在美苏严重对峙的形势下，尽管苏联对东欧政策的某些调整并非战略性调整，但从近期看，这有助于缓和苏联东欧关系中固有的矛盾，有利于东欧国家的经济改革和独立自主倾向的发展。近几年来的苏东关系，虽非一帆风顺，但总的看来比较稳定。

那么，影响苏东关系发展趋势的主要内外因素是什么呢？首先，是苏联执行什么样的政策，更具体地说是苏联能否逐渐克服其对外政策中的大国沙文主义，真正平等地对待东欧各国。其次，是苏东各国尤其是东欧国家能否取得比较理想的建设成就，也就是说社会主义制度的优越性在经济社会发展方面能否得到更加充分的发挥。第三，是苏美关系或者扩大为东西方关系的演变。第四，是世界政治力量总格局的演变。

综合以上各主要因素，对苏东关系的发展趋势似乎可以做以下推断。第一，苏东之间虽然还会有摩擦，但近期内仍会保持相对平静，不大可能出现重大的矛盾或冲突。第二，苏东关系中控制与反控制的斗争将持续相当长的时间，而且会有起伏，但不至于日趋激化，倒是可能趋于缓和。第三，苏联所谓的“社会主义大家庭”既不会解体，也不可能更加集权化，而很可能成为一种成员国享有越来越多自主权的松散共同体。

这些推断的基本依据是：其一，苏联的大国沙文主义及其恶性发展——霸权主义固然相当顽固，但它终究是历史发展的逆流，已经并将继续遭到抵制和批判，其市场只能日渐缩小。其二，苏美争霸严重对峙的局面迄今没有根本改变的迹象，因而作为抗衡美国的重要手段之一，苏联绝不会轻易放松对东欧盟国的控制，但在手法上将继续采用以怀柔为主的策略，以求抑制东欧国家的离心倾向，增强“大家庭”的凝聚力。其三，东欧各国与苏联之间的力量相差悬殊，其中某些国家如民主德国、波兰、保加利亚等，在军事、经济等方面对苏联的依赖程度很深，从自身利益出发，它们也不希望削弱与苏联的同盟关系。随着时间的推移，特别是作为经济改革的结果，东欧国家的经济力量将进一步增长，力量对比将朝着有利于东欧国家的方向发展。这种情况将促使苏联不能不更加尊重东欧国家的独立和主权，以谋求在平等互利基础上的新的同盟关系。其四，世界范围内的整个国际关系在朝着民主化的方向发展，这个总趋势也将对苏东关系产生有益的影响。

（原载《世界经济调研》1986 年第 10 期）

东欧剧变及其对国际战略格局的影响

自1989年春夏之交到现在，将近一年半的时间里，波兰、匈牙利、民主德国、保加利亚、捷克斯洛伐克、罗马尼亚等六个东欧国家的局势相继发生了令世人瞩目的变化。其来势之迅猛，震动之剧烈，影响之深远，在战后历史上实属罕见。东欧上述六国，总面积约100万平方公里，人口合计1.1亿。由于其特殊的战略地位，它们在二战后一直是苏联苦心经营的“社会主义大家庭”的重要组成部分，是苏联同西方对峙的战略伙伴。在这样一个敏感地区发生的任何重大政局变化，当然不能不对国际战略格局产生影响。

一　东欧形势剧变的梗概及特点

（一）变化概况

东欧政局的动荡，1989年春开始于波兰，继之匈牙利，而后在民主德国、保加利亚、捷克斯洛伐克形成连锁反应，12月下旬罗马尼亚爆发内战，达到高潮。进入1990年以来，上述六国的局势逐趋明朗，但动荡远未结束。

波兰局势自1980年以来虽几经反复，但基本上仍处于波兰统一工人党的掌握之中。1989年初，情况发生了根本变化。1月，波党中央全会作出实行政治多元化的决议。2月，波党政当局邀请被取缔达七年之久的团结工会等反对派组织代表举行圆桌会议，4月初达成协议，团结工会遂得以复活。在6月举行的国民议会选举中，团结工会势力急剧膨胀。8月，团结工会施离间计，将波兰统一工人党长期以来的两个盟党——统一农民党和民主党——挖走，组成了以马佐维耶茨基为首的团结工会政府。波兰统一工人党终于大权旁落。

继波兰之后，匈牙利社会主义工人党内部的所谓“激进改革派”于1989年6月开始发难，公开鼓吹多党制和“和平过渡”，宣称匈党的目标是民主社会主义。各种反对派势力乘机而动，目标集中于从匈党手中夺权。面对如此严重的威胁，匈党非但不予反击，反而一味妥协退让。10月，匈社会主义工人党十四大决定把党改建为社会党，造成严重分裂，极大地削弱了匈党的力量和影响。紧接着又修改宪法，取消了关于党的领导作用、国家的社会主义性质以及以马克思列宁主义作为指导思想的各项规定。结果在1990年3月25日和4月8日的两轮大选中，社会党遭到惨败，仅获8.55%的选票，从而丧失了掌权资格。

民主德国政局于1989年10月上旬突然发生动荡。持续不断的大规模游行示威迫使昂纳克于10月18日辞去德国统一社会党总书记职务。12月1日，人民议院修改宪法，取消了有关统一社会党领导地位的规定。12月5日，昂纳克及其他一些原党政主要领导人相继被拘留或逮捕。统一社会党两度更名，现称民主社会主义党。在1990年3月18日举行的大选中，受西德支持的基民盟等原反对派势力获胜，德梅齐埃出任新政府总理；民主社会主义党尽管获得16.3%的选票，仍被排除在新组建的政府之外。

与东欧其他国家相比，保加利亚局势一向比较稳定。但在波、匈、民德局势急剧变化的影响下，保加利亚的各种矛盾也急剧公开化。在1989年11月10日举行的保共中央全会上，任职长达39年之久的日夫科夫被迫辞去总书记职务，由前外长姆拉德诺夫接任，不久即被开除党籍。12月，保共领导地位的规定被从宪法中取消。与此同时，各种反对派势力纷纷出笼，向保共发起挑战。迫于压力，保共同意同它们举行圆桌会议并组织联合政府。现在，保共已改名为保加利亚社会党。该党在1990年6月举行的大选中保住了执政党地位。

捷克斯洛伐克局势1989年8月曾一度相当紧张，但由于捷党政当局采取了强硬立场和果断措施，事态被平息下去。11月中旬，捷共中央全会决定采取妥协退让政策，雅克什辞去总书记职务，宪法中有关捷共领导地位和马列主义作为指导思想的条款被取消。12月，总统、联邦议会主席等关键职位落入反对派势力之手。此后，由于总理恰尔法宣布退出捷共和政府多次改组，共产党人已被排挤殆尽。在1990年6月8日举行的联邦议会大选中，捷共仅获300个议席中的47席，被彻底排除在新政权之外已成定局。

罗马尼亚政局直到1989年11月下旬举行罗共十四大，表面上看似乎平静，但潜在危机却由来已久。因而当12月中下旬危机突然来临时，其激烈程度远远超过其他东欧国家。12月22日，在国内政局失控、武装冲突愈演愈烈的情况下，罗共总书记、共和国总统齐奥塞斯库被迫出走，德斯克列斯库总理宣布政府辞职。曾任罗党中央书记，但早已被清除出党的伊利埃斯库匆匆组建了救国阵线，出面收拾残局。25日，齐奥塞斯库夫妇被处决。31日，救国阵线宣布罗实行多党制，军队和警察不再受罗共领导。不久，“罗马尼亚社会主义共和国”中的“社会主义”四字亦被抹掉。现在，罗共事实上已经瓦解。在1990年5月20日举行的大选中，救国阵线获胜，伊利埃斯库出任总统。对此，虽然国际上议论纷纷，莫衷一是，但任何不抱偏见的人都不能不承认，今日的救国阵线与昔日之罗共已很难说有什么共同之处。

（二）变化特点

东欧六国的形势变化，各国的具体情况千差万别，但不乏共同点。到目前为止，它们的共同特点表现在以下三个方面。

1. 政治上实行多元化，否定共产党的领导，放弃无产阶级专政，抛弃民主集中制原则，致使原来由各国共产党人掌握的国家政权全部或部分旁落。如果仅以共产党人是否执掌政权这一点来衡量，当前的东欧六国大致可分为三种类型：

第一种类型，共产党人完全被排除在政权之外。民主德国、匈牙利、捷克斯洛伐克以及罗马尼亚均属此列。在这些国家里，随着领导权的丧失，原来的执政党有的已经更名，有的停止了活动，在国家政治生活中的作用大大降低，甚至化为乌有。那里的共产党人处处遭到排挤和打击，有的前领导人连人身安全和生活出路都成了问题。在这种困难的情况下，许多老共产党人开始重新组织起来，为重建无产阶级政权而奋斗。

第二种类型是波兰，政权被团结工会夺走，但原波兰统一工人党的成员仍在参与执政，在国家政治生活中尚能发挥一定的作用。特别是雅鲁泽尔斯基、西维茨基和基什查克现在仍分别担任总统、国防部长和内务部长的要职。他们在波兰统一工人党于1990年1月底停止活动并改建为社会民主党和社会民主联盟后，没有参加任何党派，但他们的政治倾向和作用是有目共睹的。他们实际上构成了团结工会全面彻底夺权的最后障碍，因而被后者视为眼中钉、肉中刺，必欲拔除而后快。最近，西维茨基和基什查克已被解职，剩下雅鲁泽尔斯基总统，地位也岌岌可危，看来被取而代之只是个时间问题。所以，这种类型本身很可能是一种过渡形式，最终还将步入第一种类型国家的行列。

第三种类型只有保加利亚一国。它的特点是，保共虽已改名为社会党，宪法中也取消了共产党领导的条款，但由于反对派势力还比较薄弱，它的执政党地位尚能维持。在 1990 年 6 月 10 日和 17 日举行的大选中，社会党赢得国民议会 400 个席位中的 211 席，从而得以继续执政。

2. 经济上推行私有化，放弃计划经济，改行全盘市场经济或混合经济。在这方面，波兰的步子迈得最快，走得最远。马佐维耶茨基政府上台后，立即抛出了推行全盘市场经济和私有化的所谓改革纲领。半年多来，该政府采取了诸如全面放开物价、兹罗提大幅度贬值（由 1989 年 9 月的 500 兹罗提兑 1 美元，贬为目前的 9500 兹罗提兑 1 美元），加速工矿企业私有化进程和产业结构调整等措施，但收效甚微。由于物价飞涨和失业队伍的不断扩大，广大劳动群众不堪忍受，抗议性罢工时有发生。至于波兰统一工人党执政时不堪重负的外债，在团结工会执政后非但没有减少，反而由于外贸形势恶化等原因而进一步上升，迄今已达 410 亿美元，相当于国内生产总值的约 60%。每年仅支付利息一项就需 30 多亿美元，约占当年国家外汇收入的将近一半。在这方面，东欧其他五个国家的情况与波兰基本大同小异。总起来看，东欧六国的政局变动对经济造成巨大冲击。1989 年，东欧六国经济停滞甚至出现负增长，财政拮据，通货膨胀，商品匮乏，外债增长，人民生活水平普遍下降，不满情况日益增强。面对如此严重的经济形势，在动荡中上台的各国政府纷纷推出各种各样的“振兴纲领”，并寄希望于西方国家的援助。但效果究竟如何，现在还不得而知。

3. 外交上强调独立，有意识地适当拉开同苏联的距离，逐步改善和加强同西方国家的关系。战后以来，东欧六国一直是所谓“社会主义大家庭”的成员，苏联对它们一向颐指气使。最近的政治动荡从根本上改变了这种状况。迄今为止，虽然东欧国家没有一个脱离华约或经互会，但它们对苏联的立场和态度却与动荡前大相径庭。它们既不甘于继续充当卫星国的角色，又不能不考虑自身的利益，因为它们目前不仅经济上离不开苏联，而且政治上也需要苏联的谅解和支持。因此，现在的东欧六国当局都保持着同苏联就各种问题进行磋商的渠道，但又不像过去那样唯命是从。确切地说，目前东欧国家同苏联的关系处于一种若即若离的状态。1989 年 12 月 4 日，苏联政府在捷政府的强烈要求和国际舆论的压力下，不得不承认，1968 年出兵捷是错误的；1990 年 4 月，苏联承认 50 年前在卡廷森林杀害万名波兰军官的惨案系苏方所为；应捷、匈、波三国的要求，经谈判，苏联已同它们分别达成协议，将驻上述三国的苏军撤回，并且已经付诸行动。凡此种种说明，苏东关系正在发生实质性变化。

在同苏联适当拉开距离的同时，东欧六国不同程度地改善和加强了同欧、美、日等西方发达国家的关系。捷总统哈韦尔、波总理马佐维耶茨基、民德总理德梅齐埃等频繁出访美、英、法等国，充分反映了东欧国家迫切希望接近西方的趋向。他们的基本目的是争取西方国家的同情和支持，尤其希望得到财政经济援助，以解燃眉之急。诚然，西方国家对东欧形势的剧变无不感到欢欣鼓舞，但真要它们掏自己腰包挽救深陷危机的东欧国家经济时，却顾虑重重。其中，最典型的莫过于所谓第二个援欧“马歇尔计划”迟迟不见出笼。此外，匈、捷、保等国以不同形式陆续表达了希望加入欧洲议会或欧洲共同体的意向，也从一个方面反映了东欧国家向西方靠拢的趋势。

二 东欧形势剧变的根源

东欧六国局势的剧烈变化绝不是偶然的，而是长期以来各种矛盾和潜在危机的总爆发。这里既有内部根源，亦有外部条件。从根本上说，内因是决定性的，外因是通过内因而起作用的。

（一）内部原因

首先，东欧六国无一例外地都是二战后期由苏联红军从希特勒法西斯铁蹄下解放出来的，它们战前都是资本主义国家，西方的传统影响根深蒂固。加之仓促执政的无产阶级政党在人民群众中的根基很不牢固，自身组织又严重不纯，社会民主党的意识相当浓厚。这就铸成了东欧六国人民政权的一大弱点，即先天不足。

其次，东欧六国的多数领导人，长期习惯于跟着苏联的指挥棒转，而不从本国的国情出发，严重违背本国人民的意愿。波兰领导人在卡廷事件上的暧昧态度，捷领导人掩盖和歪曲事实真相，为苏联 1968 年对捷武装干涉开脱罪责的行径，就是其中典型的例子。

再次，东欧六国的某些领导人长期脱离群众，思想保守僵化，不思改革。更有甚者，少数领导人凭主观意志办事，严重弄权渎职，个别人竟然发展到实行家族统治的地步。显然，他们已从社会公仆蜕变为“老爷”，从而失掉了民心。

最后，经济问题长期得不到解决是东欧六国社会危机最深刻的根源。战后几十年来，东欧国家在经济建设上固然取得了不少成就，但问题也是显而易见的。生产效率低下，分配中的平均主义助长了人们坐吃“社会主义优越性”的懒汉思想，造成经济领域的恶性循环，直接影响了人民群众生活水平的提高。自60年代以来，波、匈等国曾先后采取了一些改革措施，但受内外条件的限制，均未收到预期效果，近年来更陷入严重的经济危机之中。

（二）外部原因

第一，自70年代以来，东西方关系渐趋缓和，西方国家加紧推行“和平演变”战略，东欧国家自然是它们演变的重点对象。借扩大经济往来之机宣扬西方经济的“优越性”，加强思想文化渗透，大力培植各国持不同政见分子和反对派势力，是他们惯用的伎俩。在这方面，美国劳联—产联对波兰团结工会的鼎力相助颇能说明问题。自1981年12月团结工会被取缔，直到1989年4月重新合法化前，美国劳联—产联每年向它提供数以百万美元计的印刷机、复印机、摄像机、无线电广播设备等，供团结工会地下组织从事反政府非法活动。正是西方国家的暗中支持和协助，助长了团结工会反政府活动的嚣张气焰，使它扮演了帝国主义颠覆波兰人民政权的急先锋的角色。

第二，戈尔巴乔夫及其“新思维”推动了东欧六国形势的变化。1985年3月戈尔巴乔夫出任苏共中央总书记之后，逐渐调整对美国的战略，同时相应调整了对其东欧盟国的政策，以服从其对美战略的需要。这种形势为东欧各国独立自主地探索自己的经济社会发展战略提供了可能。但是，由于大多数东欧国家长期积累起来的社会矛盾相当尖锐，尤其是80年代后期普遍面临严峻的经济形势，东欧各国的改革一开始就遇到了难以逾越的障碍。经济改革的受挫，经济困难的加剧，使社会矛盾逐渐激化。面对不同程度的危机，东欧某些执政党内部的社会民主主义思潮再度抬头，并迅猛蔓延。这种思潮不仅和西欧社会民主党的主导思想遥相呼应，而且得到苏联戈尔巴乔夫的支持。戈尔巴乔夫上任后不久提出的“新思维”，其核心就是所谓全人类利益超过任何阶级的利益。在这一思想指导下，苏联对东欧国家形势的急剧变化采取了推波助澜的立场。1989 年 12 月 9 日，戈尔巴乔夫在苏共中央全会上发表讲话，把东欧形势的剧变称之为“民主化”和“社会主义革新”，并且表示：“我们的出发点是，每个国家的人民都有权自主决定自己的命运，包括选择制度，以及这种制度进化的道路、速度和方法。”苏联的立场助长了东欧各执政党的妥协退让思潮，为西方国家的和平演变大开方便之门，最终导致人民政权得而复失的可悲后果。

三　东欧形势剧变对国际战略格局的影响

东欧形势的急剧变化，堪称一场强烈的政治地震。其震波所及，首当其冲的是苏联和其他欧洲国家，即使是远离欧陆的美、日和广大第三世界国家也有不同程度的“震感”。其烈度，在颇为灵敏的“政治测震仪”——反映各国和国家集团间政治、经济、军事力量组合及对比的全球战略格局上已明晰可辨。

（一）苏联的战略地位受到严重削弱

战后 40 多年来，全球战略格局几经变化，但苏美两个超级大国在世界政治舞台上的特殊地位，迄今仍然是一个客观存在。它们不但各自作为独立的一极出现在世界，而且还分别统率着一个由众多国家组成的军事政治集团，即华约和北约。苏美的对峙，构成战后世界政治的基调，也成为世界不得安宁的重要根源之一。打破美苏两极主宰世界的局面，是历史发展的必然趋势。

东欧形势的变化，首先对苏联造成了强烈冲击。

其一，东欧六国政治立场和对苏态度的转变，使得它们原先作为苏联对西方的战略屏障的中间隔离带的地位发生了动摇。综观战后苏东关系史，人们不难发现，苏联协助东欧国家走上社会主义道路，并在战后给予大量的经济军事援助，显然有其全球战略利益的考虑，那就是利用东欧国家构筑对美欧的战略屏障和中间隔离带，以维护苏联的安全。对于苏联的这一战略意图，西方政治家向来一清二楚，而且从未间断地加以阻挠和破坏。战后初期，西方曾试图利用自己在东欧各国的政治代理人通过选举等所谓合法手段攫取政权，但未能奏效。此后，它们又企图铤而走险，策动某些东欧国家的反政府势力制造动乱和暴乱，以便乱中夺权，结果又以失败告终。在这种情况下，西方国家改而采用“和平演变”的策略，并且选择波兰、匈牙利作为重点突破口，变本加厉地推行其颠覆东欧各国人民政权、挖苏联战略墙脚的计划。经过数十年的惨淡经营，终于在1989年取得了初步成效。

其二，东欧形势剧变使苏联战略力量的两大支柱——华约和经互会摇摇欲坠。苏美对峙，苏联除依靠本国的力量外，一向把华沙条约组织和经济互助委员会作为两大战略力量支柱。为此目的，它不惜工本地经营和控制这两个组织。事实上，长期以来华约和经互会基本上发挥了苏联所预期的作用。当然，这绝不是说，在华约和经互会内部不存在对苏离心力。恰恰相反，这种离心力不仅早已有之，而且自1985年戈尔巴乔夫上台后已呈逐步增强之势。时至今日，在形势剧变的情况下，离心力已经变成公开的离异行动。匈、捷、波均已要求苏联驻军撤离，而且和苏联当局分别达成了撤军协议，现在驻上述三国的苏军正在撤回苏联本土。东欧六国都已要求改变华约的纯军事集团性质，有的主张把它改造为政治军事联盟，有的则主张逐步将其取消，匈牙利甚至明确表示了退出华约的意向。在这种严峻形势下，华约政治协商委员会和国防部长会议最近相继在莫斯科和民主德国的首都柏林市召开。会议在目前华约应有的性质等问题上存在严重分歧，因而决定成立专门机构就如何改造华约问题进行研究并提出方案，以备将于1990年11月举行的下次政治协商委员会讨论。至于经互会，其前景绝不比华约美妙。从某种意义上说，经互会成员国之间的固有矛盾更加深刻和尖锐。随着东欧六国由计划经济向市场经济的大幅度摆动，苏联赋予经互会的使命已经无法完成，况且经互会的不少成员国对这一组织早已不抱多少希望，匈牙利、捷克斯洛伐克、保加利亚等国对欧洲经济共同体的热情似乎远高于经互会。诸如此类的种种迹象表明，华约和经互会的机构也许还会维持一段时间，但由于内里蛀空，已经不可能继续充当苏联战略力量的支柱。

其三，东欧六国形势的急剧变化使苏联国内种种矛盾激化，困难加剧。东欧风云突变，实属戈尔巴乔夫新思维的“成果”。然而，事物的发展又往往不以人们的主观意志为转移，东欧事态的发展也不例外，它在某些方面大大超出了苏联所能控制的范围，并且对苏联形成强大的反作用力。在党内，社会民主主义思潮泛滥，造成派别林立，使苏共面临分裂的威胁，严重削弱了苏共的领导地位。在民族问题上，几十年来固有的矛盾被诱发出来，呈一发而不可收之势。波罗的海沿岸的立陶宛、爱沙尼亚、拉脱维亚三个加盟共和国已经相继表示决心脱离苏联。如若得逞，其他加盟共和国仿效者恐不在少数，再加上政治多元化、经济私有化的鼓噪早已把人们的思想搞乱，使今日的苏联无论在政治、经济还是意识形态领域均陷入空前的危机状态。所有这一切，极大地牵制和削弱了苏联的力量，使它在同另一个超级大国的较量中处于更加不利的地位。

（二）美国的盟主地位面临更大威胁

东欧形势的急剧变化，使杜勒斯之流“和平演变”的梦想变成了初步的现实，美国方面拍手称快是意料中事。事实上，从苏美两个超级大国长期较量和战略力量消长的角度来衡量，任何不带偏见的人都不能不承认，东欧事态的发展，苏联是输家，美国是赢家。可是，世界上任何事物都不是绝对的。东欧形势的剧变虽有对美有利的一面（而且是基本的），但不可否认，也有不利的一面，那就是对其西方盟主地位的威胁。

首先表现在政治上。由于东欧在政治、经济、意识形态等领域迅速向西欧靠拢，建设一个欧洲人的欧洲、欧洲用一个声音说话的呼声再度高涨，作为局外人的美国恐难免冷落感。更为现实的是，随着东西欧的进一步接近和经济、政治实力的增强，欧洲作为一支独立的力量在国际战略格局中将占据更加有利的地位。届时，它能否继续按美国的意志行事，令人怀疑。

其次表现在军事上。美苏对峙的战略重点一向在欧洲。东欧六国形势的变化，使过去长期对峙的东西欧紧张局势逐渐缓和下来。这样，两大军事集团（华约和北约）在这一地区原有的军事部署已经不能适应新的形势的需要。乘此时机，匈、捷、波等国提出了苏军撤离的要求，联邦德国则坚持其反对美国更新“长矛”式短导计划的立场。其结果是，苏联开始从匈、捷、波等国撤军，美国也于1990年5月初正式宣布中止执行“长矛”式短导的更新计划，同时不再使部署在欧洲的核炮弹现代化。此外，东欧形势的发展也推动了维也纳裁减欧洲常规军事力量的谈判进程。这一切无疑将进一步削弱美国对欧洲的控制。至于原英国陆军元帅米歇尔·卡弗最近提出的组建新的“欧洲部队”以取代北约的主张，则更直言不讳地表达了排除美国影响的意向。

第三表现在经济上。东欧局势动荡的起因之一即是经济形势的恶化。现在，局势虽然趋于平静，但各种问题，尤其是经济上的困难并没有解决。东欧六国的领导人纷纷把改善经济的希望转移到美欧国家身上，作为首富的美国自然成了希望目光的焦点。波兰的瓦文萨、捷克斯洛伐克的哈韦尔亲访美国就反映了这种急迫心情。但美国的表现着实使他们扫兴：一是说得多，做得少；二是一拖再拖，迟迟不见行动；三是能推就推，尽量让西欧、日本等国承担；四是附加条件苛刻，令人望而生畏。由此可见，要美国慷慨解囊绝非易事。况且，它的任何外援，必须符合美国自身的战略利益。而对东欧的经济援助，不仅是一个无底洞，而且能否收到预期效果尚属未定之天。因此，美国犹豫不决，惟恐背起一个苏联力图甩掉的沉重包袱。

（三）两德统一：雅尔塔体制的终结

德意志民族被一分为二，形成两个国家，分属两个集团，是雅尔塔体制下的产物，又是该体制的重要标志。甚至在一年前，即 1989 年年中，两德统一也几乎是不可思议的。然而，随着民德形势的急剧变化，特别是柏林墙的开放，1990 年 3 月 18 日民德大选中基民盟的获胜，5 月 18 日两德国家条约的签订，德国统一将变为不可阻挡的现实。种种迹象表明，两德统一的进程，如无重大意外事件发生，很可能将在最近一两年内完成。

德国的统一和崛起，将对全球战略格局产生重大而深远的影响。

第一，统一后的德国将以其雄厚的实力成为国际战略格局中的新的一极。据统计，两德统一后，国土面积为 35.6 万平方公里，人口 7800 多万，年国民生产总值约 1.2 万亿美元，武装力量超过 66 万人。这就意味着，无论从经济实力还是军事实力来说，德国均将超过英、法两国，成为西欧鹤立鸡群的超级大国；在全球范围内，也将成为能够同美、日相抗衡的经济超级大国。它的出现，势必打破原有的战略力量平衡，成为影响全局的一个新的重要因素。

第二，德国的统一将标志着雅尔塔体制的最终解体。雅尔塔体制的形成，是二战后世界政治力量重新组合的反映。其核心内容，一是美苏两个超级大国地位的确立，一是东西欧的分裂和德国的分治。经过 40 多年的风云变幻，雅尔塔体制早已风雨飘摇，而今随着德国统一的实现，它赖以存在的根基终将荡然无存。雅尔塔体制的终结，德意志民族重新独立于世界民族之林，这是符合历史发展规律的结果。可是，一个不再受制于人的强大的德国将向何处去？这个问题今天已经成为世界关注的中心。仅在本世纪内，人类已两度横遭世界大战的惨祸，而罪魁祸首都是德国。人们从惨痛的教训中不能不提高对统一后的德国的警惕，尤其是曾经深受其害的欧洲邻国。正因为如此，它们迫切希望把德国统一的进程纳入欧洲一体化的轨道，用以牵制德国，使其不再构成对人类的新威胁。至于美苏两个超级大国眼下也忙于对德国统一施加影响，则更多的是出于各自战略利益的考虑。比如在统一后的德国是否留在北约的问题上，美苏之间正在激烈地讨价还价，其着眼点无非是借助德国力量牵制和削弱对手，以强化自己的战略地位。

第三，德国的统一和崛起，将不可避免地进一步加剧西方国家之间的矛盾。战后以来，由于东西方对立这一大气候的存在，使西方国家内部的各种矛盾退居次要地位。如今，东西对抗逐趋缓和，西方国家内部矛盾大有上升之势。一个统一的强大的德国的崛起，无疑将火上浇油。回顾战后 40 多年资本主义世界的发展史，可以清楚地发现，经济、政治发展不平衡的规律仍然在起作用，资本主义国家之间的力量对比已经发生了巨大变化。作为战败国的日本、西德不仅早已恢复了元气，而且上升为资本主义世界经济中仅次于美国的两大力量，已经成为美国的强大竞争对手。统一后的德国将更加财大气粗，因而美、日、德间的龃龉将更加难以调和。经济利益在通常情况下是国际关系深层次的决定性因素，资本主义国家间的关系在这方面表现得尤其突出。两次世界大战都是资本主义国家内部矛盾不可调和的产物。今天，当资本主义世界经济尚处于比较稳定的发展状态时，它们之间的争夺和摩擦尚且司空见惯，一旦出现严重的经济危机或其他不测事件，谁能断言，它们之间不会再次拼个你死我活呢。

（原载中国国际友好联络会和平与发展研究中心《国际问题资料》1990年第16期）

试论联合国在当今国际关系中的作用

《联合国宪章》规定，联合国的宗旨是：维护国际和平与安全；发展各国之间的友好关系，进行国际合作，以解决国际间经济、社会、文化和人道主义性质的问题，并且促进对于人权和基本自由的尊重；作为协调各国行动的中心，以达到上述共同目的。正是这一宗旨，构成了衡量联合国在当今国际关系中的作用的基本标准。

一

维护国际和平与安全，是联合国宗旨的首要内容，也是世界各国人民对联合国的最大希望。这一任务主要由联合国安全理事会承担，当然，联合国大会对此也责无旁贷。

在联合国成立以来的46年间，世界大战未曾发生，但不同规模的地区性、国别间武装冲突却连绵不绝。据不完全统计，在此期间发生的局部战争超过150次，人员伤亡两千余万。面对如此频繁而尖锐的国际矛盾和冲突，联合国采取了哪些行动呢？

首先，根据会员国提议，由联合国大会或安理会审议讨论，最后通过决议，声援和支持受害者，谴责侵略者。这类决议在联合国历史上已经数以千计。仅80年代以来，美国唆使和支持以色列反对和镇压巴勒斯坦民族解放斗争、美国支持尼加拉瓜反政府武装、苏联入侵阿富汗、越南侵略柬埔寨、伊拉克侵占科威特等，都曾受到联合国的强烈谴责。当然，这些决议除了谴责侵略、伸张正义的道义作用之外，很难发挥更积极的作用。

其次，根据联合国大会或安理会的有关决议，由联合国秘书长（及其代表）或临时选派的特使出面进行和平调解和斡旋。1967年雅林出使中东，1991年万斯出使南斯拉夫即是较典型的例子。至于联合国秘书长从事的这类活动，更可谓不计其数。在诸如历次中东战争的调停、两伊战争的调解、苏军撤出阿富汗、政治解决柬埔寨问题、古巴从安哥拉撤军、争取西撒哈拉和平、解决海湾危机等一系列维护和平的行动中，清晰地留下了历任联合国秘书长的足迹。人们当然不会忘记，联合国第二任秘书长哈马舍尔德（瑞典人）就是肩负和平使命在前往刚果途中（1961年9月18日）因飞机失事而遇难的。在以往的5任秘书长中，维护和平成绩最为突出的当属第五任秘书长、秘鲁外交家佩雷斯·德奎利亚尔。他在任职的10年（1982—1991）间，不辞劳苦地奔波于世界许多遭受战争困扰的地区，为多起久拖不决的重大武装冲突的双方架起了和平的桥梁。因此，他先后荣获了1988年“奥洛夫·帕尔梅奖”和“奥纳西斯—雅典娜1990年人和人类奖”。

第三，根据安理会决议，派遣联合国维持和平部队。据统计，自1948年5月向中东阿以交战地区派出第一支维持和平部队到1992年2月底为止，联合国共计派遣维持和平部队21支，总人数达8.5万余人；按地区分布，中东10支，亚洲5支，非洲3支，拉美2支，欧洲1支。在这21支维持和平部队中，有9

支已经完成其使命而停止活动，另外 12 支约 5 万人迄今仍在活动，其中包括正在紧张组建的驻柬埔寨维持和平部队和驻南斯拉夫维持和平部队。由于绝大多数联合国维持和平部队发挥了促进和保障和平的显著作用，人们一向给予高度评价。事实上，近年来国际舆论对联合国的赞扬，在某种程度上是同联合国维持和平部队的活动密切相关的。

但是，在战后 150 多起局部战争或武装冲突中，由联合国调停、监督而实现和平的，终究只占很小的一部分。这个事实本身也从一个侧面说明了联合国维护国际和平与安全的作用是相当有限的。这一方面同各个时期特定的历史背景，或者说国际政治经济力量对比及其在联合国的反映相关联，另一方面，战后国际关系由两极格局向多极格局的发展，特别是美苏关系由对抗到缓和的变化，对联合国维护国际和平与安全的作用也有着巨大的影响。

除联合国大会和安理会外，联合国裁军会议等有关机构在裁军、军备控制、不扩散核武器等领域也做了不少努力。但总的说来，收效甚微。

二

通过国际合作解决世界各国的经济发展问题虽然写进了联合国宪章，成为联合国宗旨的重要组成部分，但在联合国成立后的前 15 年，这一问题实际上没有受到联合国应有的重视。进入 60 年代，随着众多的第三世界新兴独立国家加入联合国，这个问题的重要性便日益突出。在争取民族独立的艰苦斗争中，越来越多的新兴独立国家逐步认识到，没有经济上的独立和强盛，政治上的独立是没有保障的。因此，它们一旦进入世界政治舞台，便理所当然地要为自身的经济独立和发展而奋争。在它们的强烈呼吁和推动下，联合国于1964年3—6月在日内瓦召开了首次贸易和发展会议，并决定建立常设的贸发委员会。正是在这次会议上，诞生了代表广大发展中国家利益的77国集团。同年底，第19届联大通过决议，建立联合国贸易和发展会议，作为联合国大会的一个机构，并决定建立贸易和发展理事会，作为其执行机构。从此，联合国挑起了促进国际经济合作的重担。

联合国促进国际经济合作的努力是围绕着争取建立国际经济新秩序这一中心进行的，70年代是一个高潮。

1974年5月，研究原料和发展问题的联大第六次特别会议，通过了由77国集团起草的《关于建立新的国际经济秩序的宣言》和《行动纲领》，同年12月，第29届联大通过了由墨西哥倡议，以77国集团名义提出的《各国经济权利和义务宪章》；1975年12月，在巴黎举行了首次“南北对话”；1976年5月，联合国第四次贸发会议通过了《关于商品综合方案》、《有关发展中国家的债务问题》、《关于对跨国公司实行控制》等一系列有利于维护发展中国家主权和民族利益的决议；1979年6月举行的联合国第五次贸发会议又通过了《关于发展中国家经济合作的决议》、《关于商品综合方案的决议》以及《关于帮助最不发达国家的决议》。这些宣言、纲领、宪章和决议，不但反映了广大发展中国家的强烈愿望，而且从根本上说也是符合世界经济发展的总体利益的。

进入80年代，联合国又做出了新的努力。1981年10月，旨在进行南北对话的国际经济合作和发展首脑会议在墨西哥的坎昆举行。会议就促进全球谈判和改善南北关系进行了讨论和磋商，但却没有达成任何实质性协议。此后，南北对话陷于停顿状态，发展中国家争取建立国际经济新秩序的斗争转入低潮。

为了促进国际经济合作，自1960年以来，联合国已经先后通过了4个国际10年发展战略。但从前3个10年发展战略的执行情况来看，其原定的目标，包括国内生产总值、工业、农业，国际贸易、经济援助等各项增长数，均未完成。1990年12月第45届联大通过的第4个10年发展战略又提出了新的目标，要求在今后10年（即90年代）里，发展中国家的生活条件应有显著的改善，贫富国家间的差距应进一步缩小。这一目标究竟能否实现，颇值得怀疑。

从以上简要回顾中可以看出，联合国在促进国际经济合作方面虽然作出了很大努力，但基本上还局限于开会、作决议、发宣言。虽然其中不乏令人鼓舞的指标，但这些指标到头来却是根本无法兑现的。只要冷静观察一下今天的国际经济现状，任何不抱偏见的人都无法否认这样一个严酷的现实：南北贫富悬殊不是缩小而是拉大了。从1981年9月联合国召开第一次最不发达国家会议，到1990年9月举行第二次最不发达国家会议，时间整整跨越了10年，但最不发达国家的实际状况如何呢？它们的队伍非但没有缩小，反而扩大了，它们的经济状况不仅没有改善，而且进一步恶化了。据世界银行公布的有关统计资料表明，1981年世界最不发达国家共31个，而到1990年已增加到41个，总人口达4.13亿，占世界总人口的8.35%。在这10年间，最不发达国家的人均收入平均逐年下降2%，它们的外贸总额1990年仅占全世界贸易总额的1%，而负债额却高达409亿美元。

联合国在促进国际经济合作方面未能取得令人满意的成果，原因固然是多方面的，但自战后初期形成而一直延续至今的不合理的国际经济秩序的存在，不能不说是一个主要障碍。以美国为代表的西方发达国家是这种国际经济秩序的既得利益者，所以必定要顽固地维护它。1975年以来，美、英、法、日、德、意、加等七个发达国家以每年一度的首脑会晤的形式，协调彼此之间的步调，结成了维护这种国际经济秩序的利益同盟。它们对联合国采取的旨在促进广大发展中国家经济恢复和发展，从而导致全球性经济繁荣的措施持冷漠甚至反对的立场和态度，致使联合国通过的种种决议、宣言、纲领、战略不得不束之高阁。另一方面，南北经济力量对比的悬殊、发展中国家内部的分化、南南合作的乏力，以及相当数量的发展中国家经济社会发展战略的失当，使在数量上占联合国绝对优势的发展中国家始终未能形成一支协调一致的强大力量，去冲垮旧的国际经济秩序。发展中国家不能精诚团结这一致命弱点，对于联合国充分发挥其促进国际经济合作的积极作用，显然也是不利的。

三

促进对于人权的尊重，也是联合国宗旨的一个组成部分。在联合国的历史上，它在这方面的确曾做过不少有益的工作。

1948 年，第 3 届联大通过了《世界人权宣言》；1966 年，第 21 届联大通过了由《经济、社会、文化权利国际公约》、《公民及政治权利国际公约》、《公民及政治权利国际公约任择议定书》等三个文件构成的《国际人权公约》。此外，在 40 多年间，联合国还先后制定和通过了总计 60 多个有关人权的宣言、公约和议定书。其中，特别值得提出的是下列文件：1960 年 12 月第 15 届联大通过的《给予殖民地国家和人民独立宣言》；1963 年 11 月第 18 届联大和 1965 年 12 月第 20 届联大分别通过的《消除一切形式种族歧视宣言》和《消除一切形式种族歧视公约》；1977 年 12 月第 32 届联大通过的《关于人权新概念的决议》；1979 年 3 月联合国人权委员会通过的关于发展权的决议；1984

年11月第39届联大通过的《人民享有和平权宣言》；1986年12月第41届联大通过的《发展权宣言》。联合国的上述宣言、公约和决议把人权概念向前大大发展了一步，使其不再仅限于个人的公民权利和政治权利，而是扩及到经济、社会和文化的权利，同时也不再仅限于单纯的个人权利，而是扩及到集体的权利，如民族自决权、国家主权、发展权等等。

但是，毋庸讳言，在联合国的整个历史上，人权历来是争论和斗争最激烈的问题之一。这首先是由人权具有鲜明的阶级性所决定的。在联合国，既有社会主义国家，也有资本主义国家，它们具有不同的意识形态。在处理国家关系问题上，尽量减少和避免意识形态色彩是必要的，但在处理涉及国家主权和生存权、发展权等权利在内的人权问题时，要排除意识形态因素是很困难的。

此外，以美国为代表的西方资产阶级国家，利用联合国的各种机构和场合，打着维护人权的旗号，竭力宣扬和推销他们的价值观念和政治制度，肆无忌惮地干涉别国内政。这是完全违背联合国宪章的宗旨和原则的，也是对联合国维护人权精神的曲解和破坏。正是它们的倒行逆施，挑起了人权问题的论战和斗争。在这种情况下，社会主义国家和广大第三世界国家，为了捍卫联合国宪章的宗旨和原则，为了维护自己的民族独立和国家主权，理所当然地要同西方的“人权卫士”们进行针锋相对的斗争。目前，在联合国范围内，围绕人权问题的斗争大有愈演愈烈之势。

四

从以上三个方面的分析可以看出，联合国是协调和促进当今国际关系健康发展的一个极其重要的全球性机构，其积极作用不容抹煞，但又不可估计过高，而且就其近期发展趋势来看，这种局限性仍然是难以克服的。

首先，强权政治这个国际关系中的头号恶魔始终缠绕着联合国，阻碍着联合国积极作用的充分发挥。美国是这种强权势力的集中代表。强权政治在联合国的主要表现形式之一，是少数西方大国在对重大国际问题进行讨论、审议和投票中，往往凭借自己的政治、经济、军事实力来施加影响，甚至诱压兼施。在它们的企图无法得逞时，它们要么滥用否决权，使议案不能获得通过，要么对业已通过的决议拒不执行。

众所周知，联合国宪章规定，安理会 5 个常任理事国在维护国际和平与安全的实质性问题的表决中享有否决权。否决权本身诚然是一种权利，但它更重要的是体现着一种神圣的责任。这一规定的本意在于维护五大国一致的原则，但战后国际关系的发展却是联合国的缔造者始料未及的，否决权的作用也相应地发生了变化。战后初期，当美国竭力推行“遏制”政策，对外大肆侵略扩张之时，苏联曾经利用否决权作为武器，维护社会主义国家和广大爱好和平国家人民的利益。后来，随着美苏争霸的逐趋激化，否决权变成了它们借以营私的工具。据统计，自联合国成立至 1990 年，安理会 5 个常任理事国共行使否决权 233 次，其中苏联 114 次，美国 68 次，英国 32 次，法国 17 次，中国 2 次。近年来，美国滥用否决权以营私的事例时有发生。例如，安理会曾多次讨论以色列镇压以占区巴勒斯坦平民的议案，每当安理会其他 14 国一致谴责以色列占领当局的暴行时，皆因美国偏袒以色列使用否决权而使决议案无法通过。一旦涉及美国自身利益，美国的表现就更为恶劣。1989 年 12 月 20 日，美国悍然武装入侵巴拿马。安理会就此举行紧急会议。12 月 23 日，安理会投票表决哥伦比亚等 7 个不结盟国家提出的谴责美国武装干涉巴拿马的议案，美国无理使用否决权，使这一伸张正义的议案未能通过。至于美国蔑视联合国决议更是司空见惯。其中最为典型的一例发生在1986年。是年6月27日，联合国国际法院作出裁决：美国训练、武装和资助尼加拉瓜反政府力量违反不干涉他国内政的国际法原则，要求美国停止这种干涉行为。但美国却拒不执行。安理会于7月底就此举行会议，当要求美国遵守并执行国际法院正义裁决的决议案付诸表决时，美国竟再次无理使用了否决权。

其次，国际政治经济力量对比短期内难以发生重大质的变化，反映到联合国内部，社会主义国家和广大第三世界国家虽然在数量上占有绝对优势，但其综合国力较之西方发达国家还有很大的差距。根据联合国的最新统计资料，目前西方发达国家占全世界人口不足15%，但其国民收入却占全世界的85%。它们凭借这种实力上的优势，在联合国大肆兜售它们的价值观和社会制度，竭力将其所谓的“民主”、“人权”等货色强加于人；在国际经济领域，它们恃强凌弱，无视广大发展中国家的困难，顽固坚持和维护不平等的国际经济秩序，致使南方国家外债越背越重，到1991年已达1.34万亿美元，相当于负债国家当年国民生产总值的一半，比其年出口收入多约65%，每年仅还本付息额即高达2000亿美元。西方发达国家还津津乐道于援助最不发达国家，但联合国第一次最不发达国家会议给它们确定的援助指标，它们却远未完成（会议决定发达国家以其国民生产总值的0.15%援助贫困国家，而它们实际上仅拿出了0.09%），而且援助条件苛刻，甚至附加许多政治条件。这样，在迄今仍以综合国力为后盾的国际关系中，第三世界国家和社会主义国家当然便处于极为不利的地位，其在联合国的发言权和影响力也难免受到限制。

第三，联合国自身运行机制的局限。联合国虽说是一个超国家的世界性组织，但它又不是拥有绝对权力的世界政府，虽然根据宪章规定，每一个成员国都享有独立的发言权和表决权，但为数很少的几个大国却拥有特殊的权利。这就注定了，联合国的尊严与权威只能是相当有限的，它对会员国的约束力在通常情况下取决于会员国遵守宪章的自觉程度；少数几个大国，特别是拥有雄厚经济军事实力的超级大国，会利用联合国操纵国际事务，以实现其利己的目的；完成联合国宪章规定的使命绝不会一帆风顺，联合国的前程必多坎坷。

当前，联合国运行机制中的突出问题之一是安理会的作用。安理会是联合国最主要的机构之一。根据宪章规定，它是联合国惟一有权采取行动以维持国际和平与安全的机构，它的决议对联合国全体成员国具有约束力。因此，近年来安理会的活动越来越为国际社会所重视。同时，鉴于国际形势的急剧变化，世界上的不稳定因素有增无减，因而安理会肩负的责任更加艰巨，面临的挑战更加严峻。正是在这种形势下，1992 年 1 月 31 日，安理会举行了自联合国成立以来的第一次全部理事国（15 个）首脑会议，就当前国际形势和共同关心的问题以及联合国及其安理会在当今世界的作用问题进行了讨论。会议通过的一项声明强调，加强和改进联合国以提高其效力十分重要。为此，会议责成联合国新任秘书长加利就如何在联合国宪章的构架和条款的范围内加强联合国从事预防性外交、建立和平与维持和平的能力与效率，提出其分析和建议，于当年 7 月 1 日前分送联合国各会员国。这次会议预示着安理会的作用可望进一步增强。这样一来，潜伏已久的一个十分敏感的问题，即安理会的构成，尤其是常任理事国的构成要不要进一步扩大的问题，便提上了联合国的议事日程。日本和德国，特别是日本觊觎安理会乃至安理会常任理事国席位由来已久，而且近几年加强了舆论宣传和游说活动，大有不达目的不罢休之势。这一点已引起国际社会的注意和警惕。在联合国历史上，修改宪章以扩大安理会构成只有一次，即1963年第18届联大通过、1965年生效的宪章修正案，安理会成员国由11个增至15个。其背景是大量新兴独立国家的涌现及其加入联合国。这一行动开了修改宪章的先例，但当时并不涉及常任理事国。现在20多年过去了，世界发生了巨大变化，各国的力量也出现了不同程度的消长，因而再次修改联合国宪章、扩大安理会构成看来已是势在必行，但要改变常任理事国的构成，条件远未成熟。不过可以预料，围绕修改宪章以改变安理会构成的问题，在今后联合国的议事日程上必将占据重要的地位。

联合国运行机制中的另一个突出问题是财政开支的拮据。根据宪章规定，联合国的经费来源主要是按各国经济实力分摊一年一交的会费、临时性专项开支分摊的费用和专项开支捐款等，其中又以会费为主。而依据各国经济实力，美国自然成为交纳会费的第一大户，每年数以亿（美元）计。因此，美国是否交纳甚至是否如期交纳会费对联合国的经费开支具有举足轻重的影响。除美国之外，苏联、日本、德国等也属会费大户。近年来，随着机构和工作人员的膨胀以及维持和平任务的增加，联合国的开支急剧增长（仅驻南斯拉夫维持和平部队一年驻扎期的预算即高达6.34亿美元），财政状况不断恶化。另外，美国经常以种种借口拖欠会费，最多时曾拖欠数亿美元，因而多次造成联合国的财政危机。在国际舆论的压力下，美苏两国于1990年10月发表了一项题为《在变化的世界中承担的和平与安全的义务》的联合声明，表示它们承认有责任迅速交纳会费，但却提出了令人忧虑的先决条件："作为向联合国交纳会费的大户，我们认为，所有关于预算的建议都要加以考虑，要得到所有主要交纳会费的国家的同意才能批准预算。”更有甚者，美国一位颇有影响的政界人士竟在1990年举行的第45届联大上散发文件，提出要以交纳会费的多寡决定在联合国的投票权的主张。这对联合国的财政支出乃至整个联合国机制的运行构成了不祥预兆。

联合国运行机制中的再一个突出问题是秘书长的人选和活动。根据宪章规定，秘书长是联合国机构的行政首长，不经安理会授权，不能处理涉及国际和平与安全的重大问题。但从战后五任秘书长的工作实践来看，从事国际和平使命已成为秘书长的重要任务。这一问题显然有待解决。另外，秘书长的政治立场、态度和工作能力也因其职责的变化而成为事关全局的问题，因而秘书长的人选相应地成为举世瞩目的大事。正因为如此，美苏两个超级大国都曾企图把符合它们各自战略利益需要的人推上秘书长的重要岗位。中国和其他第三世界国家的代表本着联合国宪章的宗旨和原则，坚决予以抵制。在1981年底围绕第四任秘书长瓦尔德海姆（奥地利人，已任满两届）是否再次连任的问题上，美苏支持瓦氏二次连任，中国为保证第三世界国家的代表出任秘书长，不惜动用了否决权。结果在中国毫不妥协的坚持下，安理会终于决定推荐秘鲁外交家德奎利亚尔出任联合国秘书长。10年来的实践表明，中国的这一立场是经得住考验的。在1991年协商第六任秘书长人选过程中，中国和安理会其他大多数会员国一道，克服了美国一度设置的障碍，使埃及外交家加利当选为联合国新任秘书长。

综上所述，联合国在当今国际关系中既有积极作用，又有消极一面。因此，作为安理会五个常任理事国之一，中国应当积极支持和参与联合国维护国际和平与安全、促进国际经济合作、促进维护人权等活动，同时，对违背联合国宪章的宗旨和原则、企图操纵和控制联合国以营私的强权势力和活动，必须予以揭露和抵制。只有这样，才能使联合国趋利避害，在维护世界和平与谋求发展，以及在建立国际经济、政治新秩序方面发挥更积极的作用。

（原载《世界经济与政治》1992年第7期）

东欧形势及其发展趋势

两极冷战格局结束之后，东欧各国的经济、政治、外交发展形势和趋势如何，不仅对整个欧洲，而且对世界局势都有着重要影响，值得认真研究。

一　经济体制转轨步履维艰

东欧剧变后，东欧各国都选择了向自由市场经济转轨的道路。这在当时的历史条件下是不难理解的。首先，社会主义制度在这些国家已经建立40多年，其间，虽有几个国家在经济上有过一度辉煌的历史，但从总体上看，在社会主义与资本主义道路的竞赛中，社会主义在经济上的优越性并没有令人信服地充分显示出来。其次，上述东欧国家受经济体制的束缚和世界经济大环境的影响，自80年代初以来经济困难不断加剧，到80年代末，有的国家已到了经济崩溃的边缘。因此，要求经济改革已成为东欧各国群众的主导心态。第三，东欧各国原共产党、工人党政权的反对派一向崇尚资本主义制度，在他们看来，西方国家的自由市场经济似乎是解决本国经济发展问题的灵丹妙药，因而在他们掌权之后，便理所当然地选择了市场经济道路。

由计划经济向市场经济的转轨是一个脱胎换骨的变化过程，绝非一朝一夕就能完成。但东欧某些新当权的政治家出于各自的政治考虑，不顾本国脆弱的经济基础和正在恶化的国际经济大环境，急匆匆地踏上了转轨之路。西方的某些政界人士在这方面无疑也起了推波助澜的作用。西方的某些经济专家，有的应聘到东欧国家出任参谋顾问，有的则在各种报刊上呐喊助威。一时间，人们的胃口被高高地吊了起来，仿佛用不了多久，东欧国家的经济痼疾就会在市场经济的神刀下手到病除，人们的生活会奇迹般地美好起来。然而，几年来的事实与某些政治家的预言恰恰相反，由计划经济向市场经济的急速转轨首先带来的是国家肌体的剧烈阵痛。

经济滑坡是东欧各国由计划经济向市场经济转轨过程中遇到的普遍现象。以最先开始向市场经济转轨的波兰为例。1989 年，波兰团结工会夺取政权后，当即采取以“休克疗法”为主的大手术，结果是，1990 年国内生产总值比政权转移的 1989 年下降 11.6%，工业生产下降 24.2%，通货膨胀率高达 600% 以上，失业率为 6.3%；1991 年与 1990 年相比，国内生产总值又下降 9%，工业生产下降 11.9%，通货膨胀率仍达 70%，失业率达到 11.8%；直到 1992 年，这种滑坡的势头才初步受到遏制。其他东欧国家虽起步稍晚，但结果却大同小异。就国内生产总值来说，1991 年比 1990 年，前捷克斯洛伐克、匈牙利、罗马尼亚、保加利亚分别下降 15.2%、11%、13.5%、16.7%；工业生产分别下降 21.1%、19.1%、22%、27.3%；通货膨胀率分别为 58%、35%、161%、334%；失业率则分别为 6.8%、7.5%、2.7%、11.7%。1992 年，上述四国国内生产总值分别比上年下降 7.5%、5%、15.4%、13%；工业生产分别下降 16.5%、

10%、21.8%、21.7%；通货膨胀率分别为11%、23%、210%、90%；失业率分别为5.2%、12.3%，9.1%、15.6%。至于战乱不止的前南斯拉夫，经济实力本来就十分弱小，又加上局势急剧动荡，经济情况就更是可想而知了。

经济的普遍滑坡，尤其是居高不下的通货膨胀率和失业队伍的逐步扩大，对东欧各国人民群众的生活水平造成了巨大影响。根据比较保守的统计，截至1993年，东欧各国（不包括前南斯拉夫）人民群众的生活水平比1989年大约下降了1/3以上。而1989年的水平在东欧各国的历史上，充其量也是平平的，对波兰等国来说本来就已经相当可悲了。这种情况加剧了人民群众中的失望和不满情绪，极大地挫伤了他们的劳动生产积极性，从而反过来对经济体制转轨造成了不利影响。

经济体制转轨造成的阵痛也不可避免地要反映到各国政治上。经济的持续滑坡，生活水平的大幅度下降，人民群众怨声载道，必然导致社会矛盾的加剧，其最直接和集中的反映便是政局的动荡。波兰煤矿和铁路工人的罢工，罗马尼亚矿工手持大棒闯进首都布加勒斯特，酿成大规模激烈暴力冲突，波兰和保加利亚政府的频繁更迭，原捷克斯洛伐克国家的解体，以及原南斯拉夫的战乱，便是东欧政局持续动荡的最为典型的表现。

当然，东欧各国向市场经济的转轨尽管困难重重，但这并不是说毫无成就可言。特别是有些国家针对“休克疗法”造成的严重后果，调整了过激的经济政策，并取得了初步成效。如波兰终于在1992年初步遏制了经济全面下滑的势头，当年国内生产总值比1991年增长1%，工业生产增长3.5%，通货膨胀率由1991年的70%下降到44%，但失业率仍继续上升，达13.6%。这是自80年代中期以来波兰经济的第一个复苏迹象，在此基础上，1993年波兰国内生产总值又取得了增长4%的新成绩。其他几项主要经济指标，除失业率外，都在向好的方向发展。类似的情况还出现在匈牙利和独立后的捷克共和国。1993年，匈牙利国内生产总值首次不再负增长，捷克的国内生产总值增长了2%。在斯洛伐克、罗马尼亚和保加利亚，虽然国内生产总值直到1993年还在继续下降，但降幅趋于缩小。所有这一切给人们的印象是，处于转轨中的东欧国家经济在长时间衰退后，目前似乎露出了微弱的曙光。

二　稳定政治局势绝非易事

自1989年6月始，东欧政坛风云突变，一场政治主导权大转移的风暴席卷东欧大地，至1992年3月，原有的东欧共产党、工人党政权几乎全部易手。伴随着东欧各国新政权而来的，不是政局的稳定，而是持续的动荡。其主要形式是：政府频繁更迭使社会矛盾尖锐化，罢工、示威、暴力冲突此起彼伏，潜在的民族矛盾公开化，以及久燃不熄的战火。所以会出现这种种现象，原因是多方面的。首先，从新当权者的政策来看，如果说他们在掌权后的治国方略上各有特点的话，那么在对待原来当政的共产党、工人党的态度上却具有鲜明的一致性，那就是极力限制和清除共产党、工人党的影响，在有的国家甚至发展到迫害前共产党、工人党领导人的地步，制造了新的社会矛盾，使由于政权更迭而出现的局势动荡进一步加剧。其次，在几乎所有的东欧国家，新当权的原政治反对派阵营内部相继出现类似的变化，即各派别间对付共产党政权时的统一战线逐渐被不断加剧的争权夺利所取代。这种当权者内部的明争暗斗乃至互相残杀是导致政局持续动荡的又一根源。波兰的团结工会在这方面可以算是一个典型。在反对波兰统一工人党政权的将近10年的时间里，无论是合法存在还是转入地下时期，团结工会作为一个政治反对派组织，虽不能说是铁板一块，但也颇具“战斗力”。夺权成功后，团结工会各派别便展开权力之争，而且愈演愈烈，以致团结工会政府频繁更迭，直至在1993年的议会大选中遭受惨败而下野，连号称“团结工会之父”的现任波兰总统瓦文萨，也于大选前不久无可奈何地脱离了他亲手缔造并借以登上权力顶峰的这一组织。第三，在近几年的东欧各国政坛上，大量五花八门的政党（其中不乏狭隘民族主义势力和极右甚至法西斯势力）涌现，以及它们之间无休止的权力之争，常常使这些国家的政坛气氛紧张。这对本无宁静可言的东欧各国政局来说无异于雪上加霜。第四，在多数东欧国家，本来就不同程度地存在着民族问题。随着政权的更迭及其民族政策的变化，加之国内政治力量新的分化与组合和外部因素的影响，这些国家的民族矛盾被诱发出来，有的逐渐激化，以至爆发内战，使政局更加难以控制。第五，如前所述，经济的滑坡，生活水平的大幅度下降，必然引起社会各阶层首先是广大人民群众的不满，于是各种形式的社会冲突层出不穷。这是政局动荡的更深层次的原因。解决这一问题的关键在于国家经济形势的好转，而实现经济形势的根本好转并不容易。

从上面的分析可以看出，今日东欧各国政局的动荡是由多种因素促成的。因此，要稳定各国政局，就必须消除动荡的根源。但是，纵观目前的东欧各国，似乎没有任何一国具备比较成熟的条件。这里且不说至今仍被战乱困扰的前南斯拉夫和在困境中挣扎的罗马尼亚、阿尔巴尼亚等国，就以目前局势相对平静的波兰和匈牙利来说，情况亦不那么简单。在波兰，虽然以社会民主党为核心的民主左派联盟和农民党在1993年9月议会选举中赢得65%的席位，随后两党联合组成相对多数政府，但它的基础相当脆弱。右派组织正在联合起来，在议会内外通过各种形式与左派力量抗争；团结工会不甘心于自己的失败，也在重整旗鼓，力图夺回得而复失的政权。总统瓦文萨业已暗示，如果现政府的政策方针一旦偏离总统指定的轨道，他将解散议会，中止政府行使职权……在这多种政治因素的制约下，左派政府的处境是十分困难的。更有甚者，长期以来困扰波兰的经济社会问题至今仍是一个沉重的包袱，经济生活中刚刚微露的曙光远不足以抵消预算赤字庞大、失业率居高不下、外贸逆差扶摇直上、债台高筑、社会贫困化加剧的阴云。在匈牙利，执政党民主论坛在新一届国会大选中已遭惨败，社会党以比较大的优势获胜，因而政局如何发展也就成了一个未知数。至于匈牙利的经济，令人鼓舞的东西固然有之，但消极因素似乎更多，如物价上涨、失业人数剧增（失业率已达 18%）、外贸逆差有增无减、外债高达 240 多亿美元等，这对稳定政局显然是十分不利的。

三　外交战略调整道路崎岖

东欧剧变后，各国政府纷纷调整各自的外交战略。其共同特点是：摆脱原苏联的控制，走“独立自主”的道路，向西欧、美国靠拢，谋求加入欧共体和北约组织成为普遍现象；东欧国家间双边或多边合作趋势有所加强。

但是，如何对待苏联解体后的独联体国家，特别是在国际事务中作为苏联继承者的俄罗斯，仍是摆在东欧各国面前的一个极其现实而迫切的问题。在这个问题上，东欧各国迄今为止都采取了非常务实的态度。它们力求同俄罗斯保持正常的外交关系，政治上以独立的主权国家的身份与俄平等对话，友好相处，经济上互通有无，互利合作，从根本上改变了过去那种不平等的关系。在这方面，波兰与俄罗斯的关系具有一定的代表性。波兰从维护自身利益出发，即使在政权易手之后，也没有放松同苏联的继承者俄罗斯等保持正常外交关系的努力。1992 年 5 月，当俄罗斯的主要注意力尚陷于国内事务时，波兰总统瓦文萨便主动出访莫斯科，与叶利钦总统举行会谈，两国签署了友好和睦邻合作条约及一系列协议。对此，连叶利钦也承认，“这是我们两个斯拉夫国家关系中的历史性突破，是俄罗斯人同波兰人对话的新纪元的开端”。

几年来的事实表明，走靠拢西方的道路并不一帆风顺。其道理很简单，那就是西方国家在对待东欧国家的问题上，向来是以维护它们的自身利益为出发点的，目前阶段亦不例外。这在经济和安全方面表现得尤为突出。

经互会时期，东欧国家的经济活动在很大程度上受制于苏联通过经互会推行的“一体化”，对外贸易主要是在经互会成员国间进行。经互会解散后，东欧国家的出口目标迅速转向西欧。据统计，波兰、匈牙利、前捷克斯洛伐克、保加利亚和罗马尼亚五国对欧共体的出口额，1990 年比 1989 年提高 27%，1991 年比 1990 年提高 18%，1992 年又比 1991 年提高 20%。到 1993 年，西欧在上述五国出口贸易中所占份额已由 1989 年的 25% 上升到 50% 左右。再以波兰为例，经互会时期，它的最大贸易伙伴是苏联，但 1989 年后，德国一跃而成为波兰最大的贸易伙伴。1990 年波德双边贸易额为 146 亿马克，1991 年上升为 157 亿马克，1992 年达 162 亿马克，1993 年上半年则达 88 亿马克。然而，这种增长势头目前已经遇到了西欧贸易保护主义势力的阻挠。例如，虽然欧共体和东欧国家签订了“联系国协议”，允许东欧国家产品进入欧共体市场，并享受关税减免，但却规定所谓“敏感性”商品例外，而东欧国家在西欧市场上比较有竞争力的一些商品，如钢铁、纺织、化工产品及农产品，恰恰都被划入

"敏感性"商品之列。此外，目前西欧国家经济的普遍不景气也给东欧国家的对西欧贸易投下了阴影。

在安全领域，西方国家的利己主义表现得更为明显。东欧国家摆脱原苏联控制后，转向西方寻求安全庇护，波兰、匈牙利、捷克、斯洛伐克四国更明确提出了加入北约的申请，但是，北约迟迟没有作出反应，直到 1994 年 1 月举行的北约首脑会议才通过了美国总统克林顿提出的"和平伙伴关系"计划。这一事实表明，北约首先关注的是自身的战略利益，也就是说，无论如何不会以接纳东欧四国去刺激俄罗斯，特别是在俄罗斯军方和议会内民族主义势力的立场和态度日趋强硬的情况下，更不会去冒这个风险，以免引火烧身；至于对待东欧四国，北约眼下的策略显然是先加安抚，再待机另谋良策。北约的这种做法虽然遭到东欧国家某些当权者的非议，但同时也足以使他们清醒地看到，通往西方的道路并不平坦。

既然向西方靠拢遇到困难，那么最现实的选择便是加强内部的协调与合作。事实上近几年它们也确实是这样做的。波兰、匈牙利、捷克和斯洛伐克四国不仅组成了中欧自由贸易区，而且还加强了相互间的军事安全合作。有些国家还先后签订了双边友好合作条约。但是，由于东欧各国形势发展很不平衡，内外政策存在差异，再加上某些国家间历史上遗留下来的矛盾和分歧，给各国间的协调与合作造成了某些困难，这就决定了在短时期内，东欧地区性合作在总体上不会有突飞猛进的发展。

四　东欧的复兴尚需时日

自 80 年代末东欧形势急剧变化以来，其发展趋势始终是人们关注的焦点之一，转眼间四五年过去了，当年西方国家舆论中的兴高采烈情绪如今多为冷静的思考所取代，甚至悲观失望的议论也不时见诸报端。笔者认为，判断东欧形势的发展趋势，应当从今日东欧的现实出发，以东欧各国人民的选择为标准，对东欧复兴的基本条件、现状和前景加以衡量，才有可能得出比较客观的结论。

“东欧复兴”至少应当表现为：经济停止滑坡并走上复苏之路；政局趋于稳定；国际地位逐步恢复和提高。要实现这一最低目标，起码的内外条件是：经济体制转轨的基本完成；国内政治力量重新组合和政治格局的相对稳定；与俄罗斯和西欧、美国关系的稳步改善；全球经济政治形势的平稳发展。可是，对东欧各国来说，目前完全具备上述内外条件的连一个国家也没有，具备部分条件的也只是少数。因此，东欧国家的复兴绝不是短时间内能够实现的。

由乱到治是大势所趋。几年来的实践表明，不仅东欧各国人民人心思变，而且包括俄罗斯、西欧、美国在内的世界各国政府和人民也希望东欧稳定。这种人心的向背，是一种巨大的力量，它促使东欧各国当局，无论其政治倾向如何，都要向着恢复和发展经济、改善人民生活、加强综合国力、提高国际地位的目标努力。波兰、匈牙利等国经济领域微露的曙光和前南斯拉夫战火的降温是由乱到治的初步迹象，也可以说是整个东欧形势由乱到治的先期预兆。

实现东欧复兴任重道远。东欧剧变给该地区造成的创伤极为深重，要彻底治愈这一创伤并实现复兴绝不会轻而易举，势必要经历漫长而艰巨的道路。从目前的实际情况来看，东欧形势再度大乱的可能性甚小，但在三五年内出现显著复兴的可能性同样不大，比较实际的走势可能是在艰难曲折中缓步前行，一步步走向复兴。

（原载《世界经济与政治》1994 年第 8 期）

亚太政治及国际关系

亚太国际关系中的俄罗斯

俄罗斯虽然地跨欧亚两洲，但传统上其政治、经济、文化重心历来在欧洲。1991 年苏联解体后，作为其继承者的俄罗斯也不例外。在外交上情况则复杂一些。冷战时期，作为两个超级大国之一的苏联，推行同另一超级大国美国争霸的外交战略，双方争夺的中心固然在欧洲，但亚太也是它们角逐的一个重点。俄罗斯独立后一度执行亲西方的外交政策，对亚太外交相对薄弱。只是在北约东扩等严酷的现实面前，它才不得不调整其外交战略，于 1994 年提出“全方位”外交战略，逐步强化对亚太外交。经过近几年的努力，终于稳步登上了亚太大舞台，并且成为一颗虽不耀眼却颇为引人瞩目的新星。

一　重返亚太大舞台

1997 年 11 月 25 日，在加拿大温哥华举行的亚太经合组织第五次领导人非正式会议作出决定，于 1998 年接纳俄罗斯为该组织的新成员。它标志着俄罗斯已正式重返亚太大舞台。

俄罗斯这一外交目标的实现，经历了一个比较漫长的过程，而且是通过以下三条渠道进行的。

首先是改善和发展同中国的关系。中国是亚太大国，在亚太地区具有举足轻重的影响，因此俄罗斯把改善和发展同中国的关系放在其亚太外交的优先位置。迄今叶利钦总统与江泽民主席已进行了五次最高级会晤，两国总理间的定期会晤机制也已经启动。经过中俄双方的共同努力，两国关系已经取得实质性重大进展。特别是随着边界问题的解决和边境地区安全机制的建立，两国已经形成平等信任、面向 21 世纪的战略协作伙伴关系。俄罗斯同中国关系的改善和发展，为其登上亚太国际大舞台奠定了坚实的基础。

其次是开拓和发展同韩国、东盟国家的关系。韩国和东盟国家随着经济的快速发展，在亚太地区的地位和作用不断增长，因而自然成为俄罗斯亚太外交的重点对象。其中成效较为显著的是经贸关系领域。据不完全统计，1996 年俄韩贸易额已达 30 亿美元，俄与东盟国家贸易额也超过 20 亿美元。而且在俄与东盟国家的贸易中，俄罗斯的武器装备销售占了相当的份额，这就使得某些东盟国家与俄罗斯之间呈现出一种特殊的关系。伴随着经贸关系的推进，俄罗斯还力争与东盟等区域性组织建立联系并取得发言权，参加东盟地区论坛即是它在这方面的一大收获。

第三是改善同日本的关系。众所周知，由于领土争端而造成的俄日关系长期低迷、僵持的局面，是俄罗斯推行亚太外交的一个重大障碍。这不仅因为日本是一个亚太大国，在亚太地区发挥着难以替代的作用和影响，而且还因为日本与目前惟一的超级大国美国有着政治上和军事上的同盟关系。因此，如果俄罗斯不能在俄日关系上有所突破，进而取得美日的支持，那么重返亚太将是不现实的。为了突破俄日关系的僵局，俄罗斯采取了迂回战略，首先从对美工作入手。经过 1997 年 3 月叶利钦与克林顿在芬兰赫尔辛基的会晤，俄罗斯以在北约东扩问题上的局部让步换取了进入西方七国俱乐部的权利。于是有了叶利钦和日本首相桥本龙太郎在西方七国首脑丹佛会议前夕的会晤，并且商定年内在俄罗斯远东地区举行一次非正式双边会晤。正是在这一特定背景下，桥本才于7月24日匆匆提出了“相互依赖、相互利益、着眼于未来”的对俄关系三原则，从而表明日本已由原来“不解决北方领土问题一切都免谈”的僵硬立场，变为通过加强两国在经济等领域的合作，加深相互信任，进而为解决领土问题创造条件的较为灵活的态度。对此，俄罗斯方面立即作出积极回应。11月1—2日，叶利钦和桥本在俄远东城市克拉斯诺亚尔斯克举行了富有成效的非正式会晤，提出了在2000年前缔结和平条约的目标。由此可见，11月25日亚太经合组织第五次领导人非正式会议决定接纳俄罗斯为该组织新成员绝不是偶然的。

二 重返亚太何所图

如上所述，俄罗斯提出“全方位”外交战略，强化对亚太外交，是旨在依赖欧美的亲西方外交失败后的重大战略调整举措，不能不含有鲜明的政治、经济、军事目的。

1. 政治上确保世界多极格局中一极的地位，力争发挥昔日大国的作用。

冷战时期，苏联是世界上的两个超级大国之一，长期与美国在政治上和军事上相抗衡，70年代至80年代初甚至一度呈现战略进攻态势。那时的苏联是何等威风！然而，长期的军备竞赛和战略争霸，使本来就相对脆弱的苏联经济不堪重负，最后在以戈尔巴乔夫的“新思维”为指导思想的所谓“改革”浪潮冲击下全面崩溃，“联盟”也被迫解体。由叶利钦所领导的今日之俄罗斯，虽说继承了原苏联的主体，但无论从政治、经济还是军事上来看都已今非昔比，有些西方政论家甚至认为俄罗斯如今已沦为二等强国或地区性大国。这种现实，自然是俄罗斯当政者难以接受的。于是，振兴俄罗斯，恢复其昔日的大国地位，便成为俄罗斯领导人无可推卸的历史重任。

叶利钦全面掌握俄罗斯大权后，首先选择的是依赖欧美以振兴俄罗斯的道路。但是，事实证明此路不通。其实道理很简单，欧美绝不希望再出现一个足以与其抗衡的强大的俄罗斯，更不会以自己的资金和技术去扶持俄罗斯，否则岂不是养虎为患？叶利钦总结了向西方一边倒的教训，认识到正是这些西方国家“阻挠俄罗斯成为正在形成的多极世界有影响的中心之一”①，才转而推行“全方位”外交战略。而在其“全方位”外交战略中，亚洲无疑具有特殊重要的意义。用叶利钦自己的话说，“俄罗斯不应该围着欧洲和西方转，还应当发展与亚洲地区国家的合作。亚洲对俄罗斯具有重要意义，这不仅因为俄罗斯 2/3 领土在亚洲，还因为俄罗斯致力于积极参与这一地区的进程”②。在这里，叶利钦没有挑明参与这一地区的什么进程，但明眼人不难看出，他主要是指政治多极化和经济一体化的进程。

冷战结束后，世界格局正在向多极化方向发展，目前尚处于“一超多强”的阶段。亚太地区在世界上的地位随着其经济的快速发展和众多大国利益的交织与碰撞而日趋重要。在这一地区，多极化的趋势在发展，而作为惟一超级大国美国的霸权主义倾向似乎也在发展，从而构成了一个各种政治力量纵横捭阖的重要舞

① 1997 年 12 月 25 日《人民日报》：《叶利钦批准俄国家安全构想》。

② 1997 年 9 月 12 日俄通社—塔斯社莫斯科电：《关于叶利钦会见菲律宾总统拉莫斯的谈话》。

台。俄罗斯十分看重这一舞台，并且决心扮演一个相称的角色。鉴于美国在世界上和亚太地区的特殊地位和作用，加强同美国的接触和对话显然是俄罗斯谋求大国地位的必由之路。当然，还应看到，美国要进一步控制亚太，也不能无视俄罗斯在该地区的存在。因此，共同的需要促使美俄两国在亚太地区逐渐接近，俄罗斯被接纳加入亚太经合组织即是其集中反映。另一方面，俄罗斯不愿看到美国霸权主义在亚太地区膨胀，但限于自身力量的不足，只好走一条联合其他力量共图战略大计的路子。近年来俄罗斯采取的诸如与中国建立战略协作伙伴关系，改善同日本的关系，发展同东盟国家的关系等外交举措，无一不是这一联合战略的组成部分。此外，俄罗斯发展和巩固在亚太地区的地位，获取大国发言权，更根本的一条还是在增强自身综合国力的前提下，从经济和军事等方面逐步强化在该地区的存在和影响。1996 年至 1997 年，俄国内政局趋稳，经济正在走出低谷，与亚太经贸关系进一步拓展，其中武器装备的销售占据相当份额；与此同时，俄罗斯的军事力量，特别是它从原苏联承袭下来的战略核力量依然存在，其部署在远东地区的中远程战略武器不能不让人望而生畏。叶利钦正是以此为后盾，开展其对亚太外交，尤其是大国首脑外交的。由此不难看出，叶利钦能在 1997 年的亚太大国首脑外交上颇有收获是合乎逻辑的。

2. 经济上寻求合作和支持，以尽快恢复和发展壮大俄罗斯的综合经济实力。

冷战时期，苏联经济总量曾达到美国的 2/3 以上，成为当时世界第二大经济强国。但长期的军备竞赛极大地削弱了它的经济实力。苏联解体后，俄罗斯采取了激进的“改革”政策，全面推行经济私有化，导致了国民经济的急剧滑坡，工农业生产大幅度下降，通货膨胀恶性发展，一度创下过三位数的纪录，人民群众的生活受到严重影响。面对俄罗斯空前的经济困难，美欧国家并没有像它们当初许诺的那样给予经济援助，而是说得多，做得少。对此，俄罗斯政府和人民大失所望。在这种情况下，俄罗斯政府不得不改变发展战略，走自力更生为主外援为辅的道路。俄罗斯以幅员辽阔、资源丰富著称于世，特别是它的亚洲部分西伯利亚和远东，石油、电力等能源储量十分丰富，只是由于气候和地理条件恶劣，开发难度很大。但要发展俄罗斯经济，仅仅依靠挖掘欧洲部分的经济潜力肯定是远远不够的，惟一的希望是开发利用西伯利亚和远东的资源。而开发西伯利亚和远东，最为急需的是巨额的资金投入和先进的技术，这恰恰又是目前俄罗斯所缺乏的。出路何在？俄罗斯作出了与中国、日本等亚洲国家联合开发、资源共享的决策。中国是俄罗斯的邻国，改革开放以来经济快速发展，经济实力逐步增强，与此同时，能源需求急剧增长，迫切希望加强同国外能源部门的合作。日本是一个资源贫乏的岛国，但却拥有充足的资金和先进的技术。因此，俄罗斯与中、日合作开发西伯利亚和远东，是一项互利互惠的明智之举。经过三方几年来的共同努力，中俄和俄日之间的双边合作项目已经逐步启动。例如，中俄两国政府已于1997年11月签署了联合开发西伯利亚科维克京斯克天然气田和铺设从伊尔库茨克经蒙古到中国山东黄海岸边日照港长达3360公里的天然气管道的协议；12月底，两国合作建设总投资达30亿美元的中国连云港核电站的总合同也在北京正式签字。在此之前，即1997年11月初，叶利钦与桥本在克拉斯诺亚尔斯克的会晤中已就双边经济合作通过了“桥本—叶利钦计划”。据此，日本将支持和参与俄远东地区能源的开发、西伯利亚铁路运输网的复兴计划等。

进一步开拓亚洲市场，发展同亚洲国家的经贸合作是俄罗斯近年来的另一重大举措。俄罗斯的传统经贸伙伴是欧美工业化国家和独联体国家，但最近几年它加强了与亚太地区国家的经贸合作。其中，中俄贸易额1996年为60亿美元，俄日贸易额为50亿美元，这同中日两国1996年600亿美元的贸易规模相比，实在是很不相称。因此，中俄两国已经提出，到2000年把双边贸易额提高到200亿美元的水平，日俄之间也做出了新的安排。俄罗斯是一个武器装备生产和出口大国，进一步开发亚太市场是它的一项重要目标。近几年，在俄罗斯对亚太国家的出口构成中，军用飞机、舰艇等武器装备已占有相当高的比例，在对东盟国家出口中尤其明显。这固然与某些东盟国家传统的武器装备来源渠道有关，但更重要的是俄罗斯适应这些国家武器装备亟待更新换代而又财力有限的特点，采取了廉价竞销的策略。

参加亚太地区经贸、金融等合作组织是俄罗斯的又一重要举措。加入亚太经合组织是俄罗斯向往已久的目标，经过多方努力，终于得以实现。在此之前，俄罗斯已经进入东盟经济论坛的行列，加入了太平洋经济合作理事会和亚洲银行联合会，参与了中、俄、蒙、日、韩政府环渤海湾开发协商活动，等等。通过这一系列行动，进一步密切了同上述机构或组织的关系，为俄经济发展谋取实际利益。1997年9月，亚洲银行联合会在莫斯科举行第十四次代表大会。叶利钦总统在贺信中表示要加强俄银行与外国银行的合作，切尔诺梅尔金总理亲临大会致辞，殷切希望亚太地区银行增加对俄投资。这一点明确无误地反映了俄罗斯的真实意图。

3. 军事上谋求东部的安全，消除后顾之忧，以便集中力量抗衡北约东扩。

地跨欧亚两洲的辽阔疆域，给俄罗斯的军事战略谋划带来了极大的难度。冷战时期的苏联曾经历过东西两面腹背受敌的战略窘境。如今，冷战已成过去，苏联和华约不复存在，但北约不仅没有相应地退出历史舞台，反而不顾俄罗斯的反对，以咄咄逼人之势强行东扩，给俄罗斯出了一道大难题。为了避免重蹈历史覆辙，俄罗斯采取了对东部即亚太地区缓和的策略。具体说来，它主要体现在以下几个方面。

第一是从解决中俄边界争端入手，保障中俄边界安全，进而谋求两国战略利益的协调与合作。近几年来，中俄双方经多轮边界谈判，本着互谅互让的精神，逐步解决了一系列有争议的问题，并完成了长达4200公里的东段国界的勘界工作。在此基础上，双方于1997年相继签订了三个协调边界问题的协定，即东部边界协定、边界信任措施协定和边界裁军协定，从而使中俄边境局势稳定下来，并进一步推动了中俄两国关系的全面发展。这一历史性进程不仅符合中俄两国各自的军事战略利益，而且有利于两国各自的国家发展战略。

第二是缓和同日本的关系。一方面，在与日本的领土争端问题上采取较灵活的态度，主动表示愿通过协商寻求妥协；另一方面，减少其远东驻军和装备，降低戒备，转移核弹头目标，不在双方有争议的领土上举行军事演习，同时加强同日本军方的接触和联系。通过这一系列务实的行动，日俄双边关系得以改善，从而使俄罗斯东方的另一战略压力趋缓。

第三是积极参与亚太地区的安全合作。鉴于俄罗斯在亚洲有辽阔的国土和漫长的太平洋海疆，安全利益是它不能不考虑的重大问题。冷战时期，这里曾是苏美争夺的战略重点之一。冷战结束后，俄罗斯仍热心倡导并积极参与亚太集体安全的进程，加入东盟地区论坛即是其代表性举措。正是在每年一度的东盟地区论坛外长会议上，俄罗斯得以和中、美、日、加（拿大）、韩、东盟国家等20个成员就亚太地区安全问题进行多边或双边对话，阐述其安全主张，扩大其在亚太地区的影响。除此之外，在亚太地区的一些敏感或热点问题上，俄罗斯的影响和作用也往往是不容忽略的，朝鲜半岛局势问题即是一个比较典型的例子。

正是通过上述种种努力，俄罗斯在东部，也就是亚太地区的安全环境得到了明显改善。这就使它有可能集中较多的精力、财力和物力应付来自北约东扩造成的压力，保证国家安全战略的重点。

三 俄罗斯在亚太国际关系中的地位和作用

重返亚太的俄罗斯在该地区能够扮演什么角色，换言之，它在亚太国际关系中处于何种地位，起什么作用，同样是人们所关心的问题。

目前，亚太地区如同整个世界也处于多极化的过程中。美国作为世界上惟一的超级大国在亚太地区自然是鹤立鸡群，其作用和影响远在其他国家之上。但由于其对外政策中的强权政治和霸权主义不得人心，因而受到越来越强烈的抵制和反对。日本是世界第二大经济强国，对亚太国际关系的影响举足轻重。中国自改革开放以来综合国力迅速增强，在亚太乃至整个世界的地位和作用显著上升。相比之下，俄罗斯独立后，经历了国内政治动荡和经济危机的磨难，至今经济刚初步复苏，国力还相对虚弱，加之重返亚太的目标前不久才得以实现，因此，在当前亚太国际舞台的四个大国中，俄罗斯可以说是最弱的一方，难以独自发挥重大影响。这一点连俄罗斯舆论界也不得不承认："在 21 世纪（至少是 21 世纪初）的亚太地区，同美国、中国和日本这三个主角相比，俄罗斯注定要充当一个配角。"①

① C. 孔德拉绍夫：《地缘政治天平上的私人友谊》，俄罗斯《消息报》1997 年 11 月 5 日。

虽然俄罗斯目前在亚太国际大舞台上只能充当配角，但它不会甘于寂寞，因而又是不可或缺的角色。这是因为，首先，任何事物都不会一成不变，俄罗斯也在发展变化中，而且从目前的发展趋势看，它会由弱逐渐变强。随着其经济、军事实力的恢复和发展，它的国际地位和作用必将相应地变化。其次，俄罗斯介入亚太呈有增无减的强劲势头，这包括政治上同其他大国首脑的对话，经济上双边和多边的合作，军事上的双边和多边安全安排等等。特别是随着经贸关系的日趋密切，俄国与亚太国家的各种利益将更加紧密地交织在一起。再次，基于自身力量较弱的现实，俄国定将一如既往地采取联合和借助其他亚太国家，尤其是中、美、日等大国以发挥作用的策略，有计划、有步骤、有侧重地进一步改善和发展同这些国家的关系。最后，俄罗斯不会忽略自己手中握有的两张王牌，即联合国安理会常任理事国的独特地位和仅次于美国的战略核武器优势，适当时候势必运用它们发挥自己的影响。

四　结论

在亚太国际关系中，俄罗斯是一个不容忽略的重要因素。随着时间的推移，这一因素的重要性还将不断增长。但俄罗斯的战略重心仍在欧洲，而且在可以预见的未来，不可能移向亚太，因而与中、美、日等国争当主角的可能性似乎不大。

俄罗斯推行“全方位”外交战略，重返亚太大舞台，有助于该地区和全球多极化、一体化的进程，我们应持积极支持的态度。中俄两国都主张国际关系多极化，反对霸权主义和强权政治，并已建立起平等信任、面向 21 世纪的战略协作伙伴关系，这对于遏制超级大国的地区霸权主义行径，抵制美日军事同盟的消极影响，促进亚太国际关系健康稳定地发展，无疑是十分有益的。但同时也不能不看到，目前在俄罗斯对亚太政策的制定过程中，已经出现了一些不协调的杂音，如俄国家杜马的个别要员扬言什么“中国是俄罗斯的主要威胁”①，认为从长远看，“不能排除中国在北方积极进行人口扩张、政治扩张甚至军事扩张的可能性”②。对此，我们应保持清醒和警惕。当前，中俄、中日、中美关系发展势头良好。我们应在全面巩固和发展对俄、日、美关系的同时，进一步增进中俄传统友好合作关系，防止和杜绝俄罗斯联美、联日制华倾向的发生。

（原载《当代亚太》1998 年第 3 期）

① 国家杜马议员 A. 马卡绍夫：《谁对俄罗斯构成威胁》，俄罗斯《论据与事实》周刊 1997 年第 47 期。

② 国家杜马经济政策委员会主席 Ю. 马斯柳科夫：《俄罗斯的军事安全》，俄罗斯《真理报》1997 年 11 月 15 日。

论俄罗斯的亚太战略

苏联解体后，俄罗斯作为其继承者，先是推行亲西方的“一边倒”外交战略，全面碰壁后改行“全方位”外交战略。所谓“全方位”外交战略，概而言之是“一个核心，即独联体；两个重点，即美欧和亚太；兼顾其他，即拉美、非洲等”。它与“一边倒”的主要区别是提升了对亚太外交的地位，使俄罗斯的亚太战略成为其“全方位”外交战略的一个重要组成部分。

一　俄罗斯亚太战略的由来

（一）俄罗斯亚太战略是原苏联对外战略的继续和发展

1. 冷战时期亚太在苏联对外战略中的地位和作用

第二次世界大战后，在雅尔塔体制和两极格局下，美苏矛盾始终是国际关系的主要矛盾。美苏争霸的战略重点是欧洲，但亚太也是它们争夺的一个重要地区。那时，从总体上看，苏联的亚太战略是服从其对美战略的。整个冷战时期的苏联亚太战略可以分为以下四个阶段：40 年代后期至 50 年代末期是第一个阶段，社会主义在广阔的欧亚大陆连成一片，美国单独占领日本，不惜打一场朝鲜战争以抗衡社会主义力量，美苏在亚太可以说打了个平手。60年代是第二个阶段，赫鲁晓夫联美反华未逞，美国陷入侵越战争泥潭。70年代是第三个阶段，苏联利用美国因越南战争而导致战略被动的有利时机，大肆扩张其军事实力，战略上对美转取攻势，最后发展到直接出兵阿富汗，企图全面控制亚太。80年代是第四个阶段，苏联深陷阿富汗战争泥潭，70年代一度取得的对美战略均势丧失殆尽，戈尔巴乔夫不得不寻求对美全面缓和，在亚太实行战略收缩。同时在国内用他的所谓“新思维”指导“改革”，最终导致了苏东剧变和苏联的解体。

2. 冷战时期的苏联亚太战略

从上述简要回顾中，我们可以看出，冷战时期的苏联亚太战略是尽力争取和控制亚太以抗衡美国，争夺霸权。那时的苏联亚太战略有下列特点。

其一，两面性。从斯大林时代，经过赫鲁晓夫、勃列日涅夫直到戈尔巴乔夫时代，苏联的亚太战略，既有支持民族解放运动和第三世界国家的一面，也有大国沙文主义和霸权主义的一面，只是在不同的时期其侧重面和表现程度有所区别罢了。其二，打与拉恩威并用的两手策略。赫鲁晓夫及其后任们善于玩弄两手策略，用经济援助和军事援助拉拢和控制亚太第三世界国家，为其与美争霸的战略利益服务，如若违背苏联的意愿，轻则断绝各种援助，重则大兵压境，不惜兵戎相见。对社会主义的中国如此，对民族主义国家阿富汗亦不例外。其三，在亚太国家间利用甚至制造矛盾和分裂，拉一批，打一批，从中渔利。例如挑拨和利用中越、中印、印巴、柬越等国家之间的矛盾，打击不愿追随苏联的一方，乘机向亚太扩张自己的势力和影响。其四，利用亚太国家抵制、抗衡美国对亚太的控制和扩张，避免与美国正面冲突，并谋取战略利益。在这方面，朝鲜战争、越南战争表现得最为突出。其五，苏联的亚太战略既是全面的，又是以与其直接战略利益相关地区为重点的。所谓全面，就是说与美国的霸权之争，在整个亚太地区是无所不包、无所不在的；而所谓以与其直接战略利益相关地区为重点，则是说它把与苏联接壤或邻近的国家、地区视为战略重点，如包括中国、日本、朝鲜在内的东北亚地区，印巴次大陆地区，以及苏美争霸战略利益相对集中的东南亚地区等。

冷战时期苏联推行的亚太战略，从其实际效果分析，基本上是失败的。首先，它没有获得一个长期可靠的战略盟友，连与其缔结了友好同盟互助条约的中国也不得不和它分道扬镳，走上独立自主的社会主义发展道路，苏联在亚太地区成了真正的孤家寡人。其次，苏联在亚太地区与美争霸，形成事实上的欧亚两条战线，从经济上消耗了巨大的财力物力，影响了国民经济的健康发展，从军事上造成了腹背受敌的被动局面，最终仍然是竹篮打水一场空。第三，苏联亚太战略的目标是与美争霸，基本途径是军备竞赛，而不是与亚太国家发展经济技术合作，结果恰好中了美国的圈套，为军备竞赛所累，为军备竞赛拖垮。到头来，苏联在亚太地区的经贸伙伴寥寥无几，市场占有率远远不及美国，从而使苏联在该地区的影响力不能不大打折扣。最后，就美苏在亚太地区争霸的实际结果而论，不能不承认，苏联是输家。从亚太地区来看，美国的经济军事实力及其在亚太的影响力进一步增强，从全球范围衡量，东欧剧变、苏联解体，美国成了惟一的超级大国。随着冷战的结束，苏联的亚太战略也走到了尽头。

（二）90年代以来的俄罗斯亚太战略

1. 从“一边倒”到“全方位”

1991年12月，叶利钦入主克里姆林宫，苏联的镰刀斧头红旗降下，俄罗斯的白蓝红三色旗取而代之。他上台伊始，便推行了全新的对外战略，即向欧美一边倒，企图依靠欧美国家，巩固自己的政权，发展俄罗斯经济。但严酷的事实表明，俄罗斯依赖西方发展壮大自己的对外战略，是一厢情愿的幻想。这是因为，从根本上说，美国的对俄方针非常明确，那就是“分化、弱化”俄罗斯。在分化苏联的目标业已实现的情况下，弱化俄罗斯的方针是不会轻易改变的。在美国看来，扶持一个强大的俄罗斯，无异于养虎遗患，显然不符合美国的战略利益。

向西方一边倒外交战略的幻灭使俄罗斯外交陷入迷惘。叶利钦及其外交政策智囊们不得不对亲西方外交进行反思，并最终将“一边倒”否决，代之以“全方位”外交战略。“全方位”外交战略 1994 年即被提出，但直到 1995 年底 1996 年初才最终得以确认，普里马科夫于 1996 年 1 月出任新的外交部长应该是一个明确的标志。

所谓“全方位”外交战略，实际上是针对亲西方的“一边倒”外交战略而言的，其主要内容是：不否认对美欧外交的重要性，在重视对西方外交的同时，重视并加强对亚太外交。

2. “全方位”外交战略中的亚太地区

亚太地区是俄罗斯全方位外交战略的重要组成部分。用叶利钦总统自己的话来说，“俄罗斯不应该围着欧洲和西方转，还应当发展与亚洲地区国家的合作。亚洲对俄罗斯具有重要意义，这不仅因为俄罗斯 2/3 领土在亚洲，还因为俄罗斯致力于积极参与这一地区的进程”①。在这里，叶利钦没有挑明参与这一地区的什么进程，但明眼人不难看出，它主要是指政治多极化和经济一

① 1997 年 9 月 12 日俄通社—塔斯社莫斯科电：叶利钦会见菲律宾总统拉莫斯时的谈话。

体化进程。当时担任外交部长的普里马科夫说得也很明确："从地缘政治利益以及加强俄罗斯在新的多极世界中作用的角度来看，发展同日本及亚洲其他国家的关系对于俄罗斯具有特别重要的意义。"① 俄罗斯科学院远东研究所所长季塔连科阐述得更加具体："苏联解体后，俄罗斯在更大程度上成了一个亚太地区大国。在失去黑海、波罗的海和里海的主要港口之后，俄罗斯有1000多公里海岸面向亚洲方面。正是在太平洋地区我国没有领土损失。亚太地区使俄罗斯有机会通过参加多边经济计划真正实现同世界经济的一体化。亚太地区为吸取改革经济的必要经验提供了可能性（如日本、韩国、中国的例子）。这个地区不仅对远东的社会经济发展，而且对整个俄罗斯的社会经济发展都具有战略性重要意义。"② 由此可见，亚太地区已经成为俄罗斯"全方位"外交战略的一个重要组成部分。

二 俄罗斯亚太战略形成的国内、国际背景

俄罗斯亚太战略的形成，除了亲欧美"一边倒"战略的失败这一特定背景外，还有其他复杂的国内、国际背景。

就国内来看，俄罗斯经济、政治形势发生了重大变化。首先是"休克疗法"彻底失败，俄罗斯经济陷入困境，叶利钦许下的改善人民生活的诺言成了泡影。其次是俄罗斯政坛力量对比已经发生微妙变化。由于改革没有给人民群众带来好处，反而导致生活水平的大幅度下降，群众不满情绪日益高涨。作为这种情绪

① 俄通社—塔斯社1997年8月4日莫斯科电：普里马科夫外长谈俄日关系。

② 季塔连科访谈录：《该是向东方"打开窗户"的时候了》，1996年7月10日俄罗斯《劳动报》。

的反映，他们在1993年的议会选举中许多人投了民族主义者的票，1995年则把票投给了共产党人，因而以俄罗斯共产党为代表的中左力量明显壮大，对叶利钦构成一定威胁，而且叶利钦总统的第一个任期也即将届满。在连任竞选即将到来之前，叶利钦当机立断，舍车保帅，革除“一边倒”代表人物、外长科济列夫等人的职务即是其典型的政治伎俩。

再就国际形势而言，对俄罗斯也是十分严峻。美国及其欧洲盟国对俄罗斯玩弄两面手法：一方面美国与俄罗斯就第二阶段限制进攻性战略武器进行谈判并达成框架协议，还把俄罗斯拉入西方“七国俱乐部”的政治磋商，“七国集团”形式上变成了“八国集团”，借以迷惑叶利钦和世界舆论；另一方面却扎扎实实地推进北约东扩，向俄罗斯施加巨大压力。冷战时期苏联的东欧盟国已纷纷倒向西方，其中的波兰、匈牙利、捷克率先提出了加入北约的申请，其他国家也大有效仿之势。加之由原苏联各加盟共和国独立而成的独联体国家，不仅不顾原来的兄弟情义，反而与俄罗斯争财争物，甚至争分海军舰队，闹得俄罗斯四面楚歌。而同一时期，俄罗斯的东方邻近国家和地区，即亚太地区却呈现出政治形势相对稳定、经济蓬勃发展的景象，这对处于困境中的俄罗斯不能不产生巨大的吸引力和诱惑力。正是在这样的国内国际背景下，俄罗斯放弃了“一边倒”，选择了既面向西方又面向东方的“全方位”外交战略，其亚太战略成为“全方位”外交战略的重要组成部分。

三　俄罗斯亚太战略的意图及意义

（一）俄罗斯亚太战略的意图

俄罗斯推行亚太战略，具有鲜明的政治、经济和军事意图。

首先，政治上确保世界多极格局中一极的地位，力争发挥昔日大国的作用。冷战结束后，世界格局正在向多极化方向发展，而目前尚处于“一超多强”的阶段。亚太地区在世界上的地位随着其经济的快速发展和众多大国利益的交织与碰撞而日趋重要。在这一地区，多极化的趋势在发展，而作为惟一超级大国美国的霸权主义倾向也在发展，从而构成了一个各种政治力量纵横捭阖的重要舞台。叶利钦十分看重这一舞台，并且决心让俄罗斯在其中扮演一个相称的角色。鉴于美国在世界上和亚太地区的特殊地位和作用，加强同美国的接触和对话显然是俄罗斯谋求大国地位的必由之路。另一方面也应看到，美国要进一步控制亚太，也不能无视俄罗斯在该地区的存在。因此，共同的需要促使美俄两国在亚太地区逐渐接近，俄罗斯被接纳加入亚太经合组织即是其集中反映。当然，俄罗斯不愿看到美国霸权主义在亚太地区膨胀，但限于自身力量的不足，只好走一条联合其他力量共图战略大计的路子。近年来俄罗斯采取的诸如与中国建立战略协作伙伴关系，改善同日本的关系，发展同东盟国家的关系等外交举措，无一不是这一联合战略的组成部分。此外，俄罗斯发展和巩固在亚太地区的地位，获取大国发言权，更根本的一条还是从经济和军事等方面逐步强化在该地区的存在和影响。最近几年，尽管俄罗斯国内经济和政治形势依然相当困难，但叶利钦仍以其国土资源、科技力量、战略核武器等强项为后盾，积极开展对亚太外交，尤其是大国首脑外交，并取得了比较显著的成效。

其次，经济上寻求合作和支持，以尽快恢复和发展壮大俄罗斯的综合国力。俄罗斯以幅员辽阔、资源丰富著称于世，特别是它的亚洲部分西伯利亚和远东，石油、天然气、电力等能源储量十分丰富，亟待开发。但由于缺乏资金和技术，俄罗斯作出了与中国、日本等亚洲国家联合开发、资源共享的明智决策。此外，进一步开拓亚洲市场，发展同亚洲国家的经贸合作；参加亚太地区经贸、金融等合作组织，逐步融入亚太经济一体化的进程，也是近年来俄罗斯推行亚太战略的重要经济目标。

第三，军事上谋求东部的安全，消除后顾之忧，以便集中力量抗衡北约东扩。地跨欧亚两洲的辽阔疆域，给俄罗斯的军事战略谋划带来了极大的难度。冷战时期的苏联曾经历过东西两面腹背受敌的战略窘境。如今，冷战虽已结束，苏联和华约也早已不复存在，但北约不仅没有相应地退出历史舞台，反而不顾俄罗斯的强烈反对，以咄咄逼人之势强行东扩。不久前，北约借庆祝成立50周年之机，通过了颇具扩张和侵略性的新战略，随即发动了对南斯拉夫科索沃的空袭。北约的侵略扩张，着实给俄罗斯出了一道大难题。为了避免重蹈历史覆辙，俄罗斯采取了对东部即亚太地区缓和的策略。它通过与中国、日本、韩国等国家改善关系以及参与亚太地区安全合作等渠道，明显改善了俄罗斯在亚洲地区的安全环境。这就使它有可能集中较多的精力、财力和物力应付来自北约东扩造成的压力，保证国家安全战略的重点。

（二）俄罗斯推行亚太战略，对整个亚太地区有着不容忽略的积极影响

第一，俄罗斯重返亚太地区，已经不是像冷战时期那样，以超级大国身份为争夺霸权而来，它的真正目的是通过融入亚太经济一体化的进程，恢复和发展经济，增强综合国力，重振昔日大国雄风。因此，俄罗斯在发展与亚太国家关系时，侧重点是发展经贸合作关系。这样一来，俄罗斯的加入对亚太经济社会的发展不仅不是破坏因素，而且成为一个积极的促进因素。尽管目前俄罗斯的经济实力孱弱，但其经济潜力巨大，尤其是丰富的自然资源和广阔的市场，对亚太地区经济的发展和国际合作是十分宝贵的。有鉴于此，亚太经合组织于1997年底作出了接纳俄罗斯为新成员国的决定。此举的明智之处在于，既满足了俄罗斯加入亚太经济一体化进程的愿望，又壮大了亚太经合组织的队伍和力量，可谓一举两得。

第二，俄罗斯作为一个地区重要大国重返亚太，对于该地区大国关系的良性互动具有不可替代的作用。首先是增加了一个牵制美国地区霸权主义的有利因素。冷战结束后，世界向何处去？是走向多极化还是由美国一家独霸，这是一场事关人类前途命运的历史性大搏斗。在这场斗争中，俄罗斯站在了主张多极化的一边。眼下，虽然俄罗斯总体实力不济，但它是瘦死的骆驼比马大，特别是它手中迄今仍然握有的战略核武器，是世界上目前惟一能够与美国相抗衡而且着实让美国不安的威慑力量。尽管核武器今后实际使用的可能性微乎其微，但它的战略威慑作用却是举世公认的。仅仅从这一点来看，俄罗斯在亚太地区乃至整个世界的作用便是极其独特而不可抹煞的。其次，在亚太中、美、日、俄四大国关系中，俄罗斯是一个重要的平衡因素。冷战结束，苏联解体，俄罗斯退出了超级大国行列，与美争霸已不现实。在这种情况下，俄罗斯在亚太地区的战略目标作出了相应的调整，策略手段也随之发生显著变化，即由原来的独立抗衡美国变为借助中国或日本的力量，联合牵制美国。中国自改革开放以来，政局稳定，经济持续快速发展，对外坚持独立自主的和平外交政策，反对霸权主义，综合国力和国际地位明显上升。美国在亚太推行霸权主义，中国无疑是一道屏障。因此，美国把其对华政策作为其亚太政策的一个重要组成部分，努力构筑美中“战略伙伴关系”。中国从维护自身发展利益和地区和平与发展利益出发，在与美国发展双边关系的同时，坚持批评和抵制美国的霸权主义行径。这就决定了中美关系合作与斗争并存的两重性。美日之间虽然仍维持着政治军事同盟关系，而且两国政府近期通过新的防卫合作指针及其相关法案，试图强化这一军事同盟，但经过战后50多年发展的日本，已经不是当年惟美国马首是瞻的驯服的小伙伴，其民众中要求摆脱美国控制、自己掌握民族命运的呼声日趋高涨，它对政界领导人不能不形成一股强大压力，迫使日本政府在对外政策中与美国保持一个适当的距离。这就形成了日本对美关系中追随与离心两种倾向并存的局面。中美关系和日美关系各自的特点，使俄罗斯在中、美、日、俄四大国关系中处于一个极其特殊而有利的位置，换言之，俄罗斯虽然在四大国关系中属于配角，但无论中美关系还是日美关系，都留有俄罗斯发挥作用的余地和空间，俄罗斯站在哪一边，对于四大国关系中的力量对比将产生微妙的影响。以亚太大国关系最近一轮的调整为例：1997年至1998年，江泽民主席和克林顿总统实现互访，中美关系改善，带动了日俄关系的发展；1999年上半年，以美国为首的北约空袭南斯拉夫科索沃，用导弹袭击中国驻南大使馆，中美关系逆转，同时，日本追随美国推出日美防卫合作指针相关法案，助纣为虐，在这种情况下，俄罗斯支持中国的立场，对美日的倒行逆施形成有力的牵制。当然，俄罗斯的这种特殊作用已经引起了中、美、日三方的关注，任何一方都会想方设法加以利用，而成败与否则取决于与俄罗斯的亚太战略利益是否吻合。

四　俄罗斯亚太战略面临的主要问题及制约因素

（一）俄罗斯亚太战略当前面临的主要问题

几年来的实践表明，俄罗斯的亚太战略总体上是成功的，已经取得了明显的成效，其中最为突出的表现是：与中国建立起平等信任、面向21世纪的战略协作伙伴关系；与日本的关系进一步改善，双方正在构筑建设性伙伴关系；与韩国和东盟等亚太其他国家的关系也有所恢复和发展；以加入亚太经合组织和东盟地区论坛为标志，俄罗斯已经实际介入亚太经济一体化进程和区域安全保障机制的构建，换言之，俄罗斯已经成功地重返亚太经济政治大舞台。对此，叶利钦总统的结论是，“俄罗斯对外政策的重点向亚太地区转移是一个巨大成就”①。俄罗斯外长伊万诺夫1999年2月23日在俄《独立报》发表题为《俄罗斯应当在亚太地区活跃起来》的文章，副题为《在亚太地区不应“闭关自守”》，其基本观点是：“如今我们的主要任务不仅是要减轻亚洲危机给俄罗斯带来的消极后果并维护地区的和平与稳定，而且还要尽量防止我们的地位被削弱，避免我们同该地区各国间关系出现倒退。同时，还应直接参与解决该地区的重大问题。”

从叶利钦的讲话和伊万诺夫的这篇文章可以看出，俄罗斯对其亚太战略取得的成果是肯定的，进一步贯彻该战略的态度也是坚定的，同时他们事实上也意识到了迄今尚存在的问题。叶利钦在同一讲话中强调，俄罗斯与中国、日本等亚太国家政治关系的突破“应由具体的经济合作来巩固”，伊万诺夫用“俄罗斯应当在亚太地区活跃起来”作为其专文的标题，都清楚地传递了这一信息。说得更明确一点，那就是，俄罗斯亚太战略当前面临的主要问题是：经济关系滞后于政治关系，经济合作的规模和效益不尽如人意；政治关系的发展亦不平衡，俄中关系领先，俄日关系相对滞后，俄与其他亚太国家关系有待进一步开发。

---

① 叶利钦1998年5月12日在俄罗斯外交部的讲话，参见1998年5月14日《人民日报》。

（二）俄罗斯亚太战略的主要制约因素

俄罗斯亚太战略当前面临的上述问题，是由复杂的国内外诸多因素造成的，其中最主要的是：俄罗斯国内政局不稳，经济衰退；国际经济环境恶化；国际政治和安全形势出现动荡。

1. 俄罗斯国内政局不稳，经济衰退

叶利钦总统在其1999年度题为《世纪之交的俄罗斯》的国情咨文中有一段精彩而深刻的论述："在确立多极原则的同时进行世界的地缘政治重组，这符合国际稳定和持续发展的利益。多极原则的基础已经奠定。但是，无论这将为俄罗斯开辟多么广阔的前景，俄罗斯今后的命运还是取决于自身，取决于其内部状况及所选择的发展道路。因此，目前对俄罗斯来说，最为重要的是集中所有力量振兴自己，振兴精神，振兴经济，振兴政治。"[①]此话一语中的，鞭辟入里。对外战略、政策必须以国家的实力（或曰综合国力）为后盾，否则难有作为。近年来的俄罗斯，实力今非昔比，国际地位下降。更为严重的是国内政局混乱，经济危机四伏。政局的混乱至少表现在三个方面。其一是叶利钦总统的地位和权威已经动摇。其二是政府频繁更迭。自1998年3月到现在，不到一年半的时间，叶利钦频频罢黜总理，政府四度更迭，从切尔诺梅尔金到基里延科，后者执政不足5个月，几乎谈不上什么政绩；普里马科夫继任后，进行了颇有成效的整顿，协调了政府与杜马的关系，使俄罗斯内政外交重现一线曙光，但却不为叶利钦所容，施政9个月便被免职；继任的斯捷帕申任职3个月便被普京取代，他们均来自强力部门，叶利钦的用心不言自

---

① 俄通社—塔斯社莫斯科1999年3月30日俄文电：叶利钦国情咨文《世纪之交的俄罗斯》。

明。政府走马灯似地更换，国家何来安宁？其三是各政党为即将到来的国家杜马选举明争暗斗，政坛阴云密布。至于经济形势更是俄罗斯上上下下最为头疼的问题。本来1997年俄罗斯GDP呈现0.4%的增长，许多人以为俄罗斯经济已经走出低谷，但是事实很快就使人们的希望破灭。1998年，俄金融危机一浪高过一浪，到8月发展成为全面金融和经济危机，全年GDP下降超过6%，外贸额下降17.6%。同时俄罗斯债台高筑，外债从1992年的1030亿美元增加到目前的1450亿，人均欠外债990美元。仅1999年到期外债即175亿美元，成为俄罗斯政府的一道鬼门关。万般无奈之下，俄财政部于1999年1月9日发表正式声明，承认“俄罗斯已无力如期履行所有的外债义务”。俄罗斯的经济危机，不仅导致了群众生活水平的进一步下降和民怨沸腾，而且大大牵制了包括亚太战略在内的整个俄罗斯外交战略的实施。

2. 国际经济环境恶化

首先是1997年7月爆发的东南亚金融危机，迅速波及整个亚太地区，俄罗斯也在所难免。俄罗斯亚太战略所涵盖的地区几乎无一例外地处于危机阴影的笼罩之下，金融动荡，市场收缩，这对俄不能不产生十分不利的影响。由于金融危机风暴的冲击，在俄罗斯也出现了外资纷纷抽逃，内资竞相外流，黄金外汇储备大幅度下降的局面，严重扰乱了俄罗斯经济。此外，国际石油、黄金价格持续下跌，对石油、黄金出口大国俄罗斯也带来灾难性后果。据估算，俄罗斯因石油价格下跌仅1998年就损失高达50多亿美元，约为俄全年财政预算的1/10。

3. 国际政治和安全形势中的不稳定因素

冷战结束后，国际形势总体上趋于缓和，但诸多不稳定因素依然存在，世界并不太平。亚太地区当然也不例外。在众多不稳定因素中，直接间接对俄罗斯亚太战略形成牵制的，主要是日本因素和美国因素。

所谓的日本因素，一是指日本坚持其在日俄领土争端问题上的强硬立场，二是指日本进一步追随美国，强化同美国的军事政治联盟。

日俄领土争端是战后以来影响两国关系的首要因素。迄今为止，双方在策略手法上有所变化，但原则立场没有变。特别是日本方面，虽说名义上不再坚持"政治经济不可分"的原则，但从种种迹象来看，如若无俄方归还北方四岛的承诺，日本拒不签署两国和平条约，在和约签署前，日方拒不向俄罗斯提供大规模经济援助或巨额投资等等，说明日本至今仍然把收回北方四岛作为最终发展两国关系的先决条件。在这种情况下，尽管俄罗斯有求于日本，并且作出了一些让步的姿态，但在达不到日本的要求之前，两国关系的改善将受到极大限制。

自80年代提出争当世界政治大国的目标以来，日本外交独立自主倾向曾有所发展，但进入90年代后，随着泡沫经济破灭而导致经济形势长期低迷局面的出现，日本外交追随美国的趋向重新抬头。1997年日美双方炮制了新的"日美防卫合作指针"，提出了所谓"周边事态"的概念。其矛头所指，既针对中国、朝鲜，也包括俄罗斯远东地区。1999年4—5月，日本国会众参两院分别通过了日美防卫合作指针三个相关法案：《周边事态法案》、《自卫队法修改案》和《日美物品劳役相互提供协定修改案》。其中《周边事态法案》第一条明确规定："制定该法律的目的，是为对付那些若置之不理就有可能直接发展为对我国发动武力攻击等在我国周边地区对我国的和平与安全造成重大影响的事态（以下称周边事态），规定我国实施的措施、实施程序和其他必要事项，以便有效运用日本国和美国之间的相互合作和安全保障条约（以下称日美安保条约），确保我国的和平与安全。”[①] 正是在这种情况下，俄罗斯外交部于6月7日发表声明指出，日美防卫同盟的行动范围现在实际上包括整个亚太地区，而且日美两国政界的高级人士曾议论日美防卫同盟的“责任区域”包括俄罗斯远东地区。鉴于日方代表在6月4日举行的俄日外交和军事主管部门专家磋商会上辩称，日美防卫合作不针对俄罗斯等邻国，俄罗斯外交部要求日美官方发表正式声明，说明日美防卫同盟不针对俄罗斯。但无论是日本还是美国都不敢对此正面作答，只能装聋作哑。仅此一例即足以说明问题。

所谓的美国因素，主要体现在以下三个方面：一是维护美国在亚太地区的主导地位，不容俄罗斯越美国战略利益之雷池；二是牵制日本与俄罗斯的关系；三是离间中国与俄罗斯的关系。

冷战后，美国在亚太地区失去了前苏联这一战略对手，更加肆无忌惮地推行其主导亚太乃至称霸亚太的战略。它凭借其雄厚的经济和军事实力，通过亚太经合组织和美日、美韩等军事条约，企图左右亚太经济社会发展和地区安全进程。对于俄罗斯向该地区的发展，美国是有限度的支持。也就是说在不影响美国坐大、不削弱美国既得利益的前提下，俄罗斯可以介入亚太经济一体化进程，甚至在地区安全问题上俄罗斯可以适当发挥自己的影响。正是由于有了美国的支持，俄罗斯才得以加入亚太经合组织和东盟地区论坛。但从本质上看问题，美国对俄罗斯是深存戒心的。近几年来，在亚洲备受金融危机煎熬之苦而美国经济持续繁荣的情况下，美国进一步强化了它在该地区的主导地位和影响力，许多原来已经同美国拉开一定距离的国家，现在出于经济和安全利益，也不得不调整对美政策，在对俄罗斯关系上，特别是

---

① 《周边事态法案》，载1999年4月27日日本《东京新闻》。

与俄罗斯的武器装备交易问题上，不能不顾及美国的态度和立场。这就无形中构筑了一条阻挠俄罗斯向亚太发展的障碍线。

近年来，日本从自身战略利益出发，逐步改善了同俄罗斯的关系。这对日俄双方都是有利的。但在美国人看来，俄罗斯和日本都是亚太大国，它们的关系过于密切对美国不利，后者尤其担心俄罗斯借助日本重温昔日超级大国梦，日本借助俄罗斯向美国闹独立性。于是美国采取了一箭双雕的策略，那就是强化同日本的军事联盟。它一方面与日本共同炮制了新的“美日防卫合作指针”，另一方面又把日本拉入它新近策划的“战区导弹防御计划”（TMD），让日本出钱、出物、出人，为美国推行其亚太战略充当马前卒。此举果然收到了美国人预期的效果，既拢住了日本，又牵制了日本与俄罗斯的关系。

俄罗斯改善和发展同中国的关系，当然含有联合中国抗衡美国的战略意图。这一点，美国是心领神会且又耿耿于怀。昔日的中美苏大三角关系及其战略作用，美国不会忘却，虽然已经时过境迁。今日之中国，对外执行独立自主的和平外交政策。中俄建立战略协作伙伴关系，是不对抗、不结盟、不针对第三国的。中国的这一战略方针是坚定不移的。尽管如此，美国还是放心不下。在它看来，世界上任何一支力量的崛起或者某些力量的靠拢都是不能容忍的，必须设法除之而后快。几年来，不管美国对中国和俄罗斯搞“接触”也罢，建立什么伙伴关系也罢，目的无非是把中、俄“西化”、“弱化”、“分化”掉，更不能让中俄联合起来对付美国。今年4月在北约成立50周年由美国炮制出笼的北约战略新概念，以及紧接着发动的对南斯拉夫科索沃的侵略战争，是美国精心策划的世界战略的一个重要组成部分。美国的这一战略部署，目的之一是敲山震虎：打击敢于违背美国意愿的南斯拉夫；震慑力不从心的俄罗斯，将其主要注意力拉回欧洲；

警告远在亚洲、但对美国的霸权主义不买账的中国。5月7日用导弹袭击中国驻南斯拉夫大使馆的血的事实，再清楚不过地暴露了美国的意图，这是任何“误炸”一类的谎言所无法掩盖的。当然，霸权主义者如同世界上一切反动势力一样，其行动往往总是事与愿违。轰炸南斯拉夫、袭击中国大使馆这样的野蛮行径究竟能否达到遏制和离间俄中关系的不可告人的意图，恐怕连美国人自己也不能不产生怀疑。

五　俄罗斯亚太战略的前景

俄罗斯推行亚太战略以来，成效明显，其中俄罗斯与中国战略协作伙伴关系的建立最具代表性和战略意义。尽管在贯彻过程中遇到了一些阻力和障碍，但并没有动摇俄罗斯继续执行这一战略的决心。从叶利钦最近几年的国情咨文以及俄政府领导人的有关言行来看，俄罗斯的亚太战略并非权宜之计。

那么，人们也许会问，俄罗斯亚太战略的前景究竟如何？

（一）俄罗斯亚太战略的前景并非一片光明，而是明暗不一

首先，俄中战略协作伙伴关系前景看好。由于俄中两国目前没有战略利害冲突，历史遗留的边界问题已经获得圆满解决，发展两国关系的障碍基本上业已消除。此外，国际形势的新变化也有助于俄中战略协作伙伴关系的巩固和发展。正如1999年6月2日在北京发表的中俄外长会晤联合新闻公报所说的那样：“中俄发展战略协作伙伴关系的基本目标是，致力于建立多极化和公正合理的国际秩序，维护世界的和平、稳定与安全，促进世界各国的共同发展。双方重申，中俄无意结成针对任何第三国或国家集团的军事政治联盟，并反对当前在世界一些地区扩大和强化军

事联盟的倾向。"① 可见，俄中平等信任、面向21世纪的战略协作伙伴关系的基础比较牢固，今后应加强经济技术合作使其进一步巩固和发展。

其次，俄罗斯正在与日本构建的建设性伙伴关系变数颇多。

1998年11月俄罗斯与日本签署的《莫斯科宣言》，重申了双方在2000年前缔结和平条约的决心，前不久又传出风声，似乎年内两国能够解决领土争端，如期缔约。事情果真会如此顺利？作为旁观者，也许我们更清醒一点。叶利钦总统在其1999年度的国情咨文中就俄日关系指出："俄日关系的发展已有了坚实的基础。在不回避悬而未决的政治问题的同时，俄罗斯和日本重点是以建立面向21世纪的全面的建设性协作关系为己任。"伊万诺夫外长在其《俄罗斯应当在亚太地区活跃起来》一文中承认，"以国际法标定南千岛群岛地区俄日两国边界线的问题仍悬而未决"，同时强调"即使俄日经济合作开展得再积极，也无法解决南千岛群岛的全部问题。俄罗斯首先还是要依靠自身的力量。我们进行这项工作越是积极，我国在同日本谈判时立场就会越坚定"。从这里透出的信息很难让人过分乐观。另外，我们在前面已经提及的日本积极强化同美国的政治、军事同盟，日本国内政治局势的右倾化等等，显然不能说有利于俄日关系的发展。

第三，俄与韩、朝及东南亚国家关系有望改善。

除中国、日本外，俄罗斯与其他亚太国家的战略利害关系不是很大，相反，它们之间的经济互补性相对较强，因而合作的空间较为广阔。在朝鲜半岛，只要不出现大的动荡，俄罗斯的现行政策有利于它发展同韩朝两国的关系："在亚太地区最危险的问题——朝鲜半岛问题上，我们要让人听到俄罗斯的声音。为此，我们首先要

① 中俄外长《北京会晤联合新闻公报》，载1999年6月3日《人民日报》。

对朝鲜半岛上的两个国家奉行平衡路线。"① 至于俄罗斯同东盟国家的关系，随着东亚经济的逐步复苏，东盟国家的经济活力将再度焕发出来，届时，东盟市场对俄罗斯同样是有吸引力的。既然双方都有合作的需要和合作的愿望，并且已经有了一个基础结构，只要双方认真挖掘潜力，经济合作应该说是大有希望的。

（二）决定俄罗斯亚太战略成败的主要因素

俄罗斯的亚太战略符合其国家整体战略利益，一般说来不会轻易变化。对其发展前景，我们也作了初步分析，但其最终能否达到预期目标，尚取决于以下各种因素。

首要的也是最基本的因素，即俄罗斯国内形势及综合国力的发展变化。外交以国家实力为后盾，而综合国力的提高又必须通过国家建设来实现。但如今的俄罗斯，无论是政治还是经济，处处让人担忧。好在叶利钦的任期即将届满（2000 年），国家杜马年内换届选举，人们只好寄希望于两大选举之后政局趋稳，经济复苏，俄罗斯获得新生。但愿俄罗斯人的期望不是幻想。不过即便他们的梦想成真，俄罗斯要重新振兴，也必将是天长长，路漫漫。在此之前，俄罗斯的外交难有大的作为，亚太战略也只能在借助外力上好生运筹，若要再度取得像对中国关系那样的战略性突破，实在是难上加难。

其次是国际经济政治环境的发展变化。根据目前国际形势的现状和发展趋势分析，在 21 世纪第一个 10 年，和平与发展仍然是时代的两大主题，爆发世界战争的可能性极小；世界政治多极化的趋势不可逆转，但"一超多强"的局面 10 年内还不会发生

① 伊万诺夫：《俄罗斯应当在亚太地区活跃起来》，载 1999 年 2 月 23 日俄罗斯《独立报》。

质的变化；全球经济一体化的趋势不会逆转，并将与地区经济集团化并行不悖地进一步深入发展；全球大国关系和亚太地区大国关系格局不会发生质的变化。这种形势对俄罗斯来说是挑战与机遇并存，不过挑战的成分似乎更大一些。

最后，亚太战略的成败还取决于俄罗斯总体外交战略的演变及其运筹情况。这里，人们最为关注的莫过于叶利钦之后的俄罗斯外交战略格局会不会发生彻底变化。我们认为，彻底变化的可能性极小，因为俄罗斯的国家利益不允许这样做。于是，“全方位”外交得以继续，作为其重要组成部分的亚太战略也将继续执行。其次是俄罗斯如何处理同美国的关系。科索沃战争表明，美国弱化俄罗斯、挤压其国际活动空间的方针是既定的，关键是俄罗斯如何应对。如果它选择投靠美国、加入北约的道路，那只能是自投罗网，甘当附庸。这种选择有悖俄罗斯的大国传统，也是俄罗斯民众无法接受的，因而只是一种假设而已。同样，若要俄罗斯像冷战时期那样拉开架子同美国对抗，也是不可能的。舍去以上两个极端，俄罗斯对美政策的惟一选择就是既合作又斗争，合作而不陷入依赖，斗争而不导致破裂。在这一若明若暗的较量中，俄罗斯本身的实力将是决定性的，而其亚太战略的成功运用将加强俄罗斯在对美较量中的地位。此外，俄罗斯如何处理好同中国和日本的关系更是直接影响着其亚太战略的命运。近年来，在俄罗斯外交决策层面，潜藏着一股暗流，那就是视中国为俄罗斯的潜在对手，动辄要打中国牌。比如在改善同日本的关系时，俄罗斯就有人企图拉拢日本以牵制中国。诸如此类的思想和行动，如果形成气候，不仅将断送俄中战略协作伙伴关系，而且将使俄罗斯的亚太战略功亏一篑。对于如此严重的后果，想必无论任何俄罗斯领导人都不能不三思而后行。

（原载《当代亚太》1999 年第 5 期）

以史为鉴　着眼未来

——《日本的战争责任》(中文版)评析

在抗日战争胜利54周年之际，日本玉川大学前教授若槻泰雄的大作《日本的战争责任》(中文版)与中国读者见面了。笔者有幸作为首批读者之一，深为该书的立论和论述所折服，更为它在中日构建致力于和平与发展的友好合作伙伴关系中作出的积极贡献所打动。

一

《日本的战争责任》于1995年由日本原书房出版，分上下两卷。摆在我们面前的中文版就是根据这一版本译出的。全书由10章构成，前9章分别论述了日本军队何以相信刺刀能战胜坦克，士兵何以强悍好战、极其残忍，谁是军队的真正统率者，日本的战争目的，日本的大众传媒和国民为什么没能反对战争，以及政治家、官僚、学者、评论家等等在战争问题上随声附和甚至推波助澜的行为，第10章得出结论："应该追究其责任的是天皇制，严格说来是明治创立的近代天皇制本身。"全书共35万字。

日本自1931年“九一八”发动侵华战争，1937年“七七”事变发展为全面侵华战争，二战期间与德、意结盟，在侵华的同时，向东南亚国家大肆侵略扩张，1941年12月7日袭击珍珠港引发太平洋战争，直到1945年8月15日战败投降。对于这历时将近14年的对外侵略战争，以及战争给受害国家和人民造成的破坏和灾难，责任何在？这个问题，对于被侵略国家和人民来说，是再清楚不过了，那就是日本当局及其推行的军国主义政策。但令人费解的是，在日本国内，对这一问题长期以来一直讳莫如深。有些人即便有自己的看法也不敢公开发表，因为一旦发表就要遭到攻击、威胁，甚至危及个人利益与安全。正如作者若槻泰雄教授在书中所指出的那样：“在日本，战争责任论的一般通俗见解是把全部责任推给早已不复存在、无需反驳的军部，认为‘发动战争是军部的罪恶’。而且，已经把追究真正的战争责任者看成是一种忌讳了。在日本，如果认为最大的忌讳是批判天皇和天皇制的话，那么，把追究战争责任问题暧昧化、忌讳化，是否可以说这本身就表明了战争责任的所在呢？”① 若槻泰雄及其《日本的战争责任》一书，就以这样鲜明的立场把日本发动对外侵略战争的责任这个世人瞩目的问题，于1995年在日本公开提了出来，今天又通过该书的中文版介绍给中国读者。我们对作者的胆略和勇气，以及他对历史问题的责任感，不能不表示由衷的敬佩。

二

通读《日本的战争责任》（中文版）后，深感这部学术著作

---

① 《日本的战争责任》（中文版），社会科学文献出版社1999年版，第427页。

具有以下几个突出的特点。

首先是它的理论性特色。与以往批判日本侵略战争的著述，如不久前在中国出版的《东史郎日记》等等相比，若槻教授的《日本的战争责任》更注重理性的思考，甚至可以说它是亲历过那场战争的一位老兵兼学者的理性思考的结晶。作者在那场战争的末期被征召入伍，虽未出国参战，但也多少体会到了战争给日本人民、日本军队带来的是什么。战后，他深入系统地研究了日本对外侵略战争的战史，但又不局限于历史事实的简单重述，而是以一位日本老兵兼学者的正直的心胸，对那场战争进行理性反思，终于挖出了日本对外侵略战争的根源——天皇制。作者在本书的第1—5章用大量篇幅着重分析了，为什么日本在物质力量并不占优的情况下，公然挑起对美侵略战火，为什么日本军队在那场近乎绝望的战争中拼死征杀，极其残忍，结论是日本确信自己是天皇缔造的“神国”，是世界的主宰，也就是书中所说的“天皇是神，日本是神国”①；日本军队是由天皇亲自统率的“皇军”，即书中所说的“因为日军是皇军啊！皇军的任务就是要杀掉一切不服从天皇或不承认天皇的家伙！”② 日本进行的战争是“圣战”，书中援引东乡外相的话称之为“盖此次战争目的——建立大东亚共荣圈，乃渊源于吾肇国之精神”③，况且又有天皇的“敕命”。这样一来，战争的责任属谁，便顺理成章，一清二楚了。

其次是它的资料翔实，论证严密可信。书中引用了大量史料，从当时的宪法、有关法律到陆海军事典，从各种战史到个人

① 《日本的战争责任》（中文版），社会科学文献出版社1999年版，第55页。
② 同上书，第120页。
③ 同上书，第186页。

回忆录，从新闻报道到私人手稿，从文学典籍到民歌民谣甚至普通百姓的“乱涂乱画”，真可谓无所不包、应有尽有。作者在充分占有资料的基础上，让史料说话，既权威又令人信服。例如第1章中为说明日本军队装备与其他先进国家的差距，作者不仅引用了由日本陆海军军官执笔、由陆海军中将监修、两位陆海军大臣题了字的《世界国防现状》和陆军大学石田保政上校对外保密的9卷本《欧洲大战史》讲义稿的数据，而且援引了苏联军事教科书《战争与军事》的统计数据，并且列出“各国装备新式武器一览表”等表格，让读者一目了然，确信无疑。又如第7章中，为说明天皇对侵略中国和东南亚战争的直接责任，作者援引了天皇在1937年9月4日（卢沟桥事变后）日本第71届特别议会和1938年底第74届通常议会开幕式上的两段“敕语”：“中华民国深深不解帝国之真意，无礼制造事端，以致发生这次事变。朕深感遗憾。朕之军人正排除万难，尽忠尽勇，这样才能促使中华民国反省，确立东亚和平。”“朕令官兵很好地排除艰难，已用武力平定了中国的重要地区。可是为建立东亚新秩序，确保东亚永久安定，必须发扬国民精神和发挥国力。”① 这两段“敕语”把一个侵略战争罪魁祸首的形象赤裸裸地摆到了读者面前。再如同一章中，论及普通民众为表达被压抑的反战情绪，作者转引了稻垣真英著《天皇的责任与庶民》从日本特务机关刊物《特高月报》中收集的民众在厕所“乱涂乱写”的部分内容：“看一看粮食短缺的国民的惨相。打倒日本政府！枪毙前首相近卫！”“停止战争！最后要失败！国民遭难！”“杀死天皇！停止

① 《日本的战争责任》（中文版），社会科学文献出版社1999年版，第295—296页。

战争!”[1] 短短几条标语，却反映了普通民众的心声。

第三是它的视野广阔，论述全面、系统。剖析天皇和天皇制的战争责任，绝不是仅仅引用几个具体事例，然后加以推导，以偏概全便能解决的问题。恰恰相反，它需要从宏观（国家体制、政治经济制度、军事战略策略等）与微观（具体事件、人物甚至一言一行）相结合的角度，全面、系统地缜密论证，才有可能把战争责任板上钉钉，使其永远不得翻案。本书作者正是这样做的。他首先从对日本军队的分析入手，装备相对落后却冒险发动对外侵略，军人受“神国”、“圣战”等愚忠思想支配，惨无人道地四处征杀，陆海军将领成为嗜血如命的战争狂人，所有这一切，盖因天皇是军队的最高统帅，他的旨意主宰着军队。不仅如此，作者还对大众传媒、广大民众、官僚政客、学者文人等社会的各个层面对待这场侵略战争的态度和作为进行了深入细致的介绍，并且着重剖析了造成这种种现象的深层次原因，即宣扬所谓“八弘一宇”的“肇国精神”，鼓吹天皇是万邦无比的“活神”，彻底麻痹了人们的思想，加之战时又辅以“圣战至上”的强制措施，把社会各阶层人士统统绑在了天皇“圣战”的战车上，最终走上了覆灭的道路。

综上所述，可以看出，《日本的战争责任》（中文版）是一部主题鲜明深刻、内容丰富扎实、论证严紧缜密的学术力作。如果说存在什么不足的话，那主要有以下两点。一是在分析战时民众、学术界等非军政界人士的所作所为时，批判面似乎大了些，文、史、哲、法、经济、政治、教育、艺术、宗教界学者几乎都在批判之列，这对团结和影响更多的人站到正确的立场上来未必

① 《日本的战争责任》（中文版），社会科学文献出版社 1999 年版，第 249—250 页。

有利。应当把账算到军国主义、法西斯统治和天皇制身上。二是作者本人立场和认识的局限性也偶有所现，如书中对战争给被侵略国家和人民造成的危害涉及较少，另外在个别地方，比如“发端于卢沟桥事件的支那事变，其当初并不一定是日本按照事先预定的计划行事的”显然不妥。尽管有所不足，但瑕不掩瑜，《日本的战争责任》（中文版）必将受到中国广大读者的重视和喜爱。

三

《日本的战争责任》（中文版）在当前形势下出版，具有重大的现实意义。

其一，它是对日本右翼势力否认侵略战争历史观的有力批驳。战后以来，围绕着对三四十年代那场侵略战争的认识问题，日本政界和学术界始终存在着争论和斗争，有时甚至相当尖锐。进入90年代之后，由于国内外形势的变化，特别是日本经济的不景气、争当政治大国进程的受挫、日美政治军事同盟的逐步强化，日本政坛右翼势力否认侵略战争的气焰出现进一步嚣张之势。这不但表现为政府阁员接二连三地发表否认侵略战争的言论，而且集中表现为由众多自民党议员组成的“历史研究委员会”的出现，以及由它一手操纵炮制的全面歪曲历史、为侵略战争翻案的20篇讲演稿汇集而成的《大东亚战争的总结》（1996年8月日本辗转出版社出版）一书。正是在“历史研究委员会”出笼之后，几乎与其紧张炮制《大东亚战争的总结》的同时，即1995年，若槻教授的《日本的战争责任》问世了。它对日本右翼势力为侵略战争历史翻案的活动不啻为当头一棒。该书于1999年9月推出中文版，是继1999年上半年出版的《东史郎日记》之后，对日本否认侵略战争的反动历史观的新的反击。

其二，它从本质上体现了日本人民维护和平、反对战争的意愿和根本利益。《日本的战争责任》一书，矛头直指天皇和天皇制，应该说是对侵略战争责任的最确切最彻底的清算。作者的基本观点已为战后日本历史所证实，是完全正确的。今天仍然存在于日本的天皇制，与1945年战败前已经发生了本质的变化，这一变化的本身就充分证明，铲除军国主义的政治源头和天然屏障，保证日本的和平发展道路，是日本国家和人民根本利益之所在，是符合日本人民反对战争、维护和平的强烈愿望的。该书正是这样一部顺应历史潮流、体现国家和广大人民群众根本利益和真实愿望的学术力作，理应为日本人民和世界上一切反对战争、维护和平与正义的人们所称道。

其三，《日本的战争责任》（中文版）在中日友好的历史长河上架起了又一座在相互沟通和理解的基础上增进友谊的桥梁。90年代中期以来，中日关系的发展因历史认识上的分歧等诸多因素而遇到了曲折，经过双方的共同努力，特别是1998年11月江泽民主席以中国国家元首身份首次访日，两国确定建立致力于和平与发展的友好合作伙伴关系，1999年7月日本首相小渊惠三来华访问，进一步巩固了两国友好合作的发展势头。在这种共同构建中日友好合作伙伴关系的各路大军中，学术界肩负着义不容辞的历史重任，若槻教授以其《日本的战争责任》（中文版）率先垂范，为中国人民加深对日本和日本人民的理解，加深对日本历史的理解和认识，从而增进两国和两国人民之间的友谊与合作，贡献了一份宝贵的力量，因而可圈可点，可喜可贺。

澄清战争责任，吸取历史教训，是为了不再重蹈历史覆辙，坚持和平发展的道路，争创日本和平繁荣的明天。我想，这是若槻教授写作《日本的战争责任》的初衷。现在他把该书的中文版奉献给中国读者，无疑也是希望中国广大读者了解和理解日本。可以肯定，他的愿望绝不会落空。中华民族拥有悠久的历史和灿烂的文明，心胸大度。对于中日两国间一百年来，尤其是本世纪三四十年代那段不堪回首的悲惨历史，中国人民一向认为，那只不过是中日两国两千年友好历史乐章中的一个不协调音符，它不应该也不可能阻挡中日友好的历史长河滚滚向前。只要我们两国人民以史为鉴，着眼未来，中日关系的前景是光明的。若槻泰雄教授的《日本的战争责任》（中文版）必将为开创中日关系美好的未来发挥其难以替代的作用。

（原载《日本学刊》1999 年第 6 期）

俄罗斯政权更迭及其亚太政策走向

2000年3月26日，普京当选总统，表明俄罗斯基本完成了国家政权的更迭。现就此次俄政权更迭的背景、特点，它对今后俄罗斯外交政策，尤其是其亚太政策的影响，以及俄罗斯亚太政策的基本走向，作一些分析和判断。

一 世纪绝唱：叶利钦辞职

1999年12月31日，当人类正在聚精会神地迎接新世纪和新千年到来之际，从莫斯科传出了令人震惊的信息：叶利钦宣布提前辞去俄罗斯总统职务，并任命总理普京为代总统。一时间，国际舆论为之哗然，叶利钦又一次成为全球关注的新闻人物。当然，这是叶利钦精心策划的一次世纪绝唱，其用心可谓良苦。

（一）叶利钦提前辞职是不得已而为之

叶利钦嗜权如命是人所共知的事实。从其1989年“8·19”事件中的表演、1993年10月炮打“白宫”，直到拖着一副沉重的病躯反复住院、手术而坚称绝不提前辞职，都一再证明了这一点。因此，叶利钦的反常行动必定事出有因。迄今为止，国内外学术界就此做了诸多分析，基本倾向于此乃叶利钦的“明智之举”、“足智多谋”云云，溢美之词居多。笔者无意泼冷水，只是认为更有必要强调其不得已而为之的一面。

从本质上分析，应该把注意力集中到一点，那就是叶利钦执政10年最终失掉了人心。20世纪90年代的俄罗斯历史，是以叶利钦的名字为标志的。那么，叶利钦带给俄罗斯国家和人民的是什么呢？请看其钦定接班人普京的描述：“第一，我国不属于代表着当代世界最高经济和社会发展水平的国家；第二，我国现在面临着十分复杂的经济和社会问题。90年代俄罗斯国内生产总值几乎下降了50%，仅相当于美国的1/10，相当于中国的1/5。[①]在1998年危机之后人均国内生产总值降至3500美元，这仅是七大国平均水平的1/5。”“在改革的这些年来，居民的实际货币收入不断减少。尤其是1998年8月危机更使人们明显地感到收入降低。今年没能使人们恢复危机前的生活水平。目前俄罗斯人的收入还不到美国人收入的10%。像健康状况和平均寿命这样一些关键性的生活质量指标都在恶化。”[②] 据此，普京作出了如下结论：“俄罗斯在政治和社会经济动荡、剧变和激进改革中已经精疲力竭”；“俄罗斯正处于其数百年来最困难的一个历史时期。大概这是俄罗斯近200—300年来首次真正面临沦为世界二流国家，抑或三流国家的危险。”[③] 为什么会出现这种情况，谁之过？虽然普京在同一篇文章中试图把主要责任推给前苏联，

① 据王洛林、余永定主编《世界经济形势分析与预测》提供的数据，1998年美国、中国、俄罗斯三国的GNP总值分别为79213亿美元、9289亿美元和3379亿美元，可见普京高估了中国的经济实力。

② 普京：《千年之交的俄罗斯》，1999年12月30日俄罗斯《独立报》。

③ 同上。

认为“目前这种困难的经济和社会状况在很大程度上是苏联式的经济造成的后果”，但同时他又不能不承认：“这些年来的改革导致俄罗斯经济和社会领域积累了大量的棘手问题。”极力维护叶利钦声誉的普京尚且不敢回避责任问题，深受叶利钦“改革”之害的普通百姓如何评价叶利钦便可想而知了。事实上，近几年来，叶利钦在普通民众中的声望可以说早已丧失殆尽。失民心者失天下，自然是情理之中的事。

当然，作为国内外政坛上的一代枭雄，叶利钦是不可能自愿交权的，只能是迫于压力不得已而为之。压力何来？主要有以下几个方面。一是在国内外形势极为严峻的情况下，叶利钦无论在政治或经济上注定不可能再有什么作为，即便想力挽狂澜也只能落个处处碰壁的下场，因为此时的叶利钦已经回天乏力。二是俄罗斯政坛上的中、右派势力出于自身利益纷纷自拉大旗，连备受叶利钦庇护的右翼政党也与叶利钦拉开了距离，这对叶利钦来说无异于釜底抽薪，众叛亲离。三是叶利钦的健康状况不容乐观，连能否继续履行正常职务都已成为问题。正是在诸如此类的种种压力之下，叶利钦才不得不急流勇退，提前交权。

（二）叶利钦辞职时机的选择独具匠心

即便迫不得已而交权，也要制造轰动效应，这就是叶利钦的禀性和行为特征。叶利钦不失为久经沙场的政治家，他在辞职的时机选择上可谓颇费心机，并最终自导自演了世纪绝唱的一幕。

首先，他认为国家杜马选举结果令其喜出望外，他原来对俄罗斯可能走回头路的担忧被打消了。1999 年 12 月 19 日国家杜马选举前，舆论界和学术界大多估计中左力量将主宰新一届杜马。然而选举结果却出人意料，中左力量受挫，中右和右翼力量明显增强，形成左、中、右大体平衡的局面，由俄共及其盟友主宰杜马与叶利钦抗衡的局面不复存在。这确实是叶利钦求之不得的。

其次，他对自己挑选的接班人普京更有信心。众所周知，普京是叶利钦在不到两年时间内更换的第5位政府总理，他的所作所为能否得到叶利钦的赏识和信任，直接关系到他的任期甚至政治前途。所幸的是，在普里马科夫政府遏制经济危机、稳定国内政治经济形势的有利条件下，普京继续巩固和发展了这一良好势头，特别是他上任伊始，便坚决果断地发动了对车臣恐怖主义分子的军事行动，而且取得了节节胜利，从而赢得了人民群众的广泛支持和赞誉。与此同时，普京处事稳重干练，尤其是对叶利钦及其政治路线忠贞不贰，因而博得了叶利钦的信任。在此基础上，叶利钦与普京又秘而不宣地做成了一笔政治交易，即叶利钦提前辞职，而作为代总统的普京则签署命令，保证叶利钦及其家人的安全。于是，叶利钦权衡利弊，作出了“以退为进”① 的选择。

第三，贵在千载难逢，旨在出奇制胜。12月31日，是一个辞旧迎新的时刻，而1999年的12月31日，更是百年一遇、千载难逢的世纪和千年之交。当世界各国和人民热切期待着政要们发表祝词之际，从莫斯科克里姆林宫却传出了叶利钦辞职的声音。霎时，它成了世界各大主要媒体的头条新闻，其轰动效应可想而知。而叶利钦更深一层的考虑则在于，此时辞职，将把法定的总统选举日期提前3个月，从而打乱了欲与普京竞争总统席位的各党派的既定竞选部署，使其措手不及；而普京则可凭借现已独占鳌头的民众高支持率，十拿九稳地登上新总统宝座。

原本实属悲剧的一场世纪绝唱，经过叶利钦亲自精心谋划，展现在世人面前时却成了一部相对轻松的悲喜剧。

---

① 俞邃：《辞职用心殊　撰文寓意深》，《当代世界》2000年第2期。

二　临危受命：普京新政权诞生

普京问鼎俄罗斯总统宝座，基本上经历了三个阶段。首先是1999年8月16日出任俄政府总理；第二个阶段是自1999年12月31日起代理总统兼任总理；第三个阶段是经过总统大选当选俄罗斯新任总统，建立起名副其实的普京政权。普京新政权的诞生，表面上看带有一定的偶然性，若从本质上分析，其必然性则是不容抹煞的。

（一）普京受命于危难之时

普京被叶利钦任命为政府总理时，俄罗斯面临的国内外形势是十分严峻的。北约东扩加上科索沃战争，压得俄罗斯在国际舞台上喘不过气来。国内问题成堆，其中经济危机四伏，民众生活水平一降再降，两极分化空前严重；恐怖主义猖獗，社会秩序混乱，民族矛盾突出；政府频繁更迭，政局难以稳定；叶利钦总统健康不佳，声望日衰……总之，内忧外患，民怨沸腾。当此国家危难时刻，普京受命出山，责任之重大不言自明。可贵的是，普京没有辜负叶利钦和民众的期望，新官上任三把火，一抓车臣反恐怖主义战争，二抓稳定国民经济，三抓改善俄罗斯的国际环境，烧出了一个虽不令人鼓舞、但却是人们期待已久的相对稳定的局面。在这短短半年多一点的时间里，多数俄罗斯人逐步认识到，普京可能正是他们所期望的新总统人选。

（二）普京是战后俄罗斯新一代政治家的代表

普京出生于1952年，1975年毕业于列宁格勒大学法律系，后获经济学博士学位。他曾以克格勃人员身份常驻民主德国，80

年代后半期回国，受戈尔巴乔夫“新思维”及恩师索布恰克改革思想影响，遂投身独立后的俄罗斯的改革事业，因政绩不凡而步步高升。1996 年从圣彼得堡（原列宁格勒）调往莫斯科，进入叶利钦的总统工作班子，先后任总统事务管理局副局长、总统办公厅副主任、第一副主任、俄罗斯联邦安全局局长、联邦安全会议秘书、第一副总理、代总理等职。从他的经历中可以看出以下几个特点。第一，他出生于战后，属于新生代政治家，知识层次高，视野广阔，思想比较活跃。第二，他虽然受过前苏联的教育和克格勃的熏陶，但更亲历了从戈尔巴乔夫到叶利钦两个时代的“改革”实践，亲眼目睹了祖国的兴衰，因此爱国主义和强国梦在他身上留下了深深的烙印。第三，他既是改革的参与者，又是改革的受益者，加之他与丘拜斯、盖达尔等右翼改革派头面人物的特殊关系，他的政治、经济政策倾向是不难推断的。第四，他长时间身处政界，深谙政治斗争的严酷，因而造就了沉稳、干练、强硬且富有朝气的工作作风。

从普京的经历及其特点可以看出，与其前任们相比，他具有很多优势。其中年富力强、思维敏捷、没有历史包袱、事业心强、处事稳重大方、为政清廉等等，正是俄罗斯人民为重振祖国雄风所需要的新领导人的必备品质。既然如此，普京的顺利当选便是顺理成章的了。

（三）普京——总统竞选的胜利者

常言道：时势造英雄。俄罗斯的不同寻常的时势则造就了一个众望所归的新总统——普京。也许，有人以为，是叶利钦把普京推上了总统岗位。但客观地说，叶利钦只是为普京创造了竞选的某些有利条件，而真正起决定性作用的，除了普京的自身条件之外，主要是普京的政绩及成功的竞选策略。

限于篇幅，我们不可能一一列举普京半年多来的政绩，只能选其一二为例。若论其突出政绩，当首推第二次车臣战争。普京出任总理后，面对恐怖主义的猖獗和民众要求安定的强烈愿望，毅然决然地发动了对车臣恐怖分子的围剿。他全力支持军方，在总结第一次车臣战争失败的经验教训的基础上，采取机动灵活的战略战术，高举反恐怖暴行的旗帜，把少数恐怖主义分子与广大车臣民众区分开来，战场军事进展比较顺利，到 2000 年 2 月 6 日已经解放车臣首府格罗兹尼，此后又马不停蹄地进剿南部山区残匪，虽付出了一定伤亡，但战果累累，擒获车臣战地司令拉杜耶夫即是一例。尤其值得一提的是，车臣战争遭到了美欧国家的严重干扰，而普京坚决顶住压力，毫不让步，充分显示了作为一名政治家的勇气和胆识。车臣反恐怖主义战争的胜利初步扭转了俄罗斯不断恶化的社会安全形势，同时也为普京带来了巨大声誉。

普京另一突出政绩是俄罗斯经济形势的好转。普京不曾有过管理经济的经验，因此有人推断他管不好经济，然而事实证明并非如此。普京的高明之处在于，他上台后即清醒地估计了俄罗斯危机四伏的经济形势，决定继续执行普里马科夫政府行之有效的务实经济政策，放慢改革步伐，稳中求进，以消除 1998 年 8 月金融危机造成的恶劣影响为己任。经过他的多方努力，到 1999 年底，俄罗斯经济形势趋于稳定，某些方面甚至取得了进展。据俄罗斯国家统计委员会主席索科林透露，1999 年俄罗斯国内生产总值比 1998 年增长了 3.3%，工业生产增长率为 8.1%，失业人口减少了 34.5%，外贸顺差为 400 亿美元。① 这些成绩的取得，固然有国际市场石油价格大幅度上升以及卢布贬值的特殊背景，但普京政府的精心运筹仍然功不可没，尤其是在偿还国际债

---

① 俄通社—塔斯社莫斯科 2000 年 1 月 25 日俄文电。

务和支付车臣战争费用的双重压力之下，尚能使经济形势有所好转，实在是难能可贵。更为令人称道的是，普京把相当有限的财力真正用在了刀刃上，那就是补发拖欠工薪阶层的工资，补发退休金。更有甚者，他不仅兑现了在2000年2月提高退休金的诺言，而且还把原定提高15%的幅度增加到20%。这种为民众办实事的行动，其社会影响是不可低估的。

至于普京的竞选策略应该说可圈可点。首先，他注重以政绩而不是以空头支票取胜，自出任总理伊始即为日后的竞选积累资本。这是他作为在职总理、代总统所特有的优势，是其他竞选者可望而不可即的。其次，他善于培植拥护和支持自己的政治力量，充当其竞选的组织基础。普京出山之初，的确没有什么实力背景，因此人们对他的政治前程并不看好。然而在国家杜马竞选过程中，他审时度势，不失时机地支持由副总理兼紧急事务部长绍伊古为首、各地方行政领导人组成的全俄“团结”运动。由于获得了普京的支持，该运动在1999年12月19日举行的杜马选举中，在“既无组织，也无纲领的情况下，依靠三句颇得民意的口号（支持政府、维护稳定、发展经济），赢得第二大党地位”[①]。此举不仅把普里马科夫领导的“祖国—全俄罗斯”挤到了第三位，而且不久即导致了它的分裂，并迫使普里马科夫退出了总统竞选的行列。由此不难看出，普京在关键时刻对“团结”运动的支持，着实发挥了一石三鸟的功效，其政治上的精明和工于心计可见一斑。2000年2月27日，该组织在克里姆林宫正式组成全俄“团结”政治社会运动，并在总统竞选中为普京当选立下汗马功劳。第三，普京既有效地利用了叶利钦为他创造的有利条件，又不依赖叶利

① 季志业：《新世纪初的俄罗斯局势》，《现代国际关系》2000年第1—2期合刊号。

钦，甚至与其拉开适当的距离，不为其阴影所笼罩，成功地消除了叶利钦对他竞选的不利影响。按常理说，普京是叶利钦钦定的接班人，与叶利钦的不良业绩总是难逃干系。但普京却不上圈套，及时通过《千年之交的俄罗斯》一文和2000年2月25日致选民的《公开信》（实际上乃竞选纲领），坦率地表明了自己的立场和观点，虽不点名但却相当明确地指出了叶利钦遗留下来的种种问题，提出了自己的治理方案和措施，从而与叶利钦划清了界限。第四，他善于以实实在在的行动赢取民心和选票。出任代总统的次日，即2000年元旦，他携夫人飞赴车臣前线，慰问战火中的将士，3月20日又乘歼击机（中途甚至亲自驾驶）再度视察车臣战场；2月18日，他致信拉脱维亚总统弗赖贝加，对拉脱维亚审判俄罗斯籍二战期间反法西斯的游击队长科诺诺夫表示强烈不满，要求弗赖贝加对不合理的判决进行干涉；21日，他飞往伏尔加格勒（即原斯大林格勒），向当年斯大林格勒战役阵亡将士墓敬献花圈，并对老战士发表热情洋溢的讲话……凡此种种，皆迅速见诸报端电视，其影响是不难想象的。

三　“双头鹰”将继续注视东方

俄罗斯的政权更迭，或者说从叶利钦时代向普京时代的过渡，已经基本完成。这一变化对俄罗斯的外交战略和策略，特别是其亚太政策会不会发生影响，如果会，又将是什么样的影响？

（一）叶利钦虽然走了，但俄罗斯外交政策仍将保持其连续性

叶利钦时代的俄罗斯外交战略，经历了从亲西方的“一边倒”到“全方位”的重大变化。变化的突出特点之一是提高了

亚太在俄罗斯外交战略中的地位，使俄罗斯外交回到了名副其实的“双头鹰”[①] 政策的轨道。近几年的实践表明，这一调整是富有成效的。因此，笔者曾在一篇分析俄亚太战略的文章中提出了下列观点：“人们最为关注的莫过于叶利钦之后的俄罗斯外交战略格局会不会发生彻底变化。我们认为，彻底变化的可能性极小，因为俄罗斯的国家利益不允许这样做。”换言之，无论谁接替叶利钦出任俄罗斯新总统，俄外交政策都将保持其连续性。

现在，普京担任了俄罗斯新总统。笔者仍然认为，俄的外交战略格局不会发生重大的变化，至少在一个较短的时间内（例如1—2年），俄罗斯外交政策的连续性不会受到威胁。究其原因，主要是下列三点。其一，叶利钦执政后期的“全方位”外交战略被公认为符合俄罗斯国家利益，也是叶利钦政绩中比较值得称道的主要方面之一，没有必要立即加以调整。其二，就普京政权面临的亟待解决的问题而论，当务之急多集中在国内范围，如经济和人民生活、车臣战争及社会安定等等，而国际大环境相对稳定，俄罗斯的处境基本上不至于进一步恶化，甚至还有些许好转的迹象。其三，普京政权刚刚诞生，其根基是否牢固有待时间的考验。在这种情况下，稳定是压倒一切的。即便是从巩固自身政权的切身利益出发，也没有必要在不摸深浅的前提下对原有的外交战略大动干戈。

（二）普京的外交政策构想及初步实践

普京在当选新总统之前，即作为总理和代总统期间，一方面忠实地贯彻执行了叶利钦的外交思想，另一方面也就未来的俄罗斯外

---

① “双头鹰”系俄罗斯国徽图案，标志着俄罗斯像一只双头雄鹰，一头注视着西方，一头注视着东方。

交提出了某些构想，同时还采取了一系列引人瞩目的外交行动。

普京的外交构想是以鲜明的强国意识为基础的。这一点在其《千年之交的俄罗斯》一文中表述得十分明确：“俄罗斯过去是，将来也还会是一个伟大的国家。它的地缘政治、经济和文化的不可分割性决定了这一点。在俄罗斯整个历史进程中它们还决定了俄罗斯人的思潮和国家的政策。现在它们也仍是一种制约因素。但如今这种思潮应当加进新的内容。在当今世界上大国的势力与其说表现在军事方面，不如说表现在它能够成为研究和运用先进技术的带头人，能够保障人民高水平的生活，能够可靠地保障自己的安全和在国际舞台上捍卫国家的利益。”如何才能实现俄罗斯的强国梦呢？从由普京亲自批准颁布的《俄罗斯联邦国家安全构想》中我们似乎可以找到某些答案。比如，《构想》认为，“在军事实力观点在国际关系中仍起作用的情况下，经济、政治、科学技术、生态和信息因素发挥着越来越大的作用。在此基础上，俄罗斯将致力于形成建立多极世界的思想观念”。具体到外交领域，《构想》指出，“俄联邦的对外政策应该旨在：推行积极的外交方针；巩固关键性的国际政治与经济进程多边管理机制，首先是联合国安理会；为国家的经济与社会发展提供有利条件，确保全球和地区稳定；保护侨居国外的俄罗斯公民的合法权利与利益；根据国际法准则发展同独联体成员国的关系，发展独联体范围内与俄罗斯利益相适应的一体化进程；确保俄罗斯作为享有充分权利的一员加入全球与地区经济、政治机构；协助解决冲突，包括参加联合国、安理会及独联体所领导的维和行动；谋求核武器监督领域的进步，维护战略稳定，维护和加强 1972 年的《反弹道导弹条约》的地位；履行削减与销毁大规模杀伤性武器及常规武器领域的相互义务，实施巩固信任与稳定的措施，确保对商品和技术出口以及提供军用及双重用途服务，实行国际监督；就限制和削减军备问题修改或签订新的法律所要求的协议，就加强信任与安全措施拓宽政治义务；促进无大规模杀伤性武器区的建立；在打击跨国犯罪与恐怖主义方面开展国际合作”①。3 月 24 日，即总统选举前夕，普京亲自领导的俄联邦安全会议通过了俄罗斯外交新构想，突出强调对外政策理应为国内问题的解决创造条件，不仅应考虑到国家安全的要求，还应顾及俄罗斯的国家利益，特别是经济利益。

迄今为止，普京采取的重大外交行动主要体现在以下三个领域。第一，与独联体国家关系。其中最为突出的是两大举措，即实现俄白联盟和普京出任独联体国家元首理事会主席，以重新赋予独联体生机和活力。第二，与欧美国家关系。普京在坚决顶住欧美国家企图利用车臣问题干涉俄内政的同时，不失时机地与美欧国家及北约领导人开展对话，美国国务卿奥尔布赖特、北约秘书长乔治·罗伯逊相继访俄即是例证。第三，与亚太国家关系。继叶利钦于辞职前夕专程访问北京与江泽民主席会谈之后，普京在莫斯科亲切会见访俄的中国国务委员兼国防部长迟浩田，强调“俄中伙伴关系是面向 21 世纪的，不会因时局的变化而动摇”。此后，又迅速派出主管国防科技的副总理克列巴诺夫访华，具体商谈双边合作问题。普京还表示，如果当选新总统，将尽早访华。对亚太其他国家也很重视，派外长伊万诺夫出访朝鲜、日本和越南是有力的证明。

从普京上述外交构想和初步行动不难看出，他是在维护俄罗斯既定的“全方位”外交战略，但又不乏其个人思路和风格。

（三）普京新政权亚太政策的基本走向

综上所述，我们似乎可以做出以下几点结论。

第一，普京新政权将继续推行更加务实的亚太政策。鉴于来自欧美等西方国家的外交压力，普京新政权不得不以加强独联体

① 《俄罗斯联邦国家安全构想》，1999 年 12 月 3 日俄罗斯《独立军事评论》周报。

国家的团结合作、进一步发展同亚太国家的关系与之相抗衡。将来，即便是俄罗斯与欧美等西方国家的关系实现完全正常化后，普京的亚太政策也不会发生重大变化。甚至可以预料，普京新政权的亚太政策会逐步得到强化。这是因为，苏联解体后的俄罗斯，虽然其政治、经济重心迄今仍在欧洲，但其发展潜力更多地集中在亚洲部分，俄罗斯经济重心东移是不可避免的趋势。况且，亚太是目前世界公认的最有活力的地区，俄罗斯在这里有自己的切身利益，而且它又是该地区有影响的大国之一，无论如何不会轻易放弃这一阵地。再说，从目前俄罗斯与欧美关系以及俄罗斯的经济发展水平来看，俄罗斯参与亚太经济一体化的前景和融入欧洲一体化的前景，究竟哪一个更加光明，目前似乎尚无定论，但推行务实的亚太外交，尽可能融入亚太经济一体化，则与普京重振俄罗斯强国雄风的战略目标是完全吻合的。

第二，俄罗斯与中国的关系将继续占据俄罗斯亚太政策的核心地位，两国战略协作伙伴关系有望进一步巩固和发展。普京当选新总统后，江泽民主席第一个表示祝贺，并与他通了热线电话。普京在电话中表示，发展并深化与中国的战略协作伙伴关系是俄罗斯坚持不懈的对外政策。此举应该说是一个再清楚不过的信号。事实上，俄罗斯独立10年来，中俄关系顺利发展，历史上长期影响两国关系的边界问题已经获得圆满解决，边界地区的安全措施也以双边或多边国际协议的形式固定下来。因此可以说，现在两国之间没有任何直接利害冲突。相反地，两国在战略利益上的一致性，如主张世界多极化、反对霸权主义、维护国家主权、发展国家经济等等，前所未有地加强了。美中不足的是，两国的经济贸易水平远远落后于政治关系的发展，好在两国政府都已充分意识到这一问题的紧迫性，正在采取必要措施加以弥补。随着俄罗斯政局的趋稳和经济状况的改善，中俄经贸关系将更加密切，水平亦将进一步提高，从而为两国战略协作伙伴关系奠定更加牢固的经济基础。

第三，俄罗斯将力求改善和发展同日本、韩国、朝鲜等东北亚国家以及越南等东盟国家的关系，为尽快融入亚太经济一体化，为在亚太国际事务中发挥与其国家地位相称的作用和影响创造条件。俄罗斯作为东北亚国家的一员，对该地区的政治安全形势和经济合作尤为关注。普京出任代总统后，迅即派外长访问朝鲜、日本。俄朝签订了睦邻友好合作条约。这一举措意义非同一般，它既表明两国关系步入健康发展的轨道，又使俄罗斯摆脱了在对韩、朝关系上亲韩疏朝的被动局面。俄日双方在会谈中肯定了1998年11月两国签署的《莫斯科宣言》的有效性，决心继续为签订和平条约继续做出努力。这在一定程度上打消了日方的顾虑，但在两国最大的分歧，即领土争端问题上依然是各唱各的调。尽管日本方面一再放风，似乎对解决北方四岛争端进而签订和平条约抱有信心，但来自俄罗斯方面的信息却让人难以乐观。例如，俄罗斯《独立报》主编维塔利·特列季亚科夫在介绍普京其人时特别指出："普京上百次地反复重申，俄罗斯的领土完整问题不容讨论。"① 至于俄罗斯与东盟国家的关系，从伊万诺夫外长出访越南已经能够初见端倪，那就是不仅不会削弱，反而会不断加强。

总之，普京新政权亚太政策的基本走向，看来与我国的亚太政策及我国的国家利益没有矛盾和冲突，因而必将有利于中俄战略协作伙伴关系的巩固和发展，并进而对整个亚太国际关系的健康发展产生积极影响。

（原载《当代亚太》2000年第5期）

---

① 维·特列季亚科夫：《普京的全部真相》，载俄罗斯《独立报》2000年2月16日俄文网页，第28期。

构建中的日俄建设性伙伴关系

日本的一位著名学者说过，对日本来说，最近而又最远的国家既不是中国也不是韩国，而是仅仅隔着宗谷海峡的近邻俄国。[①] 此话既是事实，又富有一定的哲理。在20世纪的100年间，日俄（苏）关系经历了一条荆棘丛生的道路：前45年间先后爆发过5次战争，二战后的50多年间双方为消除战争遗留的创伤而历经磨难，迄今尚未正式签订和约。

鉴于俄罗斯是原超级大国苏联的继承者，又是惟一拥有堪与美国相抗衡的核武器的国家，日本是世界第二经济强国，并且正在争当政治大国，因而俄日两国在国际大舞台上占据着不容忽视的重要位置。它们之间的关系如何，不仅对亚太地区乃至世界的大国关系，甚至对整个国际关系都具有不可忽视的影响。

与其他几对“伙伴关系”相比，日俄之间的“建设性伙伴关系”无论从其内涵、发展进程，还是到可能产生的影响，都具有自己的特色。迄今为止，日俄关系仍然是中、美、日、俄四

---

① 日本国际问题研究所前任所长小关哲哉：《如果日俄建立“战略伙伴关系”》，1997年9月16日日本《时事解说》。

大国双边关系中的薄弱环节，而且其中的变数颇多。

一 冷战后日俄关系的发展

苏联于1991年12月解体，作为原苏联主体部分的俄罗斯继承了其国际权利和义务。从那时到现在的日俄关系，通常称之为冷战后日俄关系，也就是我们所说的90年代的日俄关系。当然，历史是不能割断的，90年代的日俄关系恰恰是二战后日苏关系的继续和发展。

（一）战后日俄（苏）关系的特征

从第二次世界大战结束的1945年到苏联解体的1991年，历时46年，日苏关系走过了一条坎坷的道路，留下了一份令后人头疼的“遗产”。概括起来，这46年又可以粗略地划分为5个阶段：1945—1955年为第一阶段，日本尚在美国的占领之下，日苏双方围绕美国策划的片面的“旧金山对日和约”严重对立；1956—1959年为第二阶段，日本民主党政府首相鸠山于1956年10月访苏，双方发表联合声明，宣布结束战争状态，恢复外交关系，苏同意日本加入联合国，两国关系趋于好转；1960—1968年为第三阶段，由于1960年1月《日美共同合作和安全条约》的签订，日苏关系急剧恶化，此后虽经多方修补，但成效甚微；1969—1984年为第四阶段，鉴于中、美、苏三国外交政策的调整及其相互关系的微妙变化，日本和俄罗斯也相应调整了自己的外交政策，日苏关系在低调下转趋务实；1985—1991年为第五阶段，戈尔巴乔夫在苏联主政，推行所谓“改革”政策，日本自民党政权乘机加大了对苏工作力度，但由于存在领土争端这一难以逾越的障碍，两国关系始终未能获得实质性进展。

从上述简要回顾中可以看出，二战后46年的日苏关系具有以下几个特点。第一，缺乏相互信任，基础脆弱。历史上的积怨，现实社会政治制度的对立，以及两国执政党对外政策中某些消极因素的碰撞，造成两国互不信任。国家关系，如果没有基本的互相信任这个基础，是不可能健康发展的。第二，受制于国际大环境的影响。战后日俄关系的46年，基本上是冷战对立的年代。苏联是两个超级大国之一，意识形态左右对外关系自不待言；日本则紧紧追随另一个超级大国美国，在对外政策上惟美国马首是瞻，于是形成了只要美苏关系吃紧日苏关系必然低迷的定势。此外，日、苏两国在处理对外关系特别是大国关系时，总是念念不忘互打对方牌以牵制第三国，于是两国关系成了冷战对立的牺牲品。第三，领土争端成为两国关系中解不开的死结。战后历届日本政府都把收回“北方四岛”作为自己的神圣使命，虽然在不同的时期有不同的表现形式；日本民众也把收回“北方四岛”视为扫除战争阴影、恢复民族尊严的重要标志。苏联政府则把“南千岛群岛”视为战利品，当仁不让；即便出于无奈时，也要作为重要外交筹码和对日关系的王牌使用。苏联民众更把“南千岛群岛”问题视为维护祖国主权和领土完整的大事，从而进一步坚定了苏联政府的强硬立场。这样一来，“北方四岛”问题便成为横亘在战后日苏关系发展道路上难以逾越的障碍。

1991年4月，当时的苏共中央总书记、苏联总统戈尔巴乔夫访问日本，与海部俊树首相举行会谈并发表了《联合声明》，但在两国领土争端问题上仍然没有达成共识。[①] 此次戈尔巴乔夫的日本之行，在某种意义上标志着日苏关系的终结。因为此后不

---

① 金熙德：《日俄（苏）关系的定位及其演变趋势》，《日本学刊》1998年第3期。

久便发生了“8·19”事件，戈尔巴乔夫的政治生涯随着苏联的趋于解体已经接近尾声，日渐崛起的俄罗斯总统叶利钦正在取代其主宰地位，从戈尔巴乔夫时代向叶利钦时代的过渡已在进行中。这一过程实际上也是日苏关系向日俄关系过渡的过程。

（二）90年代日俄伙伴关系的酝酿与提出

当历史的车轮驶入20世纪90年代，苏联解体，俄罗斯的三色旗升起的时候，摆在叶利钦面前的诸多外交难题中，备受领土争端煎熬的日俄关系不能不说是他从前苏联继承下来的一份沉重的历史“遗产”。

90年代的日俄关系是在低调下起步的，1991年至1993年可以看作双方互相试探和摸底的阶段。日本在苏联解体后迅速表明了坚持要求俄罗斯尽快归还北方四岛的立场，并且把解决领土问题作为与俄罗斯进行大规模经济合作的先决条件。叶利钦实际主掌俄罗斯大权后，很快便在对日关系上采取了积极态度。1991年9月，叶利钦致函日本首相海部俊树，主张以“法律和正义原则”分阶段解决两国之间的领土争端。同年11月16日，叶利钦发表《致俄罗斯国民书》，其中表示承认俄日间存在领土争端。1992年2月，叶利钦在致日本首相宫泽喜一的亲笔信中称日本为俄罗斯的“伙伴和潜在的同盟国”。正是在俄方出现“积极变化”的背景下，日本外相渡边于同年5月3—4日访问了俄罗斯，双方就包括领土问题在内的双边关系进行了会谈。渡边在会谈中表示，只要俄罗斯承认日本对四岛的主权，归还的具体时间和方式可以灵活处理。双方还初步商定叶利钦同年9月访日。然而好景不长，在同年7月举行的西方七国首脑会议上，日本错误地估计了形势，把与俄罗斯的领土争端问题塞进了会议发表的政治宣言，企图向俄施加压力，从而激怒了反对把领土争端国际化的俄罗斯。9 月间，叶利钦以日方把“领土绝对化”为由无限期推迟访日。1993 年 8 月 17 日，俄总理切尔诺梅尔金在视察了择捉岛后对新闻界表示，“目前不存在千岛群岛岛屿的归属问题，这是他本人，同时也是俄罗斯政府的观点”①。次日，即 8 月 18 日，叶利钦就领土问题发表声明，认为俄日可以通过“进一步发展和扩大两国间的经济与政治合作，为解决双边关系中最复杂的问题做准备”②。

经过了将近两年的互相试探和摸底后，叶利钦果断采取了重大行动。1993 年 10 月 11—13 日，叶利钦在刚刚平息完他同议会的尖锐矛盾，国内局势尚未完全稳定的情况下访问日本，同细川护熙首相举行会谈，并签署了《东京宣言》和《经济宣言》。《东京宣言》说，世界冷战格局的终结为日俄两国关系完全正常化提供了良好的前提，双方同意就择捉、国后、齿舞、色丹四岛的归属问题进行认真的谈判。根据历史事实，在法律和正义的基础上早日解决领土问题，进而签署日俄和平友好条约，使两国关系完全正常化。双方确认前苏联签署的所有日苏条约的有效性。《经济宣言》确认了均衡地扩大两国各种关系的原则，日本保证向俄提供日本战后经济发展的经验、技术和方法，与俄罗斯在燃料、能源、冶金、运输、通讯、核电站安全、军转民、和平利用宇宙空间、环保、人才培养等各个领域进行合作。日本还承诺协助俄罗斯加入有关国际经济组织。会谈中叶利钦主动通报日方，驻扎在四岛的俄罗斯军队已撤走了一半，剩下的部分也将撤走，届时将只留驻国境警备队。叶利钦的东京之行和《东京宣言》的发表，表明日俄关系已经走出低迷状态，进入了一个新的阶

① 1993 年 8 月 17 日新华社莫斯科电。

② 1993 年 8 月 18 日新华社莫斯科电。

段。1994年3月，日本外相羽田访俄，双方签署经济合作协议；同年11月，俄第一副总理索斯科韦茨访日，敦促日本落实援俄行动。由于那时日本还没有从根本上放弃"政经不可分"的原则，日本的对俄援助说得多，做得少，特别是当年10月发生了俄罗斯海防部队在四岛水域击沉日本渔船的事件，刚刚步出低谷的日俄关系再遭挫折。这种状况一直延续到1996年1月，即桥本龙太郎出任日本首相并最终放弃"政经不可分"原则之前。

1996年4月18日，桥本应邀赴莫斯科出席俄罗斯和西方七国首脑举行的核安全会议并与叶利钦总统举行了会谈。在会谈中双方确认《东京宣言》是处理双边关系的原则框架，并一致同意努力"恢复关于缔结和平条约的谈判"。这次会谈标志着日俄关系再一次从僵持走向改善。同年11月，俄罗斯外长普里马科夫访日，在同池田外相的会谈中正式提出联合开发四岛的建议。紧接着，俄罗斯原副外长帕诺夫出任驻日大使，赴任后立即表示，希望与日本建立最大限度的睦邻友好关系，如有可能的话则建立"伙伴关系"；同时详细阐述了俄对四岛领土争端"搁置主权，共同开发"的政策设想。① 1997年3月，叶利钦在国情咨文中表示，愿与日本发展全方位的合作。另一方面，日本也作出了相应的姿态。1997年1月，桥本宣布了以"多层次接触"为核心的对俄新政策方针，不久又宣布不再把俄参加西方七国首脑会议同领土争端挂钩，支持俄加入西方七国"俱乐部"。同年7月，桥本提出"相互信赖、利益互惠、着眼未来"的对俄政策三原则，此后于1997年11月和1998年4月，与叶利钦先后在俄克拉斯诺亚尔斯克和日本川奈举行两次非正式会晤，日俄关系改善的步伐明显加快。1998年7月，桥本辞职，继任日本首相

① 日本《外交论坛》，1996年第12期。

的小渊惠三于 11 月 11—13 日正式访俄，与叶利钦举行会谈并签署了《关于俄罗斯联邦与日本建立建设性伙伴关系的莫斯科宣言》。《莫斯科宣言》的发表，标志着日俄关系已经进入全面构建“建设性伙伴关系”的新阶段。

（三）日俄改善关系的利益考虑

90 年代日俄关系的改善绝非易事，它是由各种复杂的因素促成的，这里既有冷战结束后世界经济政治大格局发生变动的有利背景，又有日俄两国地缘政治利益和内政外交利益的驱动。

1. 俄罗斯的考虑

90 年代日俄关系的改善，俄罗斯方面是比较主动的。冷战结束后，俄方逐步减少了在四岛的驻军数量；1993 年叶利钦首先以国家元首身份访问日本，并在领土争端问题上主动做出让步，促成了《东京宣言》的发表；在 1994 年 10 月因俄击沉日渔船事件致使日俄关系再度趋冷的情况下，叶利钦于 1996 年 4 月邀请桥本首相赴莫斯科出席核安全会议并与之会谈，再次确认《东京宣言》为处理两国关系的原则框架；同年 6 月，叶利钦在丹佛会晤桥本时主动宣布不再把核弹头瞄准日本；同年底，叶利钦派原副外长帕诺夫出任驻日大使等等。若从构建两国伙伴关系的进程来看，俄罗斯方面的积极性尤为明显：1992 年 2 月，叶利钦在致日本首相宫泽喜一的亲笔信中首次把日本称为俄罗斯的“伙伴”；1996 年 12 月，作为俄罗斯驻日特命全权大使的帕诺夫明确表示愿与日本建立“伙伴关系”；尽管日本方面对于俄罗斯构建伙伴关系的一再呼吁反应冷淡，叶利钦仍然不改初衷，终于在 1998 年 11 月得到了日本小渊惠三首相的赞同，双方把“建立建设性伙伴关系”写进了共同发表的《莫斯科宣言》。俄罗斯如此主动、积极地谋求同日本构建“建设性伙伴关系”，究其深层次原因，主要是以下几点。

第一，政治上确保世界多极格局中一极的地位，力争发挥昔日大国的作用。由叶利钦领导的今日之俄罗斯，虽说继承了原苏联的主体，但无论从政治、经济还是军事上来看都已今非昔比，有些西方政论家甚至认为俄罗斯如今已沦为二等强国或地区性大国。这种现实，当然是俄罗斯当政者难以接受的。于是，振兴俄罗斯，恢复昔日大国的地位，便成为叶利钦无可推卸的责任。

叶利钦上台后，首先选择的是依赖美欧以振兴俄罗斯的道路，但是，事实证明此路不通。叶利钦总结了向西方一边倒的教训，认识到正是这些西方国家"阻挠俄罗斯成为正在形成的多极世界有影响的中心之一"①，才转而推行"全方位"外交战略，并提出了作为其重要组成部分的新的亚太战略。而在其亚太战略中，日本无疑占有重要地位。这不仅因为俄日两国关系因冷战对立和领土争端而长期僵持，不利于俄罗斯外交向东方拓展，而且也因为日本被公认为是当今世界的一极，又是美国的政治和军事盟国。早在 1993 年 4 月，经叶利钦批准的《俄罗斯联邦外交政策构想》就已指出："不解决俄日关系的战后遗留问题，未必能指望同日本进行大规模的合作，俄罗斯在亚太地区取得有分量的地位的进程，同美国以及同整个七国集团建立伙伴关系，都将会受阻。"② 可见叶利钦已经认识到，在俄罗斯自己尚无力单独与超级大国美国相抗衡的情况下，若能同日本改善关系，不但能够确立一个东方外交的前沿阵地，而且还有望借助日本的力量同美国和其他大国相周旋，这对提高俄罗斯的国际地位仍不失为有效

① "叶利钦批准俄国家安全战略"，1997 年 12 月 25 日《人民日报》。

② 李静杰、郑羽主编：《俄罗斯与当代亚太》，世界知识出版社 1998 年版，第 418 页。

途径之一。

第二，经济上寻求日本的合作和支持，以尽快恢复和发展壮大俄罗斯的综合国力。俄罗斯以幅员辽阔、资源丰富著称于世，特别是它的亚洲部分西伯利亚和远东，石油、天然气、水利、电力等能源储量十分丰富，只是由于气候和地理条件恶劣，开发难度很大。但要发展俄罗斯经济，仅仅依靠挖掘欧洲部分的经济潜力肯定是远远不够的，有必要开发利用西伯利亚和远东。而开发西伯利亚和远东，最为急需的是巨额的资金投入和先进的技术，这恰恰又是目前俄罗斯所缺乏的。出路何在？俄罗斯的有识之士早已指出："我国2/3地区位于亚洲，在俄罗斯的这部分地区问题成堆——社会经济问题、金融问题等，我们应当通过发展同邻国的联系，尽一切努力来解决这些问题。"① "大力开发贝加尔湖以东地区的确是个首要任务。远东经济不发展，它不加入地区经济联系，俄罗斯在亚太地区将一筹莫展。"② 由此可见，俄罗斯开始调整对外关系，重视发展与亚太，特别是东北亚地区的关系。在该地区，日本居重要地位。日本虽是一个资源贫乏的岛国，但却拥有充足的资金和先进的技术。因此，加强两国经济技术合作，开发西伯利亚和远东，当然是一项互利互惠的明智之举。除此之外，就俄罗斯全国而言，目前虽仍然处于经济恢复和发展的困难阶段，但俄罗斯市场是广阔的，它对资金充裕而国内市场狭小的日本应该是很有吸引力的。以往由于领土争端的存在和日本坚持"政经不可分"的原则，两国经济交流的规模微乎其微。倘能解开两国领土争端的死结，或者至少找到一个能为双

① 卡拉辛：《叶利钦准备出访东方》，1997年10月15日俄罗斯《独立报》。

② 特列宁：《俄罗斯亚太政策的前景》，1995年6月30日俄罗斯《新时代》周刊。

方所接受的折中方案，突破两国关系的僵局，扩大两国的经济交流和合作，对于俄罗斯经济的发展无疑是当务之急。

第三，军事上谋求东部的安全，缓解后顾之忧，以便集中力量对付北约的东扩。地跨欧亚两洲的辽阔疆域，给俄罗斯的军事战略谋划造成了极大的难度。冷战时期的苏联曾经历过东西两面腹背受敌的战略窘境。如今，冷战已经过去，苏联和华约不复存在，但北约不仅没有相应地退出历史舞台，反而不顾俄罗斯的反对，以咄咄逼人之势强行东扩。尤其是科索沃战争，给俄罗斯上了一课，使其认识到面临的真正威胁。在此情况下，俄罗斯开始重视对东部即亚太地区缓和的方针，改善对日关系即是这一方针的重要组成部分。

2. 日本的考虑

冷战结束以后，尽管日本仍然继续维持与美国的同盟，但是，日本为做政治大国，也需要从美国的影子下走出来，开展“独立的”外交，改善与其他国家的关系。日俄关系是日本历届政府的外交难题。苏联解体，俄罗斯对外政策的变化，为日本改善与俄的关系提供了新的机会。当然，日本调整对俄政策，从根本上说还是受国家战略利益的驱动。

首先，打破领土问题僵局，把改善关系放在优先地位。领土问题是一个复杂的问题。经验表明，如果日本政府把归还北方四岛作为先决条件就会陷入僵局。1956 年，日苏复交之所以得以实现，就是因为民主党政府鸠山首相放弃了这一先决条件，做出了“先复交，再解决领土问题”的决断。70 年代以后直到 90 年代初，由于日本坚持“政经不可分”原则，双方关系没有得到明显改善。1993 年 10 月，叶利钦之所以能够正式访日并与细川首相签署《东京宣言》，也是在日本自民党失去在议会多数席位、细川政府提出不把领土问题与援助俄罗斯问题相挂钩的情况下才得以实现的。由此可见，日俄关系的发展必须先超越领土问题，从大的战略入手。

其次，有利于做政治大国。日本真正实际调整对俄政策是在桥本政权时期。当时日本的国内政治形势错综复杂，自民党失去议会多数席位后，党内分裂趋势加剧，政权频繁更迭，民众支持率进一步降低；国际政治形势对日本来说也相当严峻，面向21世纪的大国关系调整正在紧锣密鼓地进行中，美俄、美中、中俄相继构筑起各种类型的“战略伙伴关系”，相比之下，日俄关系已经大大落后。严峻的国内外形势迫使桥本政权不能不就对俄政策作重大调整，以便在国内赢得民众，巩固自身政权，在国际上树立政治大国形象，争取外交主动权。在这里特别值得一提的是，自80年代中曾根政权起，日本便提出了争当政治大国的目标，把进入联合国安理会常任理事国行列当作成功的重要标志。鉴于俄罗斯作为安理会常任理事国的特殊地位，日本要想成为安理会常任理事国，没有俄罗斯的支持是不可思议的，这同当年日本加入联合国绕不开苏联关口如出一辙。①

第三，打入俄罗斯市场，开发和利用其丰富的资源。日俄两国之间在资源、资金、技术等方面互补性很强，地理上又只有一水之隔，具有得天独厚的经贸合作条件和潜力。但长期以来由于政治和意识形态分歧以及领土争端的存在，两国经贸交流水平低下，目前两国年贸易额仅仅50亿美元左右，不及中日年贸易额的1/10；日对俄投资更是少得可怜，仅占俄全部外来投资额的0.2%，与日本世界第二经济大国的身份很不相称。更为重要的是，近年来日本经济萎靡不振，经济连续出现负增长。在国内市

---

① 冯昭奎：《战后日本外交（1945—1995）》，中国社会科学出版社1996年版，第252—265页。

场萧条、内需不旺的情况下，日本急需开拓国际市场，于是俄罗斯便成为日本扩大对外经贸合作和投资的目标之一。

第四，出于安全利益的考虑。俄罗斯的综合国力虽大不如前，但却保留下一支威力很大的核力量，日本深感处在俄的核威胁阴影之中。1997 年 6 月，叶利钦在丹佛会晤桥本时固然宣布了俄罗斯核弹头将不再瞄准日本，但其政治宣传意义恐怕远远超出军事意义。此外，日本与美国签有军事同盟条约，新的日美防卫合作指针的“周边事态”范围也把俄罗斯的远东划入其中。此举使俄罗斯理所当然地产生了不安全感，迫使它采取相应的防范措施，仅一海之隔的日本当然是其首当其冲的目标。日本显然已经意识到这种形势的严峻性，因而采取了诸如加强对俄军事交流、支持俄罗斯加入美日策划的东北亚安全对话机制等反措施，力图在北部边境营造一个相对安全的环境。

事实证明，日俄在改善关系上的这种共识和调整对于两国关系的发展起到积极的作用，“建设性伙伴关系”就是在这种背景下推出的。

二 “建设性伙伴关系”的确立和内涵

什么是“伙伴关系”？迄今似乎还没有一个权威的界定。但就各国间不同类型的具体“伙伴关系”而言，却各有各的特定的实际内涵。

（一）“建设性伙伴关系”的确立和意义

关于日俄之间建立伙伴关系，日本学者小关哲哉认为：“战略伙伴关系不是同盟关系，而是比较松散的、近似能无话不谈的朋友关系。但是，在一方处于困难的时候，不能乘机谋取渔人之利。战略伙伴就是这样一种君子协定。”“如果能够扩大这种关系，本国在国际社会中的地位就会巩固。俄国希望与日本建立这种‘战略伙伴关系’。这证明日本在国际上变得越来越重要了。但是，日本与俄国之间有未解决的问题，那就是北方四岛问题。难道能够抛开领土问题而同俄国结成‘战略伙伴关系’吗？从这个角度看问题是错误的。正因为有难解决的问题，结成伙伴关系才有意义。特别是领土问题，最容易在国家间引起感情对立。为了能够在冷静的气氛中解决问题，建立无话不谈的朋友关系和信任是不可或缺的。”[①] 小关的这种看法显然主要基于日本的现实的利益。因此，在他看来，建立伙伴关系就是要为解决两国之间存在的问题提供一个稳定的基础。日本学者宫本信生进一步提出，日本“应该与俄罗斯建立‘符合战略和地缘政治学利益的建设性伙伴关系’，这样便可望从政治上和战略上牵制与遏制中国”[②]。宫本在这里从战略和地缘政治学利益角度，对日俄“建设性伙伴关系”的内涵加以延伸，即努力排除日俄领土争端，着眼于牵制与遏制中国。这显然是有些一厢情愿了。

还是让我们看一看日俄关于建立建设性伙伴关系的《莫斯科宣言》吧，它为我们准确把握日俄建设性伙伴关系的内涵提供了权威的依据。《莫斯科宣言》开门见山地表示：“在 21 世纪即将到来之际，当国际社会民主化进程和积极建立新型的、符合当代世界现实的国际协作关系的进程在继续之时，俄罗斯联邦与日本的作用与责任与日俱增，两国必须进行更加紧密的合作；相信目前已被自由、民主、法律至高无上和尊重人的基本权利等普

① 小关哲哉：《如果日俄建立“战略伙伴关系”》，1997 年 9 月 16 日日本《时事解说》。

② 宫本信生：《日俄关系的重要性为何仅次于日美关系?》，日本《中央公论》1999 年 2 月。

遍价值观联系在一起的俄罗斯联邦和日本能够建立起符合其战略和地缘政治利益的建设性伙伴关系，包括在1993年10月13日签署的俄日关系东京宣言和本宣言的基础上使两国关系完全正常化。"[①]《宣言》强调："两国最重要的任务是在信任、互惠、长远、紧密经济合作的基础上建立长期的建设性伙伴关系。总统和首相决心建立这样一种伙伴关系，即不仅共同解决两国之间现存的问题，而且为亚太地区及整个国际社会的和平与稳定作出贡献，在国际事务中相互协作，在解决全球问题时加强合作，并通过加强信任使两国关系的发展进入和睦时代。""两国领导人重申，决心尽一切努力争取在2000年前缔结和平条约。"为此，双方决定在现有的日俄缔约联合委员会内成立边界划分和四岛经济合作两个分委员会；加深和发展两国的政治对话；继续和加深两国在安全和国防领域的合作；加强两国在经贸、科技、文化等领域的合作。"在国际事务中的合作"部分，双方就加强在"八国"、在联合国改革、核不扩散、生态领域等全球问题上的协作，在参与建立亚太地区的信任、和平与安全、东南亚、东北亚、朝鲜半岛的安全以及能源与生态等亚太地区问题上的合作，就国际问题积极进行经常性磋商和交流提出了相当具体的目标和要求。由此可见，《莫斯科宣言》对日俄"建设性伙伴关系"内涵的规定是：其一，走政治对话和经济合作之路，谋求阻碍两国关系发展的主要问题，即领土争端的解决；其二，缔结和平条约，实现两国关系完全正常化，并把两国关系推向和睦时代；其三，两国的合作和双边关系的发展，应以符合各自战略利益和地缘政治利益为先决条件。

---

① 《俄日关于建立建设性伙伴关系的莫斯科宣言》，俄通社—塔斯社莫斯科1998年11月13日俄文电。

日俄构建“建设性伙伴关系”，首先受益的当然是日本和俄罗斯两个当事国。鉴于日俄两国因领土争端而迄今未能签订和约、两国关系尚未完全正常化的现实，通过政治对话和经济合作摆脱冷战思维对两国关系的影响，增进相互理解和信任，最终走出领土争端的死胡同，进而签订和平条约，实现两国关系的完全正常化，这正是日俄构建“建设性伙伴关系”的初衷和首要目标。一旦这一目标得以实现，两国长期不睦的局面将告结束，经济合作的规模和质量都将跃上一个新的台阶，这对两国经济的复苏和振兴必将产生积极的推动作用，因而十分有利于两国各自的国家发展战略。此外，日俄构建“建设性伙伴关系”还有利于两国各自外交战略的实施和两国国际地位的提高，因为它既符合日本“欧亚大陆外交”及争当政治大国的需要，也符合俄罗斯“全方位外交”战略利益及恢复昔日大国地位的需要。

日俄构建“建设性伙伴关系”，不仅对日俄改善和发展双边关系具有重大意义，而且对于东北亚地区也有多方面的积极意义。首先是有利于该地区的经济合作。俄罗斯的亚洲地区是东北亚的一个重要组成部分，其丰富的自然资源、优良的交通条件、诱人的发展潜力给该地区的经济合作注入了新的生机和活力。仅以俄罗斯远东外贝加尔地区为例，其面积占俄总面积的40%，拥有俄7%的人口和约6%的工矿业，埋藏着150亿吨煤炭、96亿吨石油和14万亿立方米的天然气。另外，据预测，远东水域的大陆架上还沉睡着290亿吨碳氢化合物（石油、燃气），200海浬水域的面积达150万平方公里，沿海水产品的捕获量占全俄60%以上。此外，金刚石、金、银、锡、钨、锑、锌、铁等矿藏的蕴藏量也很丰富。随着俄罗斯亚太战略的推行和西伯利亚、远东地区的进一步开放，使东北亚地区经济多样化和互补性的特点更加突出。从人力资源来看，中国的东北地区和日本各有1亿以上人口，朝鲜和韩国人口合计近7000万，而俄罗斯远东和蒙古只不过800万和220万人口。人口密度，俄远东及蒙古每平方公里只有1人，而日本为331人，韩国为444人。再就人均国内生产总值（GDP）而言，蒙古约300美元、中国东北地区将近600美元、俄罗斯远东1784美元、朝鲜923美元、韩国8567美元、日本36740美元，高低差距达两位数。[①] 日本和韩国是资金、资本的输出国，其他各国都存在资本、资金的不足。然而从天然资源上分析，情况就恰恰相反，俄罗斯称得上是资源大国，中国东北地区也蕴藏着丰富的石油、煤炭和森林资源，朝鲜、蒙古则拥有有色金属资源。而日本和韩国是地下资源小国，能源资源和矿物资源大部分依赖进口。如果能够把俄罗斯的资源、中国的劳动力、日本和韩国的资本与技术结合并利用起来，其经济前景是可想而知的。日俄构建“建设性伙伴关系”恰好是对东北亚地区经济合作进程的有力推动。

日俄建立稳定的合作关系有利于东北亚地区的安全与稳定。冷战时期，东北亚地区曾经是世界上最不稳定的地区之一，许多矛盾交织在一起，稍有不慎或处理失当便可能引起轩然大波。冷战后，特别是伴随着俄罗斯亚太战略的实施，俄方主动采取了一系列缓和该地区紧张局势的积极措施。如，继从蒙古撤兵之后，大规模削减驻俄中边界的武装力量，使中俄边境局势明显缓和，进而通过边界谈判基本解决了两国边界争端；从俄日间存有争议的南千岛群岛拆除军事基地，撤退武装力量，甚至松动在两国领土争端问题上的僵硬立场，大大缓和了俄日关系；改变在朝鲜半岛问题上的一边倒（倾向北朝鲜）政策，转而采取等距离和共

① 日本环日本海经济研究所：《东北亚——21世纪的新天地》，中国财政经济出版社1998年版，第1页。

同接触政策，从而改善了同韩国的关系；对于美日军事同盟、美韩军事条约及美国在日韩驻军等敏感问题，俄罗斯采取了比较灵活的态度，而且主动倡议在该地区构建多边安全机制，从而缓和了俄美在东北亚地区的关系。俄罗斯的这一系列行动，得到了中、日、韩、美等相关方面的响应和支持，促进了东北亚地区局势的缓和和稳定。日俄构建“建设性伙伴关系”，变对抗为合作，特别是加强两国间军事交流和在地区安全问题上的协调，将消除地区安全中潜藏的一大隐患，有助于地区安全形势的进一步缓和。

从发展的眼光来看，日俄构建“建设性伙伴关系”，对整个亚太地区也有着不容忽视的积极影响。首先，俄罗斯以改善和发展同日本的关系重返亚太地区，已经不是像冷战时期那样，以超级大国身份为争夺霸权而来，它的真正目的是借助与日本的合作融入亚太经济一体化的进程，恢复和发展经济，增强综合国力，重振昔日大国雄风。因此，俄罗斯在发展与亚太国家关系时，侧重点是发展经贸合作关系。这样一来，俄罗斯的加入对亚太经济社会的发展不仅不是破坏因素，而且成为一个积极的促进因素。尽管目前俄罗斯的经济实力孱弱，但其经济潜力巨大，尤其是丰富的自然资源和广阔的市场，对亚太地区经济的发展和国际合作是十分宝贵的。有鉴于此，亚太经合组织于 1997 年底做出了接纳俄罗斯为新成员国的决定。此举有助于俄罗斯融入亚太经济一体化的进程。再则，俄罗斯得以作为一个地区重要大国重返亚太，对于该地区大国关系的良性互动有着积极的作用，有利于牵制美国的地区霸权主义。冷战结束后，世界向何处去？是走向多极化还是由一个超级大国主宰，这是利益攸关的大事。出于自身利益的考虑和所处的国际地区环境，俄罗斯是倡导多极化，反对单极世界的。在亚太中、美、日、俄四大国关系中，俄罗斯是一个重要的平衡因素。冷战结束，苏联解体，俄罗斯退出了超级大国行列，与美争霸已不现实。在这种情况下，俄罗斯在亚太地区的战略和策略都随之发生显著变化。俄无力单独抗衡美国，需要借助中国的力量以及日本的力量。尽管俄罗斯经济上暂时衰落，但它仍然有很大的分量，在中、美、日、俄四大国关系中居于一个举足轻重的位置，俄罗斯站在哪一边，对于四大国关系中的力量对比将产生巨大影响。

（二）构建“建设性伙伴关系”的努力

自1997年6月叶利钦—桥本会晤之后，日俄构建“建设性伙伴关系”的最后准备工作便紧锣密鼓地开展起来。经过双方的共同努力，日俄在政治、经济等领域的合作出现了新的良好势头。同年11月在克拉斯诺亚尔斯克举行的叶利钦—桥本非正式会晤，进一步推动了这一趋势的发展。一年后由叶利钦和小渊签署的《莫斯科宣言》则把日趋改善的日俄关系正式纳入了“建设性伙伴关系”的轨道。

根据1997年11月初桥本、叶利钦克拉斯诺亚尔斯克会晤达成的协议，为在2000年前签订日俄和约，日俄外长会后不久即在东京举行了定期磋商，决定成立“日俄缔结和平条约联合委员会”，由两国外长担任联合主席，下设副部长级分组会具体进行事务谈判。1998年2月22日，日外相小渊赴俄出席该委员会首次会议，与俄外长普里马科夫一道启动了两国的缔约工作。会后副部长级分组会随即开始工作。日俄首脑4月川奈会晤时听取了该委员会的工作报告，并要求它继续进行工作。1998年11月签订的《莫斯科宣言》宣布，两国首脑决心尽一切努力争取在2000年前缔结和平条约，为此他们责成在现有日俄缔结和平条约联合委员会范围内成立边界划分分委会和四岛经济合作分委会。至此已经可以清楚地看出，该委员会的真正工作重点一是寻求领土争端的解决方案；二是设计两国经济合作方案，特别是确定在有争议的四岛上切实可行的、不会损坏两国法律地位的经济合作方式。目前，该委员会及其下设的两个分委员会正在紧张有序而又十分艰难地开展工作，以完成两国首脑交办的重要任务。他们的工作，实际上已经成为90年代日俄关系的一个重要组成部分，也可以说是一个关键性的环节。

与此同时，日俄经济关系也取得了相应进展。从俄罗斯独立到现在的日俄经济关系，大体上可以分为两个阶段，以1997年7月桥本龙太郎提出“相互信赖、利益互惠、着眼未来”的对俄三原则，和11月叶利钦与桥本龙太郎的克拉斯诺亚尔斯克会晤为分界线。在第一阶段，尽管俄罗斯寄希望于借助日本的资金、技术共同开发西伯利亚和远东，并为此作出了不懈努力，包括在两国领土争端问题上立场的松动，但由于日本方面实际上没有放弃“政治经济不可分”的原则，即不解决北方四岛问题，对俄大规模经济援助或合作是不可能的，因而两国经济关系总体上说是低水平的。俄日经贸关系的第二阶段始于1997年下半年，其主要标志是克拉斯诺亚尔斯克会晤重要成果之一的“叶利钦—桥本计划”。该计划共包括以下6项主要内容：（1）在投资领域进行合作；（2）帮助实现俄罗斯经济与世界经济接轨；（3）对俄罗斯的改革给予强有力帮助；（4）在对经理人员进行大规模培训方面进行合作；（5）加强在能源领域的对话；（6）加强在和平使用核能问题方面的合作。根据这一计划，日本将支持和参与俄罗斯远东地区的能源开发、西伯利亚铁路运输网的复兴计划，支持俄罗斯加入亚太经合组织和世界贸易组织，等等。从以上内容不难看出，“叶利钦—桥本计划”名为双边合作计划，实际上近期内更像是日本帮助俄罗斯复兴经济的一个计划。因此，它能否真正兑现，不能不说是一个有待观察的问题。

1998年11月12日，正当日本首相小渊惠三访问莫斯科之时，俄罗斯总统办公厅新闻处散发了一份“叶利钦—桥本计划”执行情况《新闻公报》，公报列举了十多项成果，其中除投资保护协定和提供日元贷款已经基本落实外，其他要么属意向性安排，要么属尚在协商中的问题，因此很难说是什么重大成果。这在一定程度上反映了俄日经济关系受领土争端等政治因素牵制的局限性。

三 日俄构建“建设性伙伴关系”的制约因素

日俄“建设性伙伴关系”之所以进展缓慢，根本原因在于两国之间发展实质性的关系存在诸多制约因素。

（一）日俄战略利益上的差异

从地缘政治利益和国家安全战略利益分析，日、俄两国固然有一致的一面，比如政治上都需要一个和平安宁的周边环境，都希望以合作取代对抗，经济上也互有所求，但同时也存在不一致的方面，而且这些不一致的方面对日俄关系的发展至关重要。

首先是两国安全利益上的不同。日本是目前世界第二经济强国，但又是一个资源贫乏的岛国，因此其安全利益不仅体现在国土安全上，而且还体现在与海外经济命脉的联系上，如国际海空航道、能源和矿物资源供应、商品和金融市场等等。俄罗斯则不同，它是一个拥有庞大核武器系统而且资源丰富的大国，又正处于经济体制转轨和经济滑坡的困境中，况且国内民族矛盾又相当尖锐，因此其国家安全的着眼点集中于国内及周边环境。

其次是两国战略目标的不同。日本要从现在的经济大国走向世界政治大国，而俄罗斯的目标是从现在跛脚的核军事大国恢复到昔日世界政治、经济、军事大国的水平。

第三是两国战略发展途径的不同。日本走依靠日美军事政治同盟的道路，俄罗斯则不与大国结盟，但通过战略协调借助外力以图自强。

由此可见，随着冷战的结束，日俄两国虽不再对立，不再互为威胁，但两国在地缘政治利益和国家安全利益上仍然存在诸多差异甚至矛盾，在战略重点和战略安排上也不协调。正是战略利益上的这些差异或矛盾，对日俄构建“建设性伙伴关系”形成了制约。

（二）日俄领土争端

战后日俄（苏）领土争端，指的是双方对择捉、国后、色丹、齿舞四岛（日称“北方四岛”，俄称“南千岛群岛”）领土的争执。撇开纷繁复杂的历史纠葛，简单地说该争端主要是第二次世界大战的结局造成的。上述四岛位于北纬42—48度、东经145—150度的区间内，日本北海道和俄罗斯得抚岛之间，总面积5056平方公里（其中择捉3199平方公里、国后1500平方公里、色丹255平方公里、齿舞102平方公里）。俄罗斯根据战时的《开罗宣言》、《雅尔塔协定》和《波茨坦公告》于1945年8月23日至9月1日出兵加以占领，1946年2月2日，苏联部长会议颁布政令，将其划入新设的苏联南萨哈林州。日本作为敌对国和战败国，当然无缘参与开罗、雅尔塔和波茨坦会议，战后对上述文件及其由此而来的苏军对四岛的占领持有强烈异议也是不难理解的。1951年9月的“旧金山和会”遭到苏联等国的抵制，苏联拒绝在对日和约上签字。加之该和会对四岛归属问题的含糊其词又深埋伏笔的处理，为日后的四岛领土争端播下了劣种。在战后的几十年间，日本一直坚持收回四岛，苏联时而拒不承认领土争端的存在，时而有条件地承认随即又变卦，两国关系由于领土争端的存在而经常陷入僵局。

战后日俄（苏）关系的发展表明，领土争端是影响两国关系的一个根本症结。鉴于这一争端迄今尚未解决，它必将继续影响甚至在很大程度上决定着日俄关系的未来。

从日本方面来说，北方四岛具有国内国际双重意义。在国内，能否收回北方四岛，不仅事关民众情绪和民族尊严，而且直接影响日本政府形象。任何一届政府如能在收回北方四岛问题上有所进展，必将被视为重大政绩，甚至可能因此而名垂史册。所以，如同过去历届政府一样，今后的日本政府仍将把收回北方四岛视为梦寐以求的施政目标。在国际上，与俄领土争端的解决与否，是衡量日本是否走出战败国阴影、摆脱政治侏儒形象的重要标志之一。

就俄罗斯方面来说，南千岛群岛领土是它处理对日关系中的一张战略王牌。它利用手中的这张牌作为筹码，希望从日本方面谋求更多的利益。人们不妨试想，假如90年代中期以前，叶利钦要作出把南千岛群岛全部或部分（齿舞、色丹）有条件归还日本的决断，应该说是可以做到的。可是他没有这样做。其主要原因之一，很可能是他认为日本方面"出价"不够高。时至今日，这张王牌仍然炙手可热，只不过情况又发生了新的变化。其一是俄罗斯在这一领土问题上的民族情绪趋向高涨，许多人甚至把它同俄罗斯的民族尊严联系起来。如俄罗斯政治观察家鲍文在俄日两国首脑举行莫斯科会晤之际，于1998年11月12日在《消息报》发表题为《千岛群岛问题需由有耐心的人来解决》的文章，一方面主张："考虑到以下一系列因素，俄罗斯也不妨做出善意之举，将南千岛群岛（择捉岛、国后岛、色丹岛、齿舞诸岛）交给日本，这些因素是：（1）从欧亚地缘政治利益及开发远东的角度出发，俄罗斯具有同日本发展睦邻关系的战略需要；（2）南千岛群岛在日本经济中所占的地位远比它在俄罗斯经济中所占的地位重要；（3）‘北方领土’在日本国民心目中占据重要地位。由此而产生的问题——军事政治问题、经济问题及岛上居民如何安排的问题——完全可以在双方都能够接受的条件下加以解决。”另一方面又明确提出，“向日本方面移交主权（即重新‘划定边界’）进而正式移交岛屿一事只有在俄罗斯渡过危机并站稳脚跟之后才能进行。只有在稳定的政治经济条件下，俄罗斯的社会舆论才有可能同意这样的决定”①。其二是叶利钦的政治地位和影响力已经大大下降，在对日领土争端问题上的决断能力不能不大打折扣，再加上国家杜马业已通过了《保障领土完整法》，对叶利钦形成了有力牵制。上述新的变化进一步限制了叶利钦在对日关系中打领土牌的活动余地，但却丝毫不会影响作为筹码使用的这张王牌的身价。

领土争端对日俄双方的战略利害关系，使解决这一问题增加了新的难度。但这并不等于从此没有任何出路。事实上，日俄双方的谈判仍在进行中，当然，现在看来要在2000年底前签署和平条约的希望很渺茫。

领土问题是一个历史遗留的问题，但围绕领土争端所反映的更多的是两国的战略和长远利益。因此，这一问题的解决，还需要两国的战略利益协调与共识。在俄罗斯国内经济衰落，政局不稳的情况下，让俄领导人做出让步不易，而在日美加强军事联盟，美俄关系紧张的环境下，要俄轻易放弃四岛更难。看来这个问题的解决还需要一个有利的大环境。

（三）中国崛起的影响

中国的崛起无疑是20世纪具有历史意义的重大事件之一。

① 新华社莫斯科1998年11月12日俄文电。

对此，存在两种截然不同的观点：一种认为是历史的必然，应予理解和欢迎；另一种则视其为“威胁”，要予以“遏制”。无论是在日本，还是在俄罗斯，都有一些人对中国的崛起表示担心，甚至把对付和遏制中国作为一种战略。比如，日本野村综合研究所理事宫本信生就直言不讳地主张：“考虑到日中关系的严峻未来，我国应该与俄罗斯建立‘符合战略和地缘政治学利益的创造性伙伴关系’，这样便可望从政治上和战略上牵制与遏制中国。”① 此外，据日本《世界周报》政治部次长铃木美胜披露：“1997 年 7 月，桥本龙太郎首相（当时）基于深刻认识到中国的存在这一战略性思考而提出了‘欧亚大陆’外交。这是一项从俄中地缘政治学的角度出发，明确提出今后要努力改善、加强日俄关系，并致力于同位于中国‘后背地区’的中亚各国加强关系的外交政策。”② 日本国际问题研究所前所长小关哲哉也指出：“为牵制中国，俄国需要与日本在平等的基础上建立‘战略伙伴关系’。叶利钦提议与桥本在克拉斯诺亚尔斯克举行坦诚的首脑会谈，其最大目的就是希望在本世纪内与日本建立牢固的战略伙伴关系。”③ 俄罗斯方面的类似言行也不时见诸报端。在 1996 年制订《俄罗斯国家安全战略构想》过程中，有人便主张把中国视为俄罗斯潜在的敌人。当然，作为一种战略选择，日俄联手对付中国至少在相当一个时期是不现实的。日俄关系改善的基础在两国国内，而不是主要在外部，中国并不构成推动日俄合作的动

① 宫本信生：《日俄关系的重要性为何仅次于日美关系？》，日本《中央公论》1999 年 2 月。

② 铃木美胜：《21 世纪日本外交最重要的课题是中国问题》，日本《世界周报》1999 年新春合刊。

③ 小关哲哉：《如果日俄建立“战略伙伴关系”》，1997 年 9 月 16 日日本《时事解说》。

力因素。

从战略利益角度来说，中俄处在相似的地位，都面临着美国独霸世界的威胁，而日本与美国是盟友，日本不会联合其他国家对抗美国。因此，无论从哪一方，试图以中国因素来推动日俄之间的合作并不现实。从经济利益上来说，中日俄三国之间有着许多共同点，经济上的互补性构成了共同利益的重要基础。中国的市场和劳动力、俄罗斯的资源和市场、日本的资金和技术，各有所长，有着开展合作的基础。

90 年代以来的事实表明，中俄关系的发展远远超出日俄关系的发展。1991 年底俄罗斯独立以来，中俄关系稳步发展，迄今可以划分为三个阶段："第一阶段，苏联解体后，俄罗斯成为苏联的继承国，中俄建交。1992 年 12 月叶利钦总统访华，两国签署了《中俄关系基础联合声明》，指出两国相互视为友好国家，共同发展睦邻友好和互利合作关系。中俄实现了由中苏关系向中俄关系的平稳过渡，进入了友好合作时期。第二阶段，1994 年 9 月江泽民主席访俄，两国签署了《中俄联合声明》，确认'两国已具有新型的伙伴关系，即建立在和平共处五项原则基础上的完全平等的睦邻友好、互利合作关系，既不结盟，也不针对第三国'。第三阶段，1996 年 4 月叶利钦总统第二次访华，两国确立了'平等信任、面向 21 世纪的战略协作伙伴关系'，把中俄关系提高到一个新的水平。"① 这一时期的中俄关系具有下列几个特点。首先是两国关系在一步步向前发展，也就是它的稳定性。从两国正式建交，恢复友好关系，经过建设性伙伴关系阶段发展到战略协作伙伴关系，没有出现什么反复和曲折。这在 90

① 李凤林：《中俄战略协作伙伴关系的实践》，《国际战略研究》1999 年第 1 期。

年代的大国关系中是不多见的。其次是两国关系在各个方面都获得发展，也就是它的全面性。从政治到经济，乃至安全领域都取得了不同程度的进展，这种发展势头的确难能可贵。第三是两国关系在深层面上取得进展，也就是它的深入性。这里最具代表性的一是边界问题的解决，二是边境安全的重大进展。边界争端历来是国际关系中最为敏感的问题，处理不好容易引发事端，甚至导致兵戎相见，1969 年 3 月爆发的中苏珍宝岛武装冲突就是一例。如今，中俄两国圆满解决了历史上遗留下来的领土争端，并且推出了一系列保障边境安全的可靠措施，从而为两国关系的健康发展消除了一个心腹之患。

与中俄关系的顺利发展相比，90 年代以来的日俄关系却多有曲折。这种曲折发展的过程说明，日俄关系的基础迄今为止仍然比较脆弱。日本与俄罗斯建立伙伴关系的主要意图之一是收回北方四岛，俄罗斯的基本目标之一是获取经济利益。互有所求促使日俄接近。此外，日本对中俄发展战略协作伙伴关系有所疑惧，因而企图通过构建日俄“建设性伙伴关系”加以牵制。中国和俄罗斯是日本的两大邻国。中日之间在历史认识、台湾问题和钓鱼岛归属问题上存有歧见，日俄之间存在领土争端。因此，日本对中、俄均存有戒心，它既担心中国的迅速崛起，也惧怕俄罗斯过于强大，更对中俄接近怀有忧虑。然而，鉴于现实的格局和关系性质，它要采取联华制俄，或联俄制华都是困难的，所以，日俄“建设性伙伴关系”更多地取决于两国自身的利益发展。

（四）美国因素

冷战后，在亚太地区失去了前苏联这一主要战略对手的美国，凭借其雄厚的经济和军事实力，企图左右亚太经济社会发展和地区安全进程。但面对世界政治力量多极化的现实，美国又不能不有所顾虑和担心：一是担心来自日本的经济竞争；二是担心军事上刺激俄国，尤其担心俄罗斯孤注一掷；三是担心其他力量联合。换句话说，它不希望在该地区出现任何足以对美国构成挑战的力量。对于俄罗斯推行新的亚太战略，美国的态度是，在不影响美国坐大、不削弱美国既得利益的前提下，俄罗斯可以参与亚太经济一体化进程，甚至在地区安全问题上它也可以发挥自己的影响，但是，美国对俄罗斯的扩张是有戒心的。如今的俄罗斯虽然势单力薄，但其发展潜力还是巨大的，很难预料未来的俄罗斯不会重新成为美国的对手。因此，近几年来，美国进一步强化它在亚太的主导地位和影响力，这也有着对付俄罗斯的意图。

美国的战略部署是非常引人瞩目的。其中，极为重要的一个步骤就是强化同日本的军事同盟，把为“日美防卫指针”配套的“周边事态”相关法案适用范围推及整个远东地区，与日本合作发展“战区导弹防御计划”（TMD），把中国和俄罗斯都纳入其防范范围。美日的这种战略同盟合作大大限制了日俄构筑“建设性伙伴关系”的活动余地。而这种结构也许正符合美国在东北亚地区的战略需要。

北约发动的科索沃战争对俄美关系产生了重大的影响。鉴于俄罗斯西受北约东扩的挤压，东受美日加强联盟的威胁，它进一步加强了与中国的战略协调，这种新的格局不能不对日俄关系产生影响。面对新的形势，日俄之间如何推动“伙伴关系”的发展，这是颇为令人关注的。

四　日俄关系的前景

受双边关系自身和各种国际因素的制约，日俄之间构建“建设性伙伴关系”的进程不会是顺利的。虽然双边关系总体上明显缓和，但是，能否向前跨越一大步还值得考虑。

（一）影响日俄关系发展的几个因素

21世纪初期，日俄能否顺利构建“建设性伙伴关系”，在很大程度上取决于两国战略利益的协调，特别是领土争端的解决与否，而领土争端的解决，则要受制于两国力量对比和领土争端方针对策以及国际国内诸多因素的发展变化。

1. 国际格局。尽管未来大国之间的矛盾仍会发展，但是，由大国对抗所引起大规模战争的可能性极小。美国的优势可以维持相当一个时期，“一超多强”的局面将不会发生很快改变，美国仍会力图加强其霸权地位，竭力联合盟国控制世界格局。但是，多极化的趋势也同时会发展。其中，作为美国盟友的欧盟、日本也会设法增强其影响力，尽可能多地体现一定的自主性；俄罗斯、中国将会着力推动多极化的发展，但不会组成与美国及其西方盟友对抗的联盟。在维持世界局势稳定，防止危及国际安全的因素滋长方面有着共同的利益。这是继续推动大国伙伴关系的基础。

2. 国内局势和外交。日本的内政和外交走势，尤其是其国内政坛形势，仍存在较多的变数。政治上，以自民党为主体的政党关系将维持下去，但政策可能趋向右倾，要求修改宪法的呼声进一步加强；经济上，“如果日本能够克服其经济体制中的弊端，较顺利地度过转折期，在今后的10—20年内，日本经济仍有可能实现令人羡慕的经济发展，但不大可能再现高速增长。总的看，今后日本经济将转向常速发展”①。届时日本经济实力居

① 孙景超、张舒英主编：《冷战后的日本经济》，社会科学文献出版社1998年版，第331页。

世界第二的位置估计不会动摇；军事上，随着经济的恢复和发展，其军事实力也会继续相应加强，但由军国主义势力重新主宰军界的可能性极小；外交方面，以日美同盟为基轴，在政治和军事上依附和受制于美国的局面短期内仍难以根本改变。因此，日本外交政策的主要努力还是在日美主轴的结构下谋求发挥更大的作用和影响。其中，进一步改善与俄罗斯的关系，仍然是日本对外关系的一个突破口。

未来一个时期，俄罗斯内外形势中的不确定因素远远多于日本。首先是叶利钦①之后的俄罗斯政局，尽管许多问题令人担心，但是，经过一个时期的动荡以后，力量构成进一步明朗，局势可能会趋于平静；其次，在政局趋稳的情况下，经济也会逐步走出低谷，逐渐恢复和发展。随着其局势的稳定和实力的恢复，俄罗斯在地区和世界的分量会增强。但是，俄不会重走前苏联与美国和西方对抗的道路，而是在与美国和西方的关系中更突出维护自己的利益和影响。俄的外交重点首先在欧洲，但是，亚太作为其两翼战略的重要一环将会受到更多的重视，尤其是对日关系，将是其实现经济崛起的重要组成部分。

因此，未来的国际和国内局势都比较有利于日俄改善和发展关系。当然，对俄罗斯来说，一个强的日本不会比一个弱的日本更好打交道；但就日本而言，一个稳定强盛的俄罗斯可能比一个动荡孱弱的俄罗斯更好处理相互关系。

（二）日俄关系几种可能的前景

目前，领土争端仍然是日俄改善双边关系的主要障碍。在这种情况下，正如金熙德博士所指出的那样：日俄双方“能否在

① 叶利钦已于1999年12月31日辞去俄罗斯总统职务。

领土问题上实现突破，将主要取决于如下因素：其一，双方政府能否以共同利益为重而在领土争端上作出相互妥协；其二，双方决策层是否具有就此在国内积聚足够支持的能力”[①]。而恰恰是在这一问题上，日本方面显然存在急于求成的情绪。不过受双方内外诸因素的制约，其结果很可能是“欲速则不达”。客观地说，解决这一问题的最佳途径应当是：日俄双方从维护两国战略利益和地缘政治利益的大局出发，从加强两国经济合作入手，本着“求同存异、友好协商、互谅互让”的精神，耐心寻求为双方所共同接受的领土解决方案。

当然，日俄构建“建设性伙伴关系”的进程将是艰难而曲折的。根据上述分析，在国际环境没有突发性重大事变的前提下，日俄构建“建设性伙伴关系”的前景不外以下三种可能。第一，双方在领土争端问题上互相作出重大让步，和平条约得以在2000年前缔结，构建“建设性伙伴关系”的进程取得实质性突破；第二种，领土谈判破裂，缔约告吹，日俄关系严重倒退，“建设性伙伴关系”名存实亡；第三种，因领土争端没有实质性进展，双方要么回避领土问题如期缔结和约，要么延期缔约，但双边关系维持现状，构建“建设性伙伴关系”的进程继续予以维系。从目前的种种迹象看来，第一、二两种可能性都很小，而第三种可能性较大。

（原载张蕴岭主编《伙伴还是对手——调整中的中美日俄关系》，社会科学文献出版社2001年版）

① 金熙德：《日美基轴与经济外交》，中国社会科学出版社1998年版，第252页。

俄罗斯亚太政策的调整

一　亚太外交在俄罗斯"全方位"外交战略中的位置

由普京总统主持制定、2000年7月11日公布的《俄罗斯联邦外交政策构想》在"优先地区"部分做了如下表述："俄罗斯外交政策的优先方面是保证与独联体国家进行的多边和双边合作符合国际安全的利益。""与欧洲国家的关系是俄罗斯外交政策的传统的优先方面。""俄联邦准备消除最近与美国关系中出现的重大困难，维护将近花了10年时间建立起的俄美合作的基础。尽管分歧严重，有时甚至是原则性分歧，但是俄美的相互配合是国际形势好转和保障全球战略稳定的必要条件。""亚洲在俄罗斯外交政策中具有越来越重要的意义，这是因为俄罗斯直接属于这个飞速发展的地区和必须要发展西伯利亚和远东的经济。俄罗斯工作的重点是积极参与亚太地区的一体化机构的工作，如亚太经济合作论坛、东南亚国家联盟的地区性安全会议，参与在俄罗斯倡议下建立起的'上海五国'（俄罗斯、中国、哈萨克斯坦、吉尔吉斯斯坦、塔吉克斯的会议。"[①] 由此可见，亚太外交在俄"全方位"外交战略中，位于独联体和欧美之后，居第三位。但是，正如俄罗斯科学院通讯院士、远东研究所所长季塔连科教授所指出的那样："俄罗斯位于世界上几大文明的结合部，我们很容易同亚洲人和欧洲人沟通。因此，把我们同亚洲或欧洲对立起来的做法是行不通的。我们应该克服这种竞争心理，明白自身的地缘政治本质，即我们是一个欧亚国家，我们的文化融会了各种文化的成分。因此，片面地倾向于某个方面将导致自身的那部分根系得不到养分，枯萎而死。"[②] 实际上，自 90 年代中期以来，俄罗斯外交已经吸取了在此之前向西方"一边倒"的教训，逐步提高了对亚太外交的重视程度，开始像俄罗斯国徽上的双头鹰那样，既注视西方，也注视东方。

二 普京新政权逐步强化亚太外交

普京入主克里姆林宫后，不仅迅速明确了外交战略目标和方针政策，而且很快便采取行动，付诸实施。这一点在其亚太外交上体现得尤为突出。

（一）繁忙的亚太外交及其主要成就

自 2000 年初至今，俄罗斯亚太外交相当繁忙。下面是一个由总统、总理、副总理和外交部长亲自参与的重大外交活动日程表：

2 月 9—15 日，伊万诺夫外长出访朝鲜民主主义人民共和

① 《俄罗斯联邦外交政策构想》，俄新社 2000 年 7 月 11 日播发。

② 米·季塔连科：《俄罗斯与亚洲》，俄罗斯《国际生活》月刊 2000 年 2 月号。

国、日本和越南。其中，2月10日，朝俄两国签署了《友好睦邻合作条约》；2月11日，日俄外长在东京会谈后一致同意，为两国首脑年内早日实现会谈而努力；2月15日，越俄两国外长一致表示，要把两国关系迅速提高到战略伙伴水平。

2月28日—3月1日，应伊万诺夫外长的邀请，中国外长唐家璇访俄。

4月29日，当选总统普京与来访的日本首相森喜朗，在圣彼得堡举行两国首脑第三次非正式会晤。

6月8日，普京正式就任总统后，首次同中国国家主席江泽民就双边关系和重大国际问题通过热线电话交谈。

7月4—5日，江泽民主席、普京总统出席在杜尚别举行的“上海五国”首脑会议。会议发表《杜尚别声明》。

7月17—19日，普京总统访华，与江泽民主席共同签署《中俄北京宣言》，双方还发表了《关于反导问题的联合声明》。

7月19—20日，普京总统首次访问朝鲜。

7月21—23日，普京出席在日本冲绳举行的西方八国首脑会议。在此之前的7月12日，伊万诺夫与日本外相河野洋平在日本宫崎市举行了会谈。

9月3—5日，普京访日，与森喜朗首相就两国签署和平条约等问题举行了三轮会谈，并发表了《关于和平条约问题的联合声明》，制定了双方经济合作的“普京—森喜朗计划”。

9月12日，普京在莫斯科会见来访的越南总理潘文凯，着重就俄越两国间的经济关系等问题交换意见。在此之前，卡西亚诺夫总理同潘文凯举行了正式会谈，就加强双边经济合作和解决两国债务（越南欠原苏联100余亿美元）问题广泛交换了意见，并签署了两国政府关于发展俄越经贸关系的一揽子协议。

10月2—5日，普京总统访问印度，与瓦杰帕伊总理共同签署《战略伙伴宣言》，宣布两国建立战略伙伴关系，同时还签署了在科技、经贸、文化、军事等领域开展合作的一系列协议。

11 月 3—4 日，卡西亚诺夫总理访问中国，与朱镕基总理举行中俄总理第五次定期会晤。双方发表联合公报，并签署了一系列经贸、科技等合作文件。

11 月 13—14 日，普京访问蒙古，与巴嘎班迪总统发表《乌兰巴托宣言》，并签署经贸科技合作的 4 个文件。

11 月 15—16 日，普京出席在文莱斯里巴加湾举行的亚太经合组织第 8 次领导人非正式会议。会议期间，普京与中国国家主席江泽民、日本首相森喜朗等分别举行了会晤。

普京政权的上述亚太外交举措是颇有成效的。

首先，俄罗斯成功地借助和利用与亚太国家的协调行动，巩固和提高了其国际地位，扩大了在国际事务中的影响力。它集中表现在以下两点。其一，7 月 18 日，普京在访华时与江泽民主席共同发表了《关于反导问题的联合声明》，强调“美国建立反导条约所禁止的国家导弹防御系统的计划令人深感忧虑。中国和俄罗斯认为，这一计划的实质是谋求单方面的军事和安全优势。实施这一计划不仅对俄罗斯、中国和其它国家的安全，而且也对美国自身的安全以及全球战略稳定造成最严重的消极后果。因此，中国和俄罗斯坚决反对这一计划”①。中俄两国坚定而严正的立场，对于蓄意破坏反导条约，进而部署国家导弹防御系统的美国不能不产生重大影响，甚至与克林顿 9 月 1 日被迫宣布推迟部署国家导弹防御系统不无关系。其二，7 月 19—20 日，即出席在日本冲绳举行的西方“八国首脑会议”前夕，普京对朝鲜民主主义人民

---

① 《中华人民共和国主席和俄罗斯联邦总统关于反导问题的联合声明》，2000 年 7 月 19 日《人民日报》。

共和国进行了历史性访问。他在与朝鲜最高领导人金正日的会谈中，就朝鲜的导弹问题深入交换了意见。金正日表示，朝鲜的导弹技术纯粹是和平性质的。如果其他国家愿意向朝鲜提供火箭推进器，朝鲜甚至愿意完全利用外国技术进行和平宇宙研究。普京把这一重要信息带到了“八国首脑会议”上，并呼吁那些声称“受到朝鲜导弹威胁的国家”帮助朝鲜实施和平宇宙研究计划。此举在会上引起强烈反响，普京成为会上引人瞩目的人物，俄罗斯在八国首脑会议上的地位也随之发生了悄悄的变化。

其次，进一步改善和发展了与亚洲邻国的睦邻友好合作关系，使俄罗斯的东部周边环境更趋稳定，从而有助于它加强西部力量，对付北约东扩。众所周知，俄罗斯对东部周边环境的不安主要体现在诸如中亚国家政局、中俄边界、朝鲜半岛局势、日美军事同盟等问题上。而今年以来，由于俄罗斯和有关国家的共同努力，这些问题都得到了不同程度的化解，有利于俄东部周边环境的改善。

例如，在中亚局势问题上，“上海五国”元首会议7月5日发表的《杜尚别声明》明确宣布：“五国重申决心联合打击对地区安全、稳定和发展构成主要威胁的民族分裂主义、国际恐怖主义和宗教极端主义，以及非法贩卖武器、毒品和非法移民等犯罪活动。为此，五国将尽早制定相应的多边纲要，签署必要的多边合作条约与协定，定期召开五国执法、边防、海关和安全部门负责人会晤，视情在五国框架内举行反恐怖和暴力活动演习。各方表示决不允许利用本国领土从事损害五国中任何一国主权、安全及社会秩序的行为。”①

---

① 中、俄、哈、吉、塔五国元首《杜尚别声明》，2000年7月6日《人民日报》。

又如，在中俄边界问题上，几乎所有的争议问题都已解决，至于尚存的对界河中个别岛屿及其附近水域划分问题，普京在访问中国时与江泽民主席共同签署和发表的《中俄北京宣言》作出了如下表示："1999 年 12 月 9 日签署的《中华人民共和国政府和俄罗斯联邦政府关于对界河中个别岛屿及其附近水域进行共同经济利用的协定》是史无前例的，它的顺利实施在使中俄边界发展成为一条睦邻友好的纽带方面又迈出了重要的一步。中国和俄罗斯将本着建设性和务实的精神继续谈判，以便加快制定两国边界尚未协商一致地段的解决方案。在此之前，要维持两国边界尚未协商一致地段的现状。"① 此外，9 月中旬又传来两条引人瞩目的信息，其一是中国全国人大常委会委员长李鹏在访问俄罗斯过程中于 9 月 17—18 日应邀访问了俄远东滨海边疆区。这是中国国家领导人历史上首次访问俄远东滨海边疆区，而且在俄远东大学被授予名誉博士学位。尤其需要指出的是，李鹏委员长在符拉迪沃斯托克受到区行政长官纳兹德拉坚科的欢迎和热情接待，双方在交谈中对两国边界问题的看法令人鼓舞。如果联系到以往纳兹德拉坚科在两国边界问题上与俄中央政府不合拍的立场，这次李鹏委员长访问俄远东取得的成果是意义非凡的。其二是中俄两国将于 2001 年江泽民与普京会晤时签署新的睦邻友好合作条约，它必将成为中俄关系发展新的里程碑。

再如，关于朝鲜半岛局势，随着今年 6 月中旬朝鲜和韩国首脑会晤及其南北共同宣言的发表，半岛形势明显好转。尤其是普京访问朝鲜对解决导弹问题的积极促进，更坚定了人们对朝鲜半岛形势的信心。关于日美军事同盟以及美日共同研制和开发的战区导弹防御计划，普京在访问日本与森喜朗的会谈中已经正面交

① 《中俄北京宣言》，2000 年 7 月 19 日《人民日报》。

换了意见，从会后普京的表态来看似乎心里有了底数，加之双方就包括两国军方在内的各界加强交流与合作达成了不少共识，特别是随着朝鲜半岛乃至整个东北亚形势的趋于缓和，俄罗斯的担心程度想必会有所下降。

第三，俄罗斯在作为平等一员加强与亚太国家的经济贸易等各领域的合作方面，以及参与亚太地区经济一体化、参与亚太尤其是东北亚地区安全机制的构建等方面，均有所进展。从经贸情况来看，形势明显好转。中俄双边贸易额虽然远没有实现江泽民主席和叶利钦前总统 1998 年提出的到 2000 年达到 200 亿美元的目标，但据统计，截至 2000 年 6 月底，两国贸易额达 35.6 亿美元，比上年同期增长 31.5%，[①] 摆脱了前几年停滞不前甚至下滑的颓势，呈现良好增长势头。俄罗斯与日本的经贸合作虽然规模远不理想，但也在原有基础上向前迈出了一步。特别值得一提的是，普京访日时，两国在经济贸易合作方面谈得比较融洽，而且以“普京—森喜朗计划”取代了 1997 年的“叶利钦—桥本计划”，应该说此举是一个好苗头。俄罗斯与朝鲜、韩国的经贸关系，随着朝鲜半岛局势的变化，正在出现新的契机。普京在与金正日的会谈中已经强调了加强两国经济技术合作的巨大潜力和可能性，并且极力敦促朝、韩双方尽快修复连接南北的“京义”线，而且要尽快与俄罗斯的铁路接轨。普京离开朝鲜仅一个多月，“京义”线的韩国段业已动工，其动作之快，的确出人意料。这件事本身就足以说明，加强地区间经济贸易合作，已经成为包括中国、俄罗斯、朝、韩在内的整个东北亚国家的共同愿望和要求，因而其前景是光明的。此外，在普京出访中、朝、日过程中，有关国家就合作开采和输送俄罗斯远东石油、天然气资源

① 《深化睦邻友好　加强战略协作》，2000 年 9 月 16 日《人民日报》第 3 版。

问题广泛交换了意见，并制定了一系列合作计划，有的业已付诸实施，有的尚在具体筹划之中。这些项目的共同特点是，投资规模大，要求多国合作。经过普京与有关国家领导人的共同努力，有力地推动了这种国际合作的进展。除经贸领域之外，俄罗斯在参与亚太特别是东北亚地区安全机制构建方面也颇有建树。俄罗斯外长伊万诺夫出席了 7 月 27—29 日相继在泰国曼谷举行的东盟地区论坛成员国外长会议、东盟与包括中国、俄罗斯、美国在内的 10 个对话伙伴国外长会议，积极参与了有关亚太地区，特别是朝鲜半岛局势等安全问题的磋商和讨论，表达了俄罗斯一方的立场和态度。更为重要的是，普京 6 月 4 日在莫斯科与美国总统克林顿就包括朝鲜半岛局势在内的全球安全等问题进行了会谈后，7 月间相继出访中、朝、日，以及年内还将进行的对韩国的访问，充分表明他已经实际介入了东北亚地区安全机制的构建工作。同时，普京的外交活动，使俄罗斯向着变朝鲜半岛问题（中、美、朝、韩）四方会谈为（中、俄、美、日、朝、韩）六方会谈的目标，又迈进了一大步。

第四，俄罗斯普京政权的亚太外交，在突出东北亚这个重点的同时，并没有忽略其他区域，其中包括东盟以及南亚，而且颇有建树。以南亚为例，俄罗斯一向十分重视发展同印度的战略伙伴关系。针对美国近来极力改善与印度关系，克林顿总统 2000 年 3 月访问印度，俄罗斯更进一步加强了这方面的工作。6 月 26—30 日，应俄罗斯国防部长谢尔盖耶夫的邀请，印度国防部长费尔南德斯访问了莫斯科。双方达成了加强军事技术合作和俄罗斯向印度供应 T—90C 坦克、转让戈尔什科夫海军上将号载机巡洋舰等内容广泛的协议草案。谢尔盖耶夫在会谈中强调，“在亚太地区，俄罗斯和印度是希望建立友好关系和保持南亚稳定的两个非常重要的大国。俄罗斯同印度的战略伙伴关系是建立在两国根本利益一致的基础之上的"①。在这次两国国防部长的会谈中，双方还就开辟由俄罗斯直达印度的"北—南运输走廊"问题达成了协议。此事的起因是，苏联解体后，原有的苏联—印度海上联合航线中断了。在这种情况下，俄罗斯和印度的货物运输要靠第三国的航运公司才能解决，而且要绕道鹿特丹和汉堡，再通过陆路转运到俄罗斯。这无疑大大提高了运输成本。随着近年来俄印经贸关系的日趋密切，要求开辟通过里海的"北—南运输走廊"的呼声不断增高。俄印双方达成协议后，又迅速与伊朗方面进行了协商，并取得了后者的支持。于是，从俄罗斯经由里海和伊朗、阿拉伯海而抵达印度的"北—南运输走廊"终于变成了现实。该"走廊"对发展俄罗斯和印度在军事和经贸领域的合作具有重要意义。从经济上看，由于运费降低，时间缩短，有利于两国扩大出口；有助于降低印度作为偿还国家债务而出口俄罗斯的日用消费品和食品的成本；有助于提高俄罗斯商品在印度市场的竞争力，也有利于俄罗斯伏尔加流域各联邦主体的经济贸易发展。从军事上看，"走廊"穿越里海中立水域、伊朗领土和印度洋中立水域，它比紧靠北约国家及其潜在盟友的海上货运路线更为安全可靠，必将大大促进俄印两国的军事战略合作。在此基础上，10 月 2—5 日，普京总统对印度进行了正式访问，两国宣布建立战略伙伴关系，并签署了一系列双边合作协议。其中 10 月 4 日双方签署的 4 项防务合作协议颇为引人瞩目。根据协议，印俄两国将成立政府间防务和技术合作委员会、印度从俄罗斯购买航空母舰和 T—90C 型主战坦克、俄罗斯许可印度生产苏—30MKИ 战斗机等等。正如新闻媒体指出的那样："普京这次访印，拿到了总额为 30 亿美元的军火订单，这花掉了印

① 俄塔斯社 2000 年 6 月 27 日俄文网页。

度软件业一年出口额的 75% 强。这使得特别需要军火的印度和特别需要硬通货的俄罗斯各得其所。”①

（二）取得上述成就的原因

普京政权一年来在亚太外交方面取得的上述成就，并不是偶然的，而是由多方面的因素促成的。

第一，应归功于普京政权在亚太外交政策上正确处理了继承与创新的关系，既保持了叶利钦 90 年代后半期制定的亚太战略及相关配套政策的连续性，又根据 2000 年形势的新发展，重点强化了对东北亚地区的外交工作，特别是选择朝鲜半岛问题为突破口，积极施展其影响力，体现了可贵的创造性。从叶利钦政权到普京政权的变化，在俄罗斯历史上可以说具有划时代的意义。按一般惯例，一个国家的政权发生如此重大的变化，其外交政策必定会有相当程度的调整，至少会出现一个相对停滞不前的阶段。但普京没有遵循这个惯例。他从接任代总统职务那一天起，就表明了保持俄罗斯外交战略和政策相对稳定的决心。这一点充分体现在他那篇著名的文章《千年之交的俄罗斯》中。他在此文中承认俄罗斯处于衰败颓势的现实，但又不甘于维持现状，决心重新收拾旧山河，振兴俄罗斯。他强调了外交服从于内政的总原则，在施政策略上注重稳定，避免大起大落。正是这种在继承中求创新和发展的稳健的亚太政策，为普京新政权打开亚太外交的新局面奠定了有力的基础。

第二，俄罗斯政局的稳定为包括对亚太外交在内的整个外交工作充当了坚强后盾。自 1999 年 9 月普京出任俄政府总理后，以往政府频繁更迭的现象被改变了。虽然 1999 年 12 月 31 日发

---

① 《印俄关系新内涵》，2000 年 10 月 6 日《人民日报》第 3 版。

生了叶利钦突然宣布辞职的戏剧性事件，但被任命为代总统的却是普京，因而避免了因总统易人而可能导致的政治风波。三个月后，总统大选如期举行，普京以绝对优势首轮当选，从而使得一场在俄罗斯历史上具有划时代意义的政权更迭在极其平静的气氛中顺利完成，又一次避免了可能出现的政治动荡。普京抓住这样的有利时机，迅速组成以卡西亚诺夫为总理的新政府，其中保留了伊万诺夫外长等原政府主要成员的职务，以保证政务运转的连续性，同时把年初以来相继制定的国家安全、经济发展、外交构想等方针政策付诸实施，以求在继承的基础上创新。尤其值得强调的是，普京利用国内政局平静的大好时机，亲自出访英、德等欧洲国家和乌克兰、白俄罗斯等独联体国家，并与美国总统克林顿举行了会晤，初步稳定了与西线国家的关系。在此基础上，重点加强亚太外交，终于取得了重大成果。

第三，俄罗斯经济形势的好转为强化对亚太外交提供了有利条件。据统计，俄罗斯国内生产总值 1999 年止跌回升，增长 3.3%，为近年来少有的佳绩。2000 年上半年，普京新政权狠抓国民经济的薄弱环节，遏制少数金融寡头对国家经济命脉的操纵和干扰，加之国际石油市场油价逐步攀升，俄罗斯石油收入大幅度增长，从而进一步改善了俄罗斯的经济形势，特别是财政状况。在此基础上，俄罗斯逐步改变了因受外汇掣肘而只能与一些亚洲国家进行易货贸易的局面，因而有利于扩大同中、日、韩等亚洲国家的双边贸易。经贸关系的密切和发展，必将为政治和外交关系的拓展创造有利条件，形成良性循环。

第四，普京个人的才能和魅力也是一个不容忽略的因素。与前总统叶利钦相比，普京虽然身材没有那么高大，但干练豁达，才思敏捷，意志坚强，风度翩翩，在各种外交场合行为得体，刚柔相济，给人们留下深刻印象。例如，在日本冲绳举行的西方八国首脑会议上，普京以其会前的充分准备，尤其是手中握有解决朝鲜导弹问题这张王牌，在会上引而不发，一时间反而成为会议的关键角色，国际舆论追逐的中心。《远东经济评论》专栏作家秦家骢更认为“普京在世界舞台上的亮相取得巨大成功，他是此次工业化国家领导人会议上当仁不让的明星”①。这同以往历届“七加一”首脑会议上俄罗斯备受冷落形成了鲜明的对照。又如在圣彼得堡和东京两次同日本首相森喜朗的会谈中，普京针对森喜朗急于求成的心理，在礼仪和非实质性问题上尽量照顾日方，始终让森喜朗抱有一线希望，但在实质性的领土争端问题上却寸步不让，使日本方面哭笑不得。

三 俄罗斯亚太外交前瞻

（一）俄罗斯亚太外交面临的主要问题及其原因

如上所述，2000 年，俄罗斯的亚太政策取得了明显的成效，俄罗斯在亚太地区的国际地位和影响有所提高和扩大。但同时也必须看到，俄罗斯的亚太外交还存在亟待解决的不少问题。

问题之一是，俄罗斯与亚太国家经济关系的发展还远远不适应于政治、外交关系发展形势的要求，经济合作的规模和效益也不尽如人意。它已经成为俄罗斯进一步全面发展同亚太国家关系的牵制因素。以中俄关系为例，两国间的战略协作伙伴关系正逐趋稳固，2001 年还将签署新的睦邻友好合作条约。但美中不足的是，两国的经贸水平比较低，2000 年即便能达到 70 亿—80 亿美元，也只是不到两国领导人设定目标的一半。这个数字大约只

① 秦家骢：《俄罗斯想在亚洲发挥积极作用》，2000 年 8 月 10 日《远东经济评论》周刊。

占同年中日双边贸易额的1/10。至于俄罗斯与日本、韩国、东盟国家以及印度等其他亚太国家的贸易情况，虽然均有所恢复和发展，但水平都在中俄贸易之下，可见问题的普遍性和严重性。

问题之二是，俄罗斯与亚太国家政治、外交关系的发展亦不平衡，俄中、俄印关系领先，俄日关系相对滞后，俄与其他亚太国家关系有待进一步开发。俄罗斯与日本的关系，在俄亚太外交棋盘上占据重要地位。但恰恰在这个问题上，两国由于领土争端的存在而陷入困境。根据1997年叶利钦—桥本克拉斯诺亚尔斯克会晤和1998年叶利钦—小渊签署的《莫斯科宣言》提出的目标，两国要争取在2000年底之前签署和平条约。但在签约的核心问题，即对于齿舞、色丹、择捉、国后四岛（俄称其为“南千岛群岛”、日称其为“北方四岛”）的主权归属上，双方分歧根深蒂固，迄今尚未找到为双方所能接受的解决方案。目前，俄、日双方都承认存在领土争端，但在解决方案上谈不拢。俄方主张把签署和平条约与解决领土争端分开来进行，在领土争端解决之前，两国加强在有争议领土上的经济合作与开发，加强两国间的经贸科技合作，特别是日本增加对俄投资。日本方面则主张，把解决领土争端与签署和平条约捆在一起。具体方案有两个：其一，在日本得抚岛以北划界，即俄罗斯承认日本对四岛的主权，但可继续行使管理权直到双方协商的归还期，外界称之为“香港方案”；其二，先按1956年苏日东京《建交联合宣言》的规定，签约后即归还齿舞、色丹，另外两岛继续协商解决。对于日本提出的两个方案，俄罗斯方面不为所动，尤其是普京，干脆在尚未到达日本之前，在俄罗斯远东就明确宣布，绝不会归还四岛。现在的问题是，俄罗斯希望以两国的经济技术合作为先导，奠定和拓展俄日关系的坚实基础，待机协商解决领土争端。而日本方面虽然表面上松动了“政经不可分”即不归还四岛拒不开展巨额投资等经济合作的立场，但从种种迹象表明，在领土争端获得真正解决之前，日本是不会心甘情愿地把巨额资金和高新技术投向俄罗斯的。而在权衡两国的相互需求程度之后，似乎可以认为，当前俄罗斯对日本的所求要高于日本对俄罗斯的需求，因而对俄罗斯是不利的。

（二）俄罗斯亚太政策的主要制约因素

俄罗斯亚太外交当前面临的上述问题，是由复杂的国内外诸多因素造成的，其中最主要的是：俄罗斯国内政治、经济生活中的诸多隐患仍未消除；国际经济、政治和安全环境的变化。

第一，俄罗斯国内政治、经济中的隐患。

普京上台后，俄罗斯虽然国内政局稳定，经济形势好转，但综合国力下滑的颓势迄今尚未有效遏制，政府财力捉襟见肘，人民群众生活水平未有明显改善，再加上不时发生的突发事件，在某种程度上拖了外交工作的后腿。众所周知，对外战略、政策必须以国家的实力（或曰综合国力）为后盾，否则难有作为。近年来的俄罗斯，实力今非昔比，国际地位下降。普京在其《千年之交的俄罗斯》一文中承认："第一，我国不属于代表着当代世界最高经济和社会发展水平的国家；第二，我国现在面临着十分复杂的经济和社会问题。90 年代俄罗斯国内生产总值几乎下降了 50%，仅相当于美国的 1/10，相当于中国的 1/5。在 1998 年危机之后人均国内生产总值降至 3500 美元，这仅是七大国平均水平的 1/5。""在改革的这些年来，居民的实际货币收入不断减少。尤其是 1998 年 8 月危机更使人们明显地感到收入降低。今年没能使人们恢复危机前的生活水平。目前俄罗斯人的收入还不到美国人收入的 10%。像健康状况和平均寿命这样一些关键性的生活质量指标都在恶化。"据此，普京作出了如下结论：

"俄罗斯在政治和社会经济动荡、剧变和激进改革中已经精疲力竭";"俄罗斯正处于其数百年来最困难的一个历史时期。大概这是俄罗斯近200—300年来首次真正面临沦为世界二流国家,抑或三流国家的危险。"① 现在,距离这篇文章的发表仅仅过了不到一年的时间,尽管普京新政权为俄罗斯的复兴作出了巨大努力,也只能说取得了些许进展,而要重新全面振兴俄罗斯无疑还要经过漫长的道路。正是这种实力对比上的劣势,使得俄罗斯在同西方大国(包括日本)打交道时往往处于被动局面。此外,俄罗斯经济形势固然出现了转机,财政收入和外汇结存均有所增加,但由于方方面面亟待开支的项目太多,从全局上看仍是入不敷出;巨额外债还本付息压力越来越大,致使筹措新的外债和吸引外资的能力受到影响。更为麻烦的是,让俄罗斯人感到头疼的"灾难性8月"又一次降临。先是8月7日在莫斯科普希金地铁站发生爆炸案,造成数十人伤亡;继而于8月12日发生了轰动世界的"库尔斯克"号核潜艇沉没事件,艇上118名官兵全部遇难;8月27日又发生了莫斯科奥斯坦金诺电视塔重大火灾,致使莫斯科电视广播被迫中断。这一系列不测事件,暴露了俄罗斯社会生活中的诸多隐患,而且对普京政权产生了极为不利的影响。首先,它表明俄罗斯社会仍然很不安定。虽然第二次车臣战争从军事上说取得了决定性胜利,但问题远没有根本解决。由车臣恐怖主义势力直接间接制造的接二连三的破坏骚扰事件,令政府和民众不得安宁。尽快给全国民众创造稳定和安全感,已经成为普京政权的当务之急。其次,它表明俄罗斯的某些物质和技术条件,以及管理水平远不适应于重振昔日超级大国雄风的需要。"库尔斯克"号核潜艇的沉没和奥斯坦金诺电视塔火灾,虽然不

① 普京:《千年之交的俄罗斯》,1999年12月30日俄罗斯《独立报》。

排除偶发因素，但设备相对陈旧、维修管理跟不上、深海救生和高层建筑灭火能力的低下等问题暴露无遗。其实，这些仅仅是表面现象，更深层次的原因是国力日衰，百废待兴，但国家财政力不从心。第三，它表明普京政权并非可以高枕无忧，普京本人在民众中的威望和支持率正经受严峻考验。截至2000年7月，由于在内政外交方面的突出业绩，普京的支持率曾高达70%以上，但经过这几次意外事件，特别是"库尔斯克"号核潜艇事件后，已经大幅度下降。这对普京本人和整个普京政权来说无疑是响起了警钟。

第二，国际环境的发展变化。

冷战结束后，随着经济全球化和政治多极化的发展，国际形势总体上趋于缓和，但诸多不稳定因素依然存在，世界并不太平。2000年的国际形势当然也不例外。对于俄罗斯来说，这一年是喜忧参半，喜的是国内政局稳定，经济形势有所好转，对外关系尤其是亚太外交取得进展；忧的是国际大环境仍然相当严峻，力量对比越发对俄罗斯不利。

从经济上看，近年来欧美经济特别是美国经济持续看好，国内生产总值增长率达3%甚至4%以上，创下历史新纪录。日本经济在经历了长期停滞之后逐渐复苏，2000年可望达到1.4%的增长率。由于欧美日经济基数大，加之如此可观的增长率，其经济实力的绝对增长值可想而知。相比之下，俄罗斯经济基数比较小，虽有较高的增长率（估计可能达7%①），但绝对增长值很有限。与欧美日经济实力对比，差距在拉大。况且俄罗斯经济形势的好转，与较大幅度压缩进口和国际石油价格的居高不下有着

① 日、俄两国的经济增长率均见国际货币基金组织2000年《世界经济展望报告》。

密切关系，而这种情况不可能长期维持下去。经济力量对比的变化，无形中会对国际政治和安全产生影响。美国之所以能在国际事务中颐指气使，凭借的就是其雄厚的经济军事实力。以2001年度美国和俄罗斯的国防预算为例，美国是3054亿美元，俄罗斯为2063亿卢布，约合76亿美元，仅占美国的2.5%，差距是何等悬殊！况且这个2063亿卢布（占俄国内生产总值的2.66%），还是在“库尔斯克”号核潜艇事件之后，由普京亲自下决心提上来的，而2000年的国防开支仅为1400亿卢布。拿这个数字同日本相比，同样显得微不足道。日本现在的国内生产总值早已超过4万亿美元，即使其国防开支仅占国内生产总值的1%，也已达400多亿美元，为俄罗斯国防开支的6倍以上。在以综合国力为后盾的国际外交舞台上，力量对比的优劣，必然会对各国外交的格局和态势产生影响。因此，俄罗斯的处境也就不难理解了。

具体到亚太地区，直接间接对俄罗斯亚太政策形成牵制的，主要是日本因素和美国因素。所谓的日本因素，一是指日本坚持其在日俄领土争端问题上的强硬立场，二是指日本进一步追随美国，强化同美国的军事政治联盟。所谓的美国因素，主要体现在以下三个方面：一是维护美国在亚太地区的主导地位，不容俄罗斯越美国战略利益之雷池；二是牵制日本与俄罗斯的关系；三是牵制中国与俄罗斯的关系。

冷战后，美国在亚太地区失去了前苏联这一战略对手，更加放手地推行其主导亚太乃至称霸亚太的战略。它凭借其雄厚的经济和军事实力，通过亚太经合组织和美日、美韩等军事条约，企图左右亚太经济社会发展和地区安全进程。对于俄罗斯向该地区的发展，美国的态度是谨慎的。也就是说在不影响美国坐大、不削弱美国既得利益的前提下，俄罗斯可以介入亚太经济一体化进程，甚至在地区安全问题上俄罗斯也可以适当发挥自己的影响。正是由于有了美国的默许和支持，俄罗斯才得以加入亚太经合组织和东盟地区论坛。但从本质上看问题，美国对俄罗斯是深存戒心的。如今的俄罗斯虽然势单力薄，难以对美国构成实际威胁，但其潜力巨大，若其对外战略逐步发展，未来的俄罗斯会不会成为美国的对手，美国自然不能不防。特别是近几年来，在亚洲备受金融危机煎熬之苦而美国经济持续繁荣的情况下，美国进一步强化了它在该地区的主导地位和影响力，许多原来已经同美国拉开一定距离的亚洲国家，现在出于经济和安全利益，也不得不调整对美政策，在对俄罗斯关系上，特别是与俄罗斯的武器装备交易问题上，不能不顾及美国的态度和立场。这就无形中构筑了一条俄罗斯向亚太发展的障碍线。

美国的战略部署是非常引人瞩目的。其中，极为重要的一个步骤就是强化同日本的军事同盟，把为“日美防卫合作指针”配套的“周边事态”相关法案适用范围推及整个远东地区，与日本合作发展“战区导弹防御计划”（TMD），把中国和俄罗斯都纳入其防范范围。美日的这种战略同盟合作大大限制了日俄构筑“建设性伙伴关系”的活动余地。而这种结构也许正符合美国在东北亚地区的战略需要。

（三）俄罗斯亚太外交的前景

一年来，经过普京政权对俄罗斯亚太政策的调整，其成效是相当明显的，其中俄罗斯与中国战略协作伙伴关系的进一步巩固和发展最具代表性和战略意义。尽管俄罗斯在推行亚太政策过程中遇到了一些阻力和障碍，但并没有动摇普京政权继续执行这一政策的决心。

其一，俄罗斯亚太外交的前景总体上看好。

首先，俄中战略协作伙伴关系将进一步巩固和发展。由于俄中两国目前没有战略利害冲突，历史遗留的边界问题已经获得圆满解决，发展两国关系的障碍基本上业已消除。此外，国际形势的新变化也有助于俄中战略协作伙伴关系的巩固和发展。正如2000年7月18日江泽民主席和普京总统签署的《中俄北京宣言》所说的那样："21世纪的到来将为中俄关系的发展开辟更加广阔的天地。中华人民共和国和俄罗斯联邦将在战略协作的基础上继续增进睦邻友好，扩大互惠互利合作，实现携手发展，共同繁荣。两国将加强在国际事务中的协作，促进世界的和平与稳定。"① 可见，俄中平等信任、面向21世纪的战略协作伙伴关系的基础比较牢固，今后应加强经济技术合作使其进一步巩固和发展。

其次，俄罗斯正在与日本构建的"建设性伙伴关系"变数颇多，但不可能倒退。2000年9月初举行的俄日首脑会谈，未能就解决领土争端和签署和平条约问题达成协议，10月间例行的副外长级磋商亦未取得任何进展，原定年内森喜朗再访莫斯科与普京会谈的计划已被正式放弃，因此舆论界一致认为，2000年底前解决领土争端和签署和约的希望已经破灭。在这种情况下，俄日双方的基本立场有可能转趋强硬，不利于分歧的迅速解决。然而，由于双方的共同努力，近年来俄日关系的改善已经成为基本趋势，它既符合俄日两国的地缘战略利益，也符合东北亚乃至整个亚太地区和平与发展的整体利益，因而不会轻易逆转。尽管俄日领土争端的解决还需要一个漫长的过程，但两国关系因此而再度走进死胡同的可能性几乎是不存在的。

第三，俄与韩、朝及东南亚国家关系有望继续改善。与中

① 《中俄北京宣言》，2000年7月19日《人民日报》第1版。

国、日本、印度相比，俄罗斯与其他亚太国家的战略利害关系不是很大，相反，它们之间的经济互补性相对较强，因而合作的空间较为广阔。在朝鲜半岛问题上，只要那里的局势不发生逆转，俄罗斯的现行政策就不会作重大调整，因为它有利于发展同韩朝两国的关系，也有助于通过介入这一问题的解决扩大俄罗斯的国际影响。至于俄罗斯同东盟国家的关系，随着东亚经济的逐步复苏，东盟国家的经济活力将再度焕发出来，届时，东盟市场对俄罗斯同样是有吸引力的。在 2000 年 4 月中旬于马来西亚吉隆坡举行的高科技展览会上，与会的俄罗斯主管军工生产的副总理克列巴诺夫对记者表示，在未来的 8—10 年间，俄罗斯通过与东盟国家的军事装备合作，有获取 60 亿—70 亿美元的巨大潜力。俄将不遗余力地发掘这一潜力。[①] 此外，从俄罗斯与其原盟友越南的经济技术合作中，也已反映出一种良好的势头。目前俄在越投资达 16 亿美元，越南总理潘文凯 2000 年 9 月访俄时又商定了一些新的合作项目。看来，既然双方都有合作的需要和合作的愿望，并且已经有了一个基础结构，只要双方认真挖掘潜力，经济合作应该说是大有希望的。

其二，决定俄罗斯亚太政策成败的主要因素。

调整后的俄罗斯亚太政策，经过实践证明符合其国家整体战略利益，因而一般说来不会轻易变化。对其发展前景，我们也作了初步分析，但其最终能否达到预期目标，尚取决于以下各种因素。

首要的也是最基本的因素，即俄罗斯国内形势及综合国力的发展变化。外交以国家实力为后盾，而综合国力的提高又必须通过国家建设来实现。如今的俄罗斯，政局已经稳定，经济也处于

① 2000 年 4 月 19 日俄罗斯《独立报》网页。

复苏之中。由普京亲自批准的《俄罗斯联邦2010年前发展战略》明确提出了10年经济发展目标："应当保证国内生产总值在10年内年平均增长率为5%—6%，在个别年份里达到8%—10%，这样到2004年国内生产总值累计增长约30%，到2010年增长70%。"[①] 卡西亚诺夫政府据此制定了《2000—2001年俄联邦政府社会政策和经济现代化领域的行动计划》。其中，关于"经济现代化"的行动计划是："2000—2001年俄罗斯经济现代化是为了使经济稳定发展，其前提条件是提高竞争力，对经济结构进行符合国际趋势的先进变革。俄联邦政府这一时期经济政策的优先任务是：建立法律基础，保证良好的投资和经营环境；创造条件达到中期财政稳定；减轻赋税，提高税收与关税制度的效益；平衡预算，使其更好地发挥作用；推动俄罗斯经济实现先进的结构性变革；为高新技术企业的超前发展，为发掘现有的科技和智力潜力创造条件；改革自然垄断部门；为俄罗斯融入世界经济创造条件。上述任务的解决可进一步推动国家经济最近出现的良好势头，走上经济稳定发展的轨道。"[②] 一年来，经济形势的发展证明，上述目标和行动计划是比较切合实际的。以财政收入为例，由于经济总体状况改善，主要出口商品能源的国际市场价格较高，外逃资本减少等原因，俄今年财政出现较大盈余，预计全年财政收入可达10000亿卢布，约合362亿美元，比预定计划增长25%以上。[③] 另据俄经济发展和贸易部官员提供的数据，2000年上半年俄吸引外国投资47.8亿美元，比1999年同期增

① 《俄罗斯联邦2010年前发展战略》，俄罗斯《莫斯科新闻》周刊2000年第18期。

② 《2000—2001年俄联邦政府社会政策和经济现代化领域的行动计划》，2000年8月5日《俄罗斯报》。

③ 《俄罗斯财政状况好转》，2000年7月25日《人民日报》第7版。

长11.9%，而直接投资为17.9亿美元，同比增长22.3%。至此，外国对俄罗斯的投资累计已达306.8亿美元，而直接投资达到144.9亿美元。[①] 此外，今年俄外贸额大幅增加，外贸顺差扩大，外汇结存进一步增加。总的看来，俄经济形势正在一步步好转。这就为俄罗斯整个外交工作，包括对亚太外交奠定了较为扎实的基础。

其次，俄罗斯亚太政策的成败还取决于俄罗斯总体外交战略及其亚太政策的运筹情况。这里，人们最为关注的莫过于普京新政权会不会彻底改变叶利钦时期的“全方位”外交战略。一年来的实践说明，普京对叶利钦的外交战略并没有全盘否定，而是在继承的基础上加以发展。这就保证了俄外交政策的连续性和稳定性。此外，能否处理好以下两个关系也事关亚太政策的前途和命运。其一是摆正对欧美外交和对亚太外交的位置，不走极端。俄罗斯科学院通讯院士、远东研究所所长季塔连科教授关于“片面地倾向于某个方面将导致自身的那部分根系得不到养分，枯萎而死”这一论断绝非危言耸听，90年代中期以前叶利钦向欧美“一边倒”而自食苦果的教训，已经充分证明了其准确性。对此，普京绝不会视而不见。因此，他作出了明智的选择。在代理总统期间，他首先出访的是英国，此后又陆续访问了意大利、德国，并与美国总统克林顿举行了会晤，进一步缓和了自1999年5月科索沃危机以来俄与西方国家一度紧张的关系。可见普京对于俄罗斯作为一个欧洲国家的地缘政治地位，以及俄罗斯在经济、安全等方面与西方国家的紧密关系，有着清醒的认识。5月份正式就任总统后，他又不失时机地掀起对亚太外交的高潮，从而在东西两线的外交方面达到了一个相对平衡。这对全面改善俄

① 《俄吸引外资逾300亿美元》，2000年9月27日《人民日报》第7版。

罗斯的外部环境无疑是十分有利的。其二是在亚太政策中，俄罗斯能否排除各种干扰因素，坚定不移地巩固和发展同中国的战略协作伙伴关系。近年来，在俄罗斯国内有极少数人，以中俄东部边界和远东安全等问题为借口，鼓吹所谓“潜在的中国威胁”论，企图阻挠两国关系的顺利发展。在日本，也有少数政界和学界人士鼓吹“中国威胁”论，主张日本应拉拢俄罗斯以遏制中国。在这种情况下，俄罗斯决策者的立场和态度成为至关重要的因素。普京执掌俄罗斯政权后，十分重视继续巩固和发展与中国的战略协作伙伴关系，出访亚洲的第一站便是中国，并与江泽民主席共同签署了《北京宣言》和《关于反导问题的联合声明》。在此前后，两国领导人在一系列国际国内重大问题上一直保持着密切联系，中俄战略协作伙伴关系获得了健康稳步的发展。在此基础上，普京开始积极探索与日本建立“建设性伙伴关系”的途径。这一做法，无论对于改善俄罗斯的国际环境，提高其国际地位，还是对于东北亚乃至整个亚太地区的和平与发展，都不失为明智之举。普京的实际行动无疑也是对俄罗斯反华潜流和日本主张联俄反华势力的有效遏制。

总之，经过从叶利钦到普京的政权更迭，俄罗斯的亚太政策也进行了调整，并且收到了初步效果。只要俄罗斯国内政局能够继续保持稳定，经济持续恢复和发展，坚持贯彻“全方位”外交战略，国际上不出现重大牵动全局的突发性事件，俄罗斯的亚太政策可望有一个更加良好的前景。

（原载《2000 年亚太地区发展报告》，
社会科学文献出版社 2001 年 9 月版）

俄罗斯当前形势及其潜力

自1991年底苏联解体、俄罗斯独立后，整个90年代对俄罗斯来说是灾难性的岁月。综合国力和人民群众生活水平大幅度下降，昔日超级大国风光不再，国际地位和影响一落千丈。作为这一历史时期俄罗斯代表人物的叶利钦，受到俄罗斯普通民众的极力贬斥和指责，终于在1999年12月31日提前辞职。由他推荐，经全国民选产生的新总统普京（自1999年8月9日起担任俄政府总理）已于2000年5月7日正式就任。迄今为止，俄罗斯形势究竟如何？这已经成为世人关注的问题，作为友好邻国和战略协作伙伴，中国对此更是倍加关切。笔者以为，目前，俄罗斯形势基本稳定，并且逐趋好转；鉴于俄罗斯的巨大潜力，对它的任何歧视行为都是政治上的近视。

一 俄罗斯当前形势

目前，俄罗斯形势已经基本稳定，并逐渐趋于好转。它基本表现在政治、经济、军事、外交等各个方面。

首先是政权稳定。众所周知，叶利钦执政后期，在国力日衰、民怨沸腾的形势下，他采取舍车保帅的策略，频繁撤换总理，导致俄政府走马灯似地更换，政局长期动荡不定。1998 年 8 月，普里马科夫就任总理后，推行了一套比较符合俄罗斯国情的行之有效的方针政策，情况开始好转；普京接任总理后，基本上延续了普里马科夫的施政方针，待其正式出任总统后，继续巩固和发展这种形势，政局终于得以稳定。

其次是经济形势好转。1998 年 8 月，亚洲金融危机风暴波及俄罗斯，导致俄罗斯金融危机的爆发和经济的全面衰退。经普里马科夫和普京两届政府的努力，形势得到扭转，1999 年俄罗斯国内生产总值（GDP）增长 3.2%。2000 年初以来，在国内经济结构调整的推动和国际石油价格持续走高的支持下，俄罗斯工业生产增长可达两位数，全年 GDP 增长 6%—7%，外汇结存超过 150 亿美元。正是在财政状况有所好转的情况下，俄罗斯政府决定自 11 月 1 日起，将退休金提高 15%，不久还将提高军人薪金。

第三是外交工作出现新局面。特别是普京执政后，一方面积极调整与独联体各国关系，试图巩固和发展俄罗斯与后者的经济和安全联盟，抵御和阻止北约东扩；另一方面，迅速出访英、德、意等欧洲国家，亲自会晤美国总统克林顿，以缓和自 1999 年 3 月北约轰炸南斯拉夫以来严重恶化的俄罗斯与欧美国家关系。在此基础上，普京集中力量拓展亚太外交，先后亲自出访了中国、朝鲜、日本、印度、蒙古，分别出席了在冲绳和文莱举行的西方八国首脑会议和亚太经合组织领导人第 8 次非正式会议。经过上述一系列努力，初步打开了外交工作的新局面，俄罗斯在国际上的地位有所提高，影响也有不同程度的扩大。

第四，军事上极力变革图新。普京上台后，迅速调整了国家安全战略，重点保障国家领土主权的完整与安全，在涉及军事战略问题上有所为，有所不为，量力而行。根据这一主导思想，俄罗斯决定进一步裁减武装部队 35 万人，使俄罗斯军队员额从现在的 120 万减少到 85 万；调整武装部队结构，将战略火箭部队由一个军种变为一个兵种；坚决抵制和反对美国修改 1972 年反导条约的企图，反对美国部署国家导弹防御系统（NMD）和战区导弹防御系统（TMD），拒不参与美国试图挑起的反导系统军备竞赛。与此同时，普京政府在财力许可的范围内增加军费，2001 年提高军费 40%，同时提高军人待遇。采取这一系列措施的根本目的是走精兵之路，避免重蹈苏联时期与美国大搞军备竞赛最终被拖垮的覆辙。

二　俄罗斯的潜力与未来

对俄罗斯的潜力，换句话说也就是对俄罗斯的未来，目前世界上有几种不同的看法。一种认为俄罗斯将从此衰落下去，甚至现有的俄联邦也面临分崩离析的威胁，很难重返世界大国行列。另一种认为俄罗斯虽有潜力，但由于苏联解体后的 10 年元气大伤，恢复起来十分困难，至少在 21 世纪的上半期难有大的作为，要想重振昔日超级大国的雄风几乎是不可能的。笔者通过对俄罗斯的考察和研究，则得出不同的看法。笔者认为，俄罗斯目前的困难属于暂时性的，凭借其雄厚的经济、科技、文化教育等等方面的潜力和业已呈现的发展势头，它完全有可能在较短的时间里得以恢复并重新迅速发展。也许到 21 世纪的 20 年代或 30 年代，俄罗斯便有望重新崛起，不仅能够在欧亚地区成为举足轻重的大国，而且在世界重大事务中也将扮演不可或缺的重要角色。当然，有一点是可以肯定的，那就是俄罗斯难以重新成为与美国并驾齐驱的超级大国。笔者的这一看法，是基于对俄罗斯现存的几个巨大反差的观察分析而作出的。

第一个巨大反差是，辽阔的国土、丰富的物质资源、雄厚的科技和工业基础与现实综合国力的反差。独立后的俄罗斯，其国土面积1700多万平方公里，仍居世界首位，地跨欧亚两大洲。其物质资源之丰富，堪称世界之最。苏联时期奠定的科技和工业基础，在今天仍然发挥着不可替代的作用。其中的航天技术和军工生产技术等诸多方面至今依然处于世界的最前列。从与人们的现实生活直接相关的角度来看情况亦不例外。始于30年代，完成于50年代的莫斯科地铁，至今仍然是莫斯科交通的主动脉。其规模之宏大，气势之磅礴，造型之精巧，管理之高效，与当今世界其他国家相比，毫不逊色，令人叹为观止。另一方面，笔者在下榻的宾馆和参观的一所高校的宿舍中所看到的，却令人大失所望。这里的电话机都还是老式的旋转拨号机，电冰箱也是用了10年以上的陈旧货色，声音大得可怕，制冷效果极差，以致有的学生干脆把它改做衣柜用。两种截然不同的景象实在令人深思。笔者认为，之所以会出现这一巨大反差，一个重要原因是生产力与生产关系的严重脱节，这是由国家体制的变更以及领导路线方针政策的问题造成的。随着国家体制转轨的逐步完成，国家领导体制的稳定，路线方针政策的调整，生产力与生产关系脱节的问题将会得到解决。到那时，各种物质潜力将逐渐发挥出来，变成难以估量的生产力。

第二个巨大反差是，国家财富被少数人据为已有与广大民众的贫困化。根据与笔者交谈的俄罗斯学者的介绍和查阅有关资料，笔者了解到，目前俄罗斯的两极分化已经到了令人吃惊的地步。俄罗斯科学院远东研究所所长季塔连科给笔者讲了一个“汽车变面包”的故事。苏联解体后，俄罗斯的一帮权贵摇身一变，利用手中的权力聚敛财富。他们使用的手法之一便是制造卢布贬值。比如某一位俄罗斯公民在银行存有5000卢布，本来足够买一辆汽车。但突然之间，政府宣布卢布贬值。一夜之隔，这位公民的5000卢布存款变成了5个卢布，只够买一个面包了。就这样，经过一次次卢布贬值，成千上万的工薪阶层的劳动者，特别是依靠养老金为生的退休者，一步步被打入生活的最底层，在贫困线下痛苦挣扎。笔者曾遇到一位退休的大学教授，其月退休金只有600卢布，约合22美元，这在今天物价昂贵的俄罗斯，实在是难以维持生计。迫不得已，他们只好退而不休，想方设法另谋出路。退休教授况且如此，地位远在他们之下的普通退休工人、职员的境况岂不可想而知了？无怪乎，令人谈虎色变的艾滋病能够肆虐今日之俄罗斯；即便在首都莫斯科街头，也不时可以见到可怜的乞讨者。据说，现在乞讨者的数量比起前几年已经大大减少了。与此形成鲜明对照的是新一代权贵阶层的出现。他们多系苏维埃政权时代的实权人物，在苏联解体俄罗斯独立初期，利用经济体制转轨的特定历史条件，通过权钱交易等卑劣手法，把国家和人民群众的财富据为己有，成为新的暴发户和权贵阶层。他们迄今仍控制着诸如银行、石油天然气公司、军工生产企业等等关系国计民生的国家经济命脉，被广大人民群众斥之为“新买办资产阶级”、“现行反革命”。正是他们大量侵吞国家财富，导致了国民经济的畸形发展和人民群众的贫困化。据季塔连科院士介绍，目前俄罗斯流通中的货币，80%集中在莫斯科，10%在圣彼得堡，其余的10%散布在全国其他地区。俄罗斯金融的畸形由此可见一斑。当然，要改变这种状况，着实是谈何容易？但是，事在人为。叶利钦年代不想办或办不成的事，在普京年代就未必也一成不变。现在事实上已经有迹象说明，普京正在为改变这种现状进行着必要的准备。一旦条件成熟，普京必定会采取适当措施，进一步巩固中央政府的权力，改变别列佐夫斯基、盖达尔、切尔诺梅尔金等极少数人操纵国家经济命脉的不正常局面，使国家经济生活步入正常轨道。到那时，俄罗斯经济健康发展的时期也许就会到来。人们希望这一天不要拖得太久。

第三个巨大反差是，俄罗斯深厚的文化底蕴、良好的教育基础和人们现实的精神面貌与思想情绪的低沉。笔者在俄罗斯逗留时间很短，而且肩负学术交流重任，参观名胜古迹成了奢侈。但所到之处，比如列宁墓、卫国战争胜利纪念馆、波洛金诺战役纪念馆、冬宫、特列齐亚科夫画廊等等，以及在克里姆林宫剧院观赏四幕芭蕾舞剧《天鹅湖》，无不留下极其深刻的印象。透过它们，你可以充分了解俄罗斯文化的博大精深，让你不能不确信，一个创造了如此灿烂文化的民族，不可能在世界舞台上长期自甘寂寞，更不可能服服帖帖地仰人鼻息，对它任何的歧视行为都是一种政治上的短视。笔者在博物馆、画廊等文化古迹，常常见到这样的现象：一队队中小学生，在老师的带领下，认真地听取讲解，接受历史文化教育。它令人看到了俄罗斯未来的希望之所在。但笔者同时也听到和看到，俄罗斯许许多多的人对今天的现实十分不满。他们把 20 世纪 90 年代，即苏联解体俄罗斯独立的 10 年，称之为罪恶的 10 年。其原因很简单，那就是广大人民群众的生活水平大大降低了，俄罗斯的国际地位和影响大大下降了。笔者所见到的俄罗斯人，上自高级知识分子，下至普通退休工人，都异口同声地谴责叶利钦把他们的国家弄到这种地步，把他们的生活搞得如此困难。有一位退休老教授深情地对笔者说，你们的邓小平是一位伟人，他把十几亿中国人民引上了富裕的道路，我们的叶利钦是一个罪人，他把俄罗斯引入了深渊。成年人的情绪自然会影响到青少年。难怪有一次，笔者在一幅俄罗斯迎接国宾的大型图片前，见到了下列场景：一群中学生指着图片上的叶利钦嬉笑道："瞧，那个傻瓜！"

基于以上的分析，笔者认为，俄罗斯的未来是光明的，虽然通向未来的道路是充满荆棘和崎岖不平的。

最后，笔者还想谈一点在俄罗斯的亲身感受，那就是广大俄罗斯人民对中国人民怀有深厚的感情，主张中俄两国要睦邻友好，两国人民要团结合作。凡是与笔者谈及俄罗斯与亚太国家关系的学者，无不强调中俄战略协作伙伴关系是其基础和支柱。他们一致认为，为了抵制美国推行的霸权主义，维护亚太地区的和平、稳定与发展，保障俄、中两国的地缘政治利益，中俄两国必须加强战略协作。普通俄罗斯民众的感情则更为朴素。他们说，斯大林时代，我们是同甘共苦的好朋友，我们帮助过你们；今天我们遇到了困难，你们的日子过好了，你们也应该帮助我们。这样，我们两国人民将永远是好朋友。笔者坚信，俄罗斯人民的良好愿望，也正是中国人民发自内心的真切愿望；今日之中俄关系，是历史上最好的时期之一，未来之中俄关系，也必将在平等互利的基础上得到更加健康稳步的发展。

（原载《世界社科交流》2001 年第 2 期）

身临其境看日本

——“9·11”事件后的日本及其亚太外交

2001年9月下旬至11月中旬，带着“日俄关系——历史与现实”这一课题，笔者应邀对日本进行了学术访问。由于抵达日本时美国遭遇恐怖袭击的“9·11”事件业已发生，其影响之大，远远出乎人们的预料，而日本所受到的冲击之大更是笔者始料未及的。在此情况下，不得不对原定课题做适当调整，将视野由日俄关系拓展到日本的亚太大国外交。

一 “9·11”事件后日本面临的新形势

早在国内笔者就曾听到过日本问题专家的一句戏言，叫做“美国打个喷嚏，日本就会感冒”，到了日本，所见所闻充分印证了这句戏言的正确性。

（一）“9·11”事件使日本经济雪上加霜

自1991年“泡沫经济”破灭后，日本经济便陷入了一蹶不振的窘境，整个90年代被称为日本经济“失去的10年”。进入2001年，日本政府进一步加大了刺激经济的力度，试图摆脱萧条，实现国内生产总值（GDP）增长1.7%的目标。然而，此时此刻与日本经济息息相关的美国经济出现了滑坡。自2000年下半年到2001年上半年，持续繁荣上百月的美国经济终现疲软之势，2001年第二季度GDP增幅滑落到0.3%，第三季度更出现了0.4%的负增长。恰在此时，“9·11”恐怖袭击如同祸从天降，这无异于在美国经济的伤口上又撒了一把盐，以至长期以来被吹得天花乱坠的美国“新经济”不得不偃旗息鼓，被迫面对经济衰退的现实。

美国经济的滑坡乃至衰退，对原本就不景气的日本经济造成了新的冲击，首当其冲的是对美贸易和金融投资以及国内劳动力市场。据日本报刊披露，对美贸易的严重受阻致使2001年上半年日本外贸下降了23.5%；2001年美国联邦储备委员会连续10次降息和投资市场的萎缩，使日本在美国上万亿美元的金融资产遭受的损失难以估量；持续低迷的投资和外贸的下滑使劳动力市场日趋吃紧，失业率急剧上升，至2001年11月已达5.3%，实际失业人数超过360万，从而事实上宣告了日本“终生就业”制神话的破产。

“9·11”恐怖袭击事件对美、日经济的负面影响，随着时间的推移而日益显示出来。2001年初还信誓旦旦要实现经济复苏的日本政府，到2001年10月底不得不承认，2001年日本经济负增长已成定局，预计为-0.9%。至于近期日本经济的前景，尽管日本官方人士极力辩称“看好”，甚至预言可望实现2%的经济增长率①，但日本经济界人士和专家学者普遍持悲观态度。笔者曾同多

① 日本经济财政相竹中平藏2001年12月4日向内阁提交的年度经济财政白皮书《如果深入进行结构改革经济增长率可能达到2%左右》，载2001年12月4日晚版《日本经济新闻》。

位日本经济学家探讨这个问题。他们几乎一致认为，日本经济在一两年内走出低谷实现复苏是不可能的。其基本理由是：日本经济陷入了深层次的结构性危机，而近几届政府，包括现任的小泉政府又苦于无计可施，更糟糕的是小泉政府进而以反恐怖为名转移民众视线，企图回避经济危机问题；世界经济总体环境趋于恶化，特别是美国经济的衰退已经成为现实，欧盟经济亦不景气，作为世界经济三大实体之一的日本经济恐怕也在劫难逃。

为了对日本经济的真实情况有所了解，笔者一方面通过新闻媒体追踪，与日方专家学者切磋交流，把握日本经济的宏观形势，另一方面走进日本社会，亲身观察和体验点点滴滴的微观经济现象。限于篇幅，这里只能举几个较典型的例子。一是市场萧条，民众消费十分谨慎。笔者在东京、横滨、京都、名古屋、札幌等城市走访了一些商店，除主副食品超市和打折、百元商店外，各类大中型百货商场、商店几乎都是冷冷清清，有的甚至门可罗雀。为了刺激消费，商家可谓费尽心机，形形色色、林林总总的广告，五花八门的有奖销售宣传品比比皆是，但老百姓冷眼观望者居多，心甘情愿地掏腰包者少得可怜。据一些日本朋友和常驻日本的中国学者介绍，近几年来，日本物价呈明显下降趋势，有些日用消费品降价幅度相当大，但由于人民群众对经济前景没有信心，都不敢随便花钱，所以消费市场普遍处于低迷状态。二是航空业陷入困境。“9·11”事件发生在美国，美国航空业遭受致命打击实属情理之中。然而令人奇怪的是，日本航空业遭到的重创好像不在美国之下。全日空和日航两家最大的航空公司客源锐减，公司被迫大幅度裁员。笔者在进出日本的成田机场所见，的确是空空荡荡，这与以往人流如梭的繁忙景象形成了鲜明的对照。三是就业难。据一些日本朋友告知，近年来日本的就业形势越来越严峻，不用说如今最令人向往的信息（IT）业和一向受人青睐的金融、外贸岗位，就连普通的机械制造业岗位也是竞争十分激烈。更有甚者，过去诸如东大、早稻田、庆应等名牌大学的热门专业毕业生，从来是皇帝的女儿不愁嫁，如今却要早早地为毕业后谋个职位奔波，而其中有些人最终往往希望落空。笔者接触的几位日本名牌大学在校生和我国留学生都证明这一点完全属实。

（二）“9·11”事件使日本国内的政治矛盾趋于激化

早在20世纪90年代前半期，随着自民党的分裂和“1955年体制”的解体，日本政界便进入了剧烈的动荡和改组期。迄今为止，伴随着这一进程而来的是政治上的右倾化。无论是小渊惠三政权还是森喜朗政权乃至今日之小泉政府，概莫能外。实际左右日本政局的仍然是原自民党的右倾保守势力。小泉纯一郎上台后的一系列作为表明，他是右倾保守势力的忠实代表。他执政的基本方略是打着变革的旗号，借助美国的庇荫，继续走谋求政治大国之路。“9·11”事件的发生，无疑给小泉政权提供了一个施展其抱负的难得的机遇。

“9·11”事件后，小泉政府立即抓住“配合”美国反恐怖战略这面大旗，做起了早就想做而不敢做的大“文章”。2001年10月5日，即美国对阿富汗的军事打击尚未拉开序幕之时，小泉政府却已炮制出了《反恐怖特别措施法案》和《自卫队法修正案》。其行动之迅速，令人愕然。10月18日和29日，这两项法案和后来追加的《海上保安厅法修正案》分别被自、保、公三党控制的国会众议院和参议院强行通过。此举表明，日本的安保政策发生了重大变化。其一是突破了日本自卫队只能在本土和《周边事态法》规定的范围活动的限制，实现了其“走向世界”的目标。其二是大大放松了日本自卫队在海外使用武器的限制。其三是日本政府在向海外派兵问题上取得了对国会的“先斩后奏”权。

小泉政府在国会强行通过上述三个法案后，日本进步舆论对其进行了猛烈抨击。日本《朝日新闻》发表的著名国际问题评论家船桥洋一的文章颇具代表性。他在文章中指出，海湾战争时，“国际贡献”一词曾风行一时，在这一词语中包含着一个靠金钱立足于世并夹杂着以金钱铺路、争做政治大国意向的多层含义。但此次不同，不仅美国，日本也将进入一个对付恐怖活动的长期战争。今天日本最为需要的是“国际合作”，而不是“国际贡献”。日本另一位著名国际问题专家、龙谷大学教授坂井定雄说得更是一针见血。他认为自卫队打着国旗走向海外对日本的“国际贡献”只能带来负面影响。

小泉政府的行动同样遭到学术界和广大民众的不满和反对。笔者所接触的日本学术界朋友多数认为，小泉是以变革日本为旗号赢得人气而上台的，但执政半年多来，建树微不足道，相反地在国内外树敌不少。特别是当前日本人民最为关心的莫过于经济形势的好转，而恰恰在这方面小泉政权一筹莫展。在这种情况下，小泉利用“9·11”事件后出现的新形势，玩弄政治伎俩，既转移了广大民众对经济改革的注意力，又比较顺利地突破了不得向海外派兵的法律禁区，为日本充当世界政治大国增添新的砝码，从而达到其一箭双雕的目的。事实上，随着上述法案的通过，日本海上自卫队舰艇编队已经堂而皇之地驶往印度洋，并于2001年12月初开始在印度洋北部的阿拉伯海上，向正在对阿富汗进行军事打击的美军舰只提供燃料补给。在此之前，日本航空自卫队的运输机也早已担负起在驻日美军基地之间运输军用物资的任务。因此，可以毫不夸张地说，日本着实已经参与了美国针对阿富汗的战争行动。与此同时，日本国内的经济改革却是停滞不前，经济形势更加暗淡，人民群众对前途越发忧心忡忡。于是，抗议政府向海外派兵、要求对日本经济进行深层改革的呼声日益强烈，不仅见诸报章电视，而且繁华闹市的标语、广播车也时而可见。笔者在书店的显著位置看到一本名为《2003：日本破产的对策》的新书，从标题上看不乏对小泉政府现行政策的贬斥。如此看来，用“民怨沸腾”、“怨声载道”来形容目前日本民众对政府经济政策的态度，恐怕不是言过其实。

小泉政府极力追随美国的所作所为，直接间接带来的一个后果是使日本成为世界上对恐怖袭击最为紧张的国家之一。笔者刚刚抵达东京，就发现在一些醒目建筑或机关门前竖立着“加强戒备实施中”的标牌，没过多久，又变成了“特别戒备实施中”，同时东京上空直升机巡逻明显加强，地面的警察巡视也显著增多。作为日本交通大动脉的“新干线”，也曾因在东京车站一待发列车的某车厢发现“白色粉末”状不明物体而紧急停运，大约850名乘客被紧急疏散。[①] 而后经辨认不过是些蛋糕沫，但它所造成的虚惊一场不能不说反映了由“炭疽热”而引发的心理状态的虚弱。至于政府机关，尤其是防卫部门的“警惕性”，更是高得离奇。地处东京霞关一带的外务省、文部省机关及其附属机构，包括一些研究机构的高大建筑，据说都做了紧急疏散的安排。作为国防首脑机关的防卫厅，其门前警卫简直是如临大敌。那阵势若不是笔者亲眼所见，实在难以相信：从防卫厅正门到马路的人行道，距离10米左右，却设置了三道警卫线，每道不下3人。最外面挨近马路的是手持直径约4—5厘米、长130厘米左右木棍的警察；中间是身佩短枪的警卫；最里面的头戴钢盔，手端冲锋枪，虎视眈眈，显然是自卫队员。

“9·11”事件后小泉的种种作为，不但给全国上下造成了

① 《新干线发现“白色粉末”》，2001年11月1日日本《华人周报》第12版。

空前紧张的气氛，激化了执政三党与各在野党的矛盾，而且也使自民党的后院不时“失火”。其中最为引人瞩目的莫过于小泉与外相田中真纪子的矛盾。小泉与田中外相的矛盾由来已久，“9·11”事件后则因对美政策、外务省干部等问题上的分歧而公开化。此时，每年一度的联合国大会一般性辩论即将开始，按照惯例，外相应当前往纽约联合国总部，代表日本发言。但奇怪的是，内阁官房长官竟跳出来加以阻挠，并声称外相是否出席联大应由首相裁定。结果，田中外相的联合国之行终告夭折。这在日本外交史上留下了不光彩的一页。小泉与田中的矛盾最终导致田中在2002年1月30日被解职。

凡此种种，从一个个侧面表明，“9·11”事件后的日本，不仅经济形势愈发暗淡，而且政治形势进一步右倾，致使广大民众心怀忧虑，对日本的前途更加捉摸不定。

二　新形势下的日本亚太大国外交

当历史的车轮驶入20世纪90年代，伴随着冷战的结束，日本的外交进入了一个重大的调整期。然而迄今十余年过去了，日本外交却似乎没有取得什么值得夸耀的成就。原因何在？笔者接触的许多日本专家学者普遍认为，当今的日本政界领导人，要么只着眼于保选票和乌纱帽，要么仅仅局限于维护眼前的政党、宗派利益，很少考虑或根本不顾国家的长远战略利益，因而在外交上轻率地采取了一系列有悖于和平与发展时代潮流的举措。在他们看来，如今日本政界的领导人，充其量也就是三四流的政治家；正因为缺乏具有长远战略眼光的政治家，才导致了日本外交的被动。这种状况在对美、对俄外交和对华关系上表现得尤为突出。

（一）日美强化军事同盟违背时代潮流

苏联解体、冷战结束后，以雅尔塔体制为标志的两极格局不复存在，经济全球化、国际政治多极化成为以和平与发展为主题的新时代的主导潮流。维护和平、谋求发展成为世界各国人民的共同愿望。但失去了苏联这一主要战略竞争对手的惟一超级大国美国，却反其道而行之，继续强化各种军事同盟，维护其全球霸权利益。日本政府主动迎合美国的战略需要，与美国共同炮制了“日美防卫合作新指针”。此后，日本政府不遗余力地操纵国会相继通过了新日美防卫合作指针的三个相关法案：《周边事态法》、《自卫队法修正案》、《日美物资劳务相互提供协定修正案》。此外，日本还积极参与了美国战区导弹防御计划（TMD）中的火箭研究开发等实际活动。日美间公然继续强化军事同盟，显然是逆冷战后和平与发展的潮流而动，是不得人心的。

“9·11”事件后，小泉政府更加卖力地向美国靠拢，以支援美国反恐怖行动为幌子，操纵国会通过《反恐怖特别措施法案》、《自卫队法修正案》和《海上保安厅法修正案》，从而达到了向海外派兵的真正目的。小泉政府的这一做法，是其坚持“日美基轴”方针的恶性发展。它既不符合日本和平发展的根本利益，又有损于亚太地区国际关系的健康发展，因而理所当然地招致了日本国内外的广泛批评。

种种迹象表明，不仅广大的日本民众，而且凡是具有民族自尊心的日本各界有识之士，都对目前的日美关系深表不满。因为在他们看来，战后以来的日美关系，甚至直到今天，从来就不是平等的。有的人说得更是一针见血：假如把美日称之为“主仆关系”过于刻薄的话，那么称其为“主从关系”应该是恰如其分的。近年来，日本人民要求撤除驻日美军基地的鲜明立场，谴责美军核潜艇“格林维尔”号撞沉日本渔业实习船“爱媛”号，造成9名日本少女身亡的正义呼声，集中体现了日本民众维护民族尊严和独立平等的愿望。“9·11”事件后，日本各界掀起的声势浩大的抵制和反对向海外派兵的浪潮再一次反映出，日本人民正在觉醒，他们绝不会永远地为美国的战略利益所驱使；坚定不移地走和平发展的道路才是他们的真实信念和选择。

但是，碍于种种原因，目前日本民众，包括一些学术界人士对美国的批评还是比较含蓄的。一旦涉及对美国霸权主义的正面批评，他们中的有些人会尽量回避。但通过实际接触和仔细观察就会发现，日本人真正喜欢或者崇拜美国的极少，而不喜欢或者谴责美国的却大有人在，只是不愿或不敢说出来而已。这其实是对日本历届政府盲目追随美国、为美国霸权主义战略张目的嘲弄和讽刺。

（二）对俄僵硬政策与日俄关系的停滞

以领土（日方称“北方四岛”，俄方称“南千岛群岛”）争端为主要症结的战后日本与俄罗斯的关系，在20世纪90年代后期曾经出现过转机。1998年12月，当时的日本首相小渊惠三访问俄罗斯，与时任俄总统的叶利钦签署了《莫斯科宣言》，提出了在2000年底前签订日俄和平条约，实现两国关系最终正常化的目标。其后，双方围绕领土争端这一核心问题展开了不同层次的广泛谈判，其中包括两国首脑的多次互访和会谈，被称之为日俄关系正常化的“世纪末冲刺”。然而，两年的时间已经飞逝而过，日俄签订和平条约的目标化为了泡影。参与“世纪末冲刺”的两国领导人，日方的小渊惠三业已作古，森喜朗和俄方的叶利钦皆已挂冠而去，目前仍然在任的仅剩普京一人。这场曾经对日俄关系未来发展举足轻重的“世纪末冲刺”，只能以失败的结局载入两国关系的史册。眼下，重新笼罩在日俄关系上的是厚厚的阴霾。在这种情况下，“9·11”事件发生了，日本外交的注意力顿时全部西移，日俄关系再次被“晾”了起来。

冷战后的日俄关系何以会落到这种地步，是谁错过了突破日俄关系僵局的良机？笔者在同日方有关学者的探讨中找到了某些寻求答案的线索。

首先，20世纪90年代为日俄关系的改善和突破提供了历史性机遇，但日方领导人缺乏远见卓识的僵硬政策，却把这样的大好时机放过了。90年代对日本来说是“失去的10年”，对俄罗斯来说同样是“不堪回首的10年”。双方从各自国家的战略利益和地缘政治利益衡量，互有需求。正是在这种情况下，俄罗斯方面主动谋求改善同日本的关系。但日方领导人先是在政治上过于迟钝，后又在对俄罗斯形势的判断上连连失误，致使突破两国关系的良机稍纵即逝。例如，俄罗斯谋求与日本发展关系的基本原动力，是希望借助日本的资金和技术摆脱经济上的困境，为此，俄方愿以优惠条件与日方合作，着力开发资源富饶的西伯利亚和远东地区。但日方在这个问题上却长期犹豫不决，始终以缺乏投资和合作的安全保障为由，拒不向俄方提供大量投资和贷款，最终使俄方丧失了信心。又如，在作为两国关系症结的领土争端问题上，俄方的立场在叶利钦年代事实上曾有所松动，将色丹、齿舞甚至择捉、国后四岛有条件地归还日本也不是绝对不可能的，当然其要价至少是日方向俄罗斯提供巨额财政经济援助，同时共同开发利用有争议的岛屿及其海域。但日方领导人没有及时把握住叶利钦的真实意图，更没有看准那个千载难逢的有利时机，结果铸成了可能让日本人追悔莫及的大错。此后的形势发生了剧变，叶利钦的地位和影响如同江河日下，即便他想极力扭转乾坤也已力不从心。更加令人费解的是，恰恰是到了这种时候，日方领导人反而把收回“北方四岛”的希望完全寄托在叶利钦的身上，其结果自然是可想而知了。

其次，撇开各种政策性因素不论，仅仅从双方“互相信任”的角度加以考察便不难发现，日俄交往的基础是何等脆弱。但日方领导人既没有充分正视其严重性，更不善于去做埋填“感情鸿沟”的工作，而是出于捞取政治资本的需要，顽固地坚持以归还“北方四岛”作为发展日俄关系的先决条件，从而使双方的民族感情日益对立，成为至今仍然横亘在发展日俄关系道路上的难以逾越的障碍。

远的不说，只要翻开20世纪的日俄关系史，便可以清楚地看出，两国始终是在严酷的较量中度过的，因此而造成的“感情鸿沟”之深，的确是常人无法理解的。20世纪的日俄关系100年，大体上可以划分为三个阶段。二战结束前的45年为第一阶段。在此期间，两国共发生过五次战争。其中1904—1905年的日俄战争，以日本军国主义势力的侥幸取胜和日本割占俄罗斯的南库页岛而使两国深深结怨；1945年苏联红军摧毁了日本法西斯势力的王牌关东军，不但夺回了南库页岛，而且把整个千岛群岛据为己有，用斯大林的话说叫做“报了日俄战争的一箭之仇”。冷战期间的45年为两国关系的第二阶段。在此期间，苏联成为与美国并驾齐驱的超级大国，日本则沦为美国的战略附庸。待到日本自恃经济上羽翼已丰又有美国作为后盾时，便向苏联提出了归还“北方四岛”的要求。但在两极冷战严重对立的情况下，苏联对日本的领土要求要么不予置理，要么采取猫戏老鼠的策略，弄得日本哭笑不得，两国积怨进一步加深。冷战结束后的10年为第三阶段。这一阶段本应成为改善两国关系的良机，但由于上面已经提及的日方的失误，时机被错过，两国的积怨非但未化解，反而在某种程度上又有所加重。对于日俄两国之间这种深厚的积怨，笔者通过对俄罗斯和日本的实地考察得到了确切的印证。许许多多的实例证明，迄今为止，俄罗斯的上上下下，几乎无一例外地对日本采取鄙视、蔑视的态度；同样，日本人一说起俄罗斯，也往往是愤愤不平。

在这种情况下，日俄关系何去何从？笔者在日本接触的有关专家学者普遍对此持悲观态度。这同笔者 2000 年 10 月访问莫斯科时得到的俄罗斯专家学者的看法如出一辙。那么，这是否意味着今后的日俄关系根本没有出路呢？在笔者看来亦不尽然，关键在于日本政府能否审时度势，及时调整政策。日本著名的俄罗斯问题专家、京都国际日本文化研究中心的木村泛教授认为，只要日本政府改变以归还“北方四岛”为先决条件的立场，加大日本对俄罗斯经贸合作的力度，两国关系出现新的转机不是不可能的，但领土问题的解决，大概要等 10 年或 20 年后。木村泛教授的观点在日本学术界颇具代表性。当然，也有人寄希望于俄罗斯向着主动靠拢日本的方向转变，得出了如下结论：“对俄罗斯来说，除非遇到中国的威胁，否则不具备向日美同盟靠拢的内在动力。俄罗斯虽极欲得到日本的资金和技术，但在国内经济混乱的现阶段还不具备接受资金与技术的条件。日俄关系好转和北方领土问题得到解决的时机大概在 2010 年左右。”① 这种看法想必是建筑在一厢情愿的基础上的。但可悲的是，日本政府的现行对俄政策基本上是循着这种思路制定的。

（三）对华政策面临新的严峻考验

此次访日期间，所到之处，感受最深的一点就是人们对中日

---

① 小川彰（日本冈崎久彦研究所主任研究员）：《当代日本思潮：日美同盟、安全保障、修宪论》，《当代日本社会思潮》中译本，世界知识出版社 2001 年版，第 144 页。

关系的密切关注。中日两国是一衣带水的邻邦，有着两千年友好交往的历史传统，中国文化在日本的影响更是无所不在，两国人民要求友好相处的愿望是根深蒂固的。但是，近百年来，日本军国主义势力发动的侵华战争给中国人民造成了深重的灾难，严重伤害了中国人民的感情。尽管如此，在中华人民共和国成立后，特别是1972年中日两国关系正常化实现后，毛泽东、周恩来等中国领导人还是高高举起了“中日两国人民要世世代代友好下去”的大旗，得到了日本广大民众和朝野有识之士的一致拥护。从1972年建交到90年代初，两国关系的发展总体上是健康平稳的。在此之后，随着日本政局的微妙变化，干扰和破坏中日友好的势力不时兴风作浪，对两国关系的顺利发展造成了严重威胁。近年来，日本右翼势力明目张胆地否认侵华历史，公然支持以李登辉为代表的“台独”势力，企图借助《周边事态法案》追随美国阻挠中国的和平统一大业。2001年小泉纯一郎出任首相后，先是拒不修改掩饰和篡改侵华历史的中小学历史教科书，继之纵容李登辉访日，8月13日又以公职身份参拜供奉有甲级战犯的靖国神社，进一步毒化了中日关系的气氛。小泉政府的上述作为，不能不引起关注中日关系的两国人民和各界人士的忧虑。

正是在这样的背景下，“9·11”事件发生了。它对今后的中日关系将会产生什么影响呢？笔者就这一问题与日本的专家学者进行了探讨，得出的基本结论是机遇大于挑战。

其一体现在经济贸易方面。战后以来，对外贸易在日本经济中向来占有举足轻重的地位，其市场格局则基本以美欧为重点，亚太次之。近年来，随着美欧市场的逐渐饱和和亚太尤其是中国经济的迅速发展，日本加大了拓展中国市场的力度。据日本贸易振兴会统计，2000年，中日两国贸易额达到创纪录的857亿美元。2001年上半年，受美欧经济滑坡等因素影响，日本对外贸易整体处于低迷状态，但对华贸易却迅猛增长，中日贸易总额为436.5亿美元，比2000年同期增长12.7%，而且对华贸易在日本外贸总额中首次超过10%，均创历史新高。[①] 2001年下半年，受“9·11”事件和美国经济衰退的直接影响，日本和中国的对美输出都急剧下降。如果把这个因素和当前日中两国经济形势等因素联系起来一并考察，就很容易发现，中日贸易进一步拓展的空间是十分辽阔的。据日本政府2001年度财政报告承认，日本“目前经济恢复力很弱，要摆脱低迷状态，达到企业和消费者期待的增长还需要一定的时间。美国经济恢复的局面可能推迟到2002年下半年以后。如果受其影响出现世界经济进一步减速的情况，那么日本出口将进一步减少，并对生产、收益和设备投资产生负面影响”[②]。日本权威经济学家梅田雅信推测：“在美国经济严重衰退的影响造成重大压力的2001年度至2002年度，日本经济将成为负增长，然后在2003年度经济增长率仍将停留在1%以下。2003年度以后也摆脱不了结构问题的压力，实际增长率将保持在1%左右，形成一种乏力的景气循环模式。”[③] 与日本的情况相反，在中国，受大规模基本建设特别是西部大开发等强劲内需的拉动，以及受申办2008年第29届夏季奥运会成功、上海亚太经合组织（APEC）第九次领导人非正式会议出色举办、正式加入WTO等等利好因素的影响，2001年中国的国内生产总值达1.2万亿美元，实际增长率为7.4%。今后几年，中国经济增长率大体上可维持在7%上下，可望保持持续、快速、健康发

---

① 《中日贸易上半年创新高》，2001年11月6日《人民日报》第7版。

② 《如果深入进行结构改革经济增长率可能达到2%左右》，2001年12月4日晚版《日本经济新闻》。

③ 日本经济研究所主任研究员梅田雅信：《日本经济中期预测》，2001年11月29日《日本经济新闻》。

展的势头。由此可见，中日两国经济互补性很强，经贸合作的潜力是巨大的。

然而，两国经济的互补性和广阔贸易空间的存在，并不等于对中日贸易前景可以高枕无忧。两国经贸合作的未来在很大程度上将取决于双方合作的诚意和贸易政策的正确与否。2001 年下半年发生的中日农副产品贸易战即是一个不祥的兆头。2001 年 5 月，笔者曾对山东诸城等地外向型农副产品贸易情况做过调研，发现当地农副产品销往日本的不下 1/3，而且其中相当一部分属中日合资企业。日商利用当地廉价的劳动力和丰富的农副产品资源，经规模化生产加工，产品销往日本市场。笔者到日本后，又有意识地去副食品超市观察，眼见这类商品物美价廉，深受日本消费者欢迎。但是，日本政府却对来自中国的某些农副产品实施了限制。后来通过与日本学者的切磋才破解了其中的奥秘。原来，现在执政的自民党的许多议员，其支持者主要集中在农村，为了保住票源，他们当然会不遗余力地对政府施加压力以保护这部分人的既得利益，于是日本政府便对部分中国农副产品设置关税壁垒，从而引发了两国间的农副产品贸易战。两国政府就这一问题进行了多轮部长级谈判，最终于 2001 年底获得解决。

其二体现在政治外交方面。“9·11”事件后，在中日关系中相继出现了一系列引人瞩目的现象。2001 年 10 月 8 日，日本首相小泉纯一郎对中国进行了为期一天的工作访问。他抵达北京后直接前往七七事变的爆发地卢沟桥，并参观了中国人民抗日战争纪念馆。参观后，他向新闻媒体公开表示，对“因那场侵略战争而死难的中国人民表示衷心的道歉和哀悼”。随后，他又与江泽民主席等中国领导人举行了会谈。10 月 21 日，在上海举行的 APEC 第九次领导人非正式会议期间，江泽民主席与小泉首相又一次举行会见。小泉在会见中说，2002 年是中日邦交正常化

30 周年，日中两国都将举行纪念活动。日本希望以此为契机，进一步推动日中各领域、各层次的友好交流和合作。10 月 25 日晚，小泉首相前往中国驻日本大使馆做客，观看了中国四川省传统艺术团的表演，盛赞中国艺术博大精深。中国驻日大使武大伟向小泉赠送了刻有“博古通今”字样的印章。

小泉政府主动谋求改善日中关系的上述行动，与 2001 年上半年的强硬对华政策形成鲜明对照，也出乎大多数人的意料。其背景和真实目的是什么呢？在这个问题上，笔者所接触的中日两国学者的看法十分相似。首先，它是在外来压力或者更确切地说是在美国的指使下采取的行动。“9·11”事件之前，布什政府在对华政策上态度极其强硬，甚至宣扬中国是其潜在的战略对手，不惜损害中美关系的基础。突如其来的“9·11”恐怖袭击事件，迫使美国调整自己的战略策略。出于打击恐怖主义的战略利益，美国亟须修补业已受到损害的美中关系，于是除了亲自出马之外，指使其追随者日本调整对华政策加以配合，亦是顺理成章之事。其次，小泉希望改善同中国的关系也有其自身的政治需要。常言道，解铃还需系铃人。既然是小泉的行动危害了中日关系，那么要扭转两国关系的被动局面，也只能由他本人出面。况且小泉上台后，转眼间半年过去了，其拯救日本经济的诺言远未兑现，对华关系又搞得如此被动，批评之声已经彼伏此起。为了巩固自己的政治地位，他在极力靠拢美国的同时，也不得不在对华关系上采取一点“平衡术”。第三，中国政局稳定，经济持续发展，国际地位逐渐提高，国际影响日益扩大，促使小泉政府不能不重新审视其对华政策。加之 2002 年是中日邦交正常化 30 周年，是改善和发展中日关系的大好时机。作为一个精明的政客，小泉当然不会轻易错失良机。

对于“9·11”事件后小泉政府改善中日关系的新姿态，我们既要欢迎，又要听其言，观其行。尤其是对于当前日本社会的右倾化思潮，更应保持清醒认识。近年来，日本社会的保守化、右倾化思潮日趋明显，其表现形式之一是淡化对侵略历史的认识，以摆脱所谓“战败国的阴影”。笔者在东京的一家叫做“文鸟堂”的书店发现，由极右翼的“日本历史编纂委员会”头目西尾干二主编的《日本的历史》、《新历史教科书》等摆放在醒目的位置。翻开厚厚的《日本的历史》，找到其中的日华战争一段，从卢沟桥事变到日本战败投降，总共不过数百字，不足一页纸，更见不到有关南京大屠杀等侵略事实的记载。让这样的教科书招摇过市并去毒害日本青少年，其用心不言自明。在这同一书店里，笔者还看到，小林善纪的那本歪曲侵略历史的《战争论》漫画集，2001年11月又出了续集，而续集刚出版不到半个月就出了第2版。更为令人惊奇的是，《战争论》于1998年问世，至2001年11月已经发行17版之多。仅此一点，便从一个小小的侧面反映出日本社会在侵略历史认知问题上的严重性。对于日本右翼势力及其代表人物掩盖和歪曲侵略历史的言行，我们必须予以揭露和批判。但批判方式应充分发挥学术界和舆论界的作用，即多打“笔墨官司”，不到必要的时候尽可能不动外交口舌。

综上所述，归结到一点，那就是“9·11”事件对日本的政治、经济形势造成了不可低估的影响，日本的亚太政策尤其是对美、对俄和对华政策因此而开始进行新的调整。在这种情况下，作为在亚太地区具有重要影响的中、日两国，应当充分认识新形势给发展两国关系带来的机遇和挑战，在不断增进经贸合作的基础上，努力排除阻挠和破坏双边关系发展的各种消极政治因素，把建设中日友好合作伙伴关系的进程推向一个新的阶段。

（原载《当代亚太》2002年第3期）

中日青年友好交往与两国关系的未来

今年（2002）是中日两国邦交正常化30周年，又是两年前双方商定的中日友好年。回顾30年走过的道路，虽然并非一帆风顺，但两国关系发展的主流是健康的，特别是1998年11月江泽民主席访日期间，两国发表的《关于建立致力于和平与发展的友好合作伙伴关系的联合宣言》，为21世纪的两国关系奠定了更加坚实的基础。

青年代表着未来和希望。中日关系的未来和希望同样寄托在两国青年的身上。因此，进一步加强中日青年间的友好交往，确保中日两国人民世世代代友好下去，已经成为两国青年义不容辞的历史重任。

一　睦邻友好、和平发展是中日两国的根本利益所在

中日两国是一衣带水的邻邦。常言道，“远亲不如近邻”。其基本含义是，当你遇到困难急切需要帮助时，最能及时助你一臂之力的往往是比邻而居的街坊，而不是住在远处的亲戚。中日两国恰恰是近邻。况且地理位置决定了邻居是不能选择的，关键

在于如何处理好邻里关系。作为住户，处不好可以搬迁，作为两个国家，处不好难道还能迁移吗？因此，中日两国必须成为好邻居，好伙伴，才能双双受益，否则，必定双双受损。

历史上，中日两国有两千年的交往，经济、文化交流十分密切，双方都受益匪浅。只是到了近代历史阶段，确切地说是1895年甲午战争到1945年日本战败投降，在这大体半个世纪的时间里，由于日本军国主义的作孽，对外发动侵略战争，侵略中国和亚洲其他国家，从而破坏了两国友好合作的传统和基础。但在中日两国两千年友好交往的宏伟乐章中，它只能算作是一个不协调的音符。正因为它对中日传统友好关系造成了巨大危害，所以必须从中吸取教训。“以史为鉴，面向未来”是缔造中日两国友好关系的先贤们早已达成的共识，并为两国历届领导人所继承，更应为两国青年一代代发扬。

二　加强青年友好交往，增进相互理解和信任

中日两国青年的友好交往源远流长，而且为两国关系的发展作出了积极的贡献。远的不说，仅两国关系正常化以来的事例便不胜枚举。1984年3000名日本青年应邀访华并参加我国建国35周年庆祝活动，数千名中日青年参加的“中日青年友好之船”活动等等早已成为两国青年友好交往的传世佳话。在此，笔者还想以亲身经历的以下几件事，作为新的佐证。

其一，根本安雄先生资助，中国社会科学院日本研究所举办的中日青年论坛。

早在1988年9月，担任日本日中技术留学交流协会会长的根本安雄先生便倡议，在中国社会科学院日本研究所设立根本安雄基金会，在1988年至1992年间，由他每年出资100万日元，

支持中日青年学术交流活动。从那时到现在，13年过去了，根本先生与中国社会科学院日本研究所的合作从未中断，而且合作规模和质量都有了新的发展。许多得到根本安雄基金资助的青年学者已经成长起来，成为日本问题研究的骨干和专家。他们正在为中日两国人民加深理解，促进合作辛勤耕耘。他们对中日关系的健康发展已经并将继续发挥积极的推动作用。

尤其应当指出的是，根本先生倡导和资助青年论坛更是富有战略眼光的行动，值得敬佩。岁月不饶人。20世纪五六十年代前曾经为中日友好和两国关系正常化作出卓越贡献的先贤们，且不说毛泽东、周恩来和田中角荣、大平正芳等两国领袖，即便是当年活跃在中日关系第一线的郭沫若、廖承志、松村谦三、西园寺公一等德高望重的贤士，大多已经谢世，健在的也年事已高，往往力不从心。在这种情况下，培养中日友好的接班人早已成为发展两国关系的当务之急。根本先生顺应了这一时代要求，与中国社会科学院日本研究所合作，从1997年开始，发起组织了每年一度的中日青年论坛。六年来，论坛的议题极为丰富又颇具时代感。1997年首届论坛的题目是“中日青年论坛——面向21世纪的中日关系”；1998年是“第二届中日青年论坛——文化创造中日共同发展之路”；1999年是“第三届中日青年论坛——世纪之交东亚地区焦点问题”；2000年是“第四届中日青年论坛——转型中的中国与日本”；2001年是“第五届中日青年论坛——我心中的中国与日本”；今年是“第六届中日青年论坛——邦交正常化30年的思考”。前五年每届论坛结束后，所有论文都结集成书，出版发行，在社会上产生了良好的影响。更为可喜的是，通过该论坛，一批批中日青年学者加入了为中日友好合作而不懈奋斗的行列，通过他们又带动了更多的青年朋友。这样一传十，十传百，论坛事实上起到了滚雪球般的作用。正是这支不断壮大的队伍，在中日关系的发展中越来越显示出不可替代的作用。

2001 年的论坛参加者更加年轻，而且选择“我心中的中国与日本”作为主题，尤其具有现实和历史意义。以往，参加青年论坛的代表年龄掌握在 40 岁或 45 岁以下，2001 年改为 35 岁以下。显然这是很有远见的举措。它将使这支中日友好的生力军更加充满朝气，发挥更长远的作用和影响。

由此可见，由根本安雄先生倡导和资助、中国社会科学院日本研究所组织操办的中日青年论坛，以其无可争议的业绩证明，它是两国青年加深彼此理解、增进友谊的桥梁。中日青年论坛这座友谊之桥的设计者和建设者，既包括根本安雄先生和中国社会科学院日本研究所，也包括亲身参加了历届论坛的中日两国青年学者，以及给予论坛以关怀和帮助的各界有关人士。其中，最为令人敬佩的当属根本安雄先生。他如今已是一位八旬老人，但多年来，每逢论坛召开之际，他都不辞辛劳来到中国，自始至终参与论坛的全过程。其对论坛的关怀和爱护之情溢于言表，充分体现了老一辈日中友好人士的殷切希望，必将成为对两国青年一代友好交往的有力鞭策。

其二，田岛英一副教授和他的中国情结。

田岛英一现在是日本庆应大学的副教授。2000 年底，他到北京参加由中国社会科学院日本研究所和国际友联会联合举办的“第二届日本研究青年论坛”时，与笔者结识。翌年春，笔者收到了他从日本寄来的新著《中国人的生活方式》。这是他在中国复旦大学留学期间的研究成果。读罢，深有感触。一是田岛先生对中国传统文化和生活方式了解得如此深透，令人钦佩。二是田岛先生通过对中国的深入了解，加深了对中国的理解和感情，并以此为基础向日本国民介绍中国，有助于日本民众正确认识中国的传统文化和生活方式，无形中成为中日两国的友好使者，可喜可贺。由此笔者更加坚信，中日两国青年要多多交往和接触，才能加深理解。像田岛英一这样的日本青年朋友越多，中日两国关系的健康稳步发展就越有保障。2001 年 4 月底，在北京举行的第五届中日青年论坛上见到田岛先生时，笔者感谢他的赠书，并对他的新作表示祝贺。他十分谦虚地说，他对中国的了解还不够深入，还要继续努力。同时，他说，随着对中国了解的逐步深入，他越来越喜欢中国。笔者从田岛先生的身上仿佛看到了中日关系的美好前景。

2001 年 11 月，笔者正在日本进行学术访问，应田岛的邀请特地前往地处藤泽的庆应大学。他十分热情地带领笔者参观了该校藏书丰富、现代化程度颇高的图书馆和汉语教研室，演示了他们自行设计的汉语教学软件，还邀笔者参加了汉语专业学生的一堂讨论课。当时，日本学生用汉语提出了诸如“中国人今天怎么看‘文化大革命’”、“中国的媒体是不是只报喜不报忧”、“中国男子足球队能否打进世界杯 16 强”等问题，笔者坦率地一一作了回答，田岛和学生们都很高兴。在讨论中笔者得知，汉语近年来已经成为日本青年除英语外的首选外语。他们之所以选修汉语，一是认为随着中国的发展壮大，中国的国际地位逐步提高，影响越来越大，掌握汉语是了解中国的必由之路；二是中日两国的政治文化交往和经贸关系日趋密切，从事对华事务业已成为不少毕业生的热门选择，学习汉语则是投身对华事务，尤其是被派往中国工作的必备条件。离开学校前，田岛还建议笔者去附近的藤泽海岸看一看中国青年音乐家、中华人民共和国国歌《义勇军进行曲》作者聂耳长眠的墓地，并且因为有课不能亲自陪同前往而深表歉意。笔者愉快地接受了他的建议，走了很长一段路终于拜谒了聂耳墓。一个日本青年学者，如此敬重一位中国的爱国主义音乐家，实在令人感动，并且从一个侧面反映出中日两国人民要求世世代代友好下去的根基是何等深厚。

笔者相信，在今天的日本，像田岛英一这样的青年人有成千上万的。只要他们能够有机会多来中国走走看看，多多结交中国青年朋友，争取深入到中国民众的日常生活中去，把握他们的所思所想，所作所为，就能够成为中日友好合作的坚定拥护者和支持者。同样，中国青年也应当通过各种途径了解真实的日本，理性地而不是感情冲动地对待现实的日本。这样，通过相互交流和沟通，两国青年间的理解和友谊定将与日俱增。

其三，中国留日学生是中日友好的使者和生力军。

改革开放以来，我国的出国留学热不断升温。日本是除美国之外中国留学生最为集中的地方。据不久前日本日语教育振兴协会公布的统计数据表明，日本日语学校 2001 年在籍留学生 33757 人，其中我国留学生（不含台湾地区）占 68.4%，为 23084 人。这其实只是赴日中国留学生的一个组成部分，而且不是最大的部分。我国留学生的大部分现在分布在日本的各高等学校，以学习理工、医农为主，文科次之。此外，业已学成的，部分回到国内，部分仍留在日本。滞留日本的，有些获得了长期居留权，或在高校任教，或在商社银行等部门任职；有些尚未取得长期居留权，暂做一些流动性工作。以上各类在日留学人员总数不下一二十万。这是中日友好的一支不可小视的力量，应当充分加以保护和利用。

2001 年访日期间，笔者在东京日中友好会馆与数十名我国在读留学生（他们中的许多人就读于东大、早稻田、法政等名牌大学，与日本社会的方方面面有着密切的联系）举行了一次座谈，还走访了在日本爱知大学、广岛修道大学、北海道教育大学等高校任职的几位留日中国年轻学者。通过他们，笔者了解到不少颇有价值的信息。首先是他们无论是在读或是业已就业，绝大部分都以自己的刻苦、勤奋、朴实和勇于进取的精神与业绩，赢得了日方师生或业主的信任及敬重，成为当今日本民众了解中国的最直观的良好形象群体。其次是他们大都通过自己的亲身经历体会到，尽管中国近年来获得了较快的发展，但从总体上衡量，中国的经济发展水平还远远落后于日本，差距是巨大的，中国应当向日本学习的东西是很多很多的。第三，他们中的大多数人认为，近年来日本政治明显右倾保守化，中日关系因而遇到不少曲折和麻烦。为了维护中日友好的根本利益，有些留日青年学者已经行动起来，或发表文章，或著书立说，批驳日本反华势力歪曲侵略历史、美化军国主义的种种奇谈怪论。2001 年秋，朱建荣等著名留日青年学者在日出版了自己的专著，对诸如西尾干二主编的《日本的历史》、小林善纪绘制的《战争论》漫画集等所宣扬的谬论给予了有力的揭露和批判，引起日本舆论的广泛关注，受到进步舆论的高度评价。第四，他们普遍十分关心国内的建设和发展，为祖国取得的成就而自豪，同时也密切关注我国的对日方针和政策。他们在充分肯定我对日路线方针的前提下，也提出了一些值得注意和改进的问题。譬如，我国媒体对中国经济发展成就说得很高，很满，有些甚至有自吹自擂之嫌，相反地，对日本高度发达的经济褒扬的少，揭露其问题和阴暗面的多，缺乏谦虚好学精神。又如，对日本的右翼反华势力，包括一些亲台湾分子，揭批打压是必要的，但不应放弃对他们的争取和瓦解工作，事实上这些人也并非铁板一块，只要我们的政策对头，工作得力，持之以恒，到头来，必定会“功夫不负有心人”。这些看法和意见颇有见地，理应引起我国有关部门的高度重视。

三 中日两国青年友好交往应进一步加强和发展

自1972年邦交正常化以来，在两国政府和领导人的扶持下，中日青年之间的友好交往已经迈出了扎实的步伐，为双边关系的发展作出了自己的贡献。展望未来的中日关系，人们自然都把希冀的目光投向两国的青年一代。相信中日双方的青年一代不会辜负历史的期望。但要真正做到这一点，以下几个问题是不容忽略的。

第一，“中日两国人民要世世代代友好下去”的旗帜不能丢。中日两国人民要世世代代友好下去，是我国老一辈领导人毛泽东、周恩来最先提出，并得到田中角荣、大平正芳等日本领导人的认同，从而成为发展中日关系的一面旗帜。历史已经反复证明，坚持还是放弃这面旗帜，是检验对待中日友好关系真实立场和态度的试金石。对于日方某些右翼领导人蓄意破坏这面旗帜的言行，两国青年一代不仅要保持高度的警惕，而且要予以批驳和反击。

第二，要树立中日“强强友好”的新观念。恃强凌弱是古今国际关系的通病。近代以来，日本侵略中国的历史亦不例外。更为令人担忧的是，它已成为日本某些政界领导人处理国际关系的思维定式。2001年，笔者读了一位卸任不久的日本驻华大使的文章，其结论性观点竟然是只有日本进一步强大起来，不断扩大对中国的优势，日中关系才能平稳发展。这实在令人震惊，也足见恃强凌弱意识的流毒是多么广泛。众所周知，日本早已成为世界公认的经济科技大国；同样一个无可争议的现实是，中国正在迅速崛起，21世纪内建成一个社会主义现代化强国的目标绝不是幻想。在这种情况下，两强并立将是不可避免的。根据中日关系发展的历史经验，和则两利，斗则俱伤。因此，中日两国青年一代应当及早树立中日“强强友好”的观念，以自己的实际行动证明，他们完全可以跳出国际关系恃强凌弱的怪圈。

第三，所谓“亲日派”的指责有失偏颇，甚至是错误的。目前，在中日两国的媒体中，时而能够听到对所谓“亲日派”或“亲华派”的指责乃至谩骂声。且不说日本媒体上的“亲华派”，仅就我国现在某些媒体出现的所谓“亲日派”而言，实际上往往是一种极其不负责任的说法。因为它们所指的并非历史上汪精卫之流的汉奸卖国贼，而是特指那些现在从事对日外交、文化、经贸、科研工作，而且在对日关系方面发表了与指责“亲日派”者过激观点持有异议的人，其中包括为数众多的青年对日工作者。事实上，现在被指责为“亲日派”的人，恰恰是对日本了解得比较深入和客观的人，换言之，他们知日（了解日本）而非亲日，他们的言行应该说符合两国人民的长远和根本利益。因此，对“亲日派”的无端指责和谩骂应该休矣。

第四，中日青年友好交往有待从资金和物质上进一步扶持。以往，鉴于我国经济实力的薄弱，中日青年间的友好交往，多由日方出资支持。在这种交往中，中方学者或学生心理上总或多或少地受些影响。而日方的个别人则自觉不自觉地流露出趾高气扬之感。长此以往，不利于中日青年的友好交往。随着中国经济实力和财政状况的逐步好转，我国政府和有关部门应加大对两国青年友好交往资金和物质的投入。例如，适应日本青年急剧增长的留学中国的愿望，增加来华日本留学生的奖学金额度和发放面，吸引更多的日本青年来华学习深造。又如，设立中日青年科学交流基金，既包括自然科学，又包括社会科学，以资助和扶持两国青年学者的学术交流活动。

总之，中日青年的友好交往，事关两国关系的未来。加强和促进中日青年的友好交往，固然离不开双方政府及其领导人的关心和支持，而更重要的还在于两国青年的积极主动和不断进取精神以及脚踏实地又富有创造性的行动。中日青年应当在前人业已奠定的良好基础上，以高度的使命感奋发向前，共筑两国关系的美好未来。

（原载复旦大学“中日关系：邦交正常化30年后的思考”学术研讨会论文集，2002年6月）

简论当代亚太政治

一 亚太概况

亚太，亚洲太平洋之简称，是一个地理概念，指的是亚洲太平洋地区。至于该地区的具体内涵，迄今似乎尚无一个统一而明确的界定。在国内外有关亚太的浩如烟海的著述中，很少就亚太的地理内涵本身进行深入探讨。在我们手头掌握的有限的资料中，以中国社会科学院亚太研究所陆建人博士在《90年代的亚太经济》中对这个问题的回答最为明确，现将其全文引用如下：

> “亚太地区”是“亚洲太平洋地区”的简称，英文为“ASIA—PACIFIC REGION”。按英文字面理解，它应包括亚洲和太平洋地区两个并列的部分。如果这样解释，那么它就应包括亚洲所有国家和地区、大洋洲和太平洋上的岛国以及北美、中美和南美的太平洋沿岸国家，总计达70个国家和地区。无疑，这是一个相当广泛的地域概念。但是，从我们通常接触的有代表性的国际经济文献来看，“亚太地区”通

常指环太平洋沿岸国家和地区。它由环抱太平洋的东西两岸国家和地区组成，包括亚洲东部和东南部的西太平洋沿岸国家和地区、大洋洲及北美、拉美等东太平洋沿岸国家和地区。这也就是美国官方和学者最常使用的“太平洋盆地”概念，包括34个国家和地区。

与此相类似的概念还有日本政府和学术界常用的“环太平洋经济区”，它包括西太平洋沿岸国家和地区（东亚、东南亚、大洋洲）和北美太平洋沿岸国家和地区，大约只有20多个国家和地区。目前，参加亚太经合组织（APEC）的18个成员除智利位于南美太平洋沿岸外，其余都属于这一范围。而另一个半官方组织太平洋经济合作理事会则包括21个成员（1995年），其中17个与APEC相同，另外还有俄罗斯、太平洋岛国（作为一个整体）及秘鲁、哥伦比亚，越南则是联系成员。

联合国经济社会理事会所属的亚洲和太平洋经济社会委员会包括49个成员（1992年），其中亚洲部分除东亚、东南亚国家和地区外，还有南亚6国、中亚的6个前苏联加盟共和国及西亚的阿富汗、伊朗，但北美、拉美国家却不在其内，原因是它们属于联合国拉美经济委员会。

可见，亚太地区并没有一个统一的严格的地域界定，其范围常视不同情况而定。所以，许多学者在论文中都要注明自己文中所言的“亚太地区”包括的是什么样的范围。①

---

① 陆建人：《90年代的亚太经济》，浙江人民出版社1996年版，“代序”第1—2页。引文中亚太经合组织成员数现已达21个，1997年底新增的3个成员是俄罗斯、越南和秘鲁。

本文的“亚太”地域内涵，基本上指环太平洋沿岸国家和地区。具体说来，它们是：太平洋东岸北美的加拿大、美国、墨西哥，中南美的危地马拉、萨尔瓦多、尼加拉瓜、哥斯达黎加、巴拿马、哥伦比亚、厄瓜多尔、秘鲁、玻利维亚和智利；太平洋西岸的俄罗斯、中国、蒙古、日本、朝鲜、韩国、菲律宾、马来西亚、新加坡、印度尼西亚、文莱、越南、老挝、柬埔寨、泰国、缅甸；大洋洲的澳大利亚、新西兰、巴布亚新几内亚、斐济、基里巴斯、库克群岛、瑙鲁、所罗门群岛、汤加、图瓦卢、瓦努阿图、西萨摩亚、新喀里多尼亚等，总计40多个国家。

按上述“亚太”地区40多个国家计算，虽国家数量不足世界的1/4，但无论就国土面积还是人口数量均大大超过世界的半数。

在亚太地区，既有发达的资本主义国家，也有众多的发展中国家，它们之中又可以分为一般发展中国家和发展中的社会主义国家。这些国家，从近现代历史的角度考察，有着很大的不同。美国属于后起的资本主义国家，建国才二百多年，经济实力和综合国力已居世界首位，是目前世界上惟一的超级大国。二百多年来，除了独立战争和南北战争外，在美国这块广袤而富饶的土地上，没有发生过大规模的战争，特别是20世纪两次世界大战的战火都没有燃烧到这里。相反地，美国却利用两次世界大战的机会迅速发展了起来，成了战后世界政治和经济的中心。与此同时，其对外政策中的霸权主义也随之膨胀，成为世界强权政治的集中代表。日本在1868年明治维新后走上了资本主义的发展道路，受军国主义势力驱使，对外侵略扩张，直至1945年战败无条件投降。战后，在美国的扶持和核保护伞下，经济迅速恢复和发展，到70年代末已经成为仅次于美国的世界第二大经济强国，并且开始争当世界政治大国。但是，战后以来，日本在政治和军事上始终拴在美国的战车上，惟美国马首是瞻，加之国内军国主义势力企图抹煞侵略历史，不时制造有悖和平与发展时代潮流的噪音，理所当然地引起了邻国和曾经受其侵略之害国家的担忧和关注，严重制约着日本在亚太地区国际地位的提高和国际影响的扩大。

亚太地区的绝大多数国家属于发展中国家行列。其中不乏历史悠久、文化灿烂的文明古国，也有二战后诞生的新兴国家。它们的一个共同点是，近百年来随着西方资本主义的发展，都遭受过殖民主义的侵略和压迫，经济、社会、文化受到严重摧残。二战后，在民族解放运动的浪潮中，这些国家纷纷获得了民族独立和解放，重新开始了民族复兴和发展的历程。其中，中国、朝鲜、越南、老挝等国家走上了社会主义道路，蒙古在第一次世界大战后不久即跟随苏联选择了社会主义制度，但在 80 年代末 90 年代初又随着东欧剧变苏联解体而放弃了这一制度。由于长期遭受殖民主义的压迫和剥削，这些国家在经济社会发展方面远远落后于西方资本主义国家，在国际政治中也处于极其不利的地位。因此，当它们获得独立和解放后，摆在它们面前的首要任务便是发展经济，维护民族独立和解放，争取建立公平合理的国际经济政治新秩序。在为时半个多世纪的战后国际关系历史上，这些国家团结合作，冲破发达国家设置的重重障碍，在争取建立国际经济政治新秩序的斗争中写下了光辉的篇章。

中国是我们的祖国，是亚太地区乃至世界上的一个重要国家，可以说是当代亚太政治的不可或缺的一部分。

在亚太地区国家中，还有一个特殊的成员——俄罗斯。俄罗斯地跨欧亚两大洲，其政治、经济、文化中心历来在欧洲。但如今的俄罗斯，作为前超级大国苏联的主要继承者，其 2/3

的领土在亚洲，它对亚洲事务的关注程度超过了以往任何时候。正如俄罗斯领导人所说，俄罗斯国徽上的鹰是面向东西两个方向的，即既面向欧洲，也面向亚洲，因此俄罗斯的对外战略也应当面向欧亚两个方向。冷战时期，前苏联和美国争霸的战略重点在欧洲，但亚太地区也是它们争夺的重要战略目标。冷战结束后，俄罗斯先是采取亲西方的一边倒战略，幻想在美欧的帮助下实现向资本主义的转轨，但欧美分化、弱化俄罗斯的方针对其不啻是当头一棒。在严酷的现实面前，俄罗斯不得不调整对外战略，自 90 年代中期开始推行“全方位外交”战略，逐步强化对亚太外交，极力重返亚太政治大舞台。1997 年底，在渥太华举行的第 5 次亚太经合组织领导人非正式会晤中，俄罗斯被正式接纳为该组织成员，标志着其重返亚太的战略目标已基本实现。

亚太地区又是世界文化的重要摇篮之一，这里不仅保持和发扬着光辉灿烂的古代文化传统，而且正在培育和创造着新的现代文明。我国著名哲学家黄心川教授指出：“亚洲太平洋的文化是在长期历史过程中形成的一种多民族的、多宗教的、多元的文化。如果用亨廷顿对世界文明分类的标准来区分的话，那应该包括儒教文明、印度文明、日本文明、伊斯兰文明、斯拉夫东正教文明以及拉丁美洲文明等等，但我们通常所称的亚太文化，实际上都指的是亚洲文化或者东方文化。其中主要的又是东亚文化，东亚最重要的文化传统是起源于印度，繁荣于中国、日本、韩国的佛教和起源于中国，发展于东亚和东南亚诸国的儒、道，儒、道在长期的历史过程中还形成了混合的基础。什么是东亚文化的文化模式或理性构架？我认为最重要的是：尊重权力，个人服从社会，步调一致，牢固的家庭价值观念，勤俭节约，重视教育等等。”“目前，儒学的价值观念不仅作为一种东亚传统的哲学、宗教的思想而存在，而且也融合于现代的经济和生活之中。”①由此看来，许多人持有的一种观点，即东亚经济的蓬勃发展与它的历史背景、文化传统有着密切的关系，东亚的民族宗教意识或者宗教文化正在作为国家或民族之间关系的准则，日益起着重要的作用，东亚的价值观、伦理思想形成了使东亚社会实现经济繁荣、进步、公民关系和谐以及法律秩序的基础，是不无道理的。

当然，在亚太地区还存在着基督教文明，其中尤以北美的美国和加拿大最为集中，但其影响所及，远不止这两个国家。它们崇尚个人自由至上和私人财产神圣不可侵犯为核心的价值观。战后以来，随着经济、军事绝对实力的不断膨胀，美国到处宣扬、兜售和推销其价值观，甚至强加于人，把它当成推行强权政治和霸权主义的重要理论基础。从历史文化发展的角度来看，东西方两种文化和价值观在亚太地区的并存是客观存在，两者之间的相互借鉴和融合有利于人类社会的进步和发展。但把某一种文明无限夸大甚至绝对化，把它当作推行强权政治和霸权主义的理论基础，有百害而无一利。至于美国学者亨廷顿在其名著《文明的冲突》中所宣扬的观点，即未来的世界不是按意识形态或国家划分，而是按文明来划分，文明主要指的是宗教，文明的差异是未来世界发生冲突的根源，西方文明与非西方文明之间的冲突是国际政治的主线，儒教、伊斯兰教将成为非西方文明的主要威胁，显然是言过其实，危言耸听。事实上，正如黄心川教授在同一篇文章中指出的：“东西方文明正在亚太地区汇合，并形成为一种新的世界文明。当今时代是以网络、电脑、数码、光纤、多媒体为主要标志的信息时代，信息时代也可能为西方文明继续领

---

① 黄心川：《亚洲价值观与亚太文明和宗教的发展》，载《当代亚太》1998 年第 11 期。

先世界提供一个强有力的支点，并为其有效迎接亚太世纪的挑战创造了有利条件。东方现在正在追求工业社会的大机器、大生产、大体制等等目标，而西方正向智能机器、质量生产、精干体制等后工业社会或前信息社会目标进发了。为了迎接一场人类重大的变化，东方必须迎头跟上西方，向西方学习，否则东方永远摆脱不了亦步亦趋，被动跟随的局面。”“目前值得注意的是，基督教的某些派别已直接把中国的气功、印度瑜伽融合到他们的修持体系中。佛教的禅宗正在和西方心理学说相汇合。1980 年美国兴起的印度教改良派拉杰希尼教团的思想家们以吠檀多梵我同一的理论为基础，力图融汇强调个性解放的弗洛伊德主义和存在主义等西方现代思想，另外，印度甘地的非暴力主义和坚持真理也常常被美国黑人民权运动用作反对种族主义的政治武器。”无疑，东西方文化的这种兼容并蓄对当代亚太政治的健康发展是有益的。

二　当代亚太政治的形成

亚太各国，除新加坡和个别南太平洋岛国是二战后新出现的国家外，早已存在于世。但在第二次世界大战之前，亚太地区远未形成一个足以引起世界重视的整体，因此从国际政治学的角度来看，那时也就谈不上存在亚太地区政治。

二战后，国际形势发生了重大变化，以两极冷战格局为标志的雅尔塔体制主宰了国际政治。在雅尔塔体制下，美苏争霸的战略重点固然在欧洲，但亚太因为一系列具有历史意义的变化和重大事件的发生而引起了世界的关注。首先是民族独立浪潮在亚洲的率先兴起及新老殖民主义的反扑。二战结束后，越南、缅甸、印尼等众多国家纷纷宣布独立，引起了英、法、荷等殖民主义国家的极大恐慌，它们在国内政局未稳的情况下匆忙派遣殖民军企图加以镇压，但结果均以失败告终。亚洲新独立国家通过自己的民族解放斗争以及在斗争中的相互支持与合作显示了巨大的活力和能量，标志着它们已经作为一支新兴的政治力量登上了国际政治舞台。同时它们的胜利也极大地鼓舞了全世界被压迫民族和人民，为随之而起的拉美和非洲的民族解放斗争树立了良好榜样。其次是中国革命的胜利及其社会主义道路的选择，对二战后的国际政治产生了不可估量的影响；加之越南、朝鲜以及50年代末古巴相继加入以苏联为首的社会主义阵营，使社会主义越出了苏联一国范围而成为一支不容忽略的国际政治力量，从而引来了以美国为首的帝国主义阵营的敌视和遏制，甚至引发了两场战后历史上规模最大的局部战争，即朝鲜战争和越南战争。这两场战争因为有中、美等大国的介入和美苏两个超级大国的背景以及美国失败的结局而对国际政治产生了巨大而深远的影响，其中之一便是大大提高了亚太地区在国际政治中的地位。第三是二战后美国对亚太事务的深深介入及其对亚太政策的逐步强化。太平洋战争前，美国对亚太事务的介入相对较少。日本偷袭珍珠港把美国拖入太平洋战争，从此美国的战略重心开始向亚太移动，由原来单一的大西洋战略转向大西洋和太平洋的两洋战略。二战结束后，美国一方面直接对日本实行军事占领，另一方面又在中国出钱出枪支持蒋介石打内战，企图把中国拉向美国一边，充当它在亚洲的战略基地。与此同时，美国还利用亚洲如火如荼的民族解放运动之机，推行新殖民主义政策，极力排斥英、法、荷、葡等老牌殖民主义势力，抢占它们的势力范围，为其实施新的亚太战略预作准备。由于美国势力在亚太的日益扩张，它与亚太的利害关系日趋密切，迫切需要美国制定和实施新的亚太战略及政策。事实上它也是这样做的。美国对亚太事务的介入，加上苏联对亚太事务的干预，以及新中国的诞生和日本在美国扶植下逐步恢复元气并走上重新发展之路，使亚太地区出现了崭新的大国关系。它们之间的纵横捭阖，必将演义出一幕幕波澜壮阔的国际政治画卷。总而言之，亚太民族解放运动的蓬勃发展，社会主义制度在亚太的出现和成长，由美国对亚太事务的深深介入而导致的亚太大国关系的新形势，所有这一切以及它们之间的相互作用，标志着作为国际政治一个重要组成部分的当代亚太政治已经形成。

三 当代亚太政治的发展

当代亚太政治是国际政治的一个组成部分，它一旦形成，便具有了自己鲜明的特点。第一，两极格局的主角美国和苏联在亚太地区的争夺很少采取直接正面冲突的方式，多是通过本地区的国家或组织出面，它们在幕后支持和操纵。这就造成了冷战格局下亚太地区长期动荡和战乱的特殊局面。第二，亚太地区的发展中国家具有反帝、反殖、反霸和维护国家主权和民族独立的光荣传统，在亚太政治发展中扮演着不可替代的重要角色。第三，地区政治的多元化。亚太不同于欧洲，这里既没有像北约和华约那样的全区性直接军事对峙，也没有欧安会那样的地区性政治安全对话机制，实际存在的是多元政治力量和相应的政治结构，如中、美、苏（俄）、日等大国政治力量，某些国家结合而成的次区域政治经济组织，比较典型的是东盟，以及两个国家间的政治军事安全合作机制，更多的是各个国家独立的政治力量。

在当代亚太政治发展的整个过程中，上述特点得到了集中的体现，虽然在不同的阶段会有不同的侧重。如前所述，我们认为当代亚太政治大体形成于 50 年代中期。如果一定要设定一个标志点的话，那么选取 1955 年 4 月在印尼召开的亚非万隆会议似乎不应引起什么争议，因为万隆会议举行的本身及其通过的在和平共处五项原则基础上发展而来的十项原则表明，亚太国家已经作为一支新兴的政治力量登上了国际政治的大舞台。从那时到现在，45 年过去了，亚太政治走过了漫长而曲折的道路。今天回顾起来，不妨把它分为下列三个阶段：1955 年至 1969 年为第一阶段；1970 年至 1989 年为第二阶段；1990 年至今为第三阶段。

1955 年至 1969 年，是两极格局下两大阵营尖锐斗争的时期，在亚太地区则表现为民族解放运动与新老殖民主义的斗争和帝国主义对社会主义的遏制与反遏制斗争。其中最有代表性的事件之一是越南战争。越南在摆脱法国殖民主义统治后，北方建成了越南民主共和国，走上了社会主义道路，南方则逐步落入美国的控制。当越南南方人民掀起争取民族独立的武装斗争浪潮时，美国一步步由出钱出枪支持南方当局镇压民族武装发展到军事介入，1964 年 8 月“北部湾事件”后美国公开轰炸越南北方，继而出动地面部队直接参战，到 60 年代末期美国参战兵力最多时曾达四五十万。越南战争既是民族解放力量与新老殖民主义的较量，又是社会主义力量与以美国为首的帝国主义势力的生死较量。美国在越南战争中深陷泥潭，造成了内外交困的前所未有的被动局面。这一时期帝国主义与社会主义的遏制反遏制斗争还表现在中美关系上。尽管自 1955 年 8 月 1 日中美双方开始举行大使级会谈，但中美两国围绕台湾问题为核心的争端丝毫没有缓和，美国强化对华封锁和遏制政策进一步激化了两国之间的矛盾。与此同时，由于苏联对外政策的微妙变化和完全控制中国企图的落空，中苏关系渐趋恶化，由意识形态论战发展到国家关系的对立，直至酿成 1969 年 3 月的珍宝岛大规模武装冲突，加之在此之前 1968 年 8 月苏联对捷克斯洛伐克的军事入侵，严重破坏了社会主义国家关系的基本准则，从而清楚地表明，社会主义阵营已经不复存在，这对亚太政治不能不产生深远影响。

1970 年至 1989 年，是两极格局下美苏争霸由巅峰转向缓和进而走向终结的阶段，在亚太地区则集中表现为中美苏日等大国关系的调整及该地区经济上的迅速崛起。亚太地区大国关系的调整，缘于美苏战略力量对比的微妙变化及其对亚太政策的影响。70 年代初，苏联在战略核力量方面赶上了美国，于是从对美战略上转取攻势，一时间呈现出苏攻美守的全球战略态势，美国急于从越南脱身和苏联入侵阿富汗即是其外在表现形式。迫于这种压力，美国尼克松政府首先进行战略调整，从改善同中国的关系入手，逐步收缩在亚洲的力量，确保战略重点欧洲。美国改善对华关系的战略目标是苏联，但客观上却刺激了日本，导致了中日关系的改善，当然也加剧了中苏的对立。中美苏日对外战略的调整及因此引起的大国关系的变化构成了当时亚太政治的重要内容，并对此后亚太政治的发展产生了不可估量的影响。80 年代中期，苏联的戈尔巴乔夫上台，对外寻求全面缓和，对内推行以政治自由化、经济私有化为趋向的所谓改革，最终导致了苏东剧变，象征着东西对立的柏林墙倒塌，维持了将近半个世纪的两极冷战格局终于宣告结束。全球政治的急剧变化对亚太政治带来了积极的影响。随着越南战争的结束，亚太地区进入了一个相对和平的时期，经济建设成为多数国家的首要任务，中国和东南亚地区经济高速增长，其增速远远超过世界的平均水平，同时区内经济合作势头强劲，规模蔚为壮观，从而极大地提高了亚太地区在世界经济和世界政治中的地位。

1990 年以来是冷战后的一个新时期，也是当代亚太政治的一个崭新的阶段。在这一时期，世界政治开始向多极化过渡，但目前尚处于“一超多强”的局面，美国成为惟一超级大国，其经济、军事实力无人匹敌，而且迄今保持着经济的持续增长。遗憾的是，美国的强权政治和霸权主义也随之恶性膨胀，严重毒化了本应进一步趋向缓和的国际政治气氛。在这种情况下，亚太地区继续维持了和平的局面，经济直到1997年7月东南亚金融危机爆发前仍持续高速增长，特别是中国经济的飞速发展引起世人的瞩目。与此同时，以亚太经合组织（APEC）的成立和发展为标志的区域经济合作取得显著成果，亚太经济实力大增，各国国内生产总值（GDP）之和超过世界的半数，贸易额之和逼近世界的半数。至于区域政治合作，由于种种原因迄今依然处于探索阶段，但局部和双边合作的成果不容抹煞，其中中美日俄四大国关系的良性互动使亚太政治平添了生机和活力。尽管由东南亚金融危机引发的亚洲金融危机至今尚未结束，但亚洲经济赖以增长的内在潜质和和平与发展的时代潮流没有变化，因此对亚太经济政治前景悲观失望是缺乏根据的。

四　当代亚太政治的发展趋势

20世纪90年代即将过去，21世纪和人类历史上一个新的千年就将到来。在未来的一段时间里，当代亚太政治将如何发展？为了回答这个问题，有必要首先对21世纪第一个10年的世界政治和经济形势作一粗略分析和预测。第一，世界仍处于和平与发展的时代，爆发世界战争的可能性极小，绝大多数国家的主要注意力将集中于经济建设和发展，世界范围的综合国力竞争将持续不断地进行下去，以科技特别是高科技为先导的经济实力的消长将在一定意义上决定各国在世界上的地位和影响。第二，世界政治多极化的趋势不可逆转，但“一超多强”的格局不会很快发生质的变化。美国仍将是鹤立鸡群的惟一超级大国，其经济实力和政治影响执世界之牛耳的局面还将持续一段时间。欧盟、中国、日本、俄罗斯各作为世界一极的地位难以动摇，而且总体上看综合国力将呈不同程度的上升趋势。一批富有活力的发展中国家，如印度、南非、巴西等将进入新兴工业化国家行列，其经济实力和政治影响将进一步增长。当然，世界政治中的不安定因素也会增加，比如继印巴之后又可能出现几个新的拥有核武器的国家，某些地区热点，如中东、非洲、朝鲜半岛，甚至在欧洲的个别地区，潜在的政治军事危机仍有一触即发的可能。第三，全球经济一体化的趋势不会逆转，并将与地区经济集团化并行不悖地深入发展。全球经济将呈现北美、欧洲、东亚三足鼎立的格局。全球性经济危机爆发的可能性不大，但局部地区再度爆发金融危机的可能性则不能排除。国际经济秩序不会发生质的变化，发达国家与发展中国家的经济差距不会明显缩小。第四，全球性大国关系格局难以发生根本性变化。世界最有影响的大国仍将是美、中、俄、法、英、日、德等，当然它们之间的力量对比将悄悄发生微妙变化，其中中国综合国力的稳步上升最为引人瞩目。

在这样的世界经济政治形势下，当代亚太政治很可能循着下列趋势发展。首先，亚太地区和平稳定的局面可望维持下去，各国可以集中力量从事经济社会发展，这将有助于各国政治民主化和国际友好合作的发展，进一步提高亚太地区在世界经济政治中的地位和影响。中美日俄四大国将继续调整相互关系，以争取在21世纪的国际关系尤其是亚太国际关系格局中占据有利地位。其中美国的亚太政策又是牵动全局的因素，对亚太政治的发展具有举足轻重的影响，值得密切关注。亚太地区的政治合作将继续在探索中前进，双边和次区域合作如东盟、南太平洋、南亚的合作都有可能出现新的突破，东北亚要困难得多，但也不是毫无希望。至于整个地区的政治合作，可能会有相当长的路要走。这是因为亚太地区各国间社会政治制度、经济体制和发展水平、社会文化背景大相径庭，若要在短期内克服这些差异几乎是不可能的。但这绝不意味着亚太地区的政治合作根本没有希望。其次，亚太地区有能力克服目前的经济危机，并在各国和地区经济结构调整的基础上重新焕发生机和活力，从而为各次区域和区域经济合作奠定坚实的基础。在区域经济中占据重要地位的日本，因90年代初泡沫经济破灭而陷于经济长期低迷不振的局面，但瘦死的骆驼比马大，凭借其雄厚的经济实力和一系列改革措施，日本经济走出低谷、摆脱危机进而恢复增长只是个时间问题，不过很难再现80年代前的那种高速增长。即便如此，日本仍能在亚太经济中发挥重要作用。中国经济的发展有可能成为亚太经济发展的火车头，并且将在区域经济合作方面发挥积极的促进作用。东南亚国家将从目前的经济危机中脱身而出，再度扮演亚太经济增长的生力军。在亚太各国经济普遍好转的前提下，区域经济合作的势头必将更加强劲。有了坚实的经济合作基础，必定会对区域政治合作产生积极的影响。再次，亚太地区的安全形势有望保持相对稳定。应当承认，亚太地区的不稳定因素比较多，既有某些国家间的领土争端等政治纠纷，也有因美国亚太政策中的强权政治带来的种种后果，使亚太安全形势中潜藏着许多消极因素。但是，从目前的种种迹象来看，亚太国家不希望出现混乱甚至战乱，它们的安全政策也作了相应的安排。加之各国经济关系日益密切，地区经济一体化的趋势不可阻挡，这种相互利益的交织客观上为地区安全铸造了比较可靠的阀门。况且90年代业已开始的某些次区域安全构想，有的已现雏形，有的正在积极磋商中，只要不出现大的突发事件，这种良好势头将继续保持下去。在亚太安全问题上，中美日俄四大国发挥着关键作用，它们之间相互关系的良性互动以及在地区安全问题上的积极磋商与合作，将为亚太安全提供最有力的保证。

五 亚太在世界政治中的地位

从上述亚太政治的现状和发展趋势来看，亚太在新的世界政治格局中的地位将进一步提高，影响力也将进一步扩大，这是不容置疑的。至于近年来学术界不少人提出的所谓21世纪必定是亚太世纪的论断，看来为时尚早，值得商榷。持亚太世纪论者的主要依据是，60年代以来，始自日本，继之东亚“四小龙”，随后中国经济的相继腾飞，其发展速度远远高于同期世界经济的平均增长速度，在世界经济中的比重直线上升，表明亚太已经成为世界经济发展的火车头，而且照此发展下去，21世纪的世界经济政治中心非亚太莫属。应当承认，30多年来亚太经济高速发展是确凿的事实，即便是当前的亚洲金融危机也只能延缓而不能根本改变亚洲经济进一步增长的势头，亚太在世界经济中的比重还会提高。但若据此断言，21世纪定是亚太世纪，可能有失偏颇。其一，从经济上分析，世界经济的全球化和区域经济集团化是并行不悖的发展趋势。目前北美、东亚、欧洲三足鼎立的格局短期内难以改变，其中的欧洲似乎没有衰落的迹象。此外，“沉沦巨人”俄罗斯不会长期沉沦下去，一旦恢复生机和活力，其经济的腾飞和再度辉煌不能说是天方夜谭。至于许多颇具潜力的发展中国家，如巴西、印度、南非等等，其21世纪的经济前景也不容低估。其二，从政治上来看，多极化是不以人们的意志为转移的客观规律。种种迹象表明，目前的美、欧、日、中、俄五极格局在进入21世纪后的相当长时间内不会发生根本变化。美国独霸世界的企图是不可能得逞的，而且再出现新的一极或两极的可能性也不能绝对排除。其三，就中国因素而言，若以中国的崛起和兴盛作为亚太世纪的标志，也是言过其实，不切实际的。

即使中国实现了邓小平提出的分三步走的战略目标，到21世纪中期，中国的经济总量虽然较大，但人均国内生产总值仍然只及中等发达国家的水平，实难承担世界经济政治旗手的重任。其四，美国因素尤其不能忽略，因为原来人们把欧美称之为世界经济政治中心的一个重要标志就是美国长期雄居世界经济、政治和军事头号大国的位置，而现在甚至直到21世纪的中期，恐怕难以作出美国必将衰落的结论。尽管目前美国经济中潜藏着不少泡沫成分，但从其经济结构调整已见成效、高科技已经成为其经济增长的主要动力等等重要因素分析，美国经济持续发展的可能性是很大的。以强大的经济实力为后盾，美国的政治和军事霸权也将维持下去。于是，中心转移论一时也就无从谈起了。

（原为《当代亚太政治》一书的绪论，
世界知识出版社2002年版）

以史为鉴　开创未来

——评田桓主编《战后中日关系史》

由孙平化、肖向前、王效贤监修，田桓主编的《战后中日关系史》（1945—1995），在中日邦交正常化30周年前夕，由中国社会科学出版社隆重推出，实为对中日复交30年大庆献上的一份厚礼，可喜可贺。

早在1999年，笔者尚在亚太、日本所工作之际，受田桓教授之托，曾有幸拜读了该书的全稿，感到已经基本成熟，稍加推敲修改即可付梓。此后，书稿送到监修人之一的肖（向前）老手中，被压了下来。2001年笔者访日在横滨见到田桓问及此事，才知道原来肖老对书稿仍不太满意，尚在亲自修改定稿中。2002年底，笔者已离开亚太、日本所回到院机关，偶然在《院报》上看到该书已经出版的短讯，便急于找来一阅，但虽经多方努力而未果。直到2003年9月初，在北京和平宾馆举行的“第二届近代日本内外政策国际学术讨论会”上与田桓重逢，才得以遂愿。会后，笔者以急不可待的心情，又一次认真细致地拜读了这部大作，最大的感受是它在原有基础上又上了一个台阶，真不愧为老一辈外交家和新生代中日关系史专家联袂打造的精品力作。

书中对战后50年中日关系史的精彩描述，特别是对那些在两国关系发展的关键时刻发挥了决定性影响的人和事，不惜浓墨重彩大书特书，读后令人久久不能忘怀；作者和监修者对战后50年中日关系发展经验教训的深刻总结，尤其是对未来中日关系健康发展的殷殷期待之情溢于言表，让每一位读者，特别是从事对日工作和中日关系研究人员，不能不产生一种强烈的责任感和使命感。

一　精雕细刻　十年磨一剑

《战后中日关系史（1945—1995）》，是由田桓主持的“战后中日关系史研究”课题的最终成果，也是该课题组推出的“战后中日关系史丛书”的最后一部，即第四部，而前三部分别为《战后中日关系史年表（1945—1993）》（1994年8月出版）、《战后中日关系文献集（1945—1970）》（1996年5月出版）、《战后中日关系文献集（1971—1995）》（1997年8月出版），显然都是为最终成果服务的，但本身又独立成书，且具有很高的文献史料价值。

据该书主编田桓在“前言”中回忆，大约在他留日归国后的1983年前后，“由于研究工作的需要，拜访了中日友好协会会长孙平化先生，请求他支持我搞这项战后中日关系研究。他回答：‘我久有此念，只是力不从心。’‘此事必须请老肖参加，他现在比我有更多的时间和精力。’经孙先生与肖先生商量，经过一年多的酝酿，肖先生在审查我的研究经历和研究成果——《日本战后体制改革》，看我是否有能力进行这项研究之后，才答应我的请求，并严格要求我说：‘你有信心就下决心干吧，课题一旦上马，就要干到底，决不能半途而废。’就这样，课题由孙、肖二位先生拍板决定了"[①]。事实上，此后又经过了相当长一段时间的周密而细致的准备，其中包括组成了由田桓、纪朝钦、蒋立峰、陈晖、周维宏五人参加的课题组，根据孙、肖二位先生推荐增聘王效贤先生为监修人，并在获得国家社会科学基金批准立项和资助后，"战后中日关系史研究"课题大体于20世纪90年代初正式启动。

众所周知，孙平化、肖向前、王效贤三位先生都是我国长期从事对日工作的著名外交家，又都有曾在周恩来总理的直接领导下工作的经历，当时还担任着中日友协的正副会长。纪朝钦先生也是一位资深外交家，富有对日实际工作和研究工作的经验。由他们出任课题监修或直接参加课题组，这在战后中日关系研究领域是极为罕见的，足见他们对中日关系的高度关注和殷切期望。后来的事实表明，他们并非挂个虚名，而是倾注了大量心血，直至把课题最终成果奉献于世人。于是才有了肖向前先生在该书《我的感言（代序）》中如下一段感人肺腑的话语："作为本书监修人之一的我，为从青年时代起志同道合，并一同在东京留学时期参加革命的老伙伴孙平化特书一笔。对作为首席监修人的他在本书出版前不幸逝去，未能目睹一同策划的此成果而深感遗憾。想不到这次竟成为我们共同从事对日工作中的最后一次合作。如果这一成果对中日两国青年和广大读者有些教益的话，那将是对他在九泉之下的一次捷报，也是对我们的鞭策和鼓舞。"[②] 正是由于他们的亲自参与，无形中增加了这项课题研究的权威性和课题成果的可靠性。至于课题组成员，首先是主持人田桓教授，历

① 田桓主编：《战后中日关系史（1945—1995）》，中国社会科学出版社2002年版，"前言"部分。

② 田桓主编：《战后中日关系史》，序言部分。

史专业出身，一贯从事日本问题研究，从辽宁大学来到中国社会科学院后，全身心投入战后中日关系研究，学术积淀深厚，加之长期在日本研修，开拓了中日两国战后双边关系研究领域广阔的联络和交流渠道，在孙平化、肖向前、王效贤等外交前辈的鼎力扶持下，广泛团结学术同行，组织课题组的学术活动游刃有余，为课题保质保量地完成发挥了决定性作用。课题组其他成员，个个都是精兵强将，不仅专业功底扎实，而且都通晓日语，更为可贵的是，他们无一例外地都具有对中日关系高度的责任感和奉献精神，在课题研究中则表现为宽松和谐的氛围和亲密无间的合作，从而为课题研究的顺利结项奠定了坚实的基础。

本书的编写，引起了中日两国诸多人士的热情关注，并给予了多方合作，真可谓得道多助。当然，三位监修者的指导和帮助是最为突出的。其中，“孙平化、肖向前两位先生不但言传身教，而且每人都提供给我们一本自己多年来对日工作的《回忆录》，这使我们的研究和写作得以抓住要领和基本线索。肖先生为了课题研究和本书写作，花费了很多心血。他把几十年对日工作结识的朋友，尽可能地介绍给我们，使我们能够接触很多中日双方当事者，以便于在调查研究中获得更丰富的资料。如果没有他日以继夜的全力支持，很难想象能否取得课题研究的完成和战后中日关系史丛书公开出版的成功”[①]。此外，课题组还得到了日本方面许多著名人士的协助和支持，其中包括成蹊大学学长宇野重昭，前东京大学副学长石井紫郎，前东京女子大学学长隅谷三喜男，东京大学名誉教授村上淳一、三谷太一郎、小岛晋治、尾上兼英，前驻华大使中江要介，日中友好人士竹入义胜、田川诚一、山下俊彦等。有了这种众星捧月式的团结合作，在历经十

① 田桓主编：《战后中日关系史》，序言部分。

余年的精心磨砺下，一部精品力作《战后中日关系史》终于问世。

二　史论结合　论从史出

作为一部史学专著，史料无疑是重要的，基本的，但如果形成单纯的史料堆砌，那么这部作品就会缺乏灵魂，其价值必然要大打折扣。《战后中日关系史》的史料是丰富翔实的，但它没有落入史料堆砌的窠臼，相反地，它很好地体现了“史论结合，论从史出”的原则。作者刻意在纷繁复杂的战后中日关系发展的全过程中，透过浩如烟海的史料所表述的历史现象，去探究和把握中日关系发展的内在规律，又在对这些规律初步把握的基础上，反转来以其统帅史料，从而使呈现在人们面前的这部《战后中日关系史》有血有肉，灵魂突出，个性鲜明。

中日民间外交是世界外交史上的重大创举，《战后中日关系史》在这个问题上赋予了充足的篇幅和笔墨，成为本书的一个重要特色。

二战结束后，中日两国都发生了历史性变化。作为战胜国的中国，由于国民党政府蓄意挑动内战，企图消灭共产党和人民革命武装，中国人民在共产党的领导下，奋起推翻了国民党反动政权，于 1949 年 10 月 1 日建立了中华人民共和国。作为战败国的日本，则被美国军队单独占领，直到 1951 年片面的对日和约签订后，才取得了名义上的独立。此时，受业已形成的战后冷战格局的影响，中日两国不仅没有外交关系，而且政治上严重对立。然而，中日两国毕竟是一衣带水的近邻，又有两千年友好交往的历史传统，只是由于明治维新后的日本军国主义势力肆虐，对中国施加侵略和奴役，致使两国关系遭到严重破坏，使当时两国政府间的交往之路被完全堵死。而两国在经济发展中互有需求，两国人民之间更有恢复友好交往的热切愿望。针对当时的特定情况，中共中央于1954年12月制定了《对日政策和对日活动的方针和计划》，“确定了中国对日政策的总方针，即发展中日两国人民之间（不是政府间）的友好关系，孤立美国，间接地影响日本人民，给日本政府以压力，迫使日本改变对中国的关系，逐步实现中日关系正常化。该文件还确定了中国对日政策的基本原则和今后要努力开展的工作”①。在此方针指导下，中日民间外交拉开了序幕，并在将近20年的历史舞台上，上演了一幕又一幕精彩绝伦的中日交往佳剧。

1952年上半年，应中国国际贸易促进委员会主任南汉宸的邀请，日本参议员高良富、前参议员帆足计、众议员宫腰喜助冲破日本政府的阻挠，利用出国参加国际会议的机会，巧妙地迂回绕道来到北京，在5月22日刚刚成立的日中贸易促进会的鼎力支持下，与南汉宸经过友好协商，于6月1日达成了第一个中日民间贸易协议，由此迈开了中日民间贸易的步伐。帆足计、宫腰喜助还就此发表联合声明指出：“此次南汉宸先生和我们之间缔结的贸易协议是以个人名义签订的，不是政府间的正式协定，但正因为它是民间性质的协定，所以更有力地显示了两国人民对和平、友好及经济合作的愿望。”②

1954年，在中国方面的积极组织和有力配合下，在华日侨顺利回国。为表感谢，日本红十字会等三团体邀请中国红十字会代表团访日，尽管日本吉田茂政府从中作梗，但经日本各民间团体和对华友好人士的多方努力，由会长、卫生部长李德全和顾问

① 田桓主编：《战后中日关系史》，第116—117页。

② 同上书，第121—122页。

廖承志率领的中国红十字会代表团于10月30日起对日本进行为期两周的访问。代表团到达日本羽田机场时受到日本各界人士空前热烈而盛大的欢迎。代表团所到之处，各界、各团体及友好人士纷纷举行欢迎会和座谈会，充分表达了日本人民对中国人民的友好感情。日本政界要人、时任改进党干事长的松村谦三专程到代表团驻地会见了廖承志。代表团在日期间，先后举行记者招待会或电视广播13次，引起日本社会的广泛反响。“日本舆论一致认为，中国红十字会代表团对日本访问的意义，远远超过了人道主义的范围，使中日民间往来进入了一个新阶段。”①

1955年5月，以茅诚司为团长的日本学术代表团访问了中国。12月，时任国务院副总理的郭沫若以院长身份率中国科学院代表团回访日本。由于郭老“与日本的特殊关系（战前总共有20年时间滞留日本），在日本各界拥有众多朋友，他又是举世公认的文化伟人。种种背景，使这次访问更具有特殊的意义”。“在访问千叶县市川市的旧居时，郭沫若感慨万千。在千叶附属医院致词时，郭沫若充满深情地用中文说道：‘日本是我的第二故乡，市川是真正的故乡。’当翻译只译成‘市川是故乡’时，郭沫若用流利的日文补充‘是真正的故乡’，当场赢得一片掌声。”“这次访问生动地证明了这样一个事实：中日两国人民之间的友谊是有深厚传统的，而恢复和发展两国人民之间的传统友谊是中日两国人民的共同愿望。”②

1959年3月，日本社会党委员长浅沼稻次郎率日本社会党代表团访华。3月12日，他在中国人民外交学会举行的演讲会上明确表示：“台湾是中国的一部分，冲绳岛也是日本的一部

① 田桓主编：《战后中日关系史》，第128页。

② 同上书，第129—130页。

分。尽管如此，它们和本土分离了。这是因为美帝国主义的缘故。美帝国主义是中日两国人民共同的敌人。我们为反对美帝国主义而斗争。”浅沼先生的正义立场引起了日本反动势力的极端仇视。1960 年 10 月 12 日，浅沼先生在日本东京日比谷公会堂发表竞选演说，强调“中国只有一个，台湾是中国的一部分，日本必须尽快使日中邦交正常化……”此时，突然一名法西斯暴徒跳上讲坛，用利刃刺进了他的心脏，浅沼先生倒下了。“浅沼先生惨遭暴徒杀害，为中日两国人民反对共同敌人的斗争，流尽了最后一滴血，为中日两国人民的友好交流留下了可歌可泣的篇章。”正如周恩来总理在唁电中所说：“浅沼先生是日本卓越的政治家，也是中国人民尊敬的朋友。浅沼先生的未竟事业，一定能够随着日本人民斗争的胜利而得到实现。”①

20 世纪 60 年代上半期，在中日备忘录贸易（又称 IT 贸易）达成协议并互设办事处，双方民间交往蓬勃发展的背景下，为促进中日两国青年的交流和理解，我国中日友协、全国青联和学联于 1965 年 6 月，邀请日中友协和其他日本民间团体的青年组织前来中国 15 个城市进行友好联欢活动。500 名日本各界各地青年经过不屈不挠的斗争，不顾日本政府的迫害和镇压，先后于同年 8 月和 11 月分批到达北京，他们都受到了毛泽东主席、周恩来总理等中国领导人的亲切接见，并分成东北、西北、南方三路，与中国各地青年数万人进行联欢，双方加深了了解，增进了友谊。三路日本青年最后在上海汇合。12 月 13 日，廖承志在上海各界青年欢送日本青年大会上发表讲话：“这次大联欢，大团结，在东京，日本青年进行了一场大斗争，大揭露；而美日反动派，则是一个大头疼，大孤立。”他认为“大联欢的成功把中日

① 田桓主编：《战后中日关系史》，第 164—165 页。

两国人民友好事业推向一个新的高峰”①。

《战后中日关系史》通过对上述民间交往活动的记述，把一段没有正式外交关系情况下的中日关系史写得活灵活现，有声有色，实属难能可贵。从中我们不难看出以下三个特点。其一，中日民间外交的发明权在中国，日本民间团体和友好人士给予了积极配合，近20年的民间交往进程充分表明，其当之无愧的设计师和总导演是周恩来总理，这从1955年在万隆会议上周恩来与高碕达之助的会晤，直到1972年建交前夕周恩来与竹入义胜的谈判，足以得到印证。其二，日本政府的立场和态度对中日民间外交能否顺利发展具有极大的影响，但中日两国人民友好交往的愿望却是任何反动势力无法阻挡的。从这个意义上说，中日民间外交又属历史的必然。其三，中日民间外交对两国关系的发展功不可没。它在两国没有正式外交关系的情况下，保持了双方的经济贸易和文化往来；它从民间入手，以民促官，最终促使两国邦交实现了正常化。

《战后中日关系史》一书，在忠实记述战后50年两国关系由不正常到实现邦交正常化历史过程的同时，突出了那些为两国关系正常化作出贡献的先贤，体现了饮水不忘掘井人的美德，也是该书的另一特色。

战后中日关系的发展，可谓艰难曲折，它每前进一步，都要付出巨大的努力。但是，开拓中日关系的先贤们，越是山有虎，偏向虎山行，他们的聪明、智慧和高超的外交技巧，在书中得到了淋漓尽致的表现，成为中日关系史上广为传颂的桩桩美谈。

1955年4月，亚非万隆会议期间，经过颇具匠心的巧妙安排，“周恩来总理会见了日本代表团团长高碕达之助，这是中日两国高官的第一次重要会晤，具有开创先河的重要意义。周恩来

① 田桓主编：《战后中日关系史》，第210—211页。

表示，中日两国间应统一简化字，以便把这种文字作为几百年、上千年以前就是中日两国民族的文化遗产保存下来。”周恩来还在亚非会议政治委员会会议上发言指出：“中国愿意尊重别人选择的生活方式和政治经济制度……日本人民选择了吉田茂政府，我们就承认它代表日本人民，日本人民现在选择了鸠山一郎政府，我们就承认它代表日本人民。”①

1959 年 10 月，日本自民党元老松村谦三应周总理之邀访华，双方多次深入长谈，“随着交往的深入，更加深了彼此的了解和信赖。松村向周总理推荐在万隆会议上和周总理有过交往的高碕达之助，说他和高碕一个侧重政治，一个侧重经济，共同推动日中关系前进”。“据双方会谈达成的谅解，松村第一次访华有意未公开发表文字东西。但‘此时无声胜有声’，双方交谈范围之广、相互理解之深却远远超过了一般公布的文字，同时也不是几句话能表达的事，尤其是在‘寒流袭击’之际，对于推动日中关系的解冻作用尤为突出。”②

致力于日中友好交流的先驱之一、时任全日空社长的冈崎嘉平太，在备忘录贸易担保人问题陷入僵局之时，向日本池田勇人首相建议，可否请中日双方名人，如中国的廖承志、日本的松村谦三担任。“冈崎的构想于 1962 年 7 月通过池田派宏池会提交给池田首相。7 月末，冈崎从当时的内阁官房长官黑金泰美那里得知，政府正在研究该构想，估计问题不大。就在日本政府研究冈崎构想期间，冈崎通过自己独自的渠道向中国方面透露了这一构想。周总理派孙平化作为中国围棋代表团副团长访日，并指示孙在日期间接触松村、高碕达之助等人，冈崎在东京的料亭见到孙

① 田桓主编：《战后中日关系史》，第 113 页。

② 同上书，第 174 页。

平化，并得到孙平化对冈崎构想的支持。8月末，官房长官黑金泰美公开表示原则上同意冈崎嘉平太的方案，池田根据这一构想全权授权松村谦三，请他为此搭桥铺路。"[①] 就这样，备忘录贸易终得诞生。

1962年9月金秋送爽的中秋佳节前后，松村谦三应周总理之邀再次访华。在欢迎宴会上，周总理引用"花好月圆，人寿年丰"的佳句祝愿松村先生健康长寿。此后，周总理、陈毅副总理同松村就国际形势和双边关系进行了三天长达十余小时的会谈。鉴于当时的中日关系"冰冻三尺，非一日之寒，解冻非一日可功成，有必要在逐步接近和不断努力的基础上，谋求两国关系的正常化。因此松村先生提出了积累方式，周总理表示同意并补充说日本叫积累，中国叫渐进，是一个意思。从此产生了促进日中关系正常化的名言'渐进积累方式'"[②]。

"1963年4月，松村几次打电话给廖承志，要求中国派兰花代表团访日。廖承志立即安排孙平化、王晓云随兰花专家访日。廖承志说《易经》上有'同心之言，其臭如兰'的句子，莫非松村老先生有什么话要说。果然，兰花代表团到日后，松村和高碕转达了池田首相的意向，即要实现出口成套设备的诺言。自民党党首之一的河野一郎也对孙、王表示：池田首相了解中国情况，决心发展中日贸易，不会因别人施加压力就不干的。"[③] 由此可见，中日两国政治家之间的默契运用得何等炉火纯青。

上面我们摘取的只是几个比较典型的事例，充其量也只能说是沧海撷英，不足以反映全貌。事实上，为中日关系的正常化而

---

① 田桓主编：《战后中日关系史》，第194页。

② 同上书，第196页。

③ 同上书，第203页。

尽心尽力、甚至毕生为之奋斗的先贤真是成千上万，他们的英名必将永远彪炳史册。在这里，有必要指出的一点是，本书的三位监修者是上述诸多事件的当事人，而且正是由于他们提供了第一手史料，才使得书中的记述如此栩栩如生。只是因为他们过于谦虚，有意识地把更多的篇幅留给其他先贤，我们没能从书中更清晰地目睹他们的风采，但是他们这种为他人做嫁衣裳的高风亮节定将给读者留下美好的印象。

《战后中日关系史》的第三个特色是，它没有就中日关系论中日关系，而是把中日关系放在战后国际关系的大背景下，使读者对战后50年中日关系每一阶段的进程都有一个立体和纵深的把握。作者在记述和分析三个大阶段的中日关系发展过程之前，都设了专节或目，首先摆明当时的国际环境，如冷战格局的由来和发展，美国占领日本和日美同盟的缔结与逐步强化，两个超级大国战略攻守的转换及其对国际关系的影响，冷战后全球经济一体化和政治多极化的新趋势。当然所有这些都不是泛泛空论，而是重在说明它们对中日关系发展直接或间接的影响。这种做法，无疑收到了事半功倍的效果，在某种意义上甚至可以说把这部著作的意境和档次推上了一个新的高度。

那么，是不是说《战后中日关系史》完美无缺呢？笔者认为不尽然。譬如，其一，有些提法，如第90页说在对待朝鲜战争问题上“斯大林消极悲观”、第143页“1958年起，中共确立了自力更生为主，争取外援为辅的方针”、第412页“地处亚洲的先进国家日本”等等，似乎值得商榷。其二，有些地方，如第237页第二段至239页第一段大篇幅论述尼克松访华并非偶然，有游离主题之嫌、第332页“蒋介石在1972年中日复交前，曾向日本政府口头表示了不要求日本战争赔款的承诺。后来，又在‘日台条约’中载明了这一意见”时间顺序有误、第263页松山芭蕾舞团访华到达北京误为“东京”、第 149 页“但是对实现确保台湾做的自由世界这一目标上”一句中“做的”似应为“作为”，同属印刷错误。尽管存在这样一些问题，但它依然是瑕不掩瑜，不致影响《战后中日关系史》的总体形象。

三 前事不忘 后事之师

《战后中日关系史》的最为成功之处，在于它通过对战后 50 年中日关系发展变化的考察分析，探索出了中日关系发展的内在规律，并把它作为一份珍贵的历史遗产留给了后人。作品截稿之后的近几年，两国关系虽然遇到了一些困难和挫折，但其主流仍然是向前发展的，特别是 1998 年两国政府发表了“面向 21 世纪致力于和平与发展的友好合作伙伴关系”联合宣言，为新世纪的中日关系指明了前进方向，同时也成为规范两国关系的第三个最重要的历史性文献。现在，历史业已跨入 21 世纪，两国的国内外形势都发生了新的变化。在全新的形势下，如何进一步把中日关系继续推向前进，已经历史地落在了中日两国政府和人民的身上。2002 年 11 月召开的中国共产党十六大，提出了我国周边外交政策应遵循“与邻为善，以邻为伴”的方针。2003 年 5 月 31 日，中共中央总书记、国家主席胡锦涛在俄罗斯圣彼得堡会晤日本首相小泉纯一郎时强调：“发展新世纪的中日关系，必须牢记中日友好的历史和经验教训，珍惜来之不易的中日友好成果。以史为鉴，面向未来，恪守中日联合声明、中日和平友好条约、中日联合宣言的原则和精神。既要不断扩大双方利益的汇合点，又要重视并处理好双方的关注点，尤其要慎重处理历史问题和台湾问题。中日两国领导人应当从战略高度和长远角度来看待和处理两国关系，牢牢把握两国关系发展的大方向，抓住历史机遇，进一步发展长期稳定的睦邻友好与互利合作关系。”[1] 小泉首相对此表示支持。由此可见，以史为鉴，面向未来，已成为两国领导人的共识。那么，我们应当牢记的战后中日关系发展的经验教训是什么呢？在这方面，《战后中日关系史》给我们提供了许多有益的启示。

首先，巩固和发展中日经济贸易合作，互通有无，利益互补，促进两国经济的共同发展，符合两国人民的根本利益，也是中日两国关系发展的基础。战后在两国没有外交关系的情况下，通过民间贸易维持了两国的经济联系，及至 IT 贸易阶段，更具有了半官半民的性质，这种经贸合作事实上为两国关系的正常化奠定了坚实的经济基础。两国邦交正常化实现后，经贸合作规模日趋扩大。“与 80 年代相比，90 年代的中日贸易不仅在贸易规模上迅速扩大，从 200 亿美元左右发展到了 460 亿美元，而且在贸易平衡、贸易结构上也发生了良好的转变。”[2] 时至 2002 年，中日双边贸易额已经突破 1000 亿美元大关，并且继续保持着强劲的增长势头。既然历史反复证明，经贸合作是中日两国利益的汇合点，我们就要珍惜并不断扩大这方面的合作，让它为中日关系的全面发展发挥更加牢固的支柱作用。

其次，中日两国关系发展过程中，没有任何矛盾和斗争是不可能的，关键在于正确对待和处理。战后 50 年，中日关系中的矛盾冲突从未间断，但却没有能够阻止两国关系前进的方向和步伐，根本原因是两国人民要求友好的强烈愿望，以及两国领导人及中日友好的先贤们处理这些矛盾冲突的高超艺术。今天，面对两国间诸如历史认识、台湾问题、领土争端等分歧，我们仍应像先辈们那样，高举“中日两国人民要世世代代友好”的旗帜。

---

① 2003 年 6 月 1 日《人民日报》第 1 版。

② 田桓主编：《战后中日关系史》，第 428 页。

日本人民热爱和平，要求独立和发展，对中国人民怀有传统的友好感情。中日两国人民要加强团结，与任何企图阻挠和破坏中日关系健康发展的势力作坚决斗争。中日两国关系中分歧与冲突的解决，最终还取决于两国政府的协调与磋商。现在的日本执政党确有保守化、右倾化的趋势，这与日本的国际国内形势有着密切的联系。这种趋势迄今尚无逆转的迹象。我们要面对现实，遵循中日联合声明、和平友好条约和联合宣言的原则和精神，以两国关系大局为重，和为贵，但在原则问题上要作有理、有利、有节的斗争，斗而不破。这是战后中日关系史上的一条成功经验，也是我们今后应对矛盾冲突的有力武器。

第三，青年代表着未来，中日关系的未来取决于两国青年的友好交往和互信合作。在中日关系最困难的时候，中日友好的先贤们带领两国青年冲破艰难险阻，组织了广泛的交流，实现了大联欢，从而加深了了解和信赖，迎来了中日关系的正常化。此后，两国青年的友好交往进一步发展，从中产生了一批批新生代的政治家，成为中日关系健康发展的推动力量。但是，自20世纪90年代中后期以来，由于日本右翼势力的挑拨离间和某些媒体的不正确引导，两国青年间的互信度大幅下降，这是极其危险的，必须予以扭转。日本青年没有经历过那场对华侵略战争，不应承担侵略战争的责任。我们寄希望于日本青年，相信他们能够以史为鉴，更加珍惜中日两国的传统友谊，并且和中国青年一道共同开创两国关系更加美好的未来。

总之，田桓主编的《战后中日关系史（1945—1995）》是一部总结、促进和推动中日关系发展的佳作，值得一切关注中日两国关系发展的人们，包括日本方面的有关人士，认真一读。

（原载《当代亚太》2003年第12期）

论日俄战争与日本军国主义的发展

明治维新后的日本，在名为“富国强兵”，实则“强兵为富国之本，而不是富国为强兵之本”的思想主导下，必定要走上对外侵略扩张的道路。伴随着明治维新而确立的近代天皇制，“从其诞生之日起就具有浓厚的军国主义倾向，参谋本部的设立（1878 年 12 月）便正式宣告天皇制采取军国主义了”①。把朝鲜据为自己的殖民地，挑起中日甲午战争，出兵参与镇压中国的“义和团”运动，表明日本已经在军国主义道路上越走越远，而 1904—1905 年的日俄战争，更助长了日本军国主义的发展，标志着作为帝国主义新兴一员的日本，步入了与西方列强争霸的行列。

一　挑战西方列强是日本军国主义发展的必然

正如列宁所指出的那样，作为美、欧以及稍后的亚洲资本主义最高阶段的帝国主义最终形成于 1898—1914 年间，而 1898 年

① ［日］井上清：《日本近代史》中译本，商务印书馆 1959 年版，第 43 页。

的美西战争、1899 年至 1902 年的英布战争、1904 年至 1905 年的日俄战争和 1900 年欧洲经济危机，则是这一世界史新阶段的主要历史性标志。换言之，19 世纪末 20 世纪初，是以列强瓜分和重新瓜分殖民地的激烈斗争而著称于世的。这里，列宁所说的亚洲帝国主义国家显然是指日本。1868 年的日本明治维新后，与之相伴俱生的军国主义势力逐步发展，并于 19 世纪 90 年代最终主宰了日本的内政外交。它们在中日甲午战争得手后，经过镇压中国“义和团”运动的实战演练，殖民扩张野心继续恶性膨胀，终于以国运为赌注，走上了与西方列强首先是沙俄争霸的冒险道路。

1. 近代日本军国主义的形成

始于 1868 年的明治维新，其实质是日本摒弃长期以来的闭关锁国政策，以欧美国家为榜样，推行资本主义改革，谋求国家的发展。但明治维新的历史已经确凿无疑地表明，日本在实施资本主义改革获得明显成果，综合国力渐渐增强并一步步挤入世界资本主义列强的同时，其军国主义势力也应运而生，并逐渐羽翼丰满，最终发展成为主宰日本国策的近代军国主义。

日本的明治维新是以“富国强兵”、“殖产兴业”、“文明开化”三大政策的贯彻实施为主要标志的。而三大政策的基本主导思想是“富国强兵”。

明治新政权在击退了地方封建割据势力的武装反扑，初步站稳脚跟之后，迅速派出了阵容强大的岩仓使团赴欧美考察。该团用了 20 个月的时间，遍访了美、英、法、俄、德等 12 国，既全面了解了当时世界资本主义发展的最新现实，又目标明确地选取德国为日本改革的楷模。据史家记载，岩仓使团 1873 年 3 月访问当时实施帝制的德国，除对德国的城市、工业、农业做例行考察外，还着重对德国的政治制度、军事制度、军队及国防工业进行了深入细致的考察。尤其值得一提的是，访问期间，使团专门拜访了“铁血宰相”俾斯麦，听取他传授其“强国之道”：“方今世界各国，虽皆声称以亲睦礼仪相交往，然此全系表面文章，实乃强弱相凌、大小相侮……彼之所谓公法虽号称保全列国权利之典章，然而一旦大国争夺利益之时，若与己有利，则依据公法，毫不变动；若与己不利，则翻然诉诸武力，固无常规也。小国孜孜省顾条文与公理，不敢越雷池一步，以期尽力保全自主之权，然遭其簸弄凌侮之政略，则每每几乎不能自主。是以（普鲁士）慷慨激奋，一度振兴国力，欲成为以国与国对等之权实施外交之国。乃振奋爱国心，积数十载，遂至近年始达成所望。”① 俾斯麦的这一番“强权政治”论，被岩仓使团作为“真经”取回日本，并当作治国之道推而广之，从而进一步充实了近代日本军国主义的理论基础。

日本明治政权以富有军国主义传统的德国为榜样，首先大力推行军事改革，迅速发展壮大军事力量，并凭借这支畸形发展的武装力量走上对东亚邻国朝鲜、中国的侵略道路。1874 年日本发动了对中国台湾的侵略战争。1875 年挑起“江华岛事件”，从而拉开了侵略朝鲜的序幕，1876 年即迫使朝鲜接受了不平等的《日朝修好条规》。从此以后，日本军国主义的对外侵略扩张便一发而不可收，直到它的最终覆灭。

为了适应对外侵略扩张的需要，明治政权还相应采取了一系列所谓“改革”措施，如废除幕藩封建武士军制，实行征兵制，并建立起一支近代国民皆兵的新式常备军和一批掌管军令、军政的近代军事官僚机构，如 1878 年设立参谋本部，到 1888 年发展为陆军参谋本部和海军参谋本部。1889 年颁布的以德国宪法为

---

① 孙承：《岩仓使团与日本近代化》，《历史研究》1983 年第 6 期。

蓝本的《大日本帝国宪法》（通称“明治宪法”），更明确规定：天皇作为大元帅统帅陆海军，由军令机关陆军参谋本部和海军参谋本部辅弼天皇行使统帅权，从而保证了军队统帅权的独立。1893年海军参谋本部改组为海军军令部，它和陆军参谋本部共同组成了直属天皇而且独立于政府之外的军令机关，即史家所谓的军部。于是，正如我国日本史研究的前辈万峰教授所说，从19世纪70年代起逐步形成的日本近代军国主义到90年代初随着近代天皇制的确立而完全形成。这是有别于幕藩制封建军国主义的近代天皇制军国主义。

2. 日本军国主义的殖民扩张政策

日本近代天皇制军国主义在其形成过程中，已经充分暴露出对内实行高压、对外侵略扩张的两大特点。日本军国主义的对外侵略扩张，除由其军国主义本性和巩固其国内政权的需要所决定外，也与19世纪末20世纪初期的国际形势有着密切的联系。

众所周知，19世纪末20世纪初，世界资本主义的发展进入一个重要的转折期，即由自由资本主义转向垄断资本主义阶段，也就是列宁称之为帝国主义的阶段过渡。列宁指出：“应该说，世界分割完毕是这个时期的特点。所谓完毕，并不是说不可能重新分割了，——恰巧相反，重新分割是可能的、不可避免的——而是说在资本主义各国的殖民政策之下，我们这个行星上未被占据的土地都被霸占完了。世界是第一次被分割完了，所以将来只有重新分割，也就是从一个‘主人’转归另一个‘主人’，而不是从无主的变为‘有主的’。”① “资本主义使集中发展到这样的程度，以致整个整个的工业部门都操纵在辛迪加、托拉斯这些资

① 中共中央编译局编译：《列宁选集》第2卷，人民出版社1972年10月第2版，第796—797页。

本家亿万富翁的同盟手中，整个地球几乎都被这些‘资本大王’瓜分完毕，他们或者占有殖民地，或者用金融剥削的无数绳索紧紧缠住其他国家。垄断、夺取投资场所和原料输出地等等趋向代替了自由贸易和竞争。在帝国主义时代，资本主义已由反封建主义斗争中的民族解放者，变为各民族的最大压迫者。资本主义已由进步转为反动，它已经使生产力发展到这样的程度，以致人类不是过渡到社会主义，就要在许多年内、甚至在数十年内熬受各‘大’国为勉强保存资本主义（通过侵占殖民地，实行垄断，建立特权，实行各种各样的民族压迫）而进行的武装斗争。”① 正因为如此，在这一时期，资本主义列强瓜分殖民地的争夺日趋激烈和残酷，相互之间爆发战争已不鲜见。日本通过明治维新走上了资本主义道路，但它终究是一个后起的资本主义国家。当它企图登上世界政治舞台时，不可避免地要同老牌资本主义列强发生矛盾和冲突。再加上当时的日本，还没有完全摆脱欧美资本主义列强在此之前强加给它的一系列不平等条约的束缚。在这种情况下，日本明治政权首先采取了所谓“失之西方、取之东方”的侵略扩张政策。具体地说，就是在日本尚无力与欧美列强正面抗衡和争霸的时候，先把侵略扩张的目标定为东方弱邻朝鲜和中国。上面已经提到的1874年对我国台湾的侵略战争，1876年武力强迫朝鲜接受《日朝修好条规》，特别是1895年对我国发动的甲午战争并迫使清政府签订丧权辱国的《马关条约》，即是日本这一政策的集中表现。

日本明治政权当然不会仅仅满足于“取之东方”。1895年4月15日，时任陆军大臣兼监军的山县有朋曾上奏天皇，主张趁

① 中共中央编译局编译：《列宁选集》第2卷，人民出版社1972年10月第2版，第670页。

甲午战争胜利之机，扩充军备，向海外谋取新的领地，进而成为东洋盟主。1900年9月15日，即在沙俄以镇压“义和团”为名出兵中国东北之后，日本外务大臣青木周藏在致天皇的《征俄上奏文》中更加明确地提出：“俄国不仅要吞并满洲，而且要吞并朝鲜的野心，业已到了毫不掩饰的露骨程度。……事已至此，以区区的外交手段相对应，已属无益，唯有毅然而起，外以挽回国运于未倒，内以唤醒民心于垂倾。”要求天皇“赐决迅速商议讨俄”[①]。可见，受军国主义本性的驱使，在它自认为羽翼已丰时，必然会不惜风险地去把“失之西方”的东西抢回来。但是，这一战略的实施，不可避免地会遇到沙俄的强烈抵制。沙皇俄国对远东的扩张始于17世纪，到日本明治维新时，沙俄已经成为东北亚地区的头号殖民大国，但它的侵略扩张野心并没有就此收敛，1886年开始修筑的西伯利亚大铁路，显然是与其远东战略密不可分的。此后，它通过对朝鲜的渗透和对中国东北的军事占领，企图强化其在东北亚的霸权地位。一个要巩固和发展自己的既得利益，一个要突破现有利益格局，虎口夺食，日俄两国间的矛盾遂趋于激化。对此，前苏联历史学博士 И. 罗斯图诺夫在《俄日战争史》一书中作了很好的概括：1894年至1895年的日中战争（即甲午战争——本文作者注）结束了远东地区国际关系发展的帝国主义之前的阶段。19世纪与20世纪之交，几个最强的帝国主义大国已经把世界瓜分完毕。此后，则如列宁所指出的，将来只有重新分割，也就是从一个“主人”转归另一个“主人”，而不是从无主的变为“有主的”。在远东国际关系中，尤为突出地表现为它们企图彻底瓜分中国，把中国从半殖民地变

① ［日］中田千亩：《日本外交秘话》，第201页。转引自米庆余著《日本近代外交史》，南开大学出版社1988年版，第168页。

为殖民地。

3. 日本军国主义势力的对俄战争准备

日本通过甲午战争和《马关条约》，迫使清政府割让辽东半岛、台湾等大片中国领土，获取了两亿两白银的巨额赔款。此举不仅进一步壮了日本军国主义对外侵略扩张的“贼胆”，而且大大充实了其侵略扩张所必不可少、但事实上却相当虚弱的财力基础。然而，令日本政府始料不及的是，日本从中国强取豪夺的丰厚利益，引起了同样觊觎中国的欧美列强的心理不平衡，特别是同为中国之邻国，况且早已对中国东北虎视眈眈的俄罗斯的极大不满。中日签订《马关条约》的当天，即1895年4月17日，俄国便正式邀请德、法两国共同采取干涉行动。23日，俄、德、法三国驻日本公使分别向日本政府提出放弃辽东半岛的劝告。它们劝日还辽的冠冕堂皇的“理由”是：如果日本占领该地，就会危及中国的首都，使朝鲜的独立变得有名无实，妨碍远东的持久和平和各国商业上的利益。与此同时，俄国把几艘军舰分别开进了日本的神户和中国的烟台，摆出了一副咄咄逼人的架式。俄、德驻日公使甚至警告日本，必须作出让步，对抗三国是没有希望的。在俄、德、法三国外交和军事双重压力下，日本政府经反复权衡，在多方交涉和一拖再拖不见成效的情况下，终于5月5日被迫正式向三国声明接受“劝告”，放弃对中国辽东半岛的永久占领权。显然，日本的声明是言不由衷的，是迫于三国特别是俄国的巨大压力不得已而为之。沙俄在此举得逞后，又于翌年6月胁迫中国清政府签订《中俄密约》，取得在中国东北修筑铁路和开设银行的特权。用当时担任沙俄外交大臣的洛巴诺夫的话说，“迄今为止，我们可以看到，俄国的外交达到了正在远东寻求的两大目标，并使之结合在一起了，这就是：把日本从大陆上排斥出去和横贯西伯利亚的铁路通过中国领土延伸下去"①。然而，洛巴诺夫高兴得太早了。殊不知，沙俄在远东的一时得逞却进一步加剧和激化了日俄两国之间的矛盾，导致了一场大规模战争的祸患。

早在甲午战争结束、日本在三国压力下被迫将辽东半岛有偿（从清政府索取"赎银"3000万两）归还中国不久，明治天皇曾对其重臣伊藤博文说过："不要急于夺取半岛。在这次战争中，了解了地理和人情，不用很久，或者从朝鲜，或者从其他什么地方，再度进行战争的机会还会光临的。到那时，再夺取它也很好嘛！"② 日本史学家安冈昭男在其《日本近代史》一书中也承认：（1895年）5月10日返还辽东半岛的诏敕，于13日在官报上公布，以后日本国民"卧薪尝胆"，期待着对主导干涉的俄国复仇。可见日本对中国东北的领土野心丝毫没有改变，日本准备再度进行战争的谋划从来就没有放弃过。正是在天皇的这一思想指导下，由军国主义势力控制的日本政府，便肆无忌惮地踏上扩军备战的新征途，而扩军备战的首要目标，自然锁定为被日本视为向中、朝扩张最大障碍的沙皇俄国。

日本军国主义势力的对俄战争准备，经历了长达8年多的时间，基本上是从军事和外交两个领域齐头并进的。

在军事领域，日本利用甲午战争从中国勒索的巨额赔款，集中力量装备以重工业为基础的军事工业，扩充武装部队。"战后三年间，它以赔款、赎辽费和威海卫驻军费（每年银50万两）等名义从清政府实收到34725万日元（中国库平银23150万两），

---

① ［俄］阿·洛巴诺夫、罗斯托夫斯基：《俄国与亚洲》，第225页。转引自米庆余著《日本近代外交史》，第164页。

② 转引自［日］井上清著《日本历史》中译本下册，天津人民出版社1976年版，第725页。

大大超过它1896—1898年三年间全国税收26890万日元的总和。依靠这一大笔收入，日本确立了金本位制（1897年），打下了资本主义经济发展的基础。这笔巨款的具体分配是：2000万日元归入皇室的私产，1000万日元用于备荒，1000万日元用作教育基金，1200万日元补助1898年度的一般支出，其余近3亿日元全部转入临时军费特别支出，用作扩充海陆军等军事费用以及扩大军备产业基础（如建立国营八幡制铁所等）。日本从对华战争掠夺的不义之财又用来准备以后的战争，也就是发展它的军国主义力量。”“大约有90%的赔款用于陆海军的扩建和装备革新以及发展重工业上面。”①

从甲午战争结束到日俄战争爆发前，日本全力发展军工企业，加速军事装备的生产。生产各种类型武器、生产军服和军需品的工厂都相继建设起来，并且创设了许多新的兵工厂。对东京和大阪的旧兵工厂进行了大规模的扩建，其生产量在战后时期成倍地增长。在吴港的海军基地，开始建造生产装配军舰用的铁甲板的工厂，建造造船用的各种装备和机械的企业，等等。其中，仅以陆海军兵工厂雇佣工人数和发动机马力数的变化，即由1893年的9584人和2084匹马力增长到1903年的89286人和80728匹马力，增幅分别超过9倍和40倍。

与此同时，日本的扩军行动也在加速进行。日本陆军已由甲午战争前的6个师团扩充为13个师团，并新建了骑兵部队和炮兵部队。至于海军，日本统治集团在准备战争时，对舰队和商船队的发展极为重视。海军的扩建计划，在1901年较1905年的原定期限提前完成。1894年的日本海军舰队有军舰55艘，总排水

① 中国社会科学院近代史所：《日本侵华七十年史》，中国社会科学出版社1992年版，第54、342—343页。

量61000吨，到1901年已拥有军舰76艘，总排水量超过256000吨。

经过几年的苦心经营，到1900年，当中国北方农民发动的“义和团”运动发展至京津地区，并提出“扶清灭洋”的口号，各在华帝国主义列强势力终于找到武装干涉的借口时，日本便得以不失时机地大举向中国派兵，先后出动总兵力两万余人，成为臭名昭著的“八国联军”的急先锋和名副其实的主力军。在此，尤其值得强调的是，日本通过参与镇压中国的“义和团”运动，积累了迅速而大规模地向国外派兵的经验，这对决心用军事冒险实现侵略扩张野心的日本军国主义势力来说无疑是一次难得的实战演习。

在血腥镇压“义和团”运动后，日本又从清政府的“庚子赔款”（总额4.5亿两白银）中分得7.7%即3479万两白银，从而为其军事预算又注入一支强心剂。然而，连年的扩军备战导致财政上的入不敷出。1894年至1903年，日本商品贸易的入超和国家实施金本位制而从朝鲜输入黄金的入超，总计已超过5.3亿元。为弥补这一巨额外汇逆差，用上甲午战争的赔款及以“义和团”事件为由从清政府攫取的赔款，仍然不够，又从1897年至1902年分三次引进总计达19486万元的外资（向海外卖内债，募集外汇债券），才勉强把亏空补上。即便如此，日本政府宁肯对内增税、对外举债也不愿放弃穷兵黩武的既定国策。

在外交领域，日本的对俄战争准备同样没有松懈，而且它是在寻求对俄战略盟友和直接对俄交涉两条渠道进行的。

首先是寻求对俄战略盟友。明治维新后，随着日本综合国力的逐步增强，其称霸东亚地区的野心愈发强烈。但当时的现实是，老牌殖民帝国英、法、德、俄等已捷足先登，将东亚瓜分殆尽，先于日本步入帝国主义阶段的美国也已插足东亚，要求

“利益均沾”；在这些西方列强面前，日本要与虎谋皮可谓心有余而力不足。然而，军国主义的日本并未望而却步。为了达到称霸东亚的目标，它采取了分两步走的策略。第一步，修改闭关锁国期间西方列强强加的不平等条约；第二步，利用列强间的矛盾，联英制俄。鉴于英国在西方列强中的特殊地位，日本便选取英国作为突破口。明治25年（1892），第二届伊藤博文内阁成立。陆奥宗光一接任外相，就想竭力解决这一问题，鉴于以前舆论界的反对，制定了全面对等的条约草案，让驻德兼驻英公使青木周藏去同英国政府交涉。英国政府起初表示为难，后来在陆奥外相和青木公使的努力下，终于表示同意日本提出的草案，于明治27年（1894）7月，签订了《日英通商航海条约》。到明治30年（1897）12月为止，已与剩下的12个国家全部修改了条约。修改后的条约从明治32年（1899）7月一齐开始生效。从此，日本便与各国互相适用最惠国条款，废除了治外法权。此举奠定了日英关系的新基础，也为日后日本借助英国抗衡沙俄铺平了道路。

在中日甲午战争后俄法德三国联合促日还辽过程中，英国采取了独特的立场，日本从中看到了联英制俄的可能性。在1900年八国联军对中国“义和团”运动的血腥镇压行动中，英、日双方更互相看中了对方的可利用之处。于是，在日俄矛盾趋于激化、英国担心沙俄在中国坐大的情况下，日英联盟已经成为意料中事。据说当时担任日本政府农商大臣的金子坚太郎还为这一联盟找到了经济利益上的论据：英国有资本与机器，日本有劳动力与煤，这样若将英国的资本、机器弄到日本，而用日本的劳动力与煤来兴办产业的话，则“亚洲工商业归于日英两国手中”。此公的分析，其实质在于鼓吹日英联手称霸亚洲。日本的这种认识，其实并非偶然，它是在镇压中国的“义和团”运动，特别是在试图占领中国厦门计划的惨败[①]中得出的所谓“教训”：日本若不利用西方列强之间的矛盾，联合其中一方，不仅侵略朝鲜、中国等东亚国家的目的难以实现，而且要对付像沙俄这样的强国，更是不可思议的。在此基础上，日本开始了积极的行动。1901 年 4 月，日本军国主义头目山县有朋在写给伊藤博文首相的《东洋同盟论》中明确提出：“若欲维护东亚之和平，获取通商之利益，掌握铁路、矿山之实权，据要冲之地，徐待大势之发展，宁暂与俄国反目，亦与英国合作为上策。我国与俄国之关系虽尚未严重决裂，但一大冲突迟早势不可免，彼若恃其强大，进而侵犯我权利线（指朝鲜），我亦须有所准备，坚决反击。因而，欲避免此冲突，防战争于未然之策，唯有借助其他同盟国之力，以阻止其南下。”[②] 据此，日本驻伦敦公使林董主动向英国外相兰斯多恩试探日英结盟的英方意向，得到良好反应。同年 11 月 6 日，英国方面已经拿出了日英同盟条约的初稿，其主要内容为：日英任何一方与第三国间发生战争时，另一方严守中立；若他国支持敌国而参战，同盟国也共同战斗。日本方面迅速起草了对英国提案的修正答复案，经征得在朝诸元老的同意，并得到天皇的批准，作为正式提案由驻英公使交给了英国外相。几乎与此同时，一贯对日英同盟持慎重态度、主张对俄协商的伊藤博文以个人名义出访俄国，但没有达到预期目的后，也受命赴巴黎协助林董公使完成对英谈判。1902 年 1 月底，日英两国正式签署同盟条约。其中第一条明确规定：两缔约国鉴于两国之特殊

① 1900 年 8 月底，日本军政当局乘八国联军镇压“义和团”之际，密令驻台湾日军伺机出兵占领厦门，由于遭到中国清政府的强烈反对和美、英等西方列强的抵制，宣告破产。

② 《公爵山县有朋传》下，转引自［日］井上清《日本帝国主义的形成》中译本，第 169 页。

利益，其利益对大不列颠主要系有关清国（指我中国，下同）者，对日本国则除清国之利益外，特别于韩国有之商业及工业利益。两缔约国同意，若上述利益或因各国之侵略行为，或于清国与韩国发生暴乱，非镇压不能保护两缔约国任何一方臣民之生命财产不受侵犯时，两缔约国均需为维护利益采取必要措施。条约第二、三条进一步规定，若两缔约国为维护在朝、中利益与他国干涉发生对抗乃至发展为战争时，缔约国有责任互相援助。日英同盟的形成，极大地助长了日本军国主义势力的嚣张气焰，为日本最终下决心对俄开战发挥了重要作用。

其次是直接对俄交涉。它比寻求战略盟友起步更早，而且直接关系到何时和怎样对俄开战的问题。鉴于日俄两国之间的利害冲突是无法调和的，因此双方的交涉无非是一种策略上的较量。早在甲午战争后俄、德、法三国联合迫使日本将辽东半岛归还中国时，俄国对中国东北地区的野心已昭然若揭，这就无形中埋下了与同样觊觎中国东北的日本矛盾冲突的种子。日本当时的退让实属迫不得已，因为无论从实力还是时机上看，马上同沙俄对抗显然是不利的。但也正是从那时起，日本逐渐清楚地认识到，沙俄是其向东亚扩张的主要障碍，日俄之间的较量是不可避免的。1895 年底，不愿充当日本殖民地傀儡的朝鲜统治者进一步倒向沙俄，寻求庇护；1896 年 5 月，沙俄与中国清政府缔结密约（即李鸿章—罗巴诺夫条约），取得中长铁路的修筑权；1898 年 3 月又强迫清政府租借辽东半岛的旅顺、大连，并取得南满铁路的修筑权；1900 年乘镇压中国“义和团”之机，沙俄向中国东北大举增兵，总数达 16 万之多，而且事后寻找种种借口拒不撤兵。所有这一切表明，沙俄根本无视日本的存在，决心继续其东亚扩张战略，特别是独霸中国东北。在这种情况下，羽翼逐渐丰满的日本岂能无动于衷？首先是关于朝鲜问题。1896年6月，山县有朋以日本前首相的身份出席俄国沙皇的加冕典礼，并同俄国外交大臣罗巴诺夫于6月9日签订了《关于朝鲜问题的日俄议定书》，并附有两条秘密条款，基本精神是由日俄两国共同维持朝鲜的独立与和平。1898年4月，日俄两国在东京签订了新的朝鲜问题议定书，规定日俄两国政府确认韩国（朝鲜于1897年8月改国号为韩）的主权及完全独立，两国均不直接干涉该国内政，俄方支持日本在韩国获取更多的经济利益。在双方谈判过程中，日方曾建议以承认俄在中国东北的特权换取俄对日本在韩国的全权，但遭到俄国的断然拒绝。此后，双方的交涉始终没有离开过朝鲜问题，但因日本的要价过高，难以达成妥协。其次是关于在中国东北地区的权益问题。由于沙俄已经在这一问题上占得先机，日本要想从俄国这只老虎口中夺食，难度是可想而知的。然而，军国主义的贪婪性驱使日本，明知山有虎，也向虎山行。而且在1901年以后直至日俄战争爆发前，日本在对俄交涉中的立场日趋强硬，条件日趋苛刻。日本每次新建议的不同方案，都力图最大限度扩大自己在朝鲜的权利和削弱俄国在朝鲜和满洲的阵地。第一次提案是1901年伊藤在彼得堡递交的，对沙皇俄国更为不利的第二次提案是1902年8月4日提出的。1903年8月12日，日本公使栗野转交给沙皇外交大臣拉姆斯多夫一件新的日俄协定草案。根据这项草案，俄国不仅要承认日本在朝鲜的利益，而且要承认日本在满洲的利益，同时要求沙皇放弃它已经夺取的阵地，只承认俄国在满洲铁路企业方面的“特殊利益”。这样的要求，沙俄是无论如何也不会接受的。事实越来越清楚，日本军国主义势力的真实意图是把谈判引向战争。

二 日本军国主义挑起对俄战争

在俄、德、法三国压力下归还辽东半岛8年之后的1904年，日本军国主义势力终于找到了“再度进行战争的机会”，于是向沙俄的远东殖民军发动了进攻，从而拉开了武力挑战西方列强的序幕。日军的咄咄逼人之势，迫使一向蔑视日本的沙俄不得不仓促上阵，一场新老帝国主义之间的大规模血腥搏杀在中国和朝鲜的土地上展开。

1. 日本军国主义孤注一掷对俄开战

1904年初，日俄谈判虽然仍在进行，但日本军国主义当局的开战决心却已下定。2月4日，日本天皇召开由元老、大臣参加的御前会议，决定对俄开战。2月6日断绝与俄国的外交关系。2月8日，日军在朝鲜仁川和中国旅顺向俄军发动突然袭击，击沉俄巡洋舰两艘、铁甲舰和炮舰多艘，并造成俄国舰队人员的重大伤亡。2月10日正式宣战。战争由陆战和海战两部分组成，历时长达一年半之久。陆战方面。日本在突然袭击得逞，大大削弱俄罗斯远东海军并取得制海权后，迅速向朝鲜增派大量陆军部队，到1904年3月中旬，已有10余万日军集中在朝鲜的仁川至鸭绿江一线。日本利用海上优势，于1904年4—6月完成了在南满的登陆，并立即在两个方向发起了进攻，一路攻击满洲俄军主力集团，另一路攻击旅顺口。4月29日至5月1日，日军取得九连城战役的胜利，俄军全线败退。日军之一部乘机越过鸭绿江，进入中国东北地区。日军的另一部在中国旅顺以北地区登陆，切断了旅顺俄军和其余俄军的联系，并于5月底占领了不设防的大连。于是，日军兵分两路，一路继续围攻旅顺，另一路主力部队北上，待其从本土增援的第十师团抵达，从而使总兵力超过俄军后，会同从鸭绿江进入中国东北的日军，于1904年8月29日至9月3日，共同发起辽阳战役，以惨重伤亡的代价迫使俄军向沈阳一线败退。此后，战局进入一段胶着状态。1905年1月2日，被日军围攻将近11个月的旅顺俄军投降，旅顺陷落。2月末，日军经过充分准备发动了沈阳战役，双方经一番血战后，俄军向哈尔滨一线败退，日军亦无力发动新的攻势，陆上战局趋于平稳。海战方面。俄远东海军于1904年2月遭日本海军重创后，即退守旅顺港待援。4月13日，俄太平洋舰队司令马卡洛夫将军阵亡。8月10日，俄残余舰队试图从旅顺口突围，但没有成功。在几近绝望的情况下，沙俄当局于1904年10月匆忙派出其波罗的海舰队（以“第二太平洋舰队”的名义）驰援。由罗捷斯特文斯基将军率领的这支特遣舰队虽然阵势颇为庞大，由40余艘战舰和补给舰船组成，但由于前往远东战场距离遥远，加之舰队须绕道南非好望角，转大半个地球，以致整个航程长达近7个月。1905年5月接近目的地前虽作短暂休整补充，但长途劳顿疲惫不堪的俄驰援舰队注定难有作为。5月27日，刚刚驶入对马海峡的俄舰队便遭到以逸待劳的日本舰队的猛烈攻击，当日即几乎全军覆没，连罗捷斯特文斯基本人也被日军俘获，只有一艘巡洋舰和其他个别炮艇侥幸逃往俄远东舰队基地海参崴。日俄战争中的海战从此宣告结束。据史料记载，日俄交战双方均投入了数以十万计的巨额兵力，而且都付出了超过各自总兵力30%—40%的惨重伤亡代价，最后在沙俄军队节节败退、日军亦无力发动歼灭性攻势的形势下，以1905年9月签订的一纸《朴茨茅斯和约》宣告战争的结束。日俄战争总体上说是以日军的胜利和俄军的失败而告终的。为什么军国主义的日本在综合国力尚处劣势的情况下会战胜沙俄？看来应当从战略和战术两个层次上去寻求答案，当然其中战略层次的答案尤其重要。因此我们着重就双方的战略进行对比分析。其一，日本是经过将近 10 年的潜心准备，可谓有备而来，而沙皇俄国不仅战略上藐视日本，而且从战术意义上说也明显准备不足，甚至可谓仓促应战。如前所述，日本的战争准备不仅表现在扩充武装力量和军备上，而且从内政到外交都作出了相应的部署和调整，战争打响后，全国迅速转入战时体制。相比之下，沙俄却几乎没有作出什么像样的准备。前苏联权威史学著作承认：在尼古拉二世的宫廷里，根本不害怕同日本的冲突，毫无顾虑地主张这样干，可是很奇怪，却不对这场冲突做好准备。人们确信日本不敢进攻，它只能耐心地等待着俄国进攻。可是，俄国的进攻照例也没有做好准备，因此尼古拉在 1904 年 1 月还胡扯什么“他不希望作战”一类的话。曾任俄陆军大臣和日俄战争俄军总司令的库罗帕特金在《满洲悲剧的序幕》一书中写道：1897 年俄军占领中国旅顺，这一行动使日本人蒙受了奇耻大辱，他们遭到嘲笑，因为我们从他们手中夺去了他们通过胜利获得的旅顺，并且攫为己有。战争成为不可避免，可是我们并未意识到这点，而且没有对战争做好应有的准备。人人都觉得：战争与和平的问题完全操在我们手中。1903 年 6 月，当日本军国主义势力已经决心对俄开战之时，库罗帕特金还曾接到沙皇允许向日本作出让步的电报。时至 1904 年 1 月，战争已经迫在眉睫。然而，1 月 14 日，尼古拉二世却电令远东总督：可以允许日本占领朝鲜至构成鸭绿江和图们乌拉地区分水岭的山脉。1 月 26 日，尽管日本已经从彼得堡召回了驻俄使团，尼古拉二世仍然心存避免战争的希望，命令远东总督：如果日本人不开始针对俄国的行动，不应阻挠他们在朝鲜南部或在直至元山的东海岸登陆。由此可见，沙俄当局对这场战争缺乏思想准备到了何种程度。至于军事部署，据库罗帕特金在《俄国军队与对日战争》一书中介绍：在最近 25 年中，不但德奥两国，而且俄国的其他邻国也都使它们的军队组织日臻完善，并已达到了卓越的程度，使它们既能采取有力的防御，又能迅速地使战争在俄国领土上进行。因此，俄军就不得不承担数额更巨大的经费，并须在罗马尼亚、土耳其和阿富汗边界聚集更大的兵力。在中国边境上，和平相处了将近200年之久，但上世纪最后15年内事件不断发生，迫使俄国使当时在远东的微不足道的军队开始增多，虽然俄国认为最好的政策乃是与中国保持和平，并避免同日本决裂。因此，本世纪初陆军部的主要任务就是俄国各条边界的防御。在这些边界中，奥地利边界和德国边界危险性最大，应受到特别的重视。从这里不难看出，远东边境不在重点防御之列。虽然日俄战争爆发之前，沙皇尼古拉二世曾经强调要增加在远东的兵力部署，但那只是他为避免战争而采取的对日威慑战略的一种姿态而已，实际上不过是花架子。所有这一切，为日本军国主义势力发动突然袭击提供了千载难逢的良机。1904年2月6日，日本舰队开始行动，2月8日在朝鲜仁川和中国旅顺偷袭俄舰，直至这时，沙俄方面才匆忙调动部队应战。而且在已经同日军作战的情况下，沙皇尼古拉二世也没有把内政外交的重心及时作相应调整，只在军事上作了局部动员，而没有进行总动员。结果，在整个一年半的战争过程中，俄军始终处于被动挨打的不利地位。其二，沙皇俄国对日本的综合国力估计不足，战略上过分蔑视日本，犯下轻敌的错误。开战前，沙俄自恃拥有军事上的对日绝对优势（以开战前的1903年为例，沙俄正规陆军超过200万人，可动员兵力约500万，海军舰只总吨位80万吨；而日本陆军常备兵力仅20万人，后备兵源20余万，海军舰只总吨位26万多吨），认为日本不敢对俄发动战争，缺乏必要的应战部署。战争爆发后，又没有及时集中优势兵力，结果初战即丧失了制海权，使日军从此牢牢掌握住战略主动权，以本不占优势的军事力量，通过实施精心策划的战略战术和诸如“肉弹攻击”、“沉船堵口”等武士道精神，打得俄军节节败退。其三，从战场地理位置方面分析，日本可谓近距离作战，从兵力部署调度到后勤运输、补给都占有绝对优势。反之，俄罗斯的经济军事重心远在数千公里之外的欧洲，兵力调动和后勤补给都十分困难，俄波罗的海舰队奉命驰援，历经半年多刚刚抵达战场即被全歼的惨剧充分表明了这一点。其四，沙俄的国内革命运动大大分散了沙皇政府的注意力，牵制了后者的政治军事部署，使其处于内忧外患、腹背受敌的被动局面。亲历过这场战争并曾任俄军总司令的库罗帕特金，在其《俄国军队与对日战争》一书中承认：俄国低估了日本的力量，尤其是它的精神力量，而过于轻率地开始了战争；俄国国内秩序混乱，影响了军队的士气。

2. 朴茨茅斯和约

就在日俄战争大局已定，而且双方已经无力把战争继续进行下去的时候，美国总统西奥多·罗斯福应日本方面的请求，于1905年6月8日向日俄双方提出和谈建议。经其紧张斡旋，日俄两国于8月9日开始在美国的朴茨茅斯举行停战谈判，俄方首席代表是沙皇重臣、时任大臣会议主席的维特，日本首席代表是小村寿太郎外相。

日俄朴茨茅斯谈判是在对沙俄相当不利的情况下开始的。其不利之处不仅体现在战场上的失利，而且体现在外交上的失衡，具体表现为谈判开始前日美、日英相继分别签订的塔夫脱—桂协定和第二个日英同盟条约。

由于战场上的胜利，加之外交上获得美英的支持，日本方面在朴茨茅斯会谈中向俄方提出了苛刻要求，概括起来为以下12条：（1）俄国承认日本在朝鲜拥有政治上、军事上和经济上的优越利益，日本认为有必要在朝鲜采取指导、保护（protection）

及监督措施时，俄国不得阻碍或干涉。（2）俄方应在规定期限内全部撤出其驻满洲的军队，俄国在该地区一切领土上的利益及特惠的和独占的租让权与特权，凡有侵犯中国主权或妨碍机会均等（equal opportunity）原则者，均应放弃之。（3）如中国保证革新和改善行政，日本可将其所占满洲土地全数交还中国，但辽东半岛租让权效力所及的地域，不在其限。（4）日俄两国互相承担义务，不阻碍中国为发展满洲的工商业而采取的涉及列国的一切措施。（5）库页岛及其附属岛屿，以及所有国营企业和国有财产，均让与日本。（6）旅顺口大连及其邻接之领土领水之租让权，包括与此租让权有关或作为其组成部分的俄国从中国获得之一切权益、特权、让与和优待，以及所有国营企业和国有财产均转让与日本。（7）俄国应将哈尔滨至旅顺口之间的铁路及所有支线，包括一切权益、特权和财产，以及属于铁路或铁路经营的煤矿，均不附带任何要求和债务转让与日本。（8）俄国仍可根据铁路建筑权保有和经营横贯满洲之铁路，其条件为使用铁路限于以工商业为目的。（9）俄国赔偿日本实际战费。赔款之数额、时间及方法，由两国协商决定之。（10）凡在战斗中受损而避难于中立港致被扣留的俄国舰只，均应作为合法之战利品交与日本。（11）俄国必须限制其在远东水域之海军力量。（12）俄国允许日本居民在日本海、鄂霍次克海、白令海之俄国领土沿岸和港湾河川有充分之渔业权。这和俄方的谈判立场相去甚远。维特赴美谈判前夕，曾觐见沙皇尼古拉二世。后者明确表示，他真诚希望谈判能导致和平解决，不过他不会允许付出一个戈比的赔款，也不会允许让出一寸土地。维特临行前还拜访了俄国防会议主席尼古拉耶维奇亲王，亲王认为，无论如何不能同意向日本让出一寸俄国固有的领土。维特拜访的另一政府要员、海军部总监比里列夫则主张，不能接受任何屈辱性条件，而在领土方面，则不妨把俄国在顺利的时候夺来的一部分领土让出。维特在谈判中基本贯彻了上述宗旨。双方争论的焦点之一在俄国是否赔款问题上。尼古拉无论如何也不肯答应赔款，这并不完全由于俄国势必因此而加重捐税，主要倒是出于自尊心，因为国家支付赔款就等于认输。尼古拉的这一立场实际上也是利用了英、美等国不愿看到日本过于强大的心理。因为英国也好，美国也好，都绝不愿意让日本摆脱它们的财政监护。日本的胜利已经出乎它们的预料。如果再让日本人在财政上得到独立，就等于在太平洋上又有了一个大国，这当然不符合英国人或美国人的愿望。结果，双方经过20多天的艰苦谈判，终于在9月1日达成协议，9月5日正式签署和约。和约由十五条组成，主要内容包括：（一）沙俄政府承认日本在朝鲜拥有政治、军事和经济上的优越地位。日本在朝鲜采取必要的指导、保护及监理措施，沙俄决不加以妨碍和干涉。沙俄同意不在俄朝边境采取任何侵犯朝鲜领土安全的军事措施。（二）沙俄自中国东北撤兵。（三）除辽东半岛外，日俄两国军队占领的中国东北一切地方须交还中国。（四）沙俄政府将旅顺口、大连及其附近的领土和领海的租借权让与日本。沙俄政府将长春（宽城子）旅顺口间的铁路及其一切支线，以及附属的一切权利、特权（包括采矿权）及财产无偿地转让给日本。（五）沙俄政府将库页岛南部及其附近一切岛屿及其公共建筑、财产与完整的主权一并永远让与日本。让与地区的北部边界为北纬五十度。（六）沙俄政府同日本政府签署一项协定，将濒临日本海、鄂霍次克海及白令海的俄国领土沿海的渔业权交给日本。和约还有两条附加条款：（一）自和约生效之日起，18个月内，两国军队必须自辽东半岛租借地以外的中国东北境内完全撤走。两国为保护各自的铁路线，可保留设置守备队的权利，但人数每公里不得超过15人。由两国军队司令官协议，尽量驻扎少量军队。(二)日俄两国派出同样数量的人员,组成边界划定委员会,在本条约生效后,尽快地划定日俄在库页岛的边界。[①]

3. 日俄战争的特点及性质

这场战争具有以下四个鲜明的特点。第一,它是日本和沙俄两国殖民利益冲突的大爆发,具有内在的必然性。就日方来说,对外扩张是既定国策。在通过甲午战争和镇压"义和团"运动初步降服了清政府,并把朝鲜变为自己的殖民地后,为进一步全面控制中国,进而以中国为基地向东南亚乃至整个亚洲扩张,必须扫除沙俄这个最大的障碍。根据有关史料记载,日本决心与俄罗斯一战始自中日甲午战争结束不久,经过多年扩军备战,到1902年就朝鲜和中国东北问题与沙俄交涉失败时,即已做好随时开战的准备。就俄罗斯而言,它本身就是一个以扩张著称的军事封建帝国,1861年废除农奴制后,其维护既得殖民利益的宗旨丝毫没有变化。当1868年明治维新后的日本逐步崛起时,沙俄已经意识到日本将成为它在远东殖民利益的争夺者。因此,曾任日俄战争俄军总司令的库罗帕特金将军,早在1900年的一份报告中即认为,20世纪初俄国很可能不得不与日本进行一场战争。由此可见,日俄双方都是需要以政治和军事手段来弥补其资本软弱性的国家,所以当它们在争夺同一地区的殖民利益时,便不可避免地发生正面冲突。

第二,它是日本首次向西方列强之一发动的武力挑战,表明日本军国主义已经发展到一个新的阶段,即武力争霸的阶段。自明治维新至日俄战争爆发的1904年,在36年间,日本军国主义势力对外侵略扩张的矛头基本上局限于其东亚邻国朝鲜和中国。

① 万峰:《日本近代史》,中国社会科学出版社1981年增订版,第356—357页。

其原因之一是日本的实力所限，心有余而力不足。当时的朝鲜和中国封闭贫弱，且国内局势动荡，包括军事实力在内的综合国力与新兴的日本相比，处于劣势，遭到日本军国主义势力的弱肉强食毫不奇怪。但对于包括俄罗斯在内的西方列强，日本军国主义势力一时还不敢恣意妄为。这不仅因为那时的日本还套着西方列强明治维新前强加的“紧箍咒”（不平等条约），而且西方列强资产阶级产业革命均大大早于日本，由此而带来的资本主义生产力的发展更是远远领先于日本，它们凭借逐渐膨胀的实力推行殖民扩张政策，又通过殖民掠夺充实各自的经济军事力量，摆出一副骄横不可一世的架式，令后起但野心毫不逊色的日本军国主义势力不能不心存疑虑。及至进入20世纪，随着日本综合国力特别是军事实力的逐渐增强，加之在出兵中国镇压“义和团”运动中积累了大规模、远距离军事行动的实战经验，再加上它在外交上的苦心经营，与号称“日不落”的大英帝国攀上了盟国，于是自认为羽翼已丰，不惜向其视为争霸道路上最大障碍的沙俄发起挑战。

第三，日俄战争是在双方均付出惨重代价的情况下，以日本军国主义势力事实上的侥幸取胜宣告结束的，因而日俄矛盾非但没有解决，反而进一步加剧，从而为日后新的冲突埋下了伏笔。日本在历时20个月的战争中，虽然取得了海战的完胜和陆战的节节胜利，但却付出了沉重的代价。据史书记载，日本在战争中死亡106820人，伤17万人，患病者22万人，其中60631人死亡，因而伤亡总计近40万人，占参战总兵力的40%以上。除了双方的惨重伤亡之外，这场战争的结局也有其独到之处。虽然参战的俄罗斯远东海军全军覆没，但作为主力的陆军并没有遭到歼灭性打击，而且在退守哈尔滨一线后得到增援，实力有所加强，以致同样付出惨重代价元气大伤的日军不敢贸然对其发动新的攻势，战场形势呈现相对平静状态。正是在这样的战争形势下，双方签署了朴茨茅斯和约。因此客观地说，在日俄战争中，日本取得了重大胜利，但沙俄并没有彻底失败，也没有无条件投降，更没有从根本上动摇其帝国主义列强的地位。也正因为如此，日本没能从沙俄那里获得战争赔款等更大的实惠。对于这样的结果，日本军国主义头目们当然不会满足，但也无可奈何。因为从日俄双方综合国力对比来说，日本明显处于劣势，能够取得战场上的节节胜利，已实属不易，况且具有一定的侥幸性。

第四，在日俄交战双方的背后，各有一批帝国主义列强的怂恿和支持。站在日本一方的主要是英国和美国，它们从财力物力上支持日本，一是假日本军国主义势力之手遏制它们在远东的主要竞争对手沙俄，二是换取日本对它们在亚洲地区殖民利益的支持。沙俄的背后是法国。法国与德国矛盾很深，俄罗斯与德国也不和睦，法国从财力上支持沙俄对日战争，既可以换取沙俄在对德问题上的同情和支持，又可以利用沙俄在远东牵制英美等殖民竞争对手。然而战争局势的发展颇为出乎预料。尤其在日俄沈阳战役之后，英美由欣喜而逐步向担忧日本过于强大以致威胁它们的殖民利益转变，法国则担心沙俄的进一步失败而落得个两手空空，纷纷调整或转变立场，由促战变为促和，并最终导致了朴茨茅斯和约的签订。由此可见，这场战争不仅是日俄两个帝国主义强盗之间的利益之争，而且体现了各个帝国主义国家之间不同的利害关系，从而反映了资本主义进入垄断阶段的帝国主义战争的一般规律。

日俄战争结束已经一个世纪了，但在对于这场战争性质的认识上一直存在原则性分歧。尤为引人瞩目的是，在日本至今仍有一些人认为，日本的对俄战争是“圣战”，扬了国威，甚至把它说成是对亚洲民族解放的贡献。为了达到自己的目的，他们不惜曲解无产阶级革命导师列宁的有关论述。正因为如此，我们今天仍有必要对日俄战争的性质进一步加以论述。

日俄战争是一场为争夺殖民利益而进行的帝国主义战争。日俄战争发生在20世纪初叶，是继美西、英布战争后的又一场大规模的战争。这些战争的发生，都不是偶然的，皆有其深刻的时代背景，那就是资本主义已经进入垄断阶段，即帝国主义阶段。各帝国主义国家之间的竞争空前激烈，在殖民利益问题上尤为突出。当竞争双方利益不可调和时，付诸武力似乎成了时髦的选择。

俄罗斯和日本都曾是军事色彩很浓的封建帝国，经过19世纪60年代以来的改革或维新，到20世纪初都进入了帝国主义行列。所不同的是，俄罗斯自彼得大帝时代（17世纪末至18世纪初）即开始向远东伸出了侵略扩张的魔爪，至19世纪末20世纪初已经在远东牢牢站稳了脚跟，成为在该地区的头号殖民强国。日本只是在1868年明治维新后才走上了复兴之路，及至通过甲午战争打败中国清政府并借助巨额赔款迅速发展起来时，亚洲的殖民地已经被西方列强基本瓜分完毕，尤其是沙俄占据着中国东北，在朝鲜也有很大的影响力，成为日本对外扩张的最大拦路虎。一个要维护既得的殖民利益，一个要突破旧格局抢夺殖民地，双方的冲突实属不可避免。

日本军国主义势力发动对俄战争，其战略目的是，将沙俄从中国、朝鲜等亚洲地区赶出去，变这些地区为日本的殖民地，为将来进一步的对外侵略扩张奠定前进基地。沙俄在这场战争中的目标是，维护在远东的殖民利益，遏制日本力量的进一步扩张。应该说，这是日俄双方的直接战略目的。当然，战争是政治的集中表现，是两国统治阶级意志的体现。在他们通过对外战争争夺殖民利益的同时，或多或少地隐藏着转移国内阶级斗争视线，以民族沙文主义蒙蔽人民群众等不可告人的政治目的，这一点在1905年的俄国革命和日本1905年9月东京等地的武装暴乱中已经暴露出来。

日俄战争的全过程，特别是战场所在地，对于认识这场战争的性质颇有说服力。日军以偷袭俄军在朝鲜仁川和中国旅顺的舰队拉开了战争的序幕，随后进行的陆、海战都是在中国和朝鲜的领土、领海上展开的，惟有1905年5月的对马海战是个例外，但那是东乡平八郎率其联合舰队按预定计划伏击俄驰援舰队的有利选择，而非对俄舰队攻击日本本土的防御。依当时中国和朝鲜的综合国力而言，根本谈不上会对日本构成威胁，即便是综合国力比日本占优的沙皇俄国，由于欧洲和国内形势的掣肘，实际上对日本采取的并非攻势。在这种情况下，根本没有什么“威胁”可言，只能说明这是日本军国主义势力赤裸裸地对外侵略扩张。沙俄军队亦不例外。无论从哪个角度来说都不可能找到俄罗斯本土安全受到“威胁”的借口，只能说其在远东的殖民利益遭到日本的挑战。日俄双方在中朝土地上的厮杀，除交战者的伤亡外，最大的受害者莫过于当地人民群众。我国的权威档案资料《日俄战争档案史料》一笔一笔地记载了日俄侵略军的桩桩罪行，并正确地指出，日俄两军“经过南山战役、旅顺之陆海战、鸭绿江之役、辽阳会战、沙河会战、黑沟台会战、奉天会战及铁开昌之役，战火燃遍了整个辽沈大地！日俄侵略军所到之处，田禾被毁，房屋被焚，庐墓为墟，百姓惨遭杀戮，幸存者流离失所，惨不忍睹”①。更为恶劣的是，在战争结束后，日俄双方以中国和朝鲜的土地及其他各

① 辽宁省档案馆编：《日俄战争档案史料》，辽宁古籍出版社1995年版，“编辑说明”第2页。

种权益私相授受。这就又一次充分暴露了日俄战争是两个强盗之间为分赃而进行的殊死搏杀。

日俄战争的真实性质还可以通过交战双方各自的帝国主义后援这一特定国际背景加以分析。帝国主义列强的殖民利益之争，本来就是你死我活不可调和的。但为了各自的私利，相互利用亦是惯常之事。当日本决心与沙俄一战时，它的最大顾虑之一是英美的态度，因而它全力做大英帝国的工作，终于与英国攀上了盟友。鉴于英国与美国的特殊关系，与英国修好事实上也就把美国拉到了日本一边。这样，日本既消除了英美等帝国主义列强干预的后顾之忧，又取得了后者的强大财力支持，对俄开战便更加有恃无恐。待日本在战场上取得重大胜利，俄罗斯国内又面临革命高潮形势岌岌可危时，英美乘机出面调停，既廉价换取了日本对英美在亚洲殖民利益的支持，又及时遏制了日本在亚洲坐大的势头，还让沙俄得以腾出手来镇压国内的革命力量，以维系其统治基础。从俄罗斯方面的帝国主义后援法国来看，情况大同小异。它支持沙俄对日作战，除去维护自己在亚洲的殖民利益之外，还有一层联合俄国抗衡德国的意图。在俄军节节败退、俄国内局势又急剧动荡的情况下，法国迅速调整立场，显然也有其种种利己考虑。

在日俄战争性质问题上，现在我国史学界的观点基本上是一致的。万峰教授在《日本近代史》一书中的看法可谓深入浅出，一语中的："日俄战争是具有早期帝国主义性质的战争。第一，这场战争发生在帝国主义列强开始瓜分中国之时。第二，交战的日俄双方，背后都有其他帝国主义的支持，实际上是两个帝国主义集团的武力较量。日本当时同英国结成军事攻守同盟关系，还有美国从旁支持。俄国则有俄法军事同盟，还有德国在后面支持。如果不是俄国 1905 年革命制止了战争、英法两国同德国的矛盾加深，战争长期打下去，也许会扩大为一场世界战争。”①

对于日俄战争的性质，前苏联史学界的评价是客观公正的：俄日战争发生于世界资本主义向帝国主义转变的阶段，而且就其性质而言，它是帝国主义时期的第一场大规模战争。这场战争的出现，既是各帝国主义强国在远东的矛盾普遍尖锐化的结果，又是与它们之间极力削弱该地区各自竞争对手地位的欲望分不开的。

同样，日本进步史学家在日俄战争性质问题上的态度也是客观明朗的。其中，井上清教授在其《日本帝国主义的形成》一书中精辟而深刻的论述，颇有代表性，特引述如下：

> 这样，日本牺牲朝鲜和中国同俄国交易，日本独占朝鲜，把满洲分别划入日俄两国的势力范围。而且，这种交易与两个帝国主义交易——桂—塔夫脱协定承认美国对菲律宾的统治权；第二次日英同盟条约确保英国统治印度，并承认英国为此目的在印度国境自由行动——相结合，达成了日、俄、英、美瓜分东亚和中国的协定。
>
> 在这一事实面前，怎么能说日俄战争是将亚洲从欧美帝国主义统治下解放出来的圣战呢？只能说日俄战争是日本在英美帝国主义的援助下，即在金融方面依靠英美而进行的近代帝国主义战争。除此之外没有别的解释。这一结论，并非是单凭战争的结果得出来的。日本发动战争的目的，无论是从其本质上在于获得资本主义殖民地或者势力范围来看；还是从自甲午战争到日俄战争的政治过程中，日本的资产阶级

① 万峰：《日本近代史》，1981年增订版，第361页。

都起了积极的作用来看，这次战争本质上都是近代帝国主义战争。从俄国来看也是如此。

在战争前的日俄关系中，只是俄国单方面采取攻势。日本在对俄关系中经常处于被动的事实，丝毫也不能成为日本是爱好和平的、是自卫的或非侵略性的论据。因为，新兴的帝国主义弱国日本，在与老牌帝国主义强国俄国的外交谈判中，不论怎样处于被动，两国所争的对象也始终是围绕在朝鲜和满洲的资本主义、帝国主义利害关系上进行的这一根本事实是丝毫改变不了的。在强大的俄国面前处于被动，但对弱小的朝鲜却实行高压。因为高压竟然达到屠杀王妃的程度，才使朝鲜倒向了俄国方面。也就是说，俄国侵入朝鲜，是日本为其奠定了基础，提供了机会。

在这次战争中，日俄各自奉行自己固有的侵略主义：日本是绝对主义天皇制，俄国是绝对主义沙皇制。从其沿革来说，绝对主义的侵略主义走在前面。一方面，世界史进入近代帝国主义阶段；另一方面，资本主义在日本和俄国都发展起来，在半封建经济制度——中心是地主制——还广泛而有力地残存在国家的社会经济结构中时，资本主义已成为占支配地位的经济制度。与此同时，在帝国主义的世界性规律制约下，在本国的资本主义要求的推动下，尚未进入垄断资本主义阶段的日本资本主义，不仅要输出商品，而且要输出资本，垄断铁路、矿山等利权，要确立势力范围，与列强帝国主义、尤其与俄国抗衡。在镇压被侵略的朝鲜和中国的民族抵抗运动（如镇压义和团）时，则与列强共同行动，或彼此承认为镇压民族抵抗运动所采取的军事措施（如日俄关于朝鲜问题的协定），成为近代帝国主义的世界体系的一个积极的组成部分，并与先行的天皇制的侵略主义一脉相承，大大地增加了其侵略性。[①]

然而，在日本，却有人为了给对俄战争的“圣战”论涂脂抹粉，四处寻求论据为其辩护，甚至不惜曲解伟大的无产阶级革命导师列宁有关日俄战争的论述，为自己拉大旗作虎皮。这完全是徒劳的。事实上，从列宁有关日俄战争的诸多论述中，我们可以清楚地看到：第一，作为无产阶级伟大革命导师的列宁，他是站在指导俄国无产阶级革命的立场上，以是否有利于揭露批判和推翻沙皇专制统治、是否有利于无产阶级革命的胜利为衡量事物的出发点和落脚点的。第二，列宁对日俄战争进程的关注，总体上看来是服务于他对战争与无产阶级革命关系的探索的。他通过对战场形势及相关问题的分析，教导无产阶级要高举反对战争、促使本国专制政府在战争中失败以促进和推动革命形势发展的旗帜。第三，列宁在有关日俄战争的著述中，都没有正面直接地对日俄战争的性质进行专门论述，而是以主要篇幅揭露和批判沙俄专制制度在战争中暴露出来的腐朽性和反动性，以教育无产阶级自觉地投身到反对战争、促使专制统治垮台的斗争中去。第四，列宁虽然没有直接论述日俄战争的性质，但他对这场战争的立场和观点却是非常鲜明的。他把这场战争称之为“破坏性的毫无意义的战争”、“罪恶战争”、“殖民战争”、“新旧资产阶级世界的战争”、“荒谬可耻的战争”等等，指出其目的是“为了掠夺几千俄里以外异族居民的土地”、“为了奴役其他民族”、“用隆隆炮声来转移人民的注意力”等等。通过这些，足以反映出列宁对日俄战争的态度。第五，在列宁的有关论述中，有多处直接涉及日本，例如“同文明的自由的日本所进行的艰苦的战争要

① ［日］井上清：《日本帝国主义的形成》中译本，第224—225页。

求俄国大大地紧张起来”、“专制制度的俄国已经被立宪的日本击溃”、“对日本人来说，战争的主要目的已经达到。进步的、先进的亚洲给予落后反动的欧洲以无法弥补的打击”。“日本人占领了满洲最好的和人口最稠密的地区，他们在那里可以靠被征服地区的资财和靠中国来供养军队。”“像历史上屡次发生过的那样，先进国家同落后国家的战争这一次也起着伟大的革命作用。因此，觉悟的无产阶级，它是战争这个一切阶级统治的不可避免的和无法排除的伴侣的无情敌人，就不能闭眼不看击溃了专制制度的日本资产阶级所完成的这一革命任务。”……从这些论述中不难看出，列宁对日本资产阶级在痛击俄国专制制度中发挥的客观作用是持肯定态度的。

那么，能否依据列宁的这些论述而得出如日本某些人所鼓吹的以下两个论点？即其一，日俄战争是一场弘扬了日本国威的“圣战”；其二，日俄战争又是一场解放亚洲被压迫国家的“圣战”。众所周知，对于同一事物，站在不同的立场分析，便会得出截然不同的结论。在日本军国主义者看来，他们在同沙俄相比无论综合国力还是军事实力皆不占优势的情况下，敢于向这个庞然大物发动进攻，并在战争中取得节节胜利，从而灭了沙俄的气势，长了日本军国主义的威风，因而称其为“圣战”，这是不足为奇的。但若站在日本人民或被压迫被奴役的国家和人民的立场上看待这场战争，结论就截然不同了。对日本人民来说，“年富力强的男子被迫从军，只不过是作为消耗品去送死。他们留下的家，被重税和强制公债榨取得分文皆无。农家的牛车也被征用，最后连大板车都被拉走了。称作战时非常特别税的增税，从土地税到营业税、所得税、酒税、啤酒税、食糖消费税及其它原有的税，一律增征百分之五十到百分之二百。同时又增设了继承税、纺织品消费税、通行税和其它新税。因此国家的租税收入总额，由战前1903年的1.4616亿元，增加到开战第一年1904年的1.9436亿元，第二年又猛增到2.5127亿元。增税苛刻到连不满一石的家用酱油也要征税”。“实际上，日俄战争给日本人民带来了前所未有的巨大痛苦。单是人命损失也是空前的。动员士兵约109万人，其中战死4.3119万人，病死6.3601万人，共死亡10.6720万人，负伤者17万人以上，除病死者外，患病者14万人以上。这些全包括在内，总计41万人以上，即占总兵力的40%有余。伤亡比例之高，数量之大，实在是惊人的。”① 这样的战争，带给人民的纯属灾难，何来“扬威”与“圣战”可言？至于中国、朝鲜等被侵略、被掠夺的国家和人民，他们因为这场战争而蒙受的苦难更是难以言表。他们的土地和家园沦为日俄两个强盗争夺的战场，他们的生命财产遭到无情战火的吞噬。他们所向往的独立和主权不仅得不到保障，反而以更快的速度一步步丧失。以朝鲜为例，随着日俄战争的进展，沙俄对朝鲜王室的控制实际上已经不复存在，取而代之的却是在朝鲜全境迅速确立的更为残酷的日本殖民统治，从此朝鲜沦为了日本的殖民地。在中国的东北，即日俄陆战主战场所在地，日俄双方的厮杀最为激烈残酷。它们所争夺的目标，就是对中国东北这一富饶地区的控制权。正如列宁在旅顺口陷落后所指出的，“对日本人来说，战争的主要目的已经达到”，“日本人占领了满洲最好的和人口最稠密的地区，他们在那里可以靠被征服地区的资财和靠中国来供养军队。”后来的历史事实更进一步表明，控制中国的东北只是它向中国侵略扩张的第一步，其目的是把这里建成为日本将来向东亚乃至太平洋地区扩张的前进基地。因而日本在朴茨茅斯同沙俄的媾和谈判中，可以不要俄国的赔款，但在将沙俄在中国东北的

① ［日］井上清：《日本帝国主义的形成》中译本，第217—218页。

所有特权全部移交给日本的问题上却寸步不让，足见日本殖民野心之所在。实际上，对于中朝等被压迫、被奴役的国家和民族来说，无论是专制的沙俄，还是军国主义的日本，它们都是一丘之貉。俄日的更换，如同前门驱狼，后门进虎，丝毫也没有改变它们对中朝等国实施殖民统治的反动性质，当然也就更谈不上什么使中朝等国从殖民统治下获得“解放”的问题。

列宁是无产阶级的伟大导师，他坚定地站在无产阶级的立场上观察和分析日俄战争，为沙俄专制制度的溃败而欢欣鼓舞，对击溃沙俄军队从而有助于俄国革命形势发展的日本给予了肯定。正如他在1915年撰写的《社会主义与战争》一文中所指出的：“革命阶级在反动的战争中不能不希望本国政府失败，不能不看到本国政府在军事上的失败使它更易于被推翻。……只有这种主张才符合每个觉悟工人的内心想法，符合我们的变帝国主义战争为国内战争的行动路线。”① 这充分体现了列宁的伟大和高明之处。从列宁对日俄战争一系列论述的字里行间，我们强烈地感受到，列宁认为日俄战争是一场罪恶的殖民战争，同时它又是“新旧资产阶级世界的战争”。作为新兴资产阶级代表的日本对于腐朽的俄国资产阶级专制制度的冲击，客观上具有进步作用，但日俄双方统治者毕竟都是无产阶级的敌人。它们都在掠夺异族居民的土地，奴役其他民族，也就是说对被掠夺和奴役的异族居民和民族犯罪。这样的殖民战争只能被认为是一种罪恶行为。1900年12月，当沙皇派军队前往中国参与镇压中国的“义和团”运动时，列宁在《中国的革命》一文中揭露道：“欧洲各国资产阶级政府早就对中国实行这种掠夺政策了，现在俄国专制政府也参加了进去。我们通常把这种掠夺政策叫做殖民政策。凡是

① 《列宁选集》第2卷，人民出版社1972年版，第683页。

资本主义工业发展很快的国家，都要急于找寻殖民地，也就是找寻一些工业不很发达、还多少保留着宗法制度特点的国家，他们可以向这里倾销工业品，从中牟利。为了让一小撮资本家大发横财，各资产阶级政府进行了连年不断的战争。”列宁在这篇文章的最后强调指出，沙俄为了一小撮富人和显贵的利益出兵掠夺中国人民，因此，“沙皇政府在中国的政策是一种犯罪的政策”①。1920 年 7 月 6 日，列宁在为《帝国主义是资本主义的最高阶段》撰写的法文版和德文版序言中，就第一次世界大战的性质和如何判断战争的性质作过如下精彩的论述，对我们认识这个问题十分有益：“1914—1918 年的战争，从双方来说，都是帝国主义的（即侵略的、掠夺的、强盗的）战争，都是为了瓜分世界，为了分割和重新分割殖民地金融资本的‘势力范围’等等而进行的战争。”“要知道，能够证明战争的真实社会性质，确切些说，证明战争的真实阶级性质的，自然不是战争的外交史，而是对各交战国统治阶级的客观情况的分析。”“以小业主的劳动为基础的私有制，自由竞争，民主，所有这些被资本家及其报刊用来欺骗工农的口号，都早已成为过去的东西。资本主义已成为极少数‘先进’国对世界上大多数居民施行殖民压迫和金融扼制的世界体系。瓜分这种‘赃物’的是两三个世界上最强大的全身武装的强盗（美、英、日），他们把全世界卷入他们为瓜分自己的赃物而进行的战争。”②

对于列宁有关日俄战争的论述，日本著名进步史学家井上清教授的理解公正、准确而深刻，同时也是对种种曲解的有力驳斥：“有人企图引用列宁的论述，来强调和维护日本在日俄战争

① 《列宁选集》第 1 卷，第 214、217 页。

② 《列宁选集》第 2 卷，第 732—734 页。

中的‘进步’作用。关于日俄战争，列宁在论文《旅顺口的陷落》中说：‘进步的、先进的亚洲给予落后反动的欧洲以无法弥补的打击。’法国的盖得和英国的海德门这两个‘革命的国际社会民主党的代表直率地表示他们同情击溃俄国专制制度的日本’，这是完全可以理解的，正确地指出了日本在这次战争中的‘在历史上所起的进步作用’。但列宁在此文中是从旨在打倒欧洲的反动支柱沙皇制度这一革命家的实践的观点出发做出的政治评价，认为日本在击溃沙皇制度方面起了进步作用。他在此文中既明确指出‘盖得和海德门并没有袒护日本资产阶级和日本帝国主义’，又反复强调无产阶级反对一切资产阶级和一切战争。日本在日俄战争中击溃了沙皇制度，在促进俄国革命方面起了一定的进步作用，对打破白种人帝国主义灌输的亚洲的有色人种绝对不如白种人的迷信，也做出了一定的贡献。这就是其进步作用之所在。但并不是说日本帝国主义本身是进步的，更不是把日本帝国主义合法化和袒护日本帝国主义。这一点，如果站在朝鲜人和中国人的立场上看就清楚了。不，就是从日本人民的角度来看，也是一清二楚的。在俄国即将爆发打倒沙皇制度的革命这一特定的历史时期，把出于推动革命的实践观点所做出的政治评价同其历史时期割裂开来，同当时的革命目标割裂开来，将其全面化，一般化，普遍化，当作历史的评价，在方法上是根本错误的。现代日本的历史学家要想从列宁的上述论断中学习历史学评价的话，我认为，列宁关于‘并没有袒护日本资产阶级和日本帝国主义’，以及同一论文中的‘这场殖民战争，它已变成新旧资产阶级世界的战争’的观点，才是应该学习的。”①

---

①［日］井上清：《日本帝国主义的形成》中译本，第226—227页。

三 日俄战争对日本军国主义发展的影响

日俄战争是新兴的军国主义的日本与老牌封建军事帝国沙俄之间为争夺殖民利益而进行的一场拼死搏杀。这场战争，特别是其日胜俄败的结局，对日本军国主义的发展产生了重大而深远的影响。

（一）军国主义势力得到强化

日本侥幸取得对俄战争的胜利，其最直接、最重大而深远的影响是进一步助长了日本军国主义势力的嚣张气焰，促使其决心继续沿着军国主义道路走下去。

1. 日俄战争的胜利提高了天皇的绝对权威，天皇制得到加强，从而进一步巩固了日本军国主义的政治和思想根基

明治维新后的天皇政权，在“富国强兵”的旗号下，逐步强化军国主义体制，对外推行“失之西方，取之东方”的路线，首先把侵略扩张的魔爪伸向朝鲜和中国，通过中日甲午战争等赢得了割地赔款的所谓“胜利”。但朝鲜和中国当时毕竟是孱弱的东方殖民地半殖民地国家，而沙皇俄国是当时的西方列强之一，论国家的综合实力，日本远不是沙俄的对手。但天皇冒险开动其军国主义的战争机器并夺取了对沙俄战争的胜利，这无疑使天皇在国民心目中的形象和地位更加神化，使天皇制作为国家基本体制的地位更加牢固。同时，由于战胜沙俄而呈现的“皇国意识”的空前高涨，从而为天皇势力从精神和政治上加强对民众的统治，并且在高度家长制社会结构的基础上把全体国民一元化地统一起来，提供了极其有利的条件。正是从以天皇为代表的家长专制的“皇国观”和对天皇与“国体”的绝对权威感的蔓延甚至

泛滥可以清楚地看出，日俄战争的胜利对巩固天皇的地位和权威，强化天皇制统治起到了无法估量的作用。

2. 日俄战争的胜利使日本军国主义势力的大本营——军部身价倍增，气焰越发嚣张

由于在战场上对沙俄军队的连战连胜，军部在国民中获得了空前的声誉。同时，一种对军国主义的盲目崇拜情绪也不由自主地扩散开来，以致发展成为畸形的民族优越感。这就为军部巩固其在天皇制政权机构内部的特殊地位创造了有利条件和时机。

1907 年 9 月 12 日颁布的《关于军令的规定》明确宣布：涉及军队的编制、教育、人事、战时法规等，一律作为陆海军统帅通过天皇敕令所规定的“军令”，在这种军令上只要有负主要责任的陆海军大臣的副署即可，无须总理大臣的签署，独立于国务行政之外。此举显然是对原有的“统帅权独立”的进一步扩大，旨在确保和扩大军部特权的非立宪措施。

1908 年 12 月，陆军修改了参谋本部条例，使参谋总长对陆军大臣的地位不仅更加独立，而且处于比陆军大臣甚至政府更为优越的地位。根据这一修订，即便在平时，参谋长也掌握着对驻屯在朝鲜、中国东北及外国的军队的指挥权。这样一来，军部便无形中成为了政府外的政府，天皇势力的“军事垄断”更加明目张胆。

一朝权在手，便把令来行。军部把持日俄战争后国防计划的制订即是一个明显的例子。按通常的立法程序，一个国家的国防计划应当由政府拟定和通过。但是，在当时的日本，却完全不是这样。日俄战争后的国防计划草案是由陆、海军部分别草拟的，经由参谋总长和军令部长直接上奏天皇，接受御裁。经过天皇御裁后的国防计划草案，再由陆军大臣向总理大臣报告，送交内阁会议。其结果是可想而知的，那就是内阁会议原封不动地予以通

过，因为业已通过天皇的御裁，谁还敢说三道四。

凡此种种表明，日俄战争的胜利，大大提高了军部在天皇制政权中的地位，强化了其军事独裁的权力。从此以后，军部和军队成为名副其实的天皇“陛下的军队”，它在自己独立的统帅权之下与一般社会隔离开来，充当着日本军国主义的骨干和急先锋。

3. 日俄战争促成了日本新一轮军备的扩充

日军在战争中固然取得了对沙俄军队的胜利，但山县有朋等军界高层人物十分清楚，日军的胜利带有很大的侥幸性。这不仅表现为日军在战争中的伤亡十分惨重，而且表现为日本在人力、财力、物力等方面的弱点在战争后期逐渐暴露无遗。为了实现军国主义的长远目标，日本必须利用战后初期军部声誉日隆、军国主义崇拜日盛的有利时机，大力扩充军备。

1906 年 10 月，山县有朋向天皇上奏要求扩军的建议，深得天皇的赏识。翌年初，便召开了陆海军的军令、军政机关联合御前会议。正是在这次御前会议上，不仅决定了帝国国防方针，而且决定了为贯彻该方针所需要的武装力量计划和军事纲领。这次御前会议及其决定的国防方针政策，有以下四个突出的特点。其一，它完全排斥了政府及议会的参与，由天皇直接召集军令、军政机关开会，就国防方针政策作出决定。会议的决定交政府去贯彻实施。这就充分显示了以天皇为最高统帅的军部的独断专行。其二，会议对当时的国际形势作出了新的判断，并据此把俄国、美国、中国作为日本的一、二、三号假想敌国。其中尤以美国被确定为日本的假想敌国格外引人瞩目。其三，由于假想敌国的变化，日本的军事战略必须进行相应的调整。于是不得不把日本陆军和海军的备战目标分离开来，由陆军对付俄国和中国，海军则主要对付美国。其四，随着日本军事战略的调整，特别是陆、海军备战目标的分离，不可避免地为军界内部“陆主海从”还是

“海主陆从”的论争，以及围绕这一论争陆、海军部之间深刻的矛盾斗争埋下了伏笔。

根据御前会议确定的国防方针，日本新的战略目标是：对沙俄，在确保战争中已从俄军占领下夺取的中国东北地盘基础上，占领俄远东滨海地区及北库页岛；对美国，夺取并确保西太平洋制海权；对中国，夺占和确保华北、华中要津。要实现上述目标，日本的现有兵力显然是远远不够的。因此，陆、海军分别提出了庞大的扩军计划。陆军以准备再度与俄军在中国东北交战为由，抛出了野战师团25个、战时特种师团25个，即总计50个师团的计划。作为第一步，它首先保留了战前已有的13个师团和战时编成的4个野战师团，并把它们在1906年内迅速充实健全起来。1907年又增加了两个师团，新增设了炮兵、骑兵、通信兵三个兵种和陆军武器局，把步兵服役年限由3年缩短为2年，同时还修改了陆军内勤制度。截至1907年底，也就是日俄战争结束两年后，日本陆军不仅没有减员，反而已从战前的13个师团和战争结束时严重缺员的17个师团扩大为19个满员的师团，为此耗资1.75亿日元。海军同样不甘寂寞。它以对抗美国、夺取西太平洋制海权为己任，确定了海军总兵力倍增的目标。即把战前包括战舰6艘、巡洋舰8艘在内的约26.5万吨的兵力增加大约一倍，达到以8艘战舰、8艘巡洋舰为骨干的50万吨位的水平。作为第一步，海军于1906年12月提出了新的扩建计划：从1907年起的连续7年内，建造大小舰艇31艘，耗资2.5亿日元。此后，在这一计划的执行过程中，鉴于帝国主义军事竞争的加剧，特别是海军大舰巨炮倾向的抬头，日本海军又于1910年修订了计划，增拨了经费，以适应与美国等西方列强海上竞争的新需要。

4. 日俄战争还促使日本军国主义势力在国内加强政治思想

统治，以确保其对外侵略扩张的军国主义路线的贯彻实施

早在日俄战争前，随着产业革命的发展，日本的工人阶级逐渐登上政治舞台，工人运动在马克思主义思想的影响下逐步发展壮大。他们和蓬勃发展的农民运动构成了反对日本统治阶级，特别是军国主义势力的主要力量。日俄战争时，片山潜、幸德秋水等工人领袖勇敢地站在反战斗争前列，主张两国人民携起手来，抵制战争，同本国专制制度进行斗争。片山潜还代表日本出席了1904 年 8 月第二国际阿姆斯特丹大会，并在讲坛上同俄国代表普列汉诺夫热情握手，发表反战演讲，表达了两国人民一致反对日俄战争的鲜明立场。他们的立场和行动，遭到军国主义势力的仇视。战争刚刚结束，天皇政权便以东京、大阪等地发生反对朴茨茅斯和约的暴动为借口，宣布戒严，实施军事镇压，不久便取缔工人政党，逮捕工人领袖，查封进步报刊，制造白色恐怖，一步步强化了思想控制。

除暴力镇压之外，天皇政权加强政治思想统治的另一重要举措是强化军国主义的教育体制。日本的军国主义教育体制服务于对内专制、对外侵略扩张的战略目标。它是以天皇于 1890 年发布的《教育敕语》的形式被确立下来的。在这种教育体制下，维护天皇制军国主义成为至高无上的要求。为此，统治阶级极力向广大民众，尤其是青少年灌输为天皇效忠无上光荣的愚忠思想，宣扬“武备第一”、“武运长久”甚至以死为荣的武士道精神。在这种愚昧思想驱使下，成千上万的日本青少年充当了军国主义的炮灰和牺牲品。在中日甲午战争中如此，在日俄战争中更是有过之而无不及。战争期间，天皇政权及其控制下的新闻媒体竭力掩盖战场上惨重伤亡的真相，片面鼓吹和渲染“胜利”成果，制造了空前的战争狂热。战争结束后，它们又选取一些能为其所用的所谓“典型”做榜样，企图进一步强化这种反动教育。

例如，在日俄战争的旅顺口战役中，一个叫广濑武夫的日本中佐率部运用“沉船堵口”战术，被俄军击毙。他的所谓“事迹”便被收入了由日本政府审定的小学教科书。又如，在日俄战争的旅顺口战役中负责指挥日本第三军的乃木希典，自己贪生怕死，却驱使部下使用“肉弹攻击法”，以数以千计士兵野蛮至极的自杀式进攻换取了战役的胜利。这个连军界内部都议论纷纷的军阀，战后竟然也被作为一代名将和“皇国军人的表率”写进了教科书。此外，同样参加过旅顺口战役，虽负重伤但幸免于死的樱井忠温中尉，战后却炮制了一本名为《肉弹》的战争回忆录，大肆美化乃木的“肉弹”战术所体现的武士道精神。这本书于1906年出版后，不但受到乃木之流的褒奖，而且为天皇所赏识。特别是樱井受到天皇的宫中召见后，《肉弹》一书的身价陡然蹿升，并且一版再版，流毒甚广。由此可见，日本天皇政权所推崇的恰恰是乃木、樱井之类的战争狂人，它们用以教育民众的也正是由这些战争狂人所体现的武士道精神。这在明治维新后的日本逐渐形成传统，并且构成了军国主义的基本精神支柱。

（二）日俄战争加速了日本产业革命的完成，从物质上强化了军国主义的战争机器

日本军国主义势力之所以敢于挑起对俄战争，重要的一点是它自认为羽毛已丰，具备了同沙俄抗衡乃至取胜的实力。但为期17个月的日俄战争实践表明，无论是国家的人力、财力、物力，还是战场上的武器装备，日本都不占优势。这一点，军国主义势力的高层决策者是十分清楚的。所以，在对俄战争期间，他们不得不紧急动员，狠抓武器装备和相关工业的生产，战争结束后，他们更是以军工生产为前导，继续加快工业化的步伐。当然，日本军国主义政权所以这样做，其基本目的是迅速强化战争机器，

为同西方列强的新的较量进行准备。但是，它在客观上也起到了加速日本产业革命的作用。

1. 产业革命的加速及垄断组织的形成

始于19世纪80年代的日本产业革命，是以军工生产为中心的国营重工业为主，以军工企业带动纺织等轻工业，继而集中发展机械、电力、钢铁等基础性重工业。这种带有为战争服务鲜明色彩的产业革命，无疑适应了军国主义对外侵略扩张的需要，而甲午、日俄等大规模战争的胜利又反过来促进了它的发展和完成。日本财界从日俄战争中获取巨额利润和大片殖民地，战后迅速掀起企业投资热潮。1905年下半年至1907年，新建、扩建企业投资额达6.747亿日元，相当于过去10年投资总额的2倍。1906—1914年，日本各类公司的资本总额膨胀近1倍。在战后兴办企业的热潮中，钢铁、石油、煤炭、化肥等部门，出现了一大批中小企业，经过1907—1908年经济危机，大多数中小企业破产更促进了财阀垄断资本的形成。垄断资本在国家的保护和支持下，新建和扩建重工业企业，使重工业得以迅速发展。以钢铁工业为例，八幡制铁所在日俄战争后两次扩建，于1906年达到年产18万吨，1911年则增为25万吨。日本制铁所、神户制铁所等民营钢铁企业相继建立。生铁产量由1904年的6.8万吨增至1914年30.2万吨，钢材产量由6万吨增至28.3万吨。1911—1915年，铣铁和钢材自给率分别达59%和38%。又如造船工业。日俄战争后，造船、海运业在国家的保护和扶持下，得到优先发展。在战后10年间，军舰国内自给率提高到80%，1911年后不再在国外定购军舰。轮船自给率提高到60%。1908年日本造船工业建造出两艘1.3万吨级的轮船“天祥丸”和“地祥丸”。1909年，日本造船工业产量开始超过进口量。1914年又造出排水量2.75万吨的巡洋舰“雾岛”号。万吨级船舰的建造，标志着日本造船工业已达到当时世界的先进水平。

伴随着产业革命而来的是垄断化的出现，1907—1908 年的经济危机则加快了这一进程。以重化工业为例：日本石油公司和宝田石油公司合并后，又于 1910 年与美孚等外国石油公司签订统一售价等垄断协定；八幡制铁公司在大规模兼并和扩充的基础上，1913 年垄断了全国铣铁生产的 73%，钢材生产的 84%；汽车制造、日本车辆、川崎造船三大公司之间于 1909 年缔结了铁路用品订货分配协定；1907—1910 年间，以东京人造肥料公司为基础，陆续收购、合并了北海道人造肥料、帝国肥料、摄津制油肥料部和大阪硫化碱等公司，组成了大日本人造肥料公司等等。各产业垄断化的形成和发展表明，到 1914 年前后，日本历时 30 来年的产业革命宣告完成，同时它也标志着日本资本主义向其垄断阶段即帝国主义过渡的完成。至此，日本军国主义的物质基础显著加强，其对外侵略扩张的能力无疑也随之大大膨胀。

2. 垄断组织、财阀与天皇制政权的合流

在产业革命和垄断组织形成过程中，金融资本垄断而成的财阀具有独特的作用。日俄战争期间，天皇政权为了筹措战费，除对外举债、对内增税外，另一个重要手段就是通过财阀募集公债。各财阀尽显其能，帮助政府渡过了一道又一道财政难关。战后，它们凭借业已获取的政治资本，加强了对各产业部门的渗透和控制，逐渐成为资本主义产业的中心。它们依旧得到政府的直接间接的支持和帮助，并且依靠这种特权地位，扩展自己的实力。它们在金融、商业、运输、生产等各个部门，建立起由原料的生产、进口到加工、运输、销售等完整的垄断企业组织。在此过程中，它们逐渐把银行资本和产业资本联合起来，形成了实力更加雄厚的金融寡头。随着财阀系统的银行资本的发展壮大，它们在国家财政中逐渐担当起更加重大的任务，从而与政府建立了更为密切的联系。1910 年 2 月，为适应政府把战时公债转期的要求，三井银行等 13 家大私营银行和日本银行、正金银行、兴业银行等国家金融机构组成了认购转期公债的银行团，实际认购转期公债 1 亿日元。这样一来，财阀银行对国家财政的作用终被政府认可。同时，财阀金融机构通过国家财政也确保了它对国民经济的领导地位。国家财政与财阀银行资本之间这种密切关系的确立，为日本军国主义的对内专制、对外侵略扩张从财政上提供了保障。

（三）进一步助长了日本军国主义对外侵略扩张的野心

日俄战争的胜利和朴茨茅斯和约的签订，可以说最大的受益者是日本军国主义势力。它们倾全国之人力、物力和财力，向骄横不可一世的沙俄发起挑战并取得喜出望外的胜利，一时间成为国际政治舞台上颇为引人瞩目的角色。以天皇为代表的日本军国主义势力的身价似乎陡然倍增。在这种情况下，它们的自我感觉更加良好，对自己的未来更加盲目乐观。于是，军国主义的头目们开始明目张胆地策划更加野心勃勃的对外侵略扩张计划。

1. 殖民帝国的形成和殖民统治的强化

日俄战争结束后，日本军国主义当局便马不停蹄地转入新一轮的扩军备战。出于这一战略的需要，他们把争夺殖民利益、强化殖民统治作为当务之急。1905 年 10 月 27 日，日本天皇政府提出下列方针：名副其实地变朝鲜为日本的保护国，使中国清政府承认日本在朴茨茅斯和约里获得的在中国东北（即所谓“南满洲”）的权利，进一步在中国培植新的亲日势力。11 月 17 日，日本强迫朝鲜签订新的日朝条约，即所谓保护朝鲜条约。次年 3 月，伊藤博文出任首任驻朝“统监”，成为朝鲜事实上的太上皇。1910 年 8 月 22 日，日本强迫朝鲜签订合并条约，正式完成了并吞朝鲜的手续。对中国的东北地区，日本更是穷追不舍。

1905 年 12 月即迫使中国清政府签署新的屈辱条约，将原俄国租借辽东半岛的权利及东清铁路南满洲线转让日本，对日开放凤凰城、辽阳、长春、哈尔滨、齐齐哈尔等诸多城市、港口，允许日本在长春—旅顺间的铁路沿线驻兵护路。该条约还附有秘密协定，从而为日后日本干涉中国内政、向中国进行军事扩张埋下了伏笔。为加强对中国东北南部地区的控制，日本特设了两个机构，即关东都督府和南满铁路公司，并派政府要员分别出任都督和总裁。由于在此之前日本通过占领台湾、插足福建已构成其侵略中国的南翼，现在又占领了中国东三省南部，形成了其侵略中国的北翼，从而初步完成了未来全面侵略中国的战略部署。对俄国的库页岛，由于日军已于 1905 年 7 月加以占领，朴茨茅斯和约签订后，仍实行军事管制，但不得不退到北纬五十度线以南。1907 年 4 月，日本正式在此设立库页厅，改行民政管理。至此，"日本在日俄战争后取得库页岛南半部、合并朝鲜、以'租借'为名占领清国辽东半岛的一角，加上早已占领的台湾，已把面积为 19323 平方日里（1 平方日里约为 15 平方公里）的土地，即相当于日本领土（24718 平方日里）百分之七十八的辽阔土地殖民地化，还把大于日本领土面积三倍的满洲——中国东北三省——的南半部置于日本的势力范围之内，形成了大殖民帝国。从人口来看，1910 年日本人口是 5098 万，殖民地人口（除了日本人），朝鲜为 1313 万人，台湾为 324 万人，关东州为 46 万人，共计 1683 万人。而且在中国的东北三省总人口（1908 年统计）约 1716 万人当中，日本势力最强的奉天省人口占 1080 万人。库页岛的居民几乎全是日本人，当地人只有 2000 人左右"[①]。在占有和控制了如此辽阔的土地和众多的人口之后，日

① ［日］井上清：《日本帝国主义的形成》中译本，第 239—240 页。

本军国主义势力开始推行第二个重大战略步骤，即在上述地区以军事高压统治为主要手段，利用当地资源和劳动力，发展为日本本土服务的经济，发展为未来战争服务的基础性工业和农业，为强化日本军国主义的战争机器提供物质保障。经过它们的多年经营，建筑在对当地人民群众残酷压榨和盘剥基础上的殖民地、半殖民地畸形经济相继成型，它不仅成为平时日本经济不可或缺的一部分，而且为日后日本军国主义向东亚乃至整个太平洋地区的进一步侵略扩张从地理和物质上构筑了前进基地。事实上，日本军国主义势力在逐步强化对亚洲国家的殖民政策，残酷压榨和盘剥朝鲜、中国的台湾、东北人民群众的同时，已经在处心积虑地策划并吞整个中国，继而向东南亚和亚太其他地区侵略扩张的战略计划。

由于日俄战争的胜利，日本夺取了辽阔的殖民地和巨大的殖民利益，但日本军国主义势力的高压殖民政策，不能不激化同这些国家或地区当局及广大人民群众的矛盾。哪里有压迫，哪里就有反抗。这是不以任何反动势力的意志为转移的客观规律。当然，日本军国主义势力所崇尚的只是武力，面对反抗，它们会毫不犹豫地实行武力镇压。这只能进一步激化矛盾，孕育更大规模的反抗，并最终动摇日本的殖民统治。

2. 跻身帝国主义强国之列

日俄战争另一个重大而深远的影响，是军国主义的日本跻身西方列强，引起国际关系新的变化，为正在逐步激化的帝国主义之间的矛盾和斗争注入了一个十分危险的因素。

日本在这场以国运为赌注的对俄战争中取得胜利，一方面彻底改变了以往日俄关系的不平等地位，不仅动摇了原来一向蔑视日本的沙俄的立场和态度，而且使其他西方列强也不得不对日本刮目相看。正如一位日本史学家曾经做过的沾沾自喜的描述和分析："时列国对于日本胜俄，大感惊异，故战后彼等态度，顿变友好外交，欧美诸国，并将公使升为大使。于是我国完全跻身于世界八大强国之列。不但战争如此，战后日本之发达，无论文化，无论经济，亦渐惹起世界之注意。故日本帝国在世界地位之确立，实得自于日俄战争之成功。"① 它着实反映了日本国际地位的陡然提高。另一方面，就日俄关系本身而言，这场战争在两国之间埋下了不和甚至仇恨的种子，成为影响整个20世纪双边关系的重大祸根之一。尤其是它开了以武力占领对方领土的先河，使领土争端从此成为影响两国关系的主要症结。

日俄战争改变了帝国主义国家之间的力量对比。正如列宁所分析的那样："在资本主义制度下，分割势力范围、分享利益和分割殖民地等等，除了以分割者的实力，也就是以一般经济、金融、军事等等的实力为根据外，不可能设想以其他的东西为根据。而这些分割者的实力的变化又各不相同，因为在资本主义制度下，各个企业、各个托拉斯、各个工业部门、各个国家的发展不可能是平衡的。如果拿半世纪以前德国的资本主义实力同当时英国的实力相比，那时德国还小得可怜；日本同德国相比，也是如此。能不能'设想'一二十年之后，帝国主义列强的实力对比依然没有变化呢？绝对不能。"② 日俄战争的胜利，使日本与西方列强的关系发生了新的变化。日俄战争前，东亚几乎是西方列强的一统天下，日本的势力范围极为有限。但战争改变了这种局面。连俄罗斯史学界也不得不承认，朴茨茅斯和约使远东势力范围的重新划分变得对日本有利。我国学者则更加明确地指出："日、俄为分割朝鲜和中国东北而诉诸帝

① ［日］菊池宽：《新日本外交》中译本，广州新亚印书馆1943年版，第342—343页。

② 《列宁选集》第2卷，第837页。

国主义战争，又以基本完成此种分割而结束了战争。《日韩条约》、《中日会议东三省事宜条约》是日俄《朴茨茅斯条约》的继续和补充。这三个国际外交文件记录了日、俄东北亚势力范围的内容，标志着帝国主义列强在东北亚地区的力量对比发生了重大变化。日、俄在朝鲜半岛的政治均势，被日本独占的局面所代替，而俄国独霸中国东北的局面，则被日、俄在东北地区南北对峙的局面所取代。中国东北南部成了日本独占的势力范围，又成为日本帝国主义推行‘北进’战略的新重心。”① 日本军国主义势力充分利用战胜俄国、国际地位大大提升的有利时机，迅速调整同各西方列强的关系。其一，改善与沙俄的关系。沙俄既是昔日日本战场上的敌人，又是日本军方确定的未来的假想敌，但出于策略上的考虑，特别是为了取得在中国东北地区的殖民利益，日本当局不能不首先着手改善同沙俄的关系。1906 年 5 月，日方即决定采取措施，使俄国“忘却旧怨，与我亲善”。日本的这一姿态，虽出乎沙俄的意料，却是它求之不得的。沙俄在战争中遭受重创，国内又爆发了直接动摇其专制制度根基的革命运动，沙皇政权处于内外交困之中。战争结束后，虽然它得以腾出手来残酷地镇压了工农革命，但其内政外交上的被动局面却难以迅速扭转。在这种情况下，沙俄对日方的拉拢之举明知来者不善，无奈只能顺水推舟。于是，1907 年 7 月，日俄签订第一个协约，就在中国东北划分势力范围问题做出了秘密安排。此后，双方就同类问题又多次签订密约，形成了既勾结又争夺的特殊关系。此外，日本的迅速崛起，特别是它在中国东北抢夺的丰厚利益，使同样觊觎中国的新科帝国主义状元美国日益感到不安。它出面为日俄调停，本身就含有牵制日本的意图。《朴茨茅斯和约》签订后，它以

① 崔丕：《近代东北亚国际关系史研究》，东北师范大学出版社 1992 年版，第 243—244 页。

成功的调停人自居，试图在中国东北与日本人分享某些利益，如共同经营南满铁路，但却遭到日方的拒绝。日美矛盾从此趋于激化，日本军国主义势力开始把美国划入未来敌国的行列，并作出相应的军事战略部署。至于同老牌帝国主义英、法、德等国，日本则采取了以拉为主的手段。日英原为对付沙俄的盟国，随着战争的结束，相互利用的同盟关系本已不复存在。但面对欧洲另一新兴军事大国德国的威胁，英国深感不安。日本利用这种形势，以日俄联手牵制德国换取日英军事同盟条约的苟延，并于 1911 年 7 月与英国签订第三个军事同盟条约，从而为将来在第一次世界大战中以对德战争为名抢占中国胶东半岛奠定了基础。法国本是沙俄的支持者，但从现实利益出发，日本还是主动表示愿改善同法国的关系。1906 年 7 月，日法签订协约，日本以牵制德国和不支持越南民族革命运动为条件，换取了法国对日本在中国福建势力范围的承认。

日本对俄战争的胜利及其国际地位的提高，还为日本最终修改与西方列强的不平等条约创造了有利条件。众所周知，日本于 1894 年挑起甲午战争前夕，英国为拉拢日本抗衡俄国，曾带头修改 19 世纪中期强加给日本的一系列不平等条约，其他列强相继效仿之。但那时西方列强在对日通商贸易中的关税问题上却留了一手，致使日本的关税自主权未能恢复。因此，1909 年 8 月 17 日，日本政府决定，利用日本与西方各国通商航海条约将于 1911 年 7 月期满之机，提前与后者进行谈判，废除旧约，签订新约。1910 年 7 月 17 日，日本政府宣布，废除同英、美、法、德等西方 11 国共 16 个不平等条约，其中主要包括：《日英通商航海条约》、《日英追加条约及附属税目》、《日德通商航海条约》、《日美通商航海条约》等。旧约废除后，日本加紧同西方列强的新约谈判和签订工作。1911 年 2 月 21 日，美国率先和日本签署新的《日美通商航海条约》，其他国家相继效仿。4 月 3

日，英国最后一个和日本签订新约。通过这些新的条约，日本获取了关税上的自主权和法权上的独立。

由此可见，以日俄战争的胜利为契机，日本不断调整与西方列强的关系，迅速摆脱了在西方列强面前低人一等的局面，成为亚洲头号强国和国际帝国主义列强的一员。这一点，连美国学者也不得不承认："俄日战争结束的时候，日本已经是一个名副其实的区域霸权了"；"在亚洲大陆上，日本成了帝国主义角逐者中的正式成员"；"日本不仅发展成了一架可怕的战争机器，同时，在这架机器背后也创立了一个以天皇为象征的统一国家。"①

总而言之，日俄战争的胜利虽然使日本军国主义势力得逞于一时，使它获得了进一步发展的精神鼓舞和物质基础，但由于它对外侵略扩张的既定国策不可能改变，其穷兵黩武的本性不可能改变，其侵略扩张的野心更是欲壑难填，加之它同亚洲各殖民地、半殖民地人民的矛盾是不可调和的，它同各帝国主义列强之间的霸权之争同样是不可调和的，因此，日本军国主义势力带给亚洲和世界的只能是战乱和灾难。此外，日俄战争的实践还再一次表明，日本军国主义的发展已经进入了一个重要阶段，即与西方列强武力争霸的阶段；军国主义势力主导下的日本已经成为东亚和平与安全的主要威胁之一，成为远东最危险的战争策源地。

（原系蒋立峰、汤重南主编《日本军国主义论》一书的第 14 章，题为《日本军国主义发展的转折点——日俄战争》，河北人民出版社 2005 年 7 月版，收入文集时略有调整）

① ［美］约翰·惠特尼·霍尔：《日本——从史前到现代》中译本，商务印书馆 1997 年版，第 236 页。

其　　他

波兰团结工会问题及其教训

日前波兰的形势已经引起了全世界的关注。特别是今年（1989）8月份以来，团结工会已经上台，马佐维耶茨基当上了总理，这是很多人都没有料到的。下一步它还要干什么？它还能搞到什么程度？波兰团结工会问题的教训是什么？这正是我们需要探讨的问题。

为了能使大家对波兰团结工会有一个全面的了解，有必要先简单地介绍一下波兰这个国家的基本情况。波兰现在是一个社会主义国家，第二次世界大战后才走上社会主义道路。波兰在欧洲的中部。我们通常说的苏联东欧国家，是个政治概念，而波兰的地理位置是在欧洲的中心地带。它周围有三个邻国：东面是苏联，南面是捷克斯洛伐克，西面是民主德国，北面是波罗的海。波兰面积37万平方公里，大体上相当于三个江苏省。截至去年年底的统计，人口3780万，相当于我国一个中等偏小省的人口。波兰在欧洲也算是一个古老的国家，建国在公元960年，相当于我国宋朝初年。历史上波兰是一个多灾多难的国家，18世纪1772年、1793年、1795年三次被俄国、奥国和普鲁士瓜分。从1795年到1918年亡国123年。但是，波兰在历史上又是一个具有光荣革命传统的国家。它在被瓜分期间进行的斗争是世界著名的。所以，马克思主义的创始人之一恩格斯对波兰有一个很高的评价。恩格斯1892年为《共产党宣言》的波兰文版所写的序言中曾这样写道："一个独立强盛的波兰的复兴是一件不仅关系到波兰人而且关系到我们大家的事情。欧洲各民族的诚恳的国际合作，只有当其中每个民族都在自己内部完全自主的时候才能实现。1848年革命打着无产阶级的旗帜，使无产阶级战士归根到底只是做了资产阶级的工作，然而这次革命毕竟通过自己的遗嘱执行人路易·波拿巴和俾斯麦实现了意大利、德国和匈牙利的独立。至于波兰，虽然它从1792年以来对革命所做的贡献比这三个国家所做的全部贡献还要大，可是它于1863年在十倍于自己的俄国优势下被压得喘不过气来的时候，却被抛弃不管了。波兰贵族既没有能够保持住波兰独立，也没有能够重新争取波兰独立。在资产阶级看来，波兰独立在今天至少是一件无关痛痒的事情。然而这种独立却是实现欧洲各民族和谐的合作所必需的。这种独立只有年轻的波兰无产阶级才能争得，而当波兰无产阶级把它争到手的时候，它就会完全有保障了。因为欧洲所有其余各国工人都像波兰工人本身一样需要波兰的独立。"①

今天人民的波兰是1944年7月在第二次世界大战的战火中建立起来的，属于社会主义体系。在苏联东欧国家中，老大是苏联，除了苏联，无论在人口、国土面积还是武装力量方面，波兰都居第一位。在波兰近、现代史上也曾出现过一些世界闻名的人物。比如15到16世纪，出现了一个著名的科学家哥白尼。他是波兰的天文学家，创立了太阳中心说，这在科学史上是划时代的。他的代表作是《天体运行论》。另一个是居里夫人，她后来

① 《马克思恩格斯全集》第22卷，人民出版社1965年版，第330页。

加入了法国籍，但她本人是波裔。她是诺贝尔物理学奖的获得者。另外还有一个著名人物，就是现在的教皇。他是1978年从波兰选出的，现在叫约翰·保罗二世。他原是波兰的红衣主教。另外，还有在苏联革命胜利之初担任“契卡”主席的捷尔仁斯基，他原是波兰人。此外，还有美国著名政治家布热津斯基。他原是波兰人，后来加入美国籍，在肯尼迪和卡特执政时期，担任过他们的国家安全事务助理。所以，从历史上看，一直到今天，波兰在世界上都是颇有名望的。波兰的经济状况，从70年代末到80年代以来，一直是困难重重，甚至可以说是每况愈下。但它总的来说，还是具有一定经济实力，其人均年收入曾达3000美元左右，这几年下来一点，在苏东国家中居中下游。

一　波兰团结工会的历史回顾

通过团结工会从1980年成立到它被取缔的全过程，特别是它在非法活动时期的一些情况，我们将探讨它作为一个工人运动是怎样走向自己的反面的。

80年代初，在波兰大地上出现了团结工会。它为什么能够建立起来？应该说有深刻的社会和经济根源。70年代，波兰统一工人党（共产党）政府执行一条对外开放的政策，大量引进外国资金、技术，目的是在波兰加工然后出口，赚取外汇，从根本上改变波兰经济落后的状况。但这个愿望事实上没有实现。70年代作出这样一个战略安排时，想得很简单。但70年代后期，整个世界的经济形势发生了很大的变化。国外的市场紧张起来，波兰的产品缺乏竞争力，根本打不开局面。引进的外资和技术没有发挥效力，外资反而被国内吃掉了，这就形成了沉重的外债，到现在已近400亿美元，每人平均1000多美元的外债压力，这是承受不了的。

70年代末，波兰的情况已经有些危机，但波兰统一工人党还没有意识到，还要坚持闯一条新的路子，这就是我们在经济改革中也遇到的要不要调整物价的问题。1980年7月1日，波兰开始提高物价，引发了全国的罢工浪潮。到了8月份，独立自治工会兴起。最初从北方城市格但斯克、什切青开始，后来发展到全国。在这种情况下，党和政府作出让步，与工人谈判，到了8月31日，达成了“格但斯克协议”，同意成立独立自治工会。据此，瓦文萨以“团结工会”的名义向华沙法院申请注册，得到了承认，10月24日，团结工会正式成立。但需要指出的是，华沙法院批准它的成立是有条件的。当时提出：一要承认波兰宪法、法律。这一条意味着什么呢？宪法中规定，波兰是一个社会主义国家，要坚持社会主义道路。二要坚持波兰统一工人党的领导。这两条是承认宪法的内在含义。团结工会一开始不同意，后来耍了一个花招，表面上同意了。其实只是在波兰当局的压力下，在登记注册的一个附件上，表示同意波兰党的领导和波兰的结盟原则，即与苏联的结盟原则。

波兰团结工会所以能够成立起来，有这样几方面的原因：首先是波兰党和政府工作上的一系列失误，特别是经济上的失误，70年代大进大出经济战略的落空即是一例。二是当时还有一个比较直接的因素，就是工会的官僚化问题。当时的波兰工会存在比较严重的官僚主义问题，很难体现工人的切身利益。工人感到这个工会没有什么意义，有党和政府就够了。特别是在具体问题上，如福利待遇等，工人感到工会不替他们说话。三是波兰从50年代就产生了一批持不同政见者，一批高级知识分子，与党和政府势不两立。他们人数不多，能量不小。当他们孤立活动时，社会影响不是很大，但当他们与工人结合起来，就成了一支很大的力量。说到此，联系到我们中国，也有一批所谓的“持不同政见者”，他们也试图与工人结合，没有得逞。但他们与一些学生结合起来了，这是我们区别于波兰的一个现象。“持不同政见者”总是要找他们可以依靠的力量。在苏联，像萨哈罗夫等人，能量也不小，但始终发挥不出来，主要原因是没有能与工人、学生结合起来。在波兰团结工会中，也有工人成分，如瓦文萨，他是一把手，不是虚设的，但在他的周围，都是“持不同政见者”。他的顾问班子，几乎无一例外，都是这批人。有经济学家、政治学家、法学家，各种专家都有。他们是瓦文萨的智囊团，他的政见、主张都来自这批人。波兰团结工会的成立还同国际因素有关。70 年代在国际关系中是个缓和的时代，到 80 年代初，形势骤变，原因是苏联在 70 年代末出兵阿富汗。在这样的情况下，一方面是长期的缓和，人们思想麻痹，对西方瓦解社会主义的“和平演变”，把波兰从苏东集团拉出去的图谋丧失警惕；另一方面，苏联陷入了阿富汗的泥潭，无暇西顾。结果团结工会就钻了这个空子。瓦文萨利用了这样一个时机，就把团结工会搞起来了。

团结工会成立后，它初期的活动，简单地说，主要是把它的组织加以完善。从它 1980 年建立到 1981 年开全国代表大会，这期间它在组织上发展很快。最初还比较分散，后来发展一年以后，号称上千万。这是不大实际的，因为波兰总共人口 3780 万，各类工人合计远不到 1000 万，虽然其就业率比较高。所以说上千万是不可能的，但拉起几百万是可能的。当时原有的工会已经垮了，团结工会基本上控制了工人队伍。

团结工会的另外一个活动是策划向政府要权。当时许多人对此有争议，他们认为波兰党和政府当时对团结工会的态度并不是那么软弱，因此团结工会不敢要权。对于团结工会是否会向反对派组织发展，许多同志有不同认识。但事实上，团结工会在初期活动中，已有明显的政治倾向。比如在团结工会的章程中和它向华沙法院申请注册时，都极力回避遵守宪法原则，在要不要波兰统一工人党的领导问题上，它早就有打算。这恰恰是一个要害问题。作为一个群众组织，一个工人阶级的群众组织，当然要在党的领导下。党是工人阶级的先锋队，如果工人组织与党闹对立，那还成什么工人组织？而团结工会从一开始就有非常明确的斗争目标，那就是波兰统一工人党，总想在政治上改变它的领导地位。所以团结工会在行动上就搞动乱、罢工。从经济性罢工发展到政治性罢工，而且后来的罢工几乎都是政治性罢工，通过工人的行动达到团结工会的目标。正因为团结工会这样的活动太猖狂了，把波兰党和政府搞到岌岌可危的地步，所以 1981 年 12 月，波兰党和政府被迫作出了在全国实施战时状态的决定，把团结工会和其他所有的群众组织统统取缔。团结工会之所以被取缔，其根本的原因是它违背了工人运动的基本宗旨，它已经不是搞工人运动了，其目的是染指政权。它的手法是搞动乱，已经危及了国家安全，波兰党和政府没有别的办法，只能取缔团结工会。

1981 年年底团结工会被取缔后，一直到今年 4 月，通过圆桌会议达成协议，让它重新登记，取得合法地位，这其中整整隔了 7 年。在这 7 年中，它作为一个组织名义上被取消了，但实际上还在秘密活动。团结工会主席瓦文萨，在实行战时状态后被软禁了 11 个月，后又放了出来。另外一些团结工会的头头被关的时间不同，有的时间更长一些。还有一些人没有被捕获，他们在地下搞与政府对立的活动，而且活动得很猖狂。在团结工会被取缔后，他们搞了一个地下组织叫“全国协议会”。这个组织与瓦文萨保持或明或暗的联系。另外一个特点是在地下活动时期，团结工会利用国外的财政和物资援助，搞了反政府的电台、小报以及种种印刷品，同政府展开针锋相对的斗争。在这7年中，团结工会基本上没有中断与政府作对的斗争。这就是迄至今年上半年以前的团结工会的大体情况。从这里可以看出，团结工会一开始是作为一个工人组织出现的，但它后来一步步走向自己的对立面，成为一个反对共产党领导的政治组织，背离了工人运动的基本宗旨。

二 今日作为政治反对派的团结工会

首先，波兰团结工会的重新合法化是怎么来的？团结工会被取缔后，地下活动一直没有中断。瓦文萨被放出来以后，继续坚持自己的立场，继续领导团结工会的地下活动，并同他的高参们密谋下一步的安排。在这种情况下，尽管波兰的局势已经稳定下来了（军管维持了一年多，于1983年国庆前取消了，恢复了正常状态），而且在以后的几年中，总的说经济形势有所好转，但始终未能恢复到1980年罢工以前的水平。这期间，波兰统一工人党提出了经济改革和政治改革的一系列方案，但始终推不开去。一个重要原因是因为有一种力量总是不合作，实际上就是团结工会的阴魂不散。在这种情况下，为了彻底振兴波兰，从根本上改变波兰经济得不到发展的状况，波兰统一工人党有一个美好的设想，希望能动员全社会的力量，把所有可以利用的因素都调动起来，搞一个全国、全民族的团结，振兴波兰。这个想法的具体体现是在1988年8月，由波兰党中央认可，由基什查克出面，提出了由全国各种政治力量参加，举行一个圆桌会议，即平等的、不分主次的会议，党不以领导身份出现，包括团结工会在内，都可以坐到一起。这个方案得到了全国各种政治力量的拥护，当然团结工会也巴不得这样，因为虽然还未给它“平反”，但至少已经把它请到会议桌上来了。到了今年（1989）1月份，波兰统一工人党举行了十届十中全会，通过了一个很重要的决议，这就是《波兰统一工人党中央委员会关于政治多元化和工会多元化的立场》的文件。这就明确表示，波兰统一工人党要搞政治多元化和工会多元化。应当说，这是一个致命的决议。现在波兰党内和社会上的争议都是从这里来的，即十中全会到底对不对？看来，这是让步的关键一步。在这个决议的指导下，波兰的局势急转直下。这个文件中有这样一些内容："政治多元化和工会多元化作为波兰人民共和国制度主张的一个因素，已经变成波兰人民共和国社会、政治现实的重要组成部分。"决议已经把政治多元化和工会多元化提到了这样一个位置上来。决议又说："中央委员会认为，把建设性的反对派结合到政治体制之中是必要的和可能的。"这里的"建设性反对派"主要指团结工会。它到底是不是"建设性反对派"，现在已经很清楚了。决议中还指出，"中央委员会主张有一个强大而独立的工会运动。波兰工会全国协议会所属各工会组织迄今的成果正在很好地为维护劳动人民的利益服务"。这里所说的波兰工会全国协议会，是根据1982年的波兰工会法重新组建起来的工会，即合法的工会，它拥有700万人，是正统的、党领导下的工人阶级的群众组织。决议中还说："我们对工会多元化原则所持的立场是有先决条件的：'工会的形式应当符合劳动人民的愿望。'这一原则在1982年10月8日通过的工会法中得到了体现。但鉴于1980年和1981年事件导致形成的政治形势与经济形势，有必要对其职能加以限制。……中央委员会考虑到政治对话和生活民主化的进展和国家发展的需要，主张在民族谅解的条件下取消对成立新工会的限制，但其前提是，新成立的工会要遵守宪法和法律秩序以及工会章程，根据波兰的现行法律和忠于自己国家的原则，利用财政资助，制止破坏社会安宁和国家稳定的行为。”这几个前提都是有所指的，遵守宪法和法律是又回到前边讲的老话题上去。财政资助问题是指团结工会在非法活动期间得到大量的外国资助。据不完全统计，美国和西欧的自由工会每年给团结工会的资助在500万美元左右。制止破坏社会安宁是指团结工会搞动乱。这三条原则按说应该能把团结工会限制住，但后来的实际情况说明失算了。这一开放，就像潘多拉魔盒一样，一打开就都放跑了，团结工会往哪儿飞，往哪儿动，就很难控制了。十中全会还作出了这样的决定：“在圆桌会议上，还应当商定实现工会多元化的条件、方法和时间表，为成立新工会，包括团结工会开辟道路。”

圆桌会议从2月6日开幕一直开到4月5日，开得很不顺利，中间有一番斗争。参加圆桌会议的大体上有这样一些力量：首先是波兰党和政府及其联盟党，联盟党一个是统一农民党，一个是民主党。这两个党战后40多年来一直与波兰统一工人党结盟，统一工人党始终把它们作为自己的盟党结合在历届政府中。在波兰政府和议会中，一般情况下，议长都是由他们出任，政府中总有他们的副总理，所以他们的地位是很重要的，是掌握实权的，不是点缀。但这次他们跑了，这是造成波兰局势不可收拾的一个非常重要的因素。在圆桌会议时，他们还是站在波兰统一工人党一边。作为反对派的，是以瓦文萨为首的团结工会。在团结工会周围，还有一些其他力量，如大学生组织、农村的个体组织，后者原来叫团结农会。除了这两大派之外，还有教会。教会在波兰有很大的势力。在波兰人口中，大体上有90%的人信天主教。教会以人民的代表自居，大主教发言影响很大。信教的人中，虔诚的为数不少。军队中也有教会活动，它在军队中是合法的，有随军的神甫并授予军衔，神职人员在军队中的最高军衔是上校，可见教会势力之大。教会势力也是圆桌会议的一个重要组成部分。80年代初期，许多政论家评论波兰局势时认为，有三大势力能够左右波兰命运，这就是统一工人党、团结工会和教会。出席圆桌会议的代表有57人，主持人一个是基什查克，另一个是瓦文萨。一个奇怪的现象是，代表700万职工的波兰工会全国协议会只是作为一个不显眼的代表参加圆桌会议，而团结工会似乎成了会上的主角之一。在这种情况下，工会全国协议会主席A. 米奥多维奇在会上发表了一个声明，认为这样对待工人组织是不公平的。可见到了什么地步，说穿了，即波兰党和政府贯彻十中全会的决议态度非常坚决，已经作出了不惜牺牲700万工人的工会组织的抉择，把团结工会扶上去，根子就在这里。圆桌会议经过一番困难的争执，克服了多方面的分歧，其中的焦点就是团结工会的合法化问题。在这两个月期间，在僵持不下的情况下，统一工人党召开了十届十一中全会。

在这次全会上，作出了一个决定，即赞成圆桌会议已逐步商定的协议，促使会议成功，允许团结工会合法化。现在看来，这一步一步的决策都是由波兰统一工人党自己作出的，而且是由党的最高机构中央委员会作出的决定。根据会议的精神，基什查克与瓦文萨签订了三个协议。其中涉及了这样一些内容：一是有条件地使团结工会、团结农会以及独立大学生联合会合法化。所谓条件，还是坚持原来的那几条。这个文件叫《关于工会多元化问题的立场》。另一个是关于政治改革问题的协议。这个协议4月7日经议会批准，成为具有法律效力的文件。其中规定修改宪法，改行总统制，同年6月份举行新的议会选举。议会怎么选、议席怎么分配，这是直接影响下届政府的大问题。因为议会选举出来后才能组织政府。协议在议会议席的分配问题上作了这样的规定：总共460席中，65%即299席归统一工人党以及盟党；另外35%即161席归反对派。协议中还规定新增设参议院，它的

100个议席由49个省每省出两人，另外华沙和卡托维兹（重要的大工业城市）再各加一名代表。在职能上，参院可以否决议会的立法，但议会又可以反过来以2/3多数否决参院的意见，这是最终否定。在如何制约反对派上，当时的确是动了脑筋的。但实际上，现在看来也没起什么作用。第三个协议是《关于社会和经济政策及体制改革问题的立场》，内容为：改善市场供应和人民生活条件，抑制通货膨胀，提供必要的经济保护，建立经济新秩序，克服债务危机等。

这样，协议就达成了。后来的问题也正是出在这些协议上。现在说反对派撕毁了协议，这是事实，确有撕毁的部分，但也确有当时考虑不周的问题。对这些，拉科夫斯基（当时的总理，现任统一工人党第一书记）的评价是："毫无疑问，我们正在经历人民波兰历史上非常困难的时期。我个人的看法是，圆桌会议，也就是使反对派加入新的社会秩序的试验，是必要的，是客观需要，如果我们现在不这样做，那么或迟或早我们国家就会进入大乱时期。我坦率地说，面对这样撕扯政权的局面，有时我真感到有点无能为力。有时我感到惧怕，作为一个社会，我们要走向何方？最后我想讲几句政府和波兰工会全国协议会的关系问题。我希望这是尽可能持久的姻缘。希望波兰工会全国协议会所代表的工会能成为政府的牢固支柱。为了说得更清楚些，我把这些工会看成是惟一的真正的盟友。"这就是当时的总理所说的几句公道话。关于团结工会，拉科夫斯基还有一个评价："我始终反对团结工会重新合法化。相反，我赞成建立一个新的团结工会。在我看来，重新合法化就意味着回到1980—1981年那种老样子。我觉得要紧的，是弄清楚团结工会将是不是一个工会。在1981年，团结工会不是一个工会，而像是一个社会运动，一个不言自明的政治运动。因此，不剥夺它的政治权利就意味着原封不动地恢复团结工会。我反对这样做。我想，在这个问题上将会有很激烈的争论，但我希望我们将找到一个妥协办法。”这说明，当时在波兰统一工人党内，在两次中央全会期间，确实存在一些认识比较清醒的人，但遗憾的是他们没有能左右大局。

根据圆桌会议协议和议会的决定，团结工会于今年 4 月 13 日由它的高级顾问马佐维耶茨基（现任总理，圆桌会议期间是反对派的高级顾问）为首，向华沙法院重新办理了申请注册的手续。仅仅过了 3 天，4 月 17 日即获准，实现了合法化。团结工会在当天发表了一个声明，表示支持当局推行的“真正的、深刻的经济改革和国家的民主进程”。瓦文萨表示，很难预料团结工会今后会变成什么样子，但有一点是可以肯定的，即过去我们感情用事，动辄罢工，这是一个必须牢记的教训。这究竟是一种真实的宣言还是烟幕弹，现在已经越来越清楚了。5 月 2 日，瓦文萨同雅鲁泽尔斯基在华沙会见，雅鲁泽尔斯基的欢迎辞是：一座山同一座山之间可是不能碰头的，但一个人与一个人之间是能够碰头的。可见当时不乏悲凉的气氛。瓦文萨说得也很简单：我希望我们永远不再分开。团结工会 4 月 17 日合法化后，4 月 19 日瓦文萨就带上他的高级顾问到罗马去会见教皇。教皇保罗二世是他的老盟友。当然一是通报圆桌会议和团结工会的合法化，另一方面很显然是研究对策。保罗二世当选为教皇后曾两次回波兰，在波兰每到一处都是万人空巷，那样的宗教狂热场面是很难形容的。它足以反映教皇对波兰政局的影响力，瓦文萨正是要利用这种影响力，所以他们所商量的事恐怕就是我们今天所看到的现实。4 月 23 日，团结工会成立了一个公民委员会，实际上是一个新的领导班子。因为重新合法化后，团结工会设想一年以后开全国代表大会，那时才能建立合法的团结工会的领导班子，因此现在设立的是一个过渡性的领导班子。主席是瓦文萨，成员多数是持不同政见者，包括盖莱梅克、雅库龙以及现在的总理马佐维耶茨基这些人。他们的目标只有一个，就是筹划6月的议会选举。他们首先拟定了议会选举的竞选纲领，有26点内容，其要害主要有：一个是修改宪法。我们说宪法是国家根本大法，统一工人党始终坚持要遵守宪法原则，这是不能动的，而团结工会要删去党的领导作用，要求4年内举行充分的民主选举。因为这次选举是圆桌会议达成的协议，比例是事先定好的，另外他们还要求扩大结社权，取消新闻检查，取消对电视、电台的控制。事实上，在80年代初期这些要求已经部分实现了，如每星期天华沙电视台都要转播宗教仪式实况，这也是当年达成的一项协议。这在别的国家是少有的现象。光有这些他们还觉得不够，他们还要求削减军队和警察开支，认为现在的武装力量太大了。他们还明确提出波兰的军队要为波兰的国家服务而不是为某个党服务。这意味着什么是不言自明的，因为在他们看来，现在的武装力量掌握在波兰统一工人党手中。以上就是团结工会重新合法化初期的主要活动，概括为一句话，就是为大选作准备，而且准备得很充分。

波兰议会选举事关波兰的前途和命运。6月进行的议会选举共分两轮，第一轮是6月4日进行的，结果是统一工人党惨败，团结工会获得了意想不到的胜利。团结工会方面35%的议席几乎全部选出；统一工人党方面，总理、国防部长、内务部长全都被提名，两个盟党的主席也都被提名，但统统落选了。包括基什查克本人，他与团结工会打交道而且是博得他们好评的人物，但到了选举时，动了真格的就不选你了。统一工人党落得这么一个悲惨的下场，这是谁也没想到的。参议院是自由竞选，双方都可以提名，只要够3000人提名就可以当候选人。结果选出的99人全部是团结工会的。参议院选举的结果连西方的政治家都没有料到。第一轮选举使得波兰统一工人党内的某些人如梦初醒。由于第一轮选举中大量的候选人得票不过半数，只好进行第二轮选举。这一轮统一工人党的总理、国防部长、内务部长干脆不上了，重提候选人，总算凑齐了占65%的候选人名额。6月18日，第二轮选举选出了执政联盟（统一工人党及其盟党）议员294名，反对派议员1人。总的结果是按圆桌会议协议进行的，议会议席的具体分配是：统一工人党173席，占38%；统一农民党与民主党占22%；教会的世俗组织（也属联盟党的范围之内）占5%，总共299席。以团结工会为首的反对派161席，占35%。参议院中的议席是，执政联盟0，中立派、无党派1，反对派99，总共100名。这次议会选举执政联盟为什么会失败得这样惨，而团结工会却获得出人意料的胜利？统一工人党政治局7月28日曾通过题为《对选举运动的评价的决议》，分析失利原因有下列四条。一是社会上有不少人对执政党总是持批评态度。二是国内社会经济形势恶化，特别是市场供应形势恶化。这恐怕是个要害，波兰通货膨胀率去年为70%，今年8月1日实行除牛奶和奶酪外食品价格全部放开，一般涨3—5倍，最多的十几倍，目的是想通过市场调节，解决长期的食品短缺问题。但实际情况是，涨价后货架上空空如也，食品没有了。这是因为，虽然大幅度提高了销售价，但收购价提得很少，只长30%—70%，农民不卖了，都拿到自由市场上去了，国营商店什么也没有。而且物价飞涨还引起了新的社会动荡，正好配合了团结工会这样一个政治上夺权的行为。所以波兰统一工人党这时认识到了经济恶化是失败的一个重要原因。三是统一工人党在政治斗争中表现软弱，缺乏威慑感。四是在竞选运动中存在失误，其中包括错误地估计了教会的所谓中立态度。因为教会的力量很大，它宣称在政治斗争中保持中立，但暗地里不是这样。再就是错误地估计了联盟党候选人当选的可能性。另外还有宣传鼓动和组织工作不得力。其实还应该再加上一条，即对团结工会的本质和实力估计不足，这是导致失败的重要原因。除了官方的评价之外，国外舆论界也有很多分析。他们认为，雅鲁泽尔斯基在这次选举问题上，总的说来对自己党的实力和影响下降，对反对派实力的增长，特别是对他们的策略、两面派手法都估计不足。事实上，在苏联东欧国家战后的历史上，选举曾有过经验教训。战后初期，1946年匈牙利搞过选举，当时力量对比对共产党不利，但凭借着苏联的支持和影响，满以为可以拿到过半数的议席。但实际选下来只得到百分之十几的选票，最后还是通过比较强硬的手段才把国防部、公安部拿到手，总理就只好让人家当了。这无疑是一个教训。而在波兰还有另一方面的经验。1947 年波兰也曾有过一次大选，当时的力量对比是差不多的，但因为波党有充分的准备，再加上苏联全力支持，最后在大选中获得压倒多数，反对派都被赶下去了。这正反两方面的经验本来是十分宝贵的，理应记取，但波党却偏偏忽略了。

团结工会与波兰党的下一轮较量是总统选举。因为其中要涉及到一些政界人物，这里先简单介绍一下。一个是雅鲁泽尔斯基，他是新选上的总统，原来是国务委员会主席，是国家元首，在此之前还当过党的第一书记，实际上是波兰党和政府的最高领导人，军人出身，现年 66 岁。二战爆发后，雅鲁泽尔斯基流亡苏联，参加了苏联编制下的波兰军队，从一个普通军官一步步升上来，直到打回波兰，参加了解放华沙的战斗。到 60 年代初，他经过深造，担任了波兰人民军总参谋长，1968 年起担任国防部长。至今，波兰人民军仍归他指挥。在战后波兰历史上，人民军曾经历过两件大事，一是 1956 年 10 月抵制过赫鲁晓夫对波兰内政的粗暴干涉，人民不会忘记它。另一件是 1968 年 8 月在苏联的统一号令下，参与了对捷克斯洛伐克的武装干涉。人民军是波兰未来局势的一大筹码，现在还没有用上，它在波兰统一工人党的手里。另一个人物是拉科夫斯基，他是现在波兰党的第一书记，是实权人物。在他们旁边还有两个人，一是基什查克，现在还是内务部长，掌握波兰的警察。另一个是西维茨基，国防部长，掌握军队。这两个人是雅鲁泽尔斯基的左膀右臂，都是军界出身，是雅鲁泽尔斯基的密友。

由雅鲁泽尔斯基做总统候选人，这是人们意料中的事。既然65%的议会议席属统一工人党及其盟党，那么总统势必由波兰统一工人党方面提名，而且可以说是非雅鲁泽尔斯基莫属，这一点连国外也没有异议。但议会选举一结束，团结工会就蠢蠢欲动，就想撕毁协议。但它又不敢太明目张胆，就要了两面派的手法，企图拉拢一些中间力量，把雅鲁泽尔斯基搞掉。雅鲁泽尔斯基清醒地估计了形势，一度宣布不当总统候选人，并提议由基什查克取代他。团结工会方面眼见自己的图谋难以得逞，于是由瓦文萨出面发表一个声明，支持雅鲁泽尔斯基担任总统。在这种情况下，雅鲁泽尔斯基才重新同意充当总统候选人。7月19日，议会与参议院召开联席会议进行投票。544个投票人中，537票有效，雅鲁泽尔斯基以270票当选，比必须得到的票数只多一票（270票赞成、233票反对、34票弃权，还有7张废票）。这一票的优势得来不易，但它有可能在很大程度上决定波兰近期的命运，所以事关重大。雅鲁泽尔斯基这个总统非同一般，任期6年，这很重要。按照圆桌会议协议，这一次的选举是按比例进行的，是一次性的，以后就要自由竞选，下一届就没有65%的规定了。下一届议会选举在1993年，所以总统的6年任期还可以管着下一段，这是要害。另外，波兰总统又是武装部队总司令，掌握军权，这是波兰稳定的重要因素。此外，总统还有权解散议会，这也很重要，如果议会再闹，弄得国家不得安宁，到了危险边缘的时候，总统就有权解散议会重新进行大选。这几条都对统一工人党有利，所以尽管是以一票之优势当选，但意义却非同小可。

下一轮较量则是组织政府。根据圆桌会议的协议，总统、总理都应由统一工人党的代表来担任。统一工人党及其联盟党提出了基什查克为总理候选人。8 月 2 日，议会以 237 票赞成，173 票反对、10 票弃权予以通过。但基什查克组阁却困难重重。就在这次议会会议上，团结工会议会党团领袖盖莱梅克公然宣称："必须在执政方式上发生变化，必须抛弃和打破一党执政的政治垄断。波兰反对派准备好了组织一个适应当前国家面临任务所需要的政府。"总理都选出来了，他还在鼓吹这种主张，这实际上是瓦文萨发出的一个信号，明确表示不同意波统一工人党组阁。基什查克在组阁过程中遇到的第一个问题是两个盟党的倒戈。这两个盟党在议会中占有 22% 的席位，没有他们，光靠统一工人党的 38% 是过不了半数的，要是他们倒过去，团结工会方面就成了 57%，他们就成了多数。这个简单的数学式子瓦文萨是很清楚的。紧接着，瓦文萨发表了一个声明，建议由团结工会组织政府，与统一农民党、民主党三家搞新的联盟党，不要统一工人党。而且他们马上去做工作，结果是这两个党同意与团结工会结盟，致使基什查克陷入了极其困难的处境。经过十五六天的努力，最后不得不放弃组阁，向雅鲁泽尔斯基提出辞呈。由于统一农民党、民主党发表声明愿与团结工会合作，达到了 57% 的多数，雅鲁泽尔斯基只好同意由团结工会方面来提名总理候选人。据传关于团结工会的总理候选人有几个方案。当时大家都认为瓦文萨能出来当总理，因为他闹腾了这么多年了。但他不出来，他提出三个人让雅鲁泽尔斯基来选。当然瓦文萨也有他自己的倾向。这三个人一个是盖莱梅克，他是团结工会的议会党团领袖，著名的持不同政见者，团结工会的核心人物之一。另一个是雅库龙，也是很知名的持不同政见者、历史学家，据说50年代曾是统一工人党党员，后来脱党了。他的活动能量很大，也是团结工会的核心人物之一。第三个是马佐维耶茨基，就是现在的总理。他过去在国际上不大为人所知，但在国内还是有一定知名度的。过去我们虽然也知道他是《团结》周刊的主编，但没有想到他会成为风云人物。对于这三个人，瓦文萨知道雅鲁泽尔斯基不会要前面两个人，因为他们声名狼藉，一向与统一工人党作对，势不两立，几次被抓、被关，因此很自然会选第三个。马佐维耶茨基1927年生，现年62岁，华沙大学毕业，是法学家，也是个政论家，天主教徒，曾参加过天主教的世俗组织帕克斯协会。他1961年到1972年是波兰议会议员，从70年代开始，在格但斯克发生过一次大罢工之后，他参加了罢工活动，主张自由工会。1976年又一次工潮时，他到了国外，争取国外的支持。这一时期他与国内著名的持不同政见者雅库龙、米赫尼科等人共同组织了"保卫工人委员会"，这是一个著名的持不同政见组织。他与这些人关系密切。1980年工潮一爆发，团结工会出现，他全力支持。8月22日，他从华沙跑到格但斯克红旗造船厂找到瓦文萨，彻夜长谈，一拍即合，随即被瓦文萨任命为团结工会顾问班子的头目。1980年8月31日团结工会与政府达成格但斯克协议，最后就是由他定稿。团结工会的章程也是他起草的，其中包括不要党的领导和修改宪法等内容。从团结工会一出世，他就一直参加团结工会全国委员会所有的重要会议。在团结工会与政府的历次谈判中他都是顾问。1980年团结工会创办《团结》周刊，他是创始人也是第一任主编。团结工会对他有一个评价，说他是团结工会生活的中心，对团结工会的模式施加了不可辩驳的影响。1981年12月军管时，他被关了一年，放出来后，继续进行反政府的地下活动。今年2月到4月，在圆桌会议期间，他是工会多元化小组的反对派一方的主席。他为团结工会取得合法地位奔忙，而且承办了合法化的手续。根据圆桌会议协议，《团结》周刊已于今年复刊，他继续担任主编。马佐维耶茨基为何被瓦文萨相中，作为总理候选人？有一条是他一向比较稳健，不像前两个人那么锋芒毕露，他干实的不喊空的，这可能是一个原因。另外是他头脑比较冷静，政见不那么偏激，易于被对方所接受。这样三者择其一，退而求其次，雅鲁泽尔斯基就选中了他。但有一点可以肯定，马佐维耶茨基不是团结工会真正的决策人物，就是将来政府组织起来了，他也不过是前台人物，真正的决策人是在后台活动的瓦文萨，他才是能够左右局势的人物。可见瓦文萨不亲自出任总理是有一番考虑的。现在的波兰局势，特别是经济这个烂摊子谁能收拾？瓦文萨绝不愿去冒这个风险。将来马佐维耶茨基干得好是团结工会的功劳，如果不行就再换一个人，这样便留有一个回旋的余地。现在议会已经批准了马佐维耶茨基组阁，是合法总理了。统一工人党方面准备出任国防部长和内务部长。对于这两个要害部门，团结工会不是不想要，似乎是不敢要。当初瓦文萨与统一农民党、民主党搞三家联盟时，曾明确宣布不要统一工人党，结果遭到统一工人党的坚决反对，瓦文萨一看不行，只好收回来了，可见这是他放的试探气球。至于外长、财政部长等职，现在还在谈判中，还要有一番较量。波兰统一工人党最近的一次中央全会正式表示：现在组织的新政府要反映波兰政治舞台上力量对比的实际状况。这就是说，波兰统一工人党有多大力量，政府中就要有相应的代表。现在西方有一些传言，说就给统一工人党两个部长席位，看来不一定，通过谈判也可能再谈出几个来，但恐怕不会是什么关键位置。今后的问题肯定少不了，总统与总理的矛盾即是其中之一。总统是有实权的总统，不是象征性、礼仪性的总统，前两年法国的总统与总理就是两派，很难合作。现在波兰也遇到这个问题了。另一个问题是如何进行下一步的经济改革。统一工人党有自己的方案，要搞计划经济与市场经济的结合，大中型企业是国家命脉，不能动；而团结工会主张全面的市场经济、私有化，那么把这些大中型企业怎么办？这是首先遇到的问题。前不久波兰208家最大的工厂的党委书记们聚会，讨论这个问题，不允许私有化。波兰的经济命脉在这里，作为总理怎么办？另一个问题是新总理掌管得了国防、外交和内务部吗？怎样对待华沙条约和经互会呢？这都是实际问题。当然这里有一个默契，连瓦文萨也公开表示，不破坏波兰的国际联盟。人们不会忘记，当年，1956年匈牙利事件时，纳吉在成立新政府时宣布脱离华约组织，宣布匈牙利中立，并给联合国秘书长发了电报，结果很快招致了苏联的武装干涉。足见有一条线是不能越的，这一点瓦文萨也很清楚。另外，苏联军队在波兰领土上还驻有几万人，最近刚撤了一个坦克团，是象征性的，现在不撤了，显然是要保持一支威慑力量。总之，马佐维耶茨基这个总理名声不小，但事情未必好办。

经过今年以来的这几次较量，从目前来看，被动的是统一工人党及其盟党，得分多的是团结工会，这是不能否认的事实。但如果据此断言统一工人党和社会主义都不行了，那恐怕也不对。

三　波兰团结工会的趋向

团结工会现在是洋洋得意，西方国家也非常高兴。前不久布什到波兰去了一趟，当时正值选举总统的紧张关头，团结工会要倒雅鲁泽尔斯基。雅鲁泽尔斯基当时是作为国务委员会主席、国家元首出来接见布什。除了正常谈判外，布什点名要会见瓦文萨。雅鲁泽尔斯基专程陪布什去了一趟格但斯克，表面上是向1980年罢工工人纪念碑献花圈，实际上是看望瓦文萨。现在西方已经透露出当时布什与瓦文萨谈话的内容，据说是探讨了团结工会组织政府的可能性。另一方面，苏联和东欧国家也作出了各自的反应。戈尔巴乔夫在政治改革上是走得很快的，采取了不少步骤，但在经济方面虽然也有不少纲领、战略，但成效不大，所以苏联人民对此不满，出现了几万人的煤矿工人大罢工，震动了全国。民族问题也有很深的根源。波兰的事态发展不可能不对苏联产生影响，因此戈尔巴乔夫对波兰局势绝不会掉以轻心。他国内的工人再闹，再发展一步，如果再与“持不同政见者”结合起来，形势就更难控制了。苏联最近的闹事者也提出了很多政治口号，要成立独立工会，甚至叫喊要打倒苏联共产党。这个局势戈尔巴乔夫不是不清楚，苏联确实有潜在的危险。戈尔巴乔夫对波兰形势很慎重，前面说到的撤军问题，就证明他是有行动的。另一方面，苏联表面上说波兰组织什么样的政府，谁当总理，是波兰内政，不能干预，但内心没有那么轻松。波兰闹大了，苏联受影响，再加上波及别的东欧国家，那怎么办？东欧国家，比如民主德国和捷克斯洛伐克，都不赞成波兰的做法，这两个国家都遇到了实际问题，团结工会的代表跑到捷克斯洛伐克去，与捷反对派“七七宪章”派勾结到一块，这直接威胁到了捷的安全。民主德国这几年经济上搞得较好。前些年东德人往西德跑，这些年经济上稳定，往西德跑的明显减少了。现在东德人均收入是社会主义国家中最高的，再加上东西德的格局已经稳定下来，好不容易搞到这个局面，所以它不赞成波兰闹事。这次北京发生的政治风波，民主德国第一个表态支持我们政府，这里就涉及到它的自身利益。匈牙利的问题有点像波兰，但表现形式不一样。匈牙利的问题出在党内，国内还没有形成有力量的反对派。党内出了一个波日高伊，他是政治局委员。最近布什到匈牙利访问时，不找反对派，就找波日高伊，他的目标很准，有助于我们判断是非。以上是国际上对波兰局势的一些反应。

波兰局势下一步怎么发展，有几种可能。一是让马佐维耶茨基组织起政府，通过妥协，把局势稳定下来，实施经济改革计划，看看能否把经济搞上去。这一步弄得好有助于波兰局势稳定，但解决不了根本问题。所以第一种可能是维持现在的局面，实际上是一种联合执政。是统一工人党当总统，团结工会当总理，党控制两个要害部门，这是一个短暂的局面。第二种可能是团结工会不满足于目前的局面，还想拱，把你两个部长拱出去，然后再想办法把总统搞掉。但如果这样，再采取一些极端行动，如制造新的动乱、罢工，以此来施加政治压力，把波兰统一工人党从政坛上全面挤出去，这种行动如果付诸实施，后果就是灾难性的。逼急了，就只有动武了，再来重新收拾局面，像 1981 年那样，再度军管，团结工会也就只好再次被取缔。这样对团结工会不利，它轻易不会走这一步，这是第二种可能。那么，维持不可能持久，现在夺权又一时办不到，是否还有第三种可能？即使现在的政府搞上一段，经济上也好不到哪儿去。因为经济上有几个因素牵制，它也搞不起来。比如从最高阶层到基层，都是统一工人党在控制，省一级不用说了，到了工厂也是该党掌握着。现在团结工会在基层的力量并不很大，80 年代初期曾宣称 1000 万，但现在实际上只有 150 万人到 200 万人是拥护团结工会的，70% 的工人还在工会全国协议会方面。所以团结工会要控制中层和基层不那么容易。经济计划要推行下去很困难，结果可能是搞一阵子就搞不动了。另外还必须看到，现在双方都在积蓄力量，等待时机。统一工人党要重新组织阶级队伍，明确开展政治斗争。过去失误太多，要同反对派进行斗争。这是最近召开的中央全会上已经认识到了的。团结工会也不会坐等，它寄希望于1993年的议会选举，双方都在为下一轮的较量作准备。如果统一工人党这方面准备得好，早下决心收拾局面，由总统宣布解散议会，重新举行大选，夺回失去的政权也是可能的。在近期之内，恐怕还是由现政府收拾局面，下一步会走到哪里去，还要继续观察。波兰这场戏收场锣鼓还没有响，结局究竟是喜剧性的，还是悲剧性的，或是中性的，现在还说不准。波兰的一些领导人已经在议论这个问题。拉科夫斯基有一个判断，他担心波兰还会经过一个大的抽搐、流汗和流泪、但愿不是一个流血的时期。这里把几种可能都包括了。波兰的局势发展很快，大家都在看。有些同志有一种悲观的感觉，认为波兰的无产阶级政权丢了，社会主义制度已经变色。但我们认为，下这种悲观结论为时尚早。因为现在能够收拾波兰局势的仍然只有统一工人党，它还没有最终丧失控制波兰局势的能力。尽管局势很困难，但还是有可能避免最终走到资本主义的道路上去，这里的关键是理直气壮地坚持社会主义道路，绝不能再一味地妥协退让。

四 波兰团结工会的教训

关于我国对波兰局势的态度，外交部发言人已有明确表示，那就是不干涉波兰内政。同时，由于团结工会在世界上产生了这么大的影响，我们中国作为一个社会主义国家，正在探讨有中国特色的社会主义道路，自然对波兰问题不能无动于衷。我们从外交上讲不干涉别国内政，这是对的，但作为问题要研究它，从中吸取经验教训。同样，对于整个国际共运和工运要密切观察、仔细分析，从中吸取可资借鉴的、有益的东西。

首先，在党与工会的关系上，团结工会给我们提供了反面的教训。摆脱共产党的领导、与党闹对立，走政治反对派的道路是绝路，是不行的。共产党是工人阶级的先锋队，是工人运动当之无愧的领导者。这一点已为一百多年来国际工人运动的历史所充分证实。在社会主义国家，也就是说当工人阶级已经成为执掌国家政权的领导阶级之后，工人运动还要不要坚持共产党的领导呢？我们说，答案只能是肯定的。这是因为，其一，在社会主义革命业已取得胜利的条件下，作为国家的领导阶级，工人阶级肩负对内开展社会主义建设，促进经济社会发展，不断提高广大人民群众的物质文化生活水平，对外开展经济文化交流，捍卫国家的独立、主权和领土完整，随时准备抵御任何外来势力可能的侵略与干涉的使命。而这一艰巨使命的完成，只能通过工人阶级的先锋队共产党的路线、方针、政策的实施，运用国家机器的内、外职能加以保障。其二，尽管各社会主义国家的共产党在领导社会主义建设事业中出现过这样或那样的失误，但历史实践已反复证明，它们都有通过自身的机制纠正各种失误的能力。换言之，各社会主义国家的共产党已经用各自的行动表明，它们是本国社会主义事业的坚强核心和可以信赖的领导力量。在波兰，情况亦不例外。自从波兰统一工人党执掌国家政权以来，无论在社会主义建设事业中，还是在对外经济、政治交往中，均发挥了无法替代的领导作用。因此，任何不带偏见的人都会承认，波兰的社会主义建设成就及国际地位的提高，既是波兰全国人民努力奋斗的结果，又是同波兰统一工人党的坚强领导密切不可分割的。诚然，波兰统一工人党在自己的工作中也曾发生过不止一次的失误。但实践已经证明，波兰统一工人党有能力纠正自身的失误，并且在历经磨难之后，仍然能够率领波兰工人阶级和全国人民向着社会主义的既定目标前进。这就是历史的辩证法，是任何反动势力也无法改变的客观现实。但是，波兰团结工会的少数领袖人物却无视历史的辩证法，他们不但千方百计地摆脱波兰统一工人党的领导，而且把团结工会变成自己夺取政权的工具，把工人运动引入了歧途。

其次，在社会主义条件下，工人运动应以促进社会生产力的发展为己任。要做到这一点，创造一个安定团结的政治局面是必不可少的。在社会主义条件下，工人阶级成为国家的领导阶级和社会的主人。全力以赴地投入社会主义建设，促进社会生产力的发展，满足人民群众日益增长的物质文化生活的需求，是工人阶级新的历史使命。具有光荣革命传统的波兰工人阶级，在波兰统一工人党的领导下，经过 30 多年的英勇奋斗，把一个在二次大战中遭受严重创伤的落后的波兰，建设成为屹立在欧洲心脏的初步繁荣昌盛的社会主义新波兰，充分显示了作为社会主义建设主力军的强大战斗力。他们的经验无疑是多方面的，但其中的两条尤为宝贵。其一，在任何情况下都必须坚持社会主义道路和波兰统一工人党的领导；其二，要保证社会主义建设事业的顺利发展，不仅要争取一个相对安定的国际环境，而且更重要的是要创造和保持一个安定团结的国内政治局面。众所周知，50 年代后半期至 60 年代中期，是波兰经济发展的黄金时代。这一时期恰好也是波兰党群关系融洽，社会比较安定团结的时期，而这一安定团结局面的取得，是波兰党、工人阶级和全国人民团结一致击退了外部势力的粗暴干涉，并在政治、经济领域实行一系列改革的结果。相反地，一旦忽略了安定团结，社会主义建设事业必定受到损害，广大人民群众的生活也势必受到影响。在这方面，波兰人民曾经有过 40 年代末至 50 年代初和 60 年代后半期至 70 年代初国内局势两次动荡的沉痛教训。可是，团结工会的少数领导人没有从上述事件中吸取应有的历史教训。在 1980 年秋爆发的社会动乱中，他们违背广大工人群众的意志，一再错误地估计形势，采取了一条推波助澜、惟恐天下不乱的极端错误的方针，终于为波兰工人阶级所唾弃。今年 4 月团结工会重新取得合法地位后，他们更加有恃无恐地制造新的社会危机，有计划有步骤地向波兰统一工人党步步进逼，企图彻底断送波兰社会主义革命和建设的成果，使波兰无产阶级政权面临着得而复失的巨大威胁。团结工会的所作所为已经充分表明，它违背了工人运动的根本宗旨，变成了波兰社会的一大动乱因素。

第三，社会主义国家的工人阶级必须高度警惕西方资产阶级的“和平演变”阴谋。战后以来，西方资本主义国家，特别是美国，从未放弃瓦解社会主义国家，把它们重新拉回资本主义轨道的梦想。当用武力扼杀社会主义国家的计划破产之后，西方资产阶级便把其主要赌注押在“和平演变”上。它们打着“经济自由化”（即私有化）、“政治民主化”（即多元化）、“人权人道化”等旗号，采取利用一切机会和各种阴谋手段，区别对待，分化瓦解，各个击破的策略，对社会主义国家进行无孔不入的渗透。它们的手法是多种多样的。经济上，通过经济贸易交往，特别是利用所谓的经济技术援助，宣扬西方经济的优越，扩大自己的影响；政治上，在各个社会主义国家大力培植和支持持不同政见者和反对派势力，利用所谓“人权”问题向政府施加压力，不惜工本地拉拢青年一代；思想文化上，开动各种宣传机器，诸如美国之音，欧洲自由电台等，宣扬腐朽没落的资产阶级文化和利己主义的人生观，搞乱人们的思想。近年来，社会主义各国普遍掀起了经济、政治改革浪潮。西方各国凭借其敏锐的嗅觉，预感到社会主义改革的成功必将对世界经济、政治力量的对比产生巨大影响，于是抓住社会主义各国改革遇到困难这一“历史性时机”，加速了对社会主义国家“和平演变”的步伐。几十年来大量的历史事实表明，波兰历来是西方国家“和平演变”的重点目标之一。团结工会在波兰成立后，西方国家如获至宝，立即全力予以支持。团结工会被取缔，它们气急败坏，一方面对波实行严厉经济制裁，给它造成上百亿美元的巨大经济损失，另一方面则不惜公然违背国际关系的基本准则，放肆地干涉波兰内政，向非法的团结工会地下组织提供巨额财政援助，支持其明目张胆的反政府活动。团结工会于今年 4 月重新恢复活动后，西方国家无不欢欣鼓舞，立即表示要全力支持。现在，团结工会上台执政，西方资产阶级自然乐于慷慨解囊。据报道，美国政府已迫不及待地着手制订什么“小马歇尔计划”，旨在向团结工会政府提供援助。但是，资产者的慷慨从来不会不要回报的。如若不信，请看美国财界喉舌《华尔街日报》今年 8 月 25 日透露的个中奥秘：“在一位由团结工会人士担任的总理昨天历史性地掌握政权之后，美国政府官员们已开始着手制订促使波兰脱离共产主义的计划。这项计划是一种小型马歇尔计划，旨在种下资本主义的种子。”同一天，团结工会主席瓦文萨在接受美国广播公司通过卫星进行的电视采访时直言不讳地宣布：“我直到最近还愿意看见像我们国家存在的这种共产主义死去，我们将建立一种以民主与自由为基础的制度。”这究竟是偶然的巧合还是“和平演变”的严酷现实，难道不是一清二楚了吗？

总之，团结工会的教训是极其深刻的。目前，波兰的事态尚在发展中，我们应该继续观察分析，不断总结经验教训，引以为戒。

（原载北京市总工会：《“坚持四项基本原则与工人阶级”专题系列讲座讲稿汇编》，1989 年 9 月）

饮水不忘掘井人

——周恩来与中日和平友好条约

今年（1998）8月12日，是中日和平友好条约签订20周年纪念日。中日和平友好条约的签订，不仅是当时两国关系的政治总结，而且标志着两国的友好关系又达到了一个新的起点，实现了两国人民和平友好的心愿，因而具有重大的现实意义和深远的历史意义。中日和平友好条约和1972年9月29日中日两国政府联合声明，共同构成了发展中日两国关系的基础。20多年来，在联合声明和和平友好条约精神的指引下，经过中日两国政府和人民的共同努力，两国关系在政治、经济、社会、文化等广泛的领域，取得了长足的发展。常言道，饮水不忘掘井人。中日关系能有今天的发展，是同中日双方那些为恢复两国邦交，缔造友好合作关系而呕心沥血的先贤们的努力分不开的。而每当我们回顾中日关系走过的道路，历数中日关系取得的累累成果时，总是不约而同地把它们同先贤中的一位杰出伟人的名字联系在一起，那就是周恩来。

一 周恩来——中日和平友好条约的首倡者

中日和平友好条约正式签订于1978年8月12日，距中日两国政府发表联合声明有将近6年之遥，但它的酝酿和提出却是和联合声明几乎同步进行的，而它的首倡者正是周恩来总理。

70年代初，国际关系发生了微妙的变化。随着美国对华战略的调整，中、美、苏大三角战略关系呈现新的态势。国际形势的这一变化，不能不对日本产生影响。首先是美国总统尼克松特使基辛格1971年7月神秘的北京之行及7·16《公告》，继之是1972年2月的尼克松访华和中美2·28上海《联合公报》的发表，对日本的外交，尤其是对华政策形成了一波又一波的强有力冲击，日本朝野为之震惊。在这一特定的形势下，主张恢复日中邦交的自民党田中政权于1972年7月应运而生，中日两国关系正常化谈判终于得以启动。

1972年7月25日，即田中角荣首相就任刚18天，便派出了他的挚友、公明党委员长竹入义胜访华，与中国政府商谈田中访华和中日两国恢复邦交问题。周恩来总理热情接待了竹入，并于7月27—29日亲自同他进行了三次会谈，就中日关系正常化的重大原则问题取得了一致的意见。正是在7月27日同竹入的第一次会谈中，周恩来总理提出："田中首相根据和平五原则想建立邦交，我完全赞成，缔结和平条约也是可能的，但我希望缔结和平友好条约。"① 竹入对此没有表示异议。所以在7月29日举行的第三次会谈中，周恩来建议把它写入中日关系正常化的联合

---

① 田桓主编：《战后中日关系文献集（1971—1995）》（以下简称《文献集》下），中国社会科学出版社1997年版，第90页。

声明中："双方同意，两国在建立了外交关系之后，根据和平共处五项原则，缔结和平友好条约。"① 周恩来关于缔结中日和平友好条约的倡议得到田中的响应和支持，并正式写进了同年9月29日在北京签署的中日两国政府联合声明，即联合声明的第八条："中华人民共和国政府和日本国政府为了巩固和发展两国间的和平友好关系，同意进行以缔结和平友好条约为目的的谈判。"②

周恩来倡议中日两国缔结和平友好条约，从当时的情况分析，主要基于以下几点考虑。第一，中日两国有着两千年的友好来往和文化交流，两国人民结下了深厚友谊，值得珍视。但自1894年以来的半个世纪中，由于日本军国主义者侵略中国，给中国人民带来重大灾难，日本人民也深受其害。前事不忘，后事之师，这样的历史教训，应该牢牢记住。第二，中日两国人民和平友好的呼声日趋高涨。新中国成立后，尽管中日两国间战争状态没有宣告结束，但中日两国人民的友好来往和贸易关系不但没有中断，而且不断发展，来华访问的日本友人数量超过其他国家，中日贸易额也高过其他国家。第三，国际形势的新变化为中日关系实现正常化以至进一步巩固和发展两国睦邻友好关系创造了有利条件。第四，中日两国是一衣带水的邻邦，中日关系的好坏对亚洲乃至世界的和平与稳定具有非同一般的影响。第五，中日两国政府发表联合声明可以宣告结束战争状态，恢复邦交，而为了进一步发展两国间的睦邻友好和合作关系，保证两国人民世世代代友好下去，则有必要以和平友好条约的法律形式把中日两国关系的基本准则和发展方向确定下来。

① 《文献集》下，第94页。

② 同上书，第111页。

周恩来正式倡议中日缔结和平友好条约固然是在1972年7月，但他着手构思和设计恢复中日邦交并建立睦邻友好合作关系的方案，却远非1972年始。这一点可以从大量的中日关系文献资料中得到印证。

1971年6月28日，周恩来总理在会见日本公明党委员长竹入义胜时说，“公明党最近在中日关系问题上发表了很好的意见”，“如果照公明党主张的五点，日本和中华人民共和国的邦交就可以恢复，战争状态就可以结束，中日友好可以得到发展，中日两国就有可能在和平共处五项原则的基础上缔结和平条约，可以进一步考虑缔结互不侵犯条约”[①]。由此可以看出，周恩来那时处理中日关系的基本思路是，在克服阻碍中日关系正常化的各项原则分歧的前提下，中日关系可以分两步走：第一步，以缔结和平条约的形式宣告结束战争状态，恢复邦交；第二步，为巩固和发展中日友好而缔结互不侵犯条约。后来的历史实践表明，中日关系基本上是沿着周恩来的这一设想发展的，如果说有什么不同，也仅仅是名称上有所变化，而无本质上的区别。

甚至早在五六十年代，周恩来已经在探索恢复中日邦交进而签订和平友好条约的问题。1957年7月25日，他在接见日本记者时曾明确表示：“很多事实证明，我们是愿意同亚洲各国和平相处的。我们也屡次说过，在我国和日本恢复了正常关系以后，中国和日本就可以签订互不侵犯的友好条约。”[②] 至于缔约的具体方式，周恩来在1963年10月9日会见来访的日本前首相石桥湛山时阐述了其“四种方式”[③] 的构想，着重强调：第一，必须以废除日台

① 《文献集》下，第20页。

② 田桓主编：《战后中日关系文献集（1945—1970）》（以下简称《文献集》上），中国社会科学出版社1996年版，第331页。

③ 同上书，第682—683页。

“条约”，承认中华人民共和国为前提，中日两国才能复交；第二，中日复交后要友好相处，以促进亚洲和世界的和平。在此后争取中日关系正常化的漫长岁月里，他始终坚定不移地为实现这一既定目标而辛勤努力。历史不负有心人，斗转星移，当历史的车轮驶入 20 世纪 70 年代，中日关系的春天终于降临。周恩来欣慰地看到了他亲手培育的中日关系的硕果——两国关系的正常化；但万分遗憾的是，由于无情的病魔过早地夺走了他的生命，周恩来未能看到中日关系的又一硕果——和平友好条约的签订。当然，人们不会忘记，即便在病魔缠身的情况下，周恩来仍然一如既往地热情关注和积极推动中日和平友好条约的谈判。这不仅表现为中方参加谈判的方针和政策是由他亲手制定或认可的，而且还表现为后来他把这一重任委托给了他所信赖的邓小平，甚至还表现在他对日本友人的深情寄语。据日本创价学会名誉会长池田大作回忆，1974 年 12 月 5 日晚，已经重病住院的周恩来在医院亲切会见了他。谈及中日关系，周恩来充满感情地对他说，“我是在樱花盛开的时候，从日本回国的，已经 50 多年了”，“全世界应该平等相待，互相尊重，友好合作”，“希望早日缔结中日和平友好条约”①。周恩来对中日友好的殷殷之情，溢于言表。

凡此种种表明，周恩来是中日和平友好条约的倡导者、培育者和推动者，当属不争的事实。

二　周恩来——中日友好航船的掌舵人

1972 年中日联合声明的发表和 1978 年中日和平友好条约的签订，是战后特别是中华人民共和国成立后两国关系发展的必然

① 《外国专家忆总理，东瀛寄语思恩来》，1998 年 3 月 5 日《人民日报》第 6 版。

结果。

新中国成立后，如何处理对日关系是摆在中央人民政府和周恩来总理面前的一个重大外交课题。1955 年 3 月 1 日，以毛泽东主席为首的党中央讨论通过了《中共中央关于对日政策和对日活动的方针和计划》，其中规定了我国对日政策的基本原则："第一，主张美军从日本撤退，反对美国在日本建立军事基地，反对重新武装日本和复活军国主义；第二，根据平等互利的原则，争取改善中日关系，逐步达到外交关系的正常化；第三，争取日本人民，建立中日两国人民的友谊，对日本人民的处境表示同情；第四，给日本政府以压力，孤立美国，以迫使日本政府改变对中国的关系；第五，间接地影响和支持日本人民反美和要求日本独立、和平、民主的运动。"① 这些原则中贯穿着一个基本精神，那就是寄希望于日本人民，立足于同情和支持日本人民的反美独立斗争，建立中日两国人民的友谊，进而迫使日本政府改变敌视中国的立场，改善中日关系，逐步实现两国关系的正常化。周恩来总理不仅参与领导制定了这些原则，而且矢志不渝地忠实执行和维护了这些原则，驾驭着中日友好航船冲破惊涛骇浪驶向和平友好的港湾。

周恩来不辞劳苦，广泛接触日本各界人士，亲手播撒中日友好的种子。50 年代是中日两国各阶层人士恢复交往的初期阶段，周恩来在同日本工人、学者、文化工作者、记者乃至议员的谈话中，既指出了吸取日本侵华历史教训的必要性，更着眼于发展中日友好关系的未来，反复强调两国人民要增进了解，相互支持，共存共荣。1953 年 9 月 28 日，他在会见日本大山郁夫教授时表示，"中国人民希望日本人民能够得到他们祖国的新生和独立，

① 张香山：《通往中日关系正常化之路》，《日本学刊》1997 年第 5 期。

希望中日两国在和平共处的基础上真正能够共存共荣"①。1954年10月1日，他在会见日本国会议员访华团和学术文化访华团时指出："我们不能受外来的挑拨，彼此间不应该不和睦。我们要从我们自己中间找到真正共存共荣的和平种子。""所谓'同文同种'也好，'共存共荣'也好，不是为侵略别人，也不排斥别的国家，我们为的是和平共处。这就是我们和平友好的种子。"② 1955年6月9日，他在同日本知名学者南原繁、大内兵卫的谈话中强调，"在我们两千年的历史上，只有两个时期敌对过，但时间很短……从两千年的历史看来，这只是一瞬，而且这已经过去了。应该使两千年的长时间的友好发展下去"③。1955年11月16日，他在会见时任日本拥护宪法国民联合会主席的片山哲先生时进一步指出："中国人民深切地理解日本人民的处境。中日两国人民应该在新的环境和基础上建立长远的友好睦邻关系，并且首先应该为促进中日两国邦交的恢复而共同努力。"④

周恩来在同日本各阶层人士的交往中，不仅通过"言传"，而且更注重"身教"，从而以其独特的人格魅力在中日两国之间架设起和平友好的桥梁。1959年10月，周恩来总理邀请日本执政党自民党元老、时任该党顾问的松村谦三先生访华。松村在华期间，周恩来不仅亲自同他进行会谈，还安排他在北京、西安、兰州、三门峡、洛阳等地参观，而且专门交代接待和陪同人员，一定要让松村先生自由地参观，还要虚心听取他的批评意见。松村很受感动，因而在11月11日周恩来为他送行的宴会上动情地表示："我们和日本人民一样，抱有日中两国人民携起手来的热

---

① 《文献集》上，第151页。

② 同上书，第164—165页。

③ 同上书，第211页。

④ 同上书，第242页。

烈愿望。”[①] 松村先生是这样说的，也是这样做的。1962 年 9 月，松村应周恩来总理的邀请再次访华，同周总理达成了中日开展备忘录贸易的协议；而且直至逝世前，他始终在为改善和发展日中关系施加自己的影响。另一个感人的例子是周恩来同西园寺公一的交往。西园寺本系日本公爵的后代，但他为了中日友好放弃贵族生活，自愿到中国来，被周恩来总理称为驻在北京的“民间大使”。他一家人在北京的生活，从孩子上学到住房、家具，一一得到周总理的关怀。更令他终生不能忘怀的是周恩来在“文化大革命”期间对他的保护。据西园寺先生回忆：“1970 年王府井有大字报说我是日本特务，一小时后那张大字报就不知去向。那是周总理命令揭掉的。后来周总理对我说，现在情况复杂，可以先回国，等情况好起来，请你再来。”[②] 后来情况好转，周总理果然多次邀请西园寺一家访华。西园寺先生逝世后，他的儿子继承父亲的遗志，继续为中日友好奔忙。类似的事例，诸如周恩来亲自安排末代皇帝溥仪的日本籍弟媳嵯峨浩来华同溥杰团聚、虚心听取曾在中国国际广播电台工作的日本专家高野广海的批评意见并关心他回国后的生活等等，真是不胜枚举。

周恩来创造性地组织领导了中日关系从恢复民间交往到实现国家关系正常化的全过程。中华人民共和国成立后，由于日本政府追随美国采取反华政策，并同台湾当局签订所谓“日台条约”，致使中日两国处于既无外交关系，政治上又严重对立的局面。在这种困难的情况下，如何启动中日关系？周恩来从中日两国人民迫切需要和殷切希望友好交往的实际出发，根据党中央制

① 《文献集》上，第 467 页。

② 《外国专家忆总理，东瀛寄语思恩来》，1998 年 3 月 5 日《人民日报》第 6 版。

定的对日方针，毅然决定从发展两国民间贸易和人员交往入手，互利合作，增进友谊，为两国关系的改善奠定坚实的基础。在他的直接领导下，中国方面由国际贸促会同日本有关经贸团体在50年代先后签订了四个民间贸易协定。其中前三个执行得比较顺利，而1958年3月5日签订的第四个民间贸易协定，由于日本岸信介政府从中作梗而严重受阻。但从整个50年代的情况看，中日民间贸易和人员交往还是取得了较大进展，正如周恩来在同日本友人的谈话中所总结的那样："9年来，中日间的来往密切了。首先表现在两国人民的友好来往超过任何其他国家。两国人民团体之间签订的协议和共同声明有几十件之多……在这个基础上，签订了民间贸易协定和渔业协定，开展了两国的贸易。"① "这样先从民间的频繁来往并且达成协议开始，把两国的关系大大发展，最后就剩下在外交上宣布结束战争状态、恢复正常关系了。我们这样的做法，可以说是在国际关系史上创造了新的范例。"②

为进一步发展中日关系，周恩来提出"政治三原则"、"贸易三原则"和政治经济不可分的原则。50年代末，日本岸信介政府蓄意破坏中日关系，致使民间贸易和人员交往严重受阻。针对这种情况，周恩来提出了发展中日关系的"政治三原则"，即"第一，不敌视中国，中国政府并不敌视日本；第二，不追随美国，搞'两个中国'的阴谋；第三，不阻碍中日两国关系向正常化方向发展"③。显然，政治三原则主要是对日本政府说的。而为了加强中日人民的友谊，周恩来紧接着又提出了"贸易三

① 《文献集》上，第434页。

② 同上书，第313页。

③ 同上书，第503页。

原则”，即“（一）政府协定；（二）民间合同；（三）个别照顾”。同时强调了政治和经济不可分的原则。这些原则不仅得到广大日本人民群众和贸易界人士的拥护，而且也得到了日本执政党自民党上层有识之士的响应和支持，松村谦三、高碕达之助等即是其突出代表。他们之所以能勇敢地站出来，也是同周恩来的工作分不开的。仅以高碕为例，1955 年 5 月，时任日本经济企划厅长官的他率日本代表团出席万隆会议，与周恩来结识。周恩来通过廖承志同他进行了两次秘密会见，经过坦诚友好的谈话，双方加深了了解，结成莫逆之交。[①] 由此可见，周恩来在积极鼓励和推动中日民间外交的同时，也不失时机地开展对日本官方上层人士的工作，而且收到了显著的成效。正是在民间外交的基础上，加上松村、高碕等官方有识之士的努力，中日关系才得以冲破岸信介内阁反华势力的阻挠，由纯民间性质发展到半官方性质，其标志便是 1962 年 11 月签订的廖承志—高碕达之助贸易备忘录。该备忘录的签署为中日贸易的稳步增长开辟了道路。

据统计，到 1971 年，两国贸易额已达 8.7 亿美元，比 1962 年的 0.7 亿美元增加了十余倍。但是由于日本政府，特别是 1964 年 11 月上台的佐藤荣作内阁继续坚持追随美国、敌视中国的政策，加之自 1966 年下半年开始的中国“文化大革命”严重干扰了周恩来推行的既定对日方针，中日关系在整个 60 年代未能取得进展。

根据毛泽东的战略决策，周恩来运筹帷幄，终于迎来中日关系的历史性突破。进入 70 年代，国际战略格局出现了变化的迹象，毛泽东主席毅然决定改善同美国的关系，进而推动中日关系

① 童小鹏：《风雨四十年》第二部，中央文献出版社 1996 年版，第 512—513 页。

的发展。周恩来根据这一战略决策，敏锐地捕捉对日工作的有利时机，果断而巧妙地采取了改善中日关系的一系列措施。1971年8月21日，松村谦三逝世，周恩来派王国权率中日友协代表团赴日参加葬礼，并广泛接触日本各界代表，引起巨大反响，被日本舆论界誉为“王旋风”。1972年3—4月间，周恩来在北京先后会见日本自民党议员恢复日中邦交议员联盟会长藤山爱一郎和自民党顾问三木武夫，就中日关系交换了意见。5月，周恩来在会见日本公明党访华团二宫文造团长时说，如果田中角荣出任首相并愿访华，他将表示欢迎。二宫回国后将这一重要口信转告了田中角荣，后者深受鼓舞。7月7日，田中角荣出任首相，并很快公开表明了恢复日中邦交的决心后，周恩来当即于17日指示正率上海舞剧团访日的孙平化：“欢迎田中访华，商谈中日邦交正常化问题。”孙于22日向大平正芳外相转达了周恩来总理对田中的正式邀请。仅隔3天之后的25日，田中角荣派出的“和式基辛格”竹入义胜便抵达了北京。周恩来于27—29日接连三次同竹入义胜进行秘密会谈，并取得了一致意见。8月16日，孙平化率上海舞剧团回国，日方安排“日航”和“全日空”各一架包机自东京羽田机场直送上海。孙向国内请示时认为似无必要，周恩来明确指示：“不对，很有必要，这是政治。”同时要求上海对日方机组的接待不能低于尼克松访华时美国机组的规格。实际上，这次直飞被周恩来视为田中角荣访华的试航。① 一个月后的9月25日，田中角荣正式访华，27日中日《联合声明》发表，两国关系终于实现了正常化，周恩来倡导的中日和平友好条约谈判也随之启动。

---

① 童小鹏：《风雨四十年》第二部，中央文献出版社1996年版，第514页。

三 中日两国人民要世世代代友好下去

今天，我们纪念中日和平友好条约签订20周年，最根本的是要继承周恩来等老一辈中日友好关系缔造者的遗愿，恪守中日和平友好条约的基本宗旨和原则，共同构筑面向21世纪的中日睦邻友好关系，保证两国人民世世代代友好下去。为此，以下几点似乎是必不可少的。

第一，睦邻友好，互信为本。

两千多年的中日关系史反复证明，相互理解和信任是睦邻友好的前提和保证。中日和平友好条约即是中日双方理解和信任的产物。20年来，中日关系取得巨大进展，两国年贸易额目前已超过600亿美元，人员往来已达到数以十万计的水平，这说明双方关系的基础日趋牢固。

但是，毋庸讳言，近年来确实出现了一些有悖于中日友好的思想认识和言行，值得深思。

从日本方面来说，所谓的“中国威胁论”即具有一定的代表性。坦率地说，这是一种危言耸听、居心叵测的论调，其所谓的“论据”都是站不住脚的。譬如说什么中国日益强大起来，会对日本构成“威胁”。它的主要谬误之处至少有二：其一，沿用了冷战思维，把中国错误地定为敌人；其二，歪曲中国不称霸的国策及和平友好的对外政策。事实上，今日乃至未来的中日关系，应该说是一种利益互动、和平竞赛的关系，这也就是周恩来、松村谦三等缔造中日友好关系的先贤们所主张的共存共荣的关系。历史已经并将继续证明，共存共荣是中日睦邻友好关系长期、稳定发展的惟一坦途。

还应当指出的是，在国际上也有些人鼓吹“中国威胁论”，他们的目的无非是挑拨离间，企图利用日本遏制中国，坐收渔人之利。对此，我们应当保持必要的警惕。

从中国方面来看，人民群众对日本少数人否认侵华历史极为不满，对日本复活军国主义存有戒心，这是事实，但因为它是由诸如《大东亚战争的总结》的作者们所代表的极少数右翼分子美化侵略战争、鼓吹军国主义的言行引起的，因而又是无可非议的。当然，对日本复活军国主义的危险要作客观估计，不宜过分夸大。因为在今日之日本，复活军国主义是不得人心的，也是行不通的，其主要制约因素如下：一是广大日本人民不答应；二是现行日本宪法不允许；三是日本政府不敢冒天下之大不韪；四是和平与发展的时代潮流，趋向多极化的国际战略格局和一体化的世界经济格局；五是现存的日美安全条约如同一把双刃剑，美国既有利用它为其谋求霸权的一面，同时在一定程度上也有利用它限制日本军国主义复活的作用。

第二，沟通磋商，着眼未来。

中日关系，如同世界万物，其发展绝不会是一帆风顺的，曲折和矛盾是不可避免的。这就要求双方加强沟通和磋商，建立健全必要的磋商机制。就官方而言，这种磋商至少应包括下列三个层次：国家元首或政府首脑；外长；政府具体事务部门官员。在双边磋商中，要以中日两国人民世世代代友好的大局为重，本着相互尊重、求同存异的精神，妥善处理好两国间存在的问题。例如，在日本侵华历史问题上，只要日本方面尊重历史，以史为鉴，中国方面向来是通情达理的，绝不会无缘无故地揪住不放；在钓鱼岛这一敏感的领土争端问题上，如果一时找不到双方都可以接受的解决办法，不妨先挂起来，留待后人协商解决。

第三，民间交流，任重道远。

在中日关系两千年的历史上，民间交往占据重要的地位，在战后中日恢复邦交的过程中，民间交往更是发挥了不可替代的作用，被周恩来称之为开创了国际关系新的范例。两国建交后，尤其是中日和平友好条约签订后，民间交流不仅不应削弱，反而应当进一步加强。当前，中日民间交流中有三个问题值得强调。其一，扩大交流面，培养新骨干。继承和发扬先贤们一贯倡导的多层次、多渠道广泛交流的优良传统，加强两国各政党、团体、组织及各阶层人士的政治、经济、文化交流，增进了解，加深友谊。鉴于老一辈中日友好人士相继过世和年迈体衰的现实，培养和造就新一代接班人的工作已经到了刻不容缓的地步，必须给予足够的重视。其二，进一步扩大和加强中日两国学术界，特别是富有见地而且对政府决策有影响力的有识之士之间的交流，是中日睦邻友好的一个不容忽略的重要环节。在这方面，近年来虽有所加强，但还远远不够。其三，青年代表着未来，中日关系未来的希望寄托在他们身上。因此，加强中日青年间的友好交流，增进了解和友谊，对中日关系的发展，是具有战略意义的举措，两国政府和各界人士应予大力支持和推动。两国复交后，在较长的一段时间内，中日青年间的交往相当活跃，但近年来似有减弱的势头，应当引起重视。这可能同 1995 年以来两国关系中出现的一些问题有关。但越是在有问题的情况下，越应当加强和扩大青年之间的交流，通过交流和沟通，加深理解，化解矛盾，增进友谊，这才是中日两国人民世世代代友好下去的可靠保证。

总而言之，20 年来，中日两国关系的发展在总体上是好的，各个领域的交往和合作都取得了丰硕的成果，充分显示了周恩来倡导的中日和平友好条约的旺盛生命力。饮水不忘掘井人，在中日关系处于“承前启后、继往开来”的重要时刻，中日两国应当在业已建立的良好关系的基础上，共同努力，把中日睦邻友好关系推向一个新的阶段，以告慰周恩来等缔造中日关系的先贤们。

（原载《日本学刊》1998 年第 4 期）

粮食问题和中国经济形势

中国粮食问题已经引起世界的关注。目前，世界上对此有两种观点：悲观论和乐观论。持悲观论的人认为，中国土地（指可耕地）少，而人口多，粮食难以自给，只好依靠进口，从而必将给世界粮食市场造成重大压力。持乐观论的人认为，中国可耕地虽少（只占世界的7%），但目前的单位面积（亩）产量较低，潜力巨大；同时，中国的人口政策正在取得实际成效，人口增长率已经得到有效控制。因此，中国的粮食可以实现自给自足，不会给世界市场施加压力。笔者坚定地站在乐观论一边。

一　粮食在中国经济中的地位

常言道：民以食为天。在中国历史上，吃饭问题向来是头等大事，历朝历代概莫能外。中华人民共和国成立后，历届政府都把粮食问题作为第一位的问题来抓。毛泽东主席有句名言：手里有粮，心中不慌。可见粮食在中国经济生活中的特殊地位。

改革开放20年来，由于在中国农村推行了联产承包责任制，农民的生产积极性大大高涨，加之农业机械化、水利化、化肥化水平的不断提高，中国的粮食产量跃上了一个新台阶，1997 年达到了 4.925 亿吨，人均超 400 公斤。它标志着中国粮食人均占有量达到了世界的平均水平。即便是在这种情况下，江泽民主席在 1998 年 1 月举行的中央农村工作会议上仍然强调："国以民为本，民以食为天。农业是稳民心、安天下的战略产业，任何时候都要抓得很紧很紧，特别是在连续丰收后要谨防出现松懈情绪。"①

中国政府如此重视粮食问题，是出于多方面的考虑。首先，中国是一个粮食消费大国，如果不能自己解决吃饭问题，而依赖国际粮食市场，无论对中国还是世界都是十分不利的。这一点，不仅中国政府一向具有清醒的认识，而且国际上的有识之士也早有共识。其次，目前中国的粮食不是多了，而是仍嫌不足。人均 400 公斤的粮食占有量意味着，除了满足口粮外，已经很难满足日益增长的工业等用粮的需要，更谈不上改善食品结构，由粮食向肉、蛋、奶转化的需要。第三，在中国，粮食生产的好坏，不仅直接影响国家经济形势的发展，而且可能影响政治形势的发展。人们不会忘记，50 年代末至 60 年代初，在国际形势本已十分严峻的情况下，中国遭受严重自然灾害，粮食连年歉收，经济、政治形势急转直下，导致了中国历史上著名的"三年困难时期"。

二　中国粮食生产的潜力及前景

中国粮食生产虽然取得了举世瞩目的成绩，基本做到了自给自足，但同时又必须看到，中国的粮食生产水平还比较低，同农

① 《中央农村工作会议在京举行》，1998 年 1 月 10 日《人民日报》第 1 版。

业发达国家相比存在很大差距。我国现有耕地约16.5亿亩（15亩为1公顷）。以1997年生产粮食4.925亿吨计算，亩产不足300公斤（约折合为每公顷4500公斤）。这个数字一方面表明我国粮食生产水平比较落后，另一方面又说明我国的粮食生产潜力巨大。中国粮食生产的潜力主要体现在以下六个方面。

1. 提高单位面积产量。目前中国粮食每公顷平均产量不足4500公斤，远远落后于农业发达国家的水平。据测算，在目前我国的耕地面积中，中低产田约占2/3。自1988年开始进行农业综合开发以来，我国已累计改造中低产田1.65亿亩，约占全国耕地面积的1/10；而每改造一亩中低产田，可增产粮食约150公斤。照此计算，仅仅改造中低产田一项，全国粮食增产的数目就相当可观。

2. 进一步发掘和利用土地资源。据统计，除现有耕地之外，中国尚有可开发的土地资源11.8亿亩，其中可开发成耕地的约有1.6亿—2亿亩，主要集中在东北、黄淮海、长江中下游和西南金三角地区，土地肥力较好。此外，还有因人为因素造成破坏而废弃的土地资源约2亿亩，60%—70%是耕地或其他农业用地，其中相当一部分曾是高产稳产田。据专家们推算，把这些废弃土地的80%复耕，全国可增加耕地面积1.5亿亩以上。再从复种指数来看，我国目前的复种指数为155%，而理论上可达198%，即尚有43%的潜力可挖。按现有耕地面积计算，复种指数每提高15%，等于增加耕地面积2.4亿亩。

3. 增加对农业特别是粮食生产的人力、物力和财力的全面投入。没有投入便没有产出，粮食生产同样也不例外。投入主要来自两个方面，即国家和粮食生产者。就国家对农业投入而言，1993年通过的《农业法》明确规定，国家财政对农业的投入增长幅度要高于同期财政经常性收入的增长幅度。5年来，国家财政部门认真贯彻《农业法》，逐步增加了支农支出。以1998年为例，全国人大通过的财政支农预算为548.89亿元，加上农业综合开发支出预算94.75亿元，共643.64亿元，比上年增长12.5%，高出当年财政经常性收入增长速度。就农业生产者来说，由于他们看到了种粮的实际利益和国家粮食政策的稳定性和可靠性，近年来对粮食生产的投入大大增加。目前，在中国的农业生产中出现了一些令人鼓舞的新现象。比如，许多原来外出打工的农民纷纷返回农村，把打工积累的资金投向土地，为粮食生产注入了新的活力。又如，原本在城镇的一些企业家、科技人员、下岗职工走向农村，投身于粮食生产，有力地推动了农业产业化的发展，给中国的粮食生产带来了新的希望。

4. 提高科技水平。我国粮食生产的科技贡献率目前仅为30%—40%，而发达国家为60%—70%，可见差距之大。缩小这一差距，恰恰是我们的努力方向和中国粮食增产的主要希望所在。当前在我国，提高粮食生产的科技水平主要体现在下列方面：

（1）改良品种。最近40多年来，中国粮食作物品种更新过不下5次，每次更新后的粮食增产幅度都在10%以上。以中国主要粮食作物水稻为例，由袁隆平教授主持的杂交水稻研究早已居于世界领先地位，由他培育的系列杂交水稻良种在我国大江南北普遍推广，增产稻米不计其数。目前，我国科学家正在运用诸如转基因工程、太空育种等高新科技，培育适合我国土壤气候条件的高产抗病粮食新品种。可以预料，随着粮食种子的更新换代，一个粮食生产优质高产的新时代有望很快到来。

（2）提高化肥利用率，增施绿肥。长期以来，人们把使用化肥作为提高粮食产量的重要途径，而且收到了明显的效益。1997年我国化肥产量已达2900万吨，居世界第二位。但目前中国化肥的有效利用率仅为30%—40%，远远低于世界的平均水平，而只要达到世界的平均水平，就可以在大量减少化肥使用量的同时，相应增产粮食上亿吨。此外，中国农民过去有使用绿肥和农家肥的优良传统。同化肥相比，由作物秸秆和人畜粪便构成的有机肥料不仅能够降低生产成本，而且能够改善土壤结构，防止土地板结。但随着化肥的推广，有机肥遭到不同程度的冷落，这是一种急功近利的表现，从根本上说不利于农业的长远发展，应当提倡化肥和有机肥并用。

（3）改进灌溉技术。众所周知，中国是一个水资源短缺的国家，同时对水资源的浪费现象又相当严重。在农田灌溉中，迄今不少地区仍沿用地面漫灌的方式，水的利用率仅为40%。根据农业实验和发达国家的经验表明，如果在灌溉时引入低压输水和渠道防渗技术，一般可提高水资源利用率30%—40%，增产粮食20%—30%；如果采用喷灌技术，则可节水30%—50%，增产粮食10%—30%。以中国每年灌溉用水量4500亿立方米计算，如果采用先进灌溉技术，其节水和增产潜力是何等巨大！

（4）加强科学管理。除育种、施肥、灌溉之外，农作物的田间管理，如除草、防治病虫害，以及收割等都是科技含量很高的环节，需要严格的科学管理。随着我国农民文化和科技知识水平的提高，科学管理已被提上日程。更为可喜的是，我国广大农业科技工作者正走出城镇和书斋，把他们的知识和才能奉献给农村，为我国农业特别是粮食生产创造了美好前程。

中国依靠科技投入提高粮食产量的努力得到了国际社会特别是科技界有识之士的支持和赞扬。美国诺贝尔奖获得者、农业专家博拉格博士认为，中国要满足未来人口的需求和生活质量的提高，必须继续以科技为主，要用新的科技，过去主要是育种和使用化肥，天然资源已经用得差不多了，下一步要用转基因技术、微生物遗传工程技术，生产出高产、抗病、质优、耐旱的作物。他相信到2030年中国人口虽然达到16亿，但以中国人的智慧，中国一定能够做到丰衣足食。①

5. 保护农田，防治荒漠化。中国可耕地面积本来就不多，又面临着水土流失的严重威胁。据统计，目前我国水土流失面积达367万平方公里，占国土面积的38.2%。针对这种情况，我国于1991年颁布实施了《中华人民共和国水土保持法》，并采取一系列有力措施，着重于黄河中上游、长江中上游、北方风沙区及草原地区的水土保持和生态环境建设，迄今已取得初步成效。此外，防治荒漠化也是当务之急。尤其在我国西北和内蒙古等地区，荒漠化程度比较严重，已经对当地生态环境和农业生产造成直接威胁。这个问题早已引起我国政府和科技界的高度重视。令人高兴的是，一些日本科学家已经加入到我国防治荒漠化的队伍中，为中国防治荒漠化事业辛勤奉献。可以相信，中日双方在这一领域的合作必将大有作为。

6. 进一步落实政策，充分调动农民的生产积极性。在生产力构成中，人是第一要素。在粮食生产中，农民的生产积极性是至关重要的，这一点已为历史经验所反复证明。中国政府十分重视保护和调动农民生产粮食的积极性。继今年1月召开农村工作会议之后，7月国务院又举办全国粮食流通体制改革学习班，目的都是进一步落实对农民的政策，纠正实际工作中的某些偏差，如随意调整农民的承包地，不按保护价收购农民的余粮，以及农民负担过重等问题，以保护农民的生产积极性。

综上所述，可以看出，中国粮食生产潜力巨大，前景看好。但要把潜力变为现实，尚须付出艰巨的努力，克服诸如自然灾害

---

① 《中国农业未来发展的关键》，1998年7月22日《光明日报》第3版。

和可能的政策失误等不利影响。比如，1998 年夏天，中国遭遇到历史上罕见的特大洪涝灾害。据国务院新闻办公室发言人介绍，截至 8 月上旬，全国已有 28 个省（区、市）的 2.4 亿人（次）不同程度遭受水灾，农作物受灾 2153 万公顷，其中绝收 478 万公顷。特别是长江全流域高水位持续两个多月，致使湖南、湖北、江西、安徽、江苏等主要产粮区大面积严重受灾，成千上万亩粮田被洪水吞没，颗粒无收。尽管各级政府和广大人民群众奋勇抗洪救灾，取得了可歌可泣的成就，但粮食减产已成定局。这种情况说明，中国的农业生产迄今尚未完全摆脱“靠天吃饭”的被动局面。一旦天公不作美，中国的粮食生产就难免受到程度不同的影响。对此我国政府已有充分的认识，并且正在采取诸如修建三峡水利工程、南水北调等重大措施，以尽快改变上述被动局面。

除此之外，有必要顺便说明一个问题，即中国进出口部分粮食问题。近年来，在一般情况下，中国每年都从国外（主要是加拿大、美国、澳大利亚等国）进口一部分粮食，同时向国外出口一些粮食，进口略大于出口（通常在 1000 余万吨）。这不是因为中国缺粮，而主要是调剂品种，即输出部分稻米和玉米，输入部分小麦。它没有也不会对世界粮食市场造成压力或冲击。事实上，目前中国粮食储备充足，即便遇到像 1998 年这样的特大自然灾害，中国也完全有能力满足粮食供应，绝不会到世界市场抢购粮食。

三 当前中国的经济形势

谈及中国的经济形势，人们最为关心的莫过于两个问题：1998 年中国国内生产总值（GDP）的增长率能否达到 8% 和人民币能否不贬值。

众所周知，改革开放以来的20年间，中国经济持续高速增长，年均超过10%。“八五”（1991—1995）期间，中国GDP年均增长达12%。“九五”前两年，即1996年和1997年，分别增长9.6%和8.8%。但1997年7月以来，亚洲发生了严重的金融危机，对中国经济不能不产生重大影响。正是在这种情况下，中国把今年的经济增长率定为8%是否不切实际呢？事实胜于雄辩，据国家统计局7月17日宣布，上半年中国经济继续保持平稳增长，国内生产总值达到34731亿元，比上年同期增长7%。[①]对于这个7%，笔者的看法是，一方面，它虽然距8%的目标仍相差一个百分点，但却得来不易。这个数字不但与同期印度尼西亚的-6.2%、日本的-3.7%、韩国的-3.5%、泰国的-5.7%不可同日而语，而且即便同经济发展势头良好的美（2.9%）、德（2.4%）、法（2.9%）、英（2.3%）相比，也是鹤立鸡群。另一方面，从上半年中国经济发展势头来看，如固定资产投资速度逐月加快，全年达到15%的增幅毫无问题；中央政府采取的一系列扩大内需的投资政策、金融政策，按照效果滞后6—9个月的规律，下半年将显示出其明显的政策效益。因此，中国经济今年增长8%的目标经过努力是能够实现的。

至于人民币能否保持不贬值？迄今为止，中国政府一直承诺人民币不贬值，这是中国政府一项慎重而严肃的决策。货币贬值固然是刺激出口、恢复经济的一项措施，但未必是最好的措施。中国出口的长期战略是提高服务和产品的技术含量，竞争也要依此进行。货币大幅度贬值可以产生一时效果，但不能带来长期优势。中国政府是国际社会大家庭中的一个负责任的成员，制定政

① 《上半年国民经济增长7%》，1998年7月18日《人民日报》第1版。

策要考虑他国利益。人民币大幅度贬值必将冲击他国经济，小幅贬值又不起作用，因为在中国制成品出口价格中，进口成分占50%以上，如果贬10%，所起作用不到5%，而且马上就会被内部提价、外部涨价所抵消，剩下的只是对市场信心的严重伤害。因此贬值对中国而言不是好措施。况且，中国一直对资本项目实行严格的管理，拥有较多的外汇储备，多年来保持经常项目顺差；此外，中国国内基本建设投资需求旺盛，如铁路、公路、民用住宅建设，中西部开发，以及为数众多的产业、产品结构的调整，都将进一步刺激投资需求，拉动经济增长。这是决定人民币不会贬值的重要因素。当然，从近期经济利益上衡量，人民币不贬值显然是要付出巨大代价的，尤其是在日元不断贬值并导致东南亚国家货币相继进一步贬值的情况下，对中国外贸出口的压力之大是可想而知的。鉴于外贸在我国经济增长中的重大作用（在1997年GDP增长的8.8%中占据两个百分点）和亚洲金融危机造成的巨大压力，我国外贸企业在加强出口结构调整的同时，努力寻求市场多元化。上半年，虽然对日、韩、东盟的出口比去年同期分别下降4.3%、30.2%和12.9%，但对美国、欧盟、俄罗斯和非洲的出口分别增长了18.4%、25%、48.8%和44.1%，从而缓解了因外贸出口下降造成的人民币贬值的压力。现在看来，只要下半年国际经济形势不进一步严重恶化，中国经济发展不出现大的意外挫折，人民币保持不贬值是完全可能的。

总之，当前中国的经济形势是良好的，我们有理由对它充满信心。

（原载《中日经济学术交流会论文集》，
1998年10月，日本名古屋）

印巴核军备竞赛不可取

1998 年 5 月，印度和巴基斯坦相继进行了核试验，印巴核军备竞赛的严酷事实摆在了全世界面前。冰冻三尺，非一日之寒。1974 年印度首先爆炸了一枚核装置，为印巴核军备竞赛埋下了祸根。如今印巴核军备竞赛发展到公开化的地步，两国固然各有其战略考虑，但从南亚和世界的和平与安全来看，令人担忧。

南亚是发展中国家的重要组成部分，在和平与发展的新时代，它拥有巨大的发展潜力和光明的发展前景。印巴两国在南亚占据举足轻重的地位，它们进行核军备竞赛不利于两国和地区的发展，因而是不可取的。

一　印巴核试验的真实背景

印巴核军备竞赛是由印度首先挑起的，它的主要目的不外以下三个方面。第一，国内政治的需要。印度人民党政府是 1998 年 4 月上台执政的，而且是印度人民党联合了十几个小党共同组阁，政权基础很不牢固。为了巩固其政权，印度人民党政府决心采取几项重大举措，核试验即是其最大的政治赌注。印度政府总理瓦杰帕伊5月15日公开宣称，“核试验是在履行我们在大选中对印度人民作出的承诺，是印度政府的国家议事日程的一部分”，而且赢得了各政党和广大人民的支持。事实是，核试验之初，部分民意测验表明，支持率确实相当高，政府似乎达到了目的。然而，时隔仅仅半月，在遭到国际社会的强烈谴责和部分国家的经济制裁后，国内的支持率已经大打折扣，前联合阵线政府总理高达对现政府的批评以及印度人民党在14个邦议会补缺选举中的惨败即是最有力的证明。第二，增强军事实力，谋取战略利益。印度的核试验从军事上说主要是针对巴基斯坦和中国，这一点印度方面并不回避。印巴分治50年来，因克什米尔争端等原因曾三度爆发战争，两国结下夙怨，军事上长期严重对峙。就常规军事力量而言，印度早就确立了对巴的绝对优势，但它并不满足，企图通过掌握核武器进一步压制巴基斯坦。至于中国，尽管近年来两国关系逐步改善，但印度人民党政府却对中国耿耿于怀，妄图通过核军备强化其对中国的战略地位。印度国防部长费尔南德斯公开宣称“中国是印度的头号威胁”；印度总理瓦杰帕伊也声称：“有一个公开的核国家与我们接壤，这个国家1962年对印度发动了武装侵略。虽然我们同这个国家的关系最近10年来有所改善，但是主要由于边界问题没有得到解决，一种不信任的气氛持续存在。”由此不难看出，印度的借口是何其荒唐！中国一贯奉行和平友好的对印政策。中国拥有少量核武器不是为了威胁别人，完全是出于防御的需要。而且中国早已承诺，无论在任何时候、任何情况下都不首先使用核武器。中国已先后签署了《不扩散核武器条约》和《全面禁止核试验条约》，并忠实地履行了条约规定的义务。至于所谓1962年中国对印度的“武装侵略”更是不值一驳。第三，借助核试验谋求核大国地位。印度是一个发展中大国，但由于种种原因，其国际地位和影响与印度领导人的愿望相距甚远。为了改变现状，印度人民党政府选取了核试验这一“捷径”。殊不知，此路不通！印度核试验后，世界舆论大加挞伐。联合国5个常任理事国外长于6月4日在日内瓦就印巴核试验问题专门举行会议并发表联合公报，谴责印巴核试验，不承认其核国家地位。6月6日，联合国安理会一致通过1172号决议，对印巴核试验予以谴责，要求印巴两国立即无条件签署《不扩散核武器条约》和《全面禁止核试验条约》。这样一来，印度虽然跨过了核门槛，但借以提高国际地位，充当核大国的意图却适得其反，而且对其争取成为联合国安理会常任理事国的愿望也是一个不利的因素。

二 印巴核试验的后果和影响

印度带头进行核试验，挑起南亚核军备竞赛，造成了严重的后果和深远的影响。

首先，加重了两国的军费负担，不利于两国的经济发展。众所周知，印巴两国都是发展中国家，经济比较落后，人民生活还比较贫困。摆在两国政府面前的首要任务是发展经济，改善人民生活。但印度人民党政府置广大群众的切身利益于不顾，以莫须有的“中国威胁”为名，走穷兵黩武之路，大搞核试验，势必加重国家的军费负担。这一点在瓦杰帕伊政府提交的1998—1999财政年度预算案中已经充分反映出来。根据这份预算，国防开支将由3609.9亿卢比增加到4120亿卢比（超过107亿美元），增幅14%；对原子能局拨款由82.8亿卢比增加到139.1亿卢比，增幅达68%，居各项预算之首；空间计划拨款将由85亿卢比增至138.1亿卢比，增幅62%。如此大幅度增加军费，对于财政相当拮据的瓦杰帕伊政府来说，无疑是雪上加霜。巴基斯坦的情况也不例外，沉重的军费负担必然拖经济发展的后腿。

其次，印巴核试验招来国际制裁，特别是经济制裁将严重影响两国的经济社会发展进程。印巴两国经济基础相对薄弱，经济的发展亟须国际资金和技术的支持。近年来，印巴两国国际环境逐步改善，国际资金和技术援助呈增长势头。尤其是印度，已被美欧发达资本主义国家视为世界十大最有潜力的市场之一，后者正准备投入资金和技术加以开发之时，印度的核试验却打乱了它们的步伐。仅从目前的情况来看，至少数十亿美元的援助资金已成泡影。对于巴基斯坦而言，情况则更为不妙，国际经济制裁虽轻于印度，但对经济社会发展的影响程度却是不可低估的。

第三，政治上蒙受重大损失。印巴核试验不仅在经济上造成重大损失，而且在政治上也导致严重后果。其中，印度方面尤为突出。从国内政治来看，不仅遭到各界人士的抗议，而且为反对党提供了口实和把柄。6 月 18 日，印度卡纳塔克邦政府官员和各阶层人士在前总理高达的带领下，在班加罗尔举行了反核游行，喊出了“不要核武器，要生命”和“不要战争，要友谊和兄弟情谊”等口号。另外，印度国大党等反对派政党近来已经对瓦杰帕伊政府提出责难，7 月 28 日，国大党在新德里组织了十几万人参加的游行集会，其主席索尼亚·甘地发表讲话，强烈谴责人民党政府的现行政策；而联合政府内部的全印安纳德拉维达进步联盟、西孟加拉邦的特里纳模国大党、印度平等党等也出于不同的目的而对瓦杰帕伊政府发难，从而使党派矛盾激化，有可能导致新的政府危机的发生。从国际政治分析，印度的损失尤为严重。首先，它进一步激化了印巴矛盾，使原来尚存一线希望的印巴和解进程变得遥遥无期。即使在 7 月 29—31 日举行的第 10 届南亚区域合作联盟首脑会议期间，尽管两国总理瓦杰帕伊和谢里夫进行了两次会谈，但都因政治分歧太深而告失败。更为严重的是，就在两国总理开始会谈之时，在克什米尔印巴分界线两侧爆发了猛烈的炮击，造成双方人员的重大伤亡。其次，它加剧了南亚地区的紧张局势。鉴于印巴两国在南亚的特殊地位，它们之间关系的恶化必然影响整个区域关系，这一点在第 10 届南盟首脑会议上已经充分反映出来。本届首脑会议本应以“南盟在变革世界中的作用”为主题，继续探讨上届会议确定的加强经济合作和安全等问题，但在印巴核试验导致两国关系恶化的阴影笼罩下，区域合作和南盟作用等问题受到冷落，会议焦点变成了印巴首脑会谈，而会谈的破裂和克什米尔武装冲突的爆发造成了会议的混乱，最后只通过了一个空泛而无实质内容的《科伦坡宣言》了事。再次，它恶化了中印关系，使中印关系严重倒退。近年来，经过双方的共同努力，中印关系明显改善，不仅经济技术交流规模逐步扩大，而且两国就边界分歧问题进行的磋商也取得了相当进展。正当两国人民对中印关系进一步改善满怀希望之时，印度人民党政府竟以莫须有的“中国威胁”为借口进行核试验，这对改善中的中印关系不能不说是一大倒退，其后果之严重，短时期内恐怕难以估量。最后，它招来了世界大多数国家的谴责和批评，对印度的不信任程度骤然剧增，从而使它的国际环境急剧恶化。例如，美国总统克林顿曾计划在后半年访问印度，而且 4 月份已派出特使里查森打前站。随着印度的一声核爆炸，该计划随之作古的可能性大增，印美关系必将发生微妙变化。

第四，印巴核试验破坏了全球核裁军进程，有可能引发核军备竞赛的新浪潮，严重恶化国际局势。冷战结束后，国际社会吸取了美苏核军备竞赛的沉痛教训，把核裁军工作提上了重要议事日程。1995 年 5 月《不扩散核武器条约》被批准无限期延长；

1996年9月联合国大会又通过了《全面禁止核试验条约》，149个国家迄今已签署了该条约；联合国目前还正在酝酿《禁止生产核武器用裂变材料公约》。正当全人类对核裁军进程满怀希望之时，印巴核试验不啻是当头一棒，它构成了对国际和平进程的肆意挑战。尤其值得警惕的是，它可能刺激那些具有核潜在力量的国家乘机跨越“核门槛”，从而打乱全球核裁军步伐，导致不堪设想的严重后果。

三 印巴核军备竞赛的走势及出路

印巴核军备竞赛的走势主要取决于印巴两国尤其是印度的战略决策，而国际社会的影响（包括制裁）难以发挥决定性作用。

从迄今的种种迹象分析，印度似乎尚无立即停止核试验并签署《全面禁止核试验条约》的意向。究其原因，不外乎以下几个方面。首先，印度的核武器有待完善，尚需进一步的试验，无论是从发展战略核武器还是战术核武器的需要来看，印度都还有很长一段路要走。据著名军事杂志英国《简氏情报评论》1998年7月号分析，印度现有核武器约20—60件，而其拥有的核裂变材料足以制造390—490件核武器；此外，印度还正在为投掷核武器而开发陆地、海上和空中运载系统。如果此时停下来，岂不是鸡飞蛋打？所以，印度政府只能硬着头皮顶下去，尽管它要承受来自国内外的巨大压力。其次，印度的经济还有相当的承受能力，远未达到崩溃的边缘，即使在目前国际经济制裁的情况下，它还是能够维持下去。第三，国内外政治压力尚未彻底动摇瓦杰帕伊政府的根基。第四，国际社会在制裁印度问题上，步调并非完全一致，俄罗斯等国出于自身利益的考虑，显然留有很大的游刃余地。这就给印度留有活动空间。此外，即便在制裁呼声很高的美国，政界、军界、商界的立场也大相径庭，特别是商界，受市场利益的驱动，必然要游说白宫，软化政府的制裁立场。随着时间的推移，这一趋势已日益明显。至于巴基斯坦的立场在很大程度上取决于印度的态度。客观地说，巴基斯坦的核潜力远在印度之下，《简氏情报评论》估计它只有6—12件核武器，此次试验之后已所剩无几，但迫于印度的压力，它又不得不奉陪，只是国力所限，实难承受。所以巴基斯坦赞成国际社会停止核试验的要求，并反复表明了自己的立场。

从国际方面来看，近期似乎不会采取进一步的行动，随着时间的推移制裁将趋松动。因为除安理会及其常任理事国以外，其他国家很难采取什么有效行动。比如在第10届南亚区域合作联盟会议上，由于印度在其中的特殊地位，加之印巴立场的严重对立，联盟其他成员国根本无法施加影响，整个会议在此问题上显得无能为力。又如曾经极力主张制裁印巴的美国的立场近来也发生了微妙的变化。美国前国务卿基辛格在法国《星期四事件》周刊6月11—17日一期上发表《虚假的核扩散危险》一文，其中提出："印度和巴基斯坦进行核试验是因为它们身处一个局势十分紧张的地区，它们不愿意把自己的生存建立在那些以核武器为安全依托的国家的鼓励基础之上。诚然，克林顿总统完全有坚持自己目标的理由，但印度总理和巴基斯坦总理也有坚持他们自己的核目标的理由。所以美国的政策应当努力不再把印度和巴基斯坦当作问题来看待，而是应当在把它们当作伙伴的同时促使它们参与寻求解决核不扩散问题和减少南亚紧张局势的办法。"这种主张很可能是美国政府改变制裁立场的试探气球。事实上近期美国政府有关人士与印度政府官员的接触已经印证了这一点。当然，任何事物都不是绝对的。如果今后印度置国际舆论于不顾，公然继续进行核试验；特别是如果由此引发了新一轮更大规模的核军备竞赛，或者有新的热衷于跨越“核门槛”的国家加入其行列，使国际局势恶化，那么国际社会，特别是联合国及其常任理事国绝不会袖手旁观。不过从近期情况看，这种可能性不是很大。

如果上述论点和分析能够成立的话，印巴核军备竞赛的走势很可能是：印度不会公开承诺停止核试验，但行动会有所克制，或许观望一阵之后，再进行一些不同形式的核试验；同时不会放弃同国际社会讨价还价的机会，因为自愿充当斡旋者的国家或组织或个人必定大有人在；受此影响，巴基斯坦也只好摆出一副应战的架式，进行一些象征性的核试验；国际社会的制裁名义上仍会继续下去，但成效很可能有名无实。概而言之，这将是一种僵持的局面，而且可能维持相当一段时间。

那么，印巴核军备竞赛的出路究竟何在？看来存在三种选择。首先是国际社会和绝大多数国家所希望的，印巴立即停止核试验，签署《全面禁止核试验条约》，但由于印度的既定立场，实际上已不可能。第二种选择是国际社会加大对印巴制裁的力度，迫使它们无条件停止核试验，但可能性似乎也很小。第三种选择是妥协，即国际社会默认印巴核试验的事实，以逐步撤销制裁换取它们签署《全面禁止核试验条约》。事实上，无论国际社会承认与否，印巴已成为核国家，当务之急倒是尽快把它们纳入国际禁试条约的规范之下。这一选择比较现实，有可能在僵持一段时间后得以实现。

四　中国应取何种立场和对策

印巴都是中国的邻国，印巴核试验同样事关中国的安全，特别是印度以“中国的威胁”为借口，公然把中国作为最大的潜在对手，应当引起我们的高度重视。

中国反对任何国家进行核试验，对印巴当然亦不例外。今后，中国政府应继续坚持这一立场。

中国和印度都是发展中国家，同样面临着实现现代化的重任；两国有着数千年友好文化交流的历史，睦邻友好、互助合作是两国人民的共同愿望。这是中印关系的大局，在任何情况下都不要忘记维护这个大局。对于印度某些人制造“中国威胁论”，我们要坚决予以驳斥。但在斗争中要以大局为重，坚持“有理、有利、有节”的方针。具体地说，中国政府，比如由外交部发言人表明反对“中国威胁论”的立场即可，其余工作可放手让舆论界和学术界去做。在对印工作中，要严格掌握政策，注意把印度人民党政府与广大印度人民群众区别开来，把两国政府在对待核试验问题上的分歧与双边经济贸易和文化交流区别开来。舆论界和学术界在对那些印度反华势力及其谬论进行批驳中，既要揭露其地区霸权主义野心，又要为其下一步改善同中国的关系留有余地，千万不要把门堵死，否则会给政府的外交工作带来不必要的麻烦。

印巴核试验后，印度在国际社会相当孤立。为了摆脱被动局面，它必然会作出多方努力，改善同中国的关系是其必不可少的选择。近来，瓦杰帕伊总理已多次表示了同我国改善关系的愿望。就连那位一再污蔑“中国是潜在的敌对国家”，“由于美中达成了互不把战略核武器瞄准对方的协议，中国的重点攻击目标已转向了印度”的费尔南德斯先生，8 月 8 日在印度国际会议中心发表讲话时也改口宣称“印度和中国应该改善关系”，“印度和中国之间也应该能够建立战略伙伴关系”。这不能不说是一个很大的变化。当然我们不仅要听其言，而且要观其行。如果他们真有这种良好愿望，中国政府不但应热诚欢迎，而且要作出积极回应。从我国的战略利益考虑，改善同印度的关系是必要的，关键是把握好时机。

（原载《南亚研究》1998 年下半年刊）

亚太研究生机勃发的深厚源泉

——纪念中共十一届三中全会召开20周年

1998年12月是具有伟大历史意义的中共十一届三中全会胜利召开的20周年。20年来，在十一届三中全会精神的指引下，我国的社会主义革命和社会主义建设取得了举世公认的辉煌成就。三中全会确定的改革开放的路线、方针、政策把中国引向了繁荣富强的发展道路。中国的国际问题研究正是在三中全会的阳光沐浴下茁壮成长起来的，而日益发展的国际问题研究又以其丰硕成果为改革开放路线、方针、政策的进一步贯彻执行提供了强有力的理论支持。在这方面，我国亚太研究的成长、发展及其不断增长的作用即是一个有力的证明。

一　新中国成立以来我党历史上具有深远意义的伟大转折

党的十一届三中全会的伟大历史功绩，就在于它从根本上冲破了长期“左”倾错误的严重束缚，端正了党的指导思想，重新确立了马克思主义的思想路线、政治路线和组织路线，从而开创了中国社会主义建设的全新的局面。这是党的十二大对十一届三中全会作出的评价。时至今日，经过十一届三中全会以来20年历史实践的检验，证明这个评价是完全正确的。现在，当我们重新回顾十一届三中全会这个伟大历史事件时，抚今追昔，我们尤其深切地感到，对它的“伟大转折”性意义应当给以更加充分的肯定。

从今天的视角看十一届三中全会，它的“转折”性主要体现在以下三个方面。首先是思想路线上的拨乱反正。十一届三中全会前的20年间，由于众所周知的原因，我们党和国家政治生活中发生了一些不正常现象，马克思主义的精髓——一切从实际出发，实事求是的思想路线遭到严重干扰甚至破坏。特别是从1966年开始的“文化大革命”的10年间，林彪和江青“四人帮”一伙出于不可告人的目的，搞什么“大树特树”、“绝对权威”、“最高指示”、“一句顶一万句”，禁锢了广大干部和人民群众的思想，造成了一种典型的“一言堂”的局面。正如邓小平同志在《我们有信心把中国的事情做得更好》一文中指出的：“我历来不主张夸大一个人的作用，这样是危险的，难以为继的。把一个国家、一个党的稳定建立在一两个人的威望上，是靠不住的，很容易出问题。”这段话是邓小平1989年9月说的，看来显然不仅仅是针对自己，而且是对中国历史经验的深刻总结，令人叹服。1976年10月粉碎“四人帮”后，这种不正常局面本应迅速结束，但当时的党和国家主要负责人有负众望，采取了“凡是毛主席作出的决策，我们都坚决维护，凡是毛主席的指示，我们都始终不渝地遵循”（即两个“凡是”）的错误路线，致使全党全国思想沉闷的局面继续维持。正是在这样的情况下，得到邓小平等同志支持的思想理论战线关于实践是检验真理的唯一标准的讨论如火如荼地开展起来。1978年12月13日，邓小平同志在为十一届三中全会作准备的中央工作会议上，发表了

《解放思想，实事求是，团结一致向前看》的著名讲话，明确指出："目前进行的关于实践是检验真理的唯一标准问题的讨论，实际上也是要不要解放思想的争论"；"从争论的情况来看，越看越重要"；"一个党，一个国家，一个民族，如果一切从本本出发，思想僵化，迷信盛行，那它就不能前进，它的生机就停止了，就要亡党亡国"；"只有解放思想，坚持实事求是，一切从实际出发，理论联系实际，我们的社会主义现代化建设才能顺利进行，我们党的马列主义、毛泽东思想的理论也才能顺利发展。从这个意义上说，关于真理标准问题的争论，的确是个思想路线问题，是个政治问题，是个关系到党和国家的前途和命运的问题。"十一届三中全会充分肯定了邓小平同志的上述论断，决定纠正业已持续了近 20 年的思想沉闷的不正常局面。12 月 22 日发表的十一届三中全会公报宣布，"党中央在理论战线上的崇高任务，就是领导、教育全党和全国人民历史地、科学地认识毛泽东同志的伟大功绩，完整地、准确地掌握毛泽东思想的科学体系，把马列主义、毛泽东思想的普遍真理同社会主义现代化建设的具体实践结合起来，并在新的历史条件下加以发展"。从此，我们党重新确立了"解放思想、实事求是"的思想路线。在这一思想路线的指引下，我们的社会主义事业获得了新的生机和活力。这一思想路线也为我们新形势下的国际问题研究奠定了前提和基础。

其次是全党和全国工作中心的转变。众所周知，党和国家工作的中心取决于社会的主要矛盾。中国共产党领导中国人民推翻三座大山，建立新中国并完成三大改造后，"国内的主要矛盾，已经是人民对于建立先进的工业国的要求同落后的农业国的现实之间的矛盾，已经是人民对于经济文化迅速发展的需要同当前经济文化不能满足人民需要的状况之间的矛盾。这一矛盾的实质，在我国社会主义制度已经建立的情况下，也就是先进的社会主义制度同落后的社会生产力之间的矛盾。党和全国人民的当前的主要任务，就是要集中力量来解决这个矛盾，把我国尽快地从落后的农业国变为先进的工业国"①。由此可见，中共八大根据对当时中国社会主要矛盾的分析而得出的结论是很清楚的，那就是党和国家的工作中心应当是发展社会生产力，把我国尽快地从落后的农业国变为先进的工业国。遗憾的是，八大确定的这一方针没有得到认真贯彻落实，不久之后即被"以阶级斗争为纲"的方针所长期取代，直至发展成"文化大革命"，使党和国家蒙受了一场深重的灾难，原本落后的中国社会生产力再度拉大了同世界平均水平的距离。正是在这种岌岌可危的情况下，十一届三中全会作出了令人鼓舞的决策："现在就应当适应国内外形势的发展，及时地、果断地结束全国范围的揭批林彪、'四人帮'的群众运动，把全党工作的着重点和全国人民的注意力转移到社会主义现代化建设上来。"从此，我国的社会生产力发展摆脱了长期徘徊的局面，走上了蓬蓬勃勃、日新月异的道路；我国的国际问题研究也从"以阶级斗争为纲"的束缚下挣脱出来，在马列主义、毛泽东思想、邓小平理论的指引下，以为社会主义现代化建设、为党和国家的外交政策服务为己任，开始了新的创业历程。

第三，十一届三中全会标志着以邓小平为核心的党的第二代领导集体的形成，标志着马列主义与中国革命和建设实践相结合的新阶段——邓小平理论的起点。中国共产党第一代领导集体以毛泽东为核心，这是举世公认的。1976 年 9 月毛泽东逝世，党

① 《中共八大关于政治报告的决议》，载《中共中央文件选编》，中共中央党校出版社 1994 年版，第 67 页。

的第一代领导集体失去了核心；在此之前，周恩来、朱德病逝，刘少奇在“文革”中被迫害致死，邓小平被打倒，这个领导集体事实上失去了其主要骨干力量。因此可以说，毛泽东的逝世表明党的第一代领导集体的结束。华国锋继任党中央主席后，在粉碎“四人帮”斗争中发挥了不可替代的重要作用，但他推行的“两个凡是”的错误路线表明，他不胜任党的领导核心的重担。1977年，根据党和人民的意愿，邓小平重返党中央领导岗位，继续坚持他于1975年受毛泽东、周恩来委托主持中央工作时开始的拨乱反正的方针政策，并坚决支持了“实践是检验真理的唯一标准”的大讨论，为十一届三中全会的召开奠定了坚实的理论基础。在十一届三中全会前夕召开的中央工作会议的闭幕会议上，邓小平发表了题为《解放思想，实事求是，团结一致向前看》的著名讲话。这篇讲话从分析当时党的思想状况及其成因入手，指出“不打破思想僵化，不大大解放干部和群众的思想，四个现代化就没有希望”；提出“要完整地准确地理解和掌握毛泽东思想的科学原理，并在新的历史条件下加以发展”；强调“只有解放思想，坚持实事求是，一切从实际出发，理论联系实际，我们的社会主义现代化建设才能顺利进行，我们党的马列主义、毛泽东思想的理论也才能顺利发展”；要求“全党同志一定要善于学习”，“努力把马克思主义的普遍原理同我国实现四个现代化的具体实践结合起来”。它不仅事实上成为了十一届三中全会的主题报告，而且如同一面旗帜高高举起，成为我们党的历史上一个划时代的标志。从此，我们党的第二代集体领导逐步形成，而它的核心始终是邓小平；我们党的指导思想也从马列主义、毛泽东思想发展到马列主义、毛泽东思想、邓小平理论的新阶段。

二 亚太研究的蓬勃发展

十一届三中全会重新确立了党的马克思主义的思想路线和组织路线，决定把全党全国的工作中心转移到社会主义现代化建设上来，从而开创了社会主义现代化建设的有利局面。当我们党和国家把工作中心重新转向经济建设时，中国面临着怎样的国际形势，中国的外交政策要不要作必要的调整，便成为一个迫切的不可回避的问题。适应新形势发展的需要，中国的国际问题研究又一次被提上了重要议事日程。

1. 几乎是重新创业的国际问题研究

中华人民共和国成立后，在周恩来同志的直接关怀和领导下，中国的国际问题研究在50年代已经奠定了一个良好基础，相继在高校和党政军有关部门设立了一批国际问题研究机构，配备了相当数量的研究力量，其中既有高水平的党政干部，也有从旧社会过来的高级知识分子，还有一批生龙活虎的青年人。当时的国际问题研究，其重点一是为党和政府的外交决策服务，二是介绍国际知识，进行国际形势的宣传教育。因此，其研究成果多为内部调研报告和教材，国际问题杂志不多，但也刊载了一些很有价值的文章，大部头的论著相对较少。60年代初期，中国的国际环境进一步恶化，外交斗争形势严峻。根据当时国际斗争的需要，1963年12月，毛泽东主席要求加强国际问题研究，于是迅速建立了一批新的国际问题研究机构，并从高校毕业生中配备了大量青年科研人员。然而好景不长，1966年一场灾难降临中国大地，国际问题研究同样也在劫难逃。十年“文革”，几乎所有的国际问题研究机构要么被撤销，要么被迫停止工作；广大科研人员有的被当作“反动学术权威”打倒，有的被遣散，大多数人进入“五七干校”接受再教育；长期积累的宝贵资料有些被付之一炬，有些被当作“废品”处理，其余的也散失殆尽。总之，刚刚起步的中国国际问题研究遭受了灭顶之灾。

十一届三中全会后，当中国重新放眼望世界的时候，我们的国际问题研究力量和基础是如此薄弱，以至于不得不白手起家，二度创业。与此同时，我们也开始意识到，就在我们“文化大革命”的十多年间，世界各国，特别是西方发达资本主义国家和东南亚部分发展中国家或地区取得了长足发展，中国已经大大落后了。严峻的形势和强烈的使命感是无形的动员令。一时间，中国的国际问题研究机构纷纷建立或恢复起来，长期靠边站的科研人员和有志于国际问题研究的新兵纷纷加盟这一战线。当然，其中最有代表性的举措当属中国社会科学院及其国际学科片各研究所的的建立，时为 1977 年至 1981 年。几乎与此同时，为数众多的国际或国别学会、研究会如雨后春笋般发展起来，形成了一支国际问题研究的庞大队伍。更为令人鼓舞的是，国际交流以前所未有的规模和速度发展起来，这里既有中外学者的互访或学术会议，也有各类学者的出国进修和考察研究。截至 80 年代末，中国的国际问题研究机构和队伍已经具备相当规模，而且涌现出许多优秀成果，为国家的现代化建设和对外政策的调整做出了不可磨灭的贡献。

2. 亚太研究的蓬勃发展

在中国的国际问题研究中，亚太研究应该说是一个后起的但又发展迅速的学科。新中国成立后，鉴于当时特定的国际环境和中国所处的地位，我们的国际问题研究比较注重国别，尤其是周边国家和与我国关系密切或对立的大国，对全球性问题则专注于时代问题及战争与和平问题。60 年代，随着亚非拉民族解放运动的蓬勃发展，以及我国外交工作的需要，我们加强了对地区性问题的研究，亚非地区成了我们的重点研究对象，亚非研究机构也应运而生。进入70年代后，伴随着美苏两个超级大国在全球特别是亚洲太平洋地区争霸的加剧，以及我国进入联合国后外交工作新局面的开创，亚太问题的地位明显上升。十一届三中全会后，我国开始了改革开放的历程，亚太国家在我国国际战略中的地位进一步上升，我国的亚太研究也随之升温，在原北京大学南亚研究所的基础上成立了由中国社会科学院和北京大学合办的南亚东南亚研究所，研究范围由南亚扩大到东南亚，研究力量也有所加强。但从总体上来说，直到80年代中期，我们的亚太问题研究还远远落后于形势发展的需要。针对这种情况，1988年12月，经党中央、国务院批准，由原南亚东南亚研究所和世界经济与政治研究所的亚太研究室合并组建中国社会科学院亚洲太平洋研究所。10年来，亚太所的发展可以分为两个阶段，大体以1993年为界。前一阶段仍以南亚研究为主，逐步向整个亚太区域发展。这一时期的著述有所增加，主要是文化、宗教等方面的成果，但研究现实经济政治问题的专著，如孙培钧主编的《中印经济发展比较研究》、史敏和高连福主编的《东北亚区域经济合作探讨》、王宏纬主编的《南亚区域合作的现状与未来》、李相文和韩镇涉以及叶绿茵合著的《亚洲四小龙》等相继问世。同时，亚太所还发行《南亚研究》和《亚太研究》两份期刊，编印《南亚东南亚资料》和《亚太参考》两个内部刊物，发表了数百篇较有影响的论文或研究报告。所有这些成果，对我国当时的对外开放和现代化建设，都产生了不同程度的积极影响，得到了各级领导和有关部门的肯定。后一阶段转为以亚太区域经济、政治、安全等综合研究为主，兼顾南亚宗教文化研究。这一阶段的著述数量明显增加，质量也在不断提高。由张蕴岭主编的“亚太经济丛书”、陆建人著《90年代的亚太经济》等从多个角度分析和介绍了亚太地区经济发展的现状和趋势；张蕴岭主编的《转变中的中、美、日关系》、《合作还是对抗——冷战后的中国、美国和日本》对亚太地区主要大国之间的关系及区域政治、安全形势进行了较深入的剖析，并提出了对策性建议；张蕴岭和陆建人分别主编的《开放、竞争与发展——我国参与亚太经合组织的政策选择》、《亚太经合组织与中国》就我国进一步对外开放，参与国际经济合作进行了多层次、多角度的探讨。以上列举的仅仅是亚太研究成果中很小的一部分，但有一定的代表性。从这些成果中我们可以看出，随着亚太形势的发展和我国改革开放的深化，我国的亚太研究越来越接近现实，越来越体现出其为现代化建设服务、为党和政府决策服务的鲜明特征。

3. 亚太研究的发展直接得益于邓小平理论的指导

十一届三中全会以来，我国的亚太研究可以说从无到有，迄今已取得了引人瞩目的成绩，原因何在？应该说原因是多方面的，譬如党中央、国务院和各级领导的高度重视和大力支持，广大科研人员、科研辅助人员及党政后勤人员的辛勤努力，科研条件和研究手段的改善等等，但最根本的还在于邓小平理论的指导。邓小平理论对包括亚太在内的国际问题研究的指导是全面的，这里只是择取几个侧面简要地加以说明。

首先是邓小平理论的精髓——解放思想、实事求是为亚太研究提供了强大的思想武器。十一届三中全会后，当我国的亚太问题研究重新起步时，科研人员中“心有余悸”的心态成为科研工作的一大思想障碍。有些人认为搞亚太研究敏感问题多，怕犯错误，束手束脚。在这种情况下，正是邓小平同志在各种场合的多次反复讲话，十一届六中全会通过的《关于建国以来党的若干历史问题的决议》，全国范围大规模地平反冤假错案的事实，中央关于“不打棍子、不扣帽子、不抓辫子”以及“科研无禁区，宣传有纪律”等政策的逐步落实，一步步打消了这些科研人员的顾虑。同时，邓小平同志又及时地提出了“四项基本原则”。这样，在既要解放思想，又要坚持“四项基本原则”的前提下，科研人员明确了方向，因而轻装上阵，勇于承担现实和敏感课题，全身心地投入科研实践。

其次，邓小平理论对当今时代特征和总体国际形势的科学判断，为亚太及整个国际问题研究指明了方向。无论对于亚太研究还是其他国际问题研究来说，时代特征和总体国际形势的判断是一个不可缺少的前提。十一届三中全会后，国际问题研究重新恢复，学术界首先遇到的便是时代、战争与和平、对国际形势的总体判断等问题。正当大家苦苦思索，争论不休时，邓小平于1985年3月和6月相继发表了两次重要谈话。在3月4日会见日本商工会议所访华团时他指出：“现在世界上真正大的问题，带全球性的战略问题，一个是和平问题，一个是经济问题或者说发展问题。和平问题是东西问题，发展问题是南北问题。概括起来，就是东西南北四个字。南北问题是核心问题。”这样，和平与发展的时代主题就明确了。6月4日，在中央军委扩大会议讲话时，邓小平深入分析了国际形势，作出了“在较长时间内不发生大规模的世界战争是有可能的，维护世界和平是有希望的”判断，并指出我国的外交政策也应作出相应的调整和转变。这样一来，广大科研人员统一了认识，明确了自己的努力方向。

第三，在一些关键时刻和重大是非原则问题上，邓小平理论给了我们强有力的支持和鼓舞。例如，1989年春夏之交，在我国首都北京发生了一场严重的政治风波，美欧一些国家乘机对我国大肆污蔑并实施制裁，我国的国际环境顿时趋于紧张。面对这样的形势，我国还要不要坚持改革开放的政策？广大科研工作者，包括我们亚太问题研究人员一致认为，改革开放的政策不能变，走回头路没有希望。但那时社会上不少人心存疑惑，甚至某些政治上颇有影响的人物也散布倒退舆论。在此关键时刻，邓小平多次发表讲话，坚定地表示改革开放的政策不能变，中国绝不能重走闭关锁国的老路，而是要抓住机遇发展自己。1991年8月20日，他在同中央负责同志的谈话时强调，“坚持改革开放是决定中国命运的一招”，“特别要注意，根本的一条是改革开放不能丢，坚持改革开放才能抓住时机上台阶”。他还以东南亚国家为例谆谆告诫我们，“现在世界发生大转折，就是个机遇。人们都在说‘亚洲太平洋世纪’，我们站的是什么位置？过去我们比上不足、比下有余，现在比下也有问题了。东南亚一些国家兴致很高，有可能走到我们前面。我们也在发展，但与他们比较起来，我们人口多，世界市场被别的国家占去了，我们面临着这么一个压力，算做友好的压力吧。我们不抓住机会使经济上一个台阶，别人会跳得比我们快得多，我们就落在后面了。要研究一下，我总觉得有这么一个问题。机会难得呀！”① 这对国际问题特别是亚太问题研究人员是多么巨大的支持和鼓舞啊！

三 以邓小平理论为指导，把亚太研究推向一个新的阶段

今天，我们纪念十一届三中全会20周年，最根本的是高举邓小平理论的伟大旗帜，坚持十一届三中全会以来的路线、方针、政策，紧密团结在以江泽民同志为核心的党中央周围，勤奋工作，勇于开拓，把亚太研究推向一个全新的阶段，更好地为改革开放和现代化建设的伟大事业服务。

1. 以邓小平理论为指导，就必须认真学习、研究和掌握邓

① 《邓小平文选》第3卷，人民出版社1993年版，第368—369页。

小平理论

江泽民同志在十五大报告中指出，“在社会主义改革开放和现代化建设的新时期，在跨越世纪的新征途上，一定要高举邓小平理论的伟大旗帜，用邓小平理论来指导我们整个事业和各项工作。这是党从历史和现实中得出的不可动摇的结论”。今年6月，中共中央发出深入学习邓小平理论的通知，号召“全党同志一定要从我们肩负的历史责任出发，进一步增强学习邓小平理论的自觉性和紧迫感，努力形成学习新高潮”。我们从事亚太研究的各类人员，都应当响应党中央的号召，做学习邓小平理论的模范。

作为国际问题研究工作者，我们学习邓小平理论，除了要在把握邓小平理论的科学体系上狠下工夫外，重点应当学习邓小平关于国际问题的论述，特别是他观察和分析错综复杂的国际问题的立场、观点、方法，用以武装我们自己的头脑，去从事亚太问题的分析研究。

作为思想理论战线的一员，我们不仅自己要学好邓小平理论，而且有义务结合亚太研究的实践，阐释和宣传邓小平理论。

2. 加强世纪之交的亚太问题研究

自60年代中期以来，亚太地区的经济政治地位不断上升，到90年代已经因其经济的持续快速增长、科学技术的蓬勃发展、贸易和投资的空前活跃、一批新的国际金融中心的崛起以及政治上的相对稳定而成为整个世界瞩目的焦点。亚太问题研究也随之成为国际领域的热门学科之一。我国的亚太研究虽然起步较晚，但发展迅速，大有后来居上之势。但进入90年代以来，亚太地区的情况有变。先是日本因泡沫经济破灭而陷入一蹶不振的低迷状态，1997年7月又爆发了东南亚金融危机，迄今这一危机已扩大为东亚经济危机，其影响尚在继续扩散。一时间，原来许多被众人称道的东西，如“日本奇迹”、“东亚模式”、“亚太世纪”以及“四小龙”、“三小虎”等等，似乎又成了问题。在这种情况下，究竟应该怎样看待诸如此类的问题，我国应当采取什么样的对策？作为亚太研究工作者必须给予回答。

面对如此纷繁复杂的亚太问题，我们的亚太研究应当从何入手，重点放在哪里呢？依笔者之见，可否根据我国改革开放和现代化建设事业的需要，结合我们亚太研究力量和条件的实际，从那些直接间接关系我国经济、政治、安全等利益的重大问题入手，把重点放在区域经济合作、我国与周边国家关系、区内大国关系及地区安全上。具体地说，最近几年内，亚太研究可以把下列选题作为研究重点：

——东亚金融危机研究，其中包括东亚金融危机的现状与走势、经验教训与我国的金融风险防范，“东亚模式”再探讨，东亚工业化道路，日本经济改革，韩国经济改革，东盟国家经济改革等等；

——亚太经济合作研究，其中包括亚太经合组织（APEC）提出的贸易、金融自由化进程及我应采取的对策，亚太经济合作机制与前景，东盟区域经济合作，环黄渤海湾开发，南亚区域经济合作等等；

——我国与周边国家关系研究，其中包括中日、中俄、中印、中国—东盟关系，以及由于美国的特殊地位和作用也应纳入这一范围的中美关系，而且这种双边关系研究既应包含政治、军事、外交关系，也应包含经济、文化等关系；

——区内大国关系研究，主要指世纪之交转变中的中、美、日、俄关系，探索大国外交战略及其互动关系，我国应采取的战略策略等；

——区域安全研究，主要指军事安全，其中包括亚太安全形势、亚太安全保障体制、东北亚安全机制、朝鲜半岛局势、日美安保机制、防止核扩散等等。

3. 以改革精神加强亚太问题研究的队伍建设

综观目前我国的亚太研究队伍，虽然在机构和人员数量上已经初具规模，而且取得了不少成果，但从世纪之交国家改革开放和现代化建设事业发展的需要来看，还远不适应。因此，必须通过改革来加强这支队伍的建设。其一，优化结构。针对当前亚太研究队伍中骨干力量较少，特别是领军人物奇缺的现状，除应加速培养博士生等高素质后备人才外，对现有科研骨干应本着缺什么补什么的原则，为他们多多提供出国进修、交流和国内专业或外语培训等机会，促使他们迅速提高，勇挑大梁。其二，缩短战线。目前的亚太研究，人力不多，但战线过长，必须下决心压缩战线，集中那些政治业务素质好、外语水平高的精兵强将对国家或院所级重大课题实施攻关，尽快拿出高质量成果。其三，走开放研究之路。鉴于亚太研究人才缺乏而且分散的实际，必须打破部门所有制等旧的体制和观念，走开门办院、开门办所的道路，广泛吸纳所内外、院内外甚至国内外优秀研究人才，从而既可弥补高素质人才的不足，又可集众家之长，提高科研水平和质量。

总而言之，只要我们坚持不懈地贯彻落实党的十一届三中全会以来的路线、方针、政策，以邓小平理论为指导，走改革开放之路，我们就一定能够把亚太研究推向一个崭新的阶段。

（原载《当代亚太》1998 年第 6 期）

把日本研究推向新阶段

——纪念日本研究所建所20周年

日本研究所建立20年来，不仅取得了丰硕的科研成果，而且涌现出一批又一批的优秀科研人才。之所以能取得这些成就，根本原因之一在于坚持以马克思主义理论为指导，保证了正确的政治方向、理论方向、科研方向。

改革开放，日本研究所应运而生　党的十一届三中全会后，改革开放的春风劲吹，各条战线一扫万马齐喑的局面，辽阔的中国大地重新焕发出生机和活力。社会科学战线在经历了十年“文革”摧残后，迎来了阳光明媚的春天。根据中央加强国际问题研究的指示精神，中国社会科学院成立不久便做出了扩大国际学科队伍、增设包括日本所在内的新的国际问题研究所的部署。1978年开始具体筹备建立日本研究所的工作，从北京甚至京外调集从事日本问题研究或教学的精兵强将，搜集、购置有关日本的中外文图书资料。经过两年多的精心筹备，1981年5月1日，经党中央、国务院批准，中国社会科学院日本研究所正式成立。

日本所成立之初，科研人员仅10余名，图书资料少得可怜，办公亦无定所。但大家在所长何方同志的带领下，坚持马克思主义的理论指导，以开展日本研究，增进中日友好合作关系，为改革开放和现代化建设服务，为党中央、国务院当好参谋助手的高度责任感和使命感，克服物质条件上的种种困难，狠抓思想和队伍建设，带动基础研究和图资建设，很快便初战告捷。到1991年建所10周年时，日本所老中青三结合的科研队伍已达40余人，图资建设也已初具规模，对日交流和合作渠道相继开通，并且出版了《日本政治概况》、《战后日本丛书》、《日本的发展前景》等颇有分量的科研成果。在此基础上，经过骆为龙和赵自瑞两任所长与大家的共同努力，日本所的科研等各项工作又迈上了一个新台阶。1995年张蕴岭接任所长以来，日本所继续坚持以科研为中心，无论科研人员素质还是科研成果质量都有了新的提高。

坚持正确理论指导，日本研究硕果累累　日本所成立以来的20年，虽然国际风云变幻，但我国坚持邓小平提出的改革开放路线不动摇，我们的日本研究也始终在党的基本路线指引下，本着为现代化建设服务，为巩固和发展中日友好合作服务的宗旨，从历史、现实和理论的高度积极开展了对日本经济、政治、外交和社会文化等各个领域以及中日关系的研究，取得了一系列丰硕成果。

首先体现在对我们所处时代性质，也就是最基本的国际大环境的认识问题上。时代性质问题，事关国家的内外战略，把握失误，贻害无穷。对于国际问题研究者来说，这是不容回避的基本课题，日本问题研究者亦不例外。十一届三中全会后，尤其是80年代中后期，关于时代性质问题的争论逐步进入高潮。争论的分歧集中在：我们是仍处于帝国主义和无产阶级革命的时代，还是已经进入了和平与发展的时代。当时，日本所的科研人员也积极投身于这场具有重大意义的讨论，其中尤以何方同志的理论观点最为引人注目。事实上，早在1984年和1985年，邓小平同志就已经作出了和平与发展已成为时代主题的科学判断。由于那时讲话尚未公开发表，学术界人士仍在各抒己见。何方同志认为，自二战结束后，时代即进入了和平与发展的新阶段。这种观点当时属少数派，但何方同志坚持和捍卫了自己的理论观点。此后，当1989年春夏之交的北京政治风波和1999年科索沃战争发生时，理论界和学术界在时代问题上又有一些人曾经有所动摇，而日本所没有出现这种现象。何方同志的有关研究成果后来汇集成册，于2000年5月以《论和平与发展的时代》为名由世界知识出版社出版发行。这当然首先是何方同志个人的成果，同时也在某种程度上反映了日本所的认识水平。

其次体现在对战后日本的分析和认识上。在正确认识时代问题的前提下，深入细致地对日本的经济、政治、外交、社会文化进行分析研究，从中提供中国现代化建设可资借鉴的正反两方面的经验，是日本所的主要任务之一。20年来，一代又一代的科研人员付出了无数心血。这些心血的结晶，既有不同时期的大量公开出版物，如基础性工具书《日本政治概况》、《日本概览》、《简明日本百科全书》，专著《日本的经验与中国的改革》、《中日流通业比较》、《走向政治大国的日本》、《现代日本政治》、《日本文学思潮史》、《战后日本外交》、《冷战后的日本经济》、《日本社会思潮》、《日美基轴与经济外交》、《21世纪日本沉浮辨》等等，又有难以准确统计的大量内部调研报告，如《日本的发展前景》、《日本的政治改革与政局》、《当代日本的社会发展与政策选择》、《日本外交的新动向》等等。此外，《日本学刊》及其前身《日本问题》还刊发了上千篇日本问题研究论文。所有这些，无论对于正确认识日本，还是对于我国的物质文明和精神文明建设，无疑不同程度地发挥了各自的作用。同时也表明，日本研究所自成立以来，始终遵循研究日本为“两个文明”建设服务，为党中央、国务院当好参谋助手的宗旨，忠实履行了自己的义务，是一个团结向上的、富有战斗力的集体。

第三体现在中日关系研究上。中日关系是我国对外关系的重点之一，日本研究所责无旁贷地担负着研究日本对外政策和中日关系，为党和政府制定对日政策提供参考意见，巩固和发展中日友好合作关系的重任。20 年来，日本所不辱使命，为中日关系的健康发展发挥了应有的作用。不论是在 90 年代中期以前的顺利发展时期，还是在那之后两国关系遇到困难的年月，日本所都以实事求是的精神，积极发挥沟通中日、增进了解的桥梁作用，做了大量深入扎实的研究工作和基础资料工作，并且提出了许多富有见地的政策建议。其中，由日本所部分科研人员集体编纂的《战后中日关系史年表（1945—1993）》、《战后中日关系文献集》1945—1970 年和 1971—1995 年两卷已于 1994 年至 1997 年出版，《战后中日关系史》初稿早已完成，现正在修改定稿中。骆为龙所长主持的《关于对日关系新阶段的若干问题》的研究报告、蒋立峰副所长主持的《未来中日关系研究报告》以及由张蕴岭所长主编的《转变中的中美日关系》等等，既是对战后中日关系的历史总结，又含有许多对未来中日关系发展的深入思考，可以说从不同侧面反映了日本所在中日关系研究方面的成就。90 年代后半期，中日关系出现波折，日本所的领导和科研人员在深入跟踪研究的基础上，通过中日双方学者的国际研讨、我国日本问题研究学者的内部研讨、赴日实地考察、与日本外交官及各方面有关人士接触等途径，寻求改善中日关系的良策，并及时向中央有关部门或领导提出对策性建议，为中日关系的改善和进一步发展做出了应有的贡献。

不负重托，把日本研究推向新阶段　目前，人类已经跨入

21世纪。世纪之交，国际形势发生了诸多变化，但和平与发展的时代主题没有变。就日本而言，它也进入了继明治维新和战后改革之后的第三个转轨期。鉴于日本在亚洲和世界上的重要地位，以及中日两国作为一衣带水紧密邻邦的突出特点，日本问题尤其是中日关系，已经成为中国外交越来越重要的课题。在这种新的形势下，日本研究所的任务相应地加重了。

如何才能应对新的形势和任务，不辜负党和政府的重托呢？笔者以为，中共中央政治局委员、中国社会科学院院长李铁映同志为日本所成立20周年的题词“中日友谊之桥”，可以视为对这个问题的正确答案。要把日本研究所真正建成“中日友谊之桥”，必须围绕“出成果、出人才”，狠抓科研队伍建设，同时，这支队伍的政治思想建设亦是不可或缺的。当前，日本所应当在以下三个方面做出不懈的努力。

首先，必须坚持马克思主义、毛泽东思想，特别是以邓小平理论为指导，旗帜鲜明地反对指导思想多元化。每个科研人员都要认真学习和把握邓小平外交思想，尤其要吃透邓小平对时代、国际形势、中日关系等一系列论述的精神实质，并且用以指导自己的科研实践。只有这样，才能坚持正确的政治方向、理论方向和科研方向。

其次，必须做到既要解放思想又要实事求是。日本研究，特别是曲折发展的中日关系研究，有不少敏感领域，要求以较高的理论水平和政策水平去驾驭和把握。在这种情况下，我们的科研人员一定要解放思想，知难而进，绝不能望而却步。但在每个具体问题的研究中，一定要实事求是，既不夸大或缩小事实，也不渲染或掩盖矛盾。只有这样，才能当好党中央、国务院名副其实的参谋和助手。

第三，必须在研究所内部营造宽松和谐的科研氛围。当然，这是一个内涵极广的话题，而且要求领导要先行一步，率先垂范。笔者在这里想强调两点。其一是提倡讨论，集思广益；其二是提倡批评与反批评。科学研究是一种创造性活动，要允许闯，允许试，鼓励不同观点和学派的争鸣。同时在科研工作中要允许犯错误，允许改正错误。只有这样，科研人员才能充分发挥自己的聪明才智，把日本研究真正推向一个全新的阶段。

（原载《日本学刊》2001 年第 4 期）

有关苏联出兵参加对日作战的几个问题

2005年是中国人民抗日战争和世界反法西斯战争胜利60周年。在60年前那场捍卫人类文明与尊严的殊死搏斗中，以同盟国家为代表的全世界爱好和平的国家和人民互相支持和帮助，以艰苦卓绝的奋斗和数千万人的牺牲，赢得了对德、意、日法西斯的胜利。中国的抗日战争是世界反法西斯战争的一个重要组成部分。中国在为战胜世界法西斯势力作出卓越贡献和巨大牺牲的同时，也同样得到了苏、美、英等盟国和全世界进步人类的支持和帮助。其中，苏联在战胜德国法西斯之后，迅速挥师东进，与中国抗日军民并肩作战，痛歼日本关东军，大大加速了中国人民抗日战争和世界反法西斯战争胜利的进程，尤其值得称道。在纪念抗日战争和世界反法西斯战争胜利60周年之际，本文拟就有关苏联出兵参加对日作战（以下简称苏联参战）的几个问题谈点看法。

一 苏联参战的由来

众所周知，关于苏联参战的正式讨论，应该是缘起于1943年10月的苏、美、英三国莫斯科外长会议。但是据西方有关文献记载，早在“珍珠港事件后，麦克阿瑟马上表示，希望苏联对日本采取行动。但是美国人在莫斯科办的交涉没有成功：斯大林拒绝举行任何会谈，拒绝通任何消息，也拒绝任何种类的合作，即使机密的合作都不行。直到德国对苏联的威胁已经消退，斯大林才修改了他的态度”①。这种说法，很可能是有根据的，但对斯大林的要求似乎过于苛责。试想，1941年12月7日珍珠港事件爆发前不到半年，即1941年6月22日，希特勒德国发动了对苏联的进攻，苏联大片国土沦丧，战略上处于非常困难的时期。这时，若要求斯大林对日本采取行动，无异于使其陷于两线作战腹背受敌的更加被动的局面。因此，即使斯大林有对日本采取行动的愿望，也没有这种能力。最近，俄罗斯历史学家阿纳托利·科什金在《斯大林如何对日开战》一文中印证了这一点。他在该文中写道：“珍珠港事件后，美国总统罗斯福于1941年12月向斯大林发出请求，希望苏联派兵对日进行军事打击。当时，美国想借助苏联领土，对日本进行大规模轰炸。斯大林拒绝了罗斯福的建议，他的理由是，对日宣战会削弱苏联攻打希特勒军队的实力，从而给德国以可乘之机，给苏联及所有盟国带来损失。”“遭拒绝的罗斯福于12月11日表示，对斯大林的这一决

① ［法］亨利·米歇尔：《第二次世界大战》下册（中译本），商务印书馆1981年版，第416页。

定，他感到非常遗憾，但如果他是斯大林，他也会这样做。”[①]直到1943年，苏德战争的战略态势才发生了对苏联有利的变化。这一年，从斯大林格勒保卫战的胜利到意大利投降，同盟国已经逐步取得了反法西斯战争的战略主动权。为了尽早结束这场战争，并就战后安排等共同关心的问题交换意见，同盟国之间开始酝酿举行首脑会议的问题。是年10月19—30日，“美英苏三国外长会议在莫斯科举行，为首脑会议做准备。三国就缩短战争时间可能采取的种种措施达成了协议，确定1944年春天在西欧开辟第二战场，斯大林允诺在打败德国后，苏联将参加对日作战”[②]。这次会议决定在德黑兰召开美英苏三国首脑会议。德黑兰三国首脑会议前夕，即同年11月22—26日，美国总统罗斯福、英国首相丘吉尔以及中国的蒋介石委员长在开罗举行首脑会议，主题为中国问题，并发表了《开罗宣言》，其中宣布：“三国之宗旨在剥夺日本自1914年第一次世界大战开始以后在太平洋所夺得或占领之一切岛屿，在使日本所窃取于中国之领土，例如满洲、台湾、澎湖列岛等，归还中华民国。”[③] 然而，就在此次会议期间，罗斯福还密谋策划了一项有损中国的交易，那就是迫使蒋介石有条件地接受了把大连变为国际自由港的所谓“建议”。其实，“罗斯福之所以在美英苏三国首脑会议之前匆匆忙忙把蒋介石拉到开罗，就是为了与蒋介石就出让中国东北的某些权利给苏联一事达成协议，然后，再以此去换取斯大林同意对日

---

① 参见《苏联对日宣战内幕》一文，载《参考消息》2005年4月13日第12版。

② 颜声毅等编著：《现代国际关系史》，知识出版社1983年版，第425页。

③ 方连庆等编：《现代国际关系史资料选编》（下册），北京大学出版社1987年版，第316页。

作战"[1]。在随后于11月28日至12月1日举行的美英苏三国德黑兰首脑会议上，"美英方面试探了苏联关于参加对日作战的条件。苏联要求归还整个库页岛，并得到千岛群岛。斯大林还渴望在远东获得一个不冻港。罗斯福利用他在开罗会议期间与蒋介石达成的默契，提出大连港可以作为自由港。斯大林答应在欧战结束后半年左右参加对日作战"[2]。应该说，到这时为止，苏联参战充其量只能算作一种意向性承诺，因为当时苏德战争远未结束。

时至1945年初，世界反法西斯战争的形势已经发生了巨大变化。在中国战场，日本侵略军被中国抗日军民死死拖住，战略主动权几乎丧失殆尽；在太平洋战场，美军的战略反攻节节胜利，战火逐渐燃向日本领空和领土；在欧洲战场的西线，自1944年6月诺曼底登陆后的美英联军势如破竹，德军节节败退；在欧洲战场的东线，苏军的全线反攻频频告捷，矛头直指德国本土。总之，德日法西斯失败的大局已定，当务之急是同盟国家如何协调一致，最终消灭法西斯，并就战后国际秩序预做安排。正是适应这种全新形势的需要，苏美英三国首脑斯大林、罗斯福、丘吉尔于1945年2月4—11日在苏联克里米亚半岛的雅尔塔举行了具有历史意义的雅尔塔会议。会议集中讨论了击败德国和对其实行分区占领、成立联合国等多项议题，并公开发表了含有上述内容的会议公报。此外，三国首脑还协商了苏联参战的问题，达成了秘密的雅尔塔协定（由斯大林、罗斯福、丘吉尔亲自签署）。其中规定："苏美英三大国领袖同意，在德国投降及欧洲战争结束后两个月或三个月内苏联将参加同盟国方面对日作战"；其条件包括："由日本1904年背信弃义进攻所破坏的俄国

---

① 颜声毅等编著：《现代国际关系史》，知识出版社1983年版，第426页。

② 同上书，第428—429页。

以前权益须予恢复——库页岛南部及邻近一切岛屿须交还苏联、大连商港须国际化，苏联在该港的优越权益须予保证，苏联之租用旅顺港为海军基地须予恢复"；"千岛群岛须交予苏联"等。[①] 尽管雅尔塔协定内还冠冕堂皇地写上了尚须征得中国方面同意的一段话，但那不过是一种欲盖弥彰的小小伎俩。事实上，随着三巨头的签字生效，无论中国方面作何反应也已无济于事。

如果说德黑兰会议时苏联参战还是一种意向性承诺的话，那么雅尔塔秘密协定的签署则表明，苏联已经在法定意义上承担了出兵参加对日作战的义务。

然而，苏联何时启动参战准备工作，似无确切的答案，因为那是在极其秘密的情况下进行的。从理论上说，自从斯大林在德黑兰会议上做出苏联参战的承诺后，就有可能随时启动相关的准备工作。最近，在纪念反法西斯战争胜利 60 周年的一篇专访文章中，透露了一位苏联红军老战士、现任俄罗斯—中国友好协会副主席瓦西里·伊万诺夫的亲身经历，为此提供了一条宝贵的线索："1944 年初，伊万诺夫被派往白俄罗斯第三方面军参谋部担任作战参谋。同年 4 月，鉴于德国法西斯的覆灭已是大势所趋，第三方面军的精锐部队被调往苏联远东地区，准备同盘踞在中国东北的日本关东军作战。"[②] 由此可见，1944 年 4 月，也就是说德黑兰会议结束不到半年，苏联已经着手将部分主力部队东调。此时，距离雅尔塔会议斯大林正式承诺苏联参战还有九个多月的时间。到了 1945 年雅尔塔会议后，特别是德国投降后，苏联明显加快了准备参加对日作战的部署。1945 年 5 月，苏联最高统

---

① 方连庆等编：《现代国际关系史资料选集》（下册），北京大学出版社 1987 年版，第 369 页。

② 吕岩松、马剑："这是我们共同的节日——访俄罗斯反法西斯老战士伊万诺夫"，《人民日报》2005 年 5 月 2 日第 3 版。

帅部决定，建立远东军总指挥部，任命华西列夫斯基元帅为总司令，下辖贝加尔、远东第一、远东第二共三个方面军及两支海军舰队，即太平洋舰队和红旗阿穆尔舰队。6 月 3 日，苏联国防委员会做出大规模调动兵团的决定，包括增强远东苏军的实力装备，以及为此而加强远东地区铁路的技术保养和维修工作。到 8 月 8 日对日宣战前，部署在远东的苏军已达 174.7 万人，火炮 2.6 万门，坦克 5500 辆，飞机 5300 架，舰艇 670 艘。[①]

二　斯大林为什么承诺苏联参战

关于苏联参战的动机，实在不是一个可以三言两语说得清楚的问题。为了找到一个比较切合实际的答案，我们必须回到那个战火纷飞的特定历史背景下，从错综复杂的历史事件中、从有关各方的利害关系中寻找蛛丝马迹。

首先，从上述对苏联参战由来的回溯中不难看出，苏联最初承诺参加对日作战并非主动，而是应美英，特别是美国方面的要求而为之。这与当时的战争形势及美国的战略利益是密切相关的。且不说前面已经提到的麦克阿瑟的主张以及美国为此做出的外交努力，只说到了 1943 年下半年，太平洋战争的美日双方还处于战略相持阶段，欧洲的苏德战场苏联方面刚刚获得战略转机，美英尚在筹备开辟第二战场。在这种战局尚未最终明朗的情况下，深谋远虑的罗斯福已经洞察到，有条件地借助苏联红军的力量共同打击日本法西斯势力是可能的。这样做，对美国最为有利，一是可以大大减少美军的伤亡，二是可以形成对日本的战略

① 参见王绳祖主编：《国际关系史》第六卷，世界知识出版社 1995 年版，第 567 页。

合围之势。为了达到此项目的，罗斯福不惜拿中国的权益与苏联做交易。时至1945年雅尔塔会议，德日法西斯失败已成定局，剩下的只是个时间和同盟国需要付出的代价问题。此时的罗斯福更加清醒地意识到，仅仅依靠美军同日军进行战略决战，尤其是在日本本土决战，美军很可能要付出数十万甚至上百万人伤亡的惨痛代价。这当然是他要极力避免的。为此，他采取了多项战略性举措，其中包括力促斯大林正式承担苏联参战的义务和加紧秘密研制原子弹。根据有关史料记载，经罗斯福批准的美国研制原子弹计划“曼哈顿工程”正式启动于1943年5月，当年10月举行德黑兰首脑会议时，工程尚未取得重大进展。甚至“在雅尔塔会议的时候，制造一个原子弹，用霍普金斯（时任美国国务卿）的话来说，看来还是‘遥远的事情’，因此，在对德国或日本的作战计划中没有加以考虑”①。直到罗斯福逝世3个月后的1945年7月16日，也就是在波茨坦首脑会议的前夕，美国才成功试爆了第一颗原子弹。所以，可以设想，在德黑兰会议乃至雅尔塔会议召开时，由于原子弹似乎还没有绝对把握，罗斯福显然把宝更多地压在了苏联参战上。为此他宁愿对苏联方面做出更大的让步，当然这些让步不会损害美国自身的利益。直到波茨坦会议期间，罗斯福的继任者杜鲁门以及丘吉尔仍然希望苏联尽早参战：“丘吉尔和我一样渴望俄国参加对日作战，他和我们的军事领袖们一样，都认为俄国的参战将加速日本的溃败。”② 这是因为，“会前，1945年6月，美国三军部长和参谋长联席会议拟订的作战计划，准备1945年秋在日本本土南部登陆，估计到1946

① ［法］亨利·米歇尔：《第二次世界大战》下册（中译本），商务印书馆1981年版，第414页。

② 《杜鲁门回忆录》第一卷，世界知识出版社1964年版，第286页。

年深秋，才能使日本屈膝。战斗将非常酷烈，损失也将很重大。马歇尔认为，为此要牺牲50万美国人的生命。因此，希望俄国参加对日作战”①。针对美英的要求，与会苏联代表表示，苏军拟在8月下旬发动对日进攻。

其次，斯大林为何承诺苏联参战，虽说是应美英特别是美国的要求，但苏联的参战又不能说是完全被动的。事实上，斯大林最终承诺苏联参战是出于多方面的考虑。

其一，世界反法西斯战争形势发展的需要。继1937年7月7日日本全面进攻中国后，1939年9月1日法西斯德国进攻波兰，1941年6月22日德国进攻苏联，同年12月7日日本偷袭珍珠港，第二次世界大战的战火已经愈燃愈烈。这是一场关系全人类前途与命运的正义与邪恶、光明与黑暗的殊死搏斗。在德意日法西斯业已结盟的情况下，世界反法西斯国家有必要结成广泛的统一战线，互相支持，互相配合，集中力量击败法西斯势力。在当时的历史背景下，这对中、苏、美、英等反法西斯主要大国来说无疑是最佳的战略选择。斯大林、罗斯福作为苏美两国具有战略眼光的最高统帅，在这方面一拍即合是合乎逻辑的。事实上，在整个第二次世界大战中，中、苏、美、英四大国承担着抗击法西斯势力的重任，在欧洲和亚洲太平洋战场上更是发挥着主力军的作用。它们之间能否进行有效的战略协调与配合直接关系到战局的发展，而德黑兰会议和雅尔塔会议恰好顺应了这种特定历史任务的要求。具体地说，德黑兰会议时，斯大林迫切希望美英及早开辟欧洲第二战场，罗斯福和丘吉尔也充分意识到苏联参加对日作战的必要性，因而达成了意向性合作协议。到雅尔塔会议时，虽然胜利在望，但德日终究仍在负隅顽抗，战略决战的重任

① 《杜鲁门回忆录》第一卷，世界知识出版社1964年版，第315—316页。

要求双方合作的具体化。从这个角度看，雅尔塔秘密协定有其历史意义，当然它损害中国权益等副作用绝不能因此而得到原谅。

其二，斯大林旨在谋求战后国际政治军事领域的有利地位。鉴于十月革命胜利后建立的世界上第一个社会主义国家苏联在国际政治领域的遭遇，也就是长期遭受帝国主义包围和封锁的经历，加之抗击德国法西斯战争的惨烈和战后重建任务的沉重，斯大林不能不考虑利用二战的有利时机，改变苏联以往在国际政治舞台上的孤立局面，以求得在战后国际政治军事领域的有利地位。因此，当1941年8月14日美英两国签署《大西洋宪章》，公开宣示了它们对战后世界秩序的某些设想后，尽管那时苏德战争刚刚爆发不久，苏联在战场上十分被动，斯大林正集中精力忙于指挥防御作战，但他对此事还是非常重视，并做出了果断的决定，其重要表现形式之一就是与中、美、英等25个其他反法西斯国家一道，于1942年1月1日共同在华盛顿签署并发表了《联合国家宣言》。《宣言》的发表既宣告了战时世界反法西斯阵线的形成，又标志着战后世界新秩序探索的启动。1943年12月1日，苏联又同美英一道发表《德黑兰宣言》。其中庄严申明，“我们表示我们的决心：我们的国家在战争方面，以及随后的和平方面，都将共同工作”；“和平方面，我们确信：我们的协力同心将导致一种永久的和平。我们完全承认我们以及所有联合国家负有至上的责任，要创造一种和平，这和平将博得全世界各民族绝大多数人民大众的好感，而在今后许多世代中，排除战争的灾难和恐怖。”① 在此基础上，经过中、苏、美、英四大国及其他同盟国家的共同努力，在最终战胜德意日法西斯之后，于

① 方连庆等编：《现代国际关系史资料选集》（下册），北京大学出版社1987年版，第313页。

1945年10月成立了联合国，上述四国加上法国出任其安全理事会的常任理事国。这一过程尽管充满着矛盾冲突和外交上的折冲樽俎，但其中一个不容置疑的事实却是苏联国际地位的急剧提高和国际影响力的显著扩大。究其原因，战胜德国法西斯和综合国力的提升是决定性因素，而斯大林在战时外交领域的运筹帷幄，例如在承诺参加对日战争这类关键性问题上的决策，其重要作用也是不容抹煞的。

其三，苏联自身安全利益的驱动。十月革命后，帝国主义国家一贯视社会主义苏联为眼中钉、肉中刺，必欲置其死地而后快。在这个围剿苏联的帝国主义队伍中，日本充当了重要角色。从十月革命胜利到苏德战争爆发前的1939年，军国主义的日本曾先后三次进犯苏联。

1918年4月至1922年11月，日本军国主义势力为扼杀列宁领导的新生的苏维埃政权，与英美等西方帝国主义势力沆瀣一气，充当了东线反对苏俄的急先锋。在此期间，入侵苏俄日军最多时达7万余人，但最终还是被赶出了苏俄领土。然而，军国主义的日本非但没有从失败中吸取应有的教训，反而更加野心勃勃地继续窥视着这个世界上惟一的社会主义国家，伺机蠢蠢而动。1938年7月29日—8月9日，日军越过俄罗斯边界向哈桑湖地区发动武装进攻，史称张鼓峰事件（又称哈桑湖事件）。眼见越境蚕食推进的计划难以得逞，日本军国主义当局不得不暂时有所收敛，被迫同苏方谈判，并最终达成协议，双方就地停火。但1939年5—8月，日本关东军又越境向苏军发起更大规模的武装挑衅，制造了历史上著名的诺门坎事件（又称哈勒欣河事件）。结果又一次遭受重创，日军伤亡逾5万人，光是战死的就有2万余人。

凡此种种说明，军国主义的日本早已成为苏联远东安全的心腹之患，而消除这个祸患，是符合苏联自身安全利益的。但是，在德意法西斯的战争威胁面前，当时的苏联事实上已经无暇东顾，或者说心有余而力不足。苏德战争爆发后，为避免两线作战，苏联采取了与日本虚与周旋的策略，同时由于日本深陷侵华战争和后来的太平洋战争而无力北进，于是双方签订了《苏日中立条约》。及至罗斯福提出联苏倡议，而苏联又具备了参加对日作战的可能性时，最终消除日本威胁自然成为斯大林乐于承诺参战的重要依据之一。

其四，大国沙文主义在作祟。斯大林承诺苏联参战，还掺杂着狭隘民族利己主义的动机，那就是以牺牲中国的部分主权和利益作为筹码。这一点集中体现在《雅尔塔协定》中。据有关史料透露，斯大林在同美英政要谈判苏联参战条件时曾一再表示，他需要向苏联人民有个“交待”，即说清楚为什么在刚刚战胜法西斯德国之后又迅速挥师东进对日作战。其实，明眼人不难看出，斯大林的“交待”说，纯粹是一种托词，同时又是对其大国沙文主义思想的障眼法。如果说确实需要向苏联人民有所“交待”的话，那么战争形势的需要、战后国际政治军事利益及国家安全这些理由既具说服力又堂堂正正，何须把沙皇老祖宗从中国武力窃取的权益作为失而复得的所谓“战利品”拿来炫耀呢？说到底，在斯大林的心目中，惟有俄罗斯的利益是至高无上的，至于其他国家特别是像中国这样孱弱的盟国的权益则必须服从俄罗斯的利益。当然，实践已经证明，斯大林这种损人利己的大国强权政治行为最终难逃历史的谴责。

三　苏联参战的作用

1945 年 8 月 8 日，斯大林兑现自己的承诺，苏联正式对日宣战。8月9日凌晨，由华西列夫斯基元帅统率的158万苏联红军，兵分三路越过中苏、中蒙边界，向日本关东军发动全面进攻。此时，作为日本战略总预备队的关东军虽拥有22个师团，号称75万人，但实际上由于亚洲太平洋战线全面吃紧而不得不把部分主力南调，其战斗力无疑应大打折扣。在苏联红军的凌厉攻势下，日本关东军迅速溃败，至日本天皇裕仁宣布投降的8月15日，苏军已经向前推进数百公里。8月18日，日本关东军总司令山田下令向苏军投降，但日军仍在不少地方负隅顽抗，至8月底，苏军在中国抗日军民的支援和配合下顺利进占了我国东北的所有重要城镇。

与此同时，苏联红军还击溃了朝鲜境内的日军，胜利推进到“三八线”附近。8月11—31日，苏军还进行了南库页岛和千岛群岛战役，肃清了驻岛日军，“除占领了包括国后岛和择捉岛在内的千岛群岛外，还占领了原属于北海道的色丹岛和齿舞岛。至此，苏军结束了在远东的军事行动”①。

在这场对日战争中，苏军共毙伤日军8万余，俘获（含投降的日军）59.4万人，其中包括山田总司令在内的将官148人②；苏军亦付出了3.2万人伤亡③的沉重代价。

抗击日本法西斯的战争胜利结束了，但如何评价苏联参战的作用，却成为一个颇有争议的问题。概括起来，不外三种倾向性意见。

---

① 方连庆主编：《现代国际关系史（1917—1945）》，北京大学出版社1990年版，第605页。

② 苏联科学院东方研究所编：《日本现代史纲》（中译本），高等教育出版社1959年版，第208页。

③ 参见吕岩松、马剑：《俄抗日老兵回忆战斗岁月》一文，载2005年5月11日《环球时报》第3版。

第一种意见主要来自苏联方面，认为苏联参战是战胜日本的决定性因素。援华抗日的美国陈纳德将军持同样观点：“红军参战是决定性的因素，即使没有原子弹也会是这样。”① 毛泽东主席早在对日战争尚在进行中的1945年8月13日，在《抗日战争胜利后的时局和我们的方针》一文中，也做出了同样的判断：“日本投降的决定因素是苏联参战。”②

另一种意见是极力贬低苏联参战的作用，其主要手法是夸大原子弹对日本投降的影响。罗斯福逝世后接任美国总统的杜鲁门的看法很有代表性。他在回忆录中写道：“很明显，原子弹威力的第二次示威使东京惊惶失措，第二天早晨就传来了日本帝国准备投降的初次表示。”③ 这种观点，显然带有冷战思维的特色。当时的美国国务卿贝尔纳斯曾透露：“炸弹扔在日本，正是为了在俄国收到效果。”④ 日本历史学家依田憙家认为：“波茨坦会谈时，美国成功地进行了原子弹爆炸试验，已经不再重视苏联的参战，甚至决定在苏联对日参战前向日本投掷原子弹。这不仅是为了促进日本投降，还企图作为在战后世界称霸的武器。”⑤ 当然，在美英政要中对此持有异议的也大有人在，丘吉尔就曾表示：“认为原子弹决定了日本的命运是错误的。”⑥

---

① ［法］亨利·米歇尔：《第二次世界大战》下册（中译本），商务印书馆1981年版，第423页。

② 《毛泽东选集》第4卷，人民出版社1991年版，第1123页。

③ 《杜鲁门回忆录》第一卷（中译本），世界知识出版社1964年版，第320页。

④ ［美］小查尔斯·米：《在波茨坦的会晤》（中译本），三联书店1978年版，第244页。

⑤ ［日］依田憙家：《简明日本通史》（中译本），上海远东出版社2004年版，第334页。

⑥ ［美］小查尔斯·米：《在波茨坦的会晤》（中译本），三联书店1978年版，第243页。

第三种意见认为，战胜日本法西斯是多种力量综合作用的结果，苏联参战是其中的一个重要组成部分。我国学者认为："决定日本投降的是中国人民的长期抗战、苏联出兵和美军在太平洋上摧毁了日本的海空军力等诸多因素的综合，原子弹只是在这种综合作用基础上发挥作用的。而且，美国这时投掷仅有的两颗原子弹，显然是为了达到一定的政治目的：不但企图抵消苏联最后出兵的影响，而且也要抹煞中国人民和亚洲各国人民浴血奋战的伟大功绩，使自己独享打败日本法西斯的胜利果实。"① 法国的亨利·米歇尔教授在列举了美国的军事优势、苏联参战、使用原子弹等因素之后得出的结论是："看来是所有这些原因综合在一起，才把日本一步步引向失败，然后又使失败突然来到。"② 这里多种因素综合作用的分析是可取的，遗憾的是忽略了为抗击日本法西斯作出了重大牺牲和杰出贡献的中国和其他亚洲国家这个重要因素。

综上所述可以看出，在中、美、英等盟国共同抗击日本法西斯并夺取了战略主动权、日本败局已定的情况下，苏联参战给了日本关东军毁灭性打击，加速了日本的投降，同时也大大加速了中国人民抗日战争和世界反法西斯战争胜利的进程。因此，其历史作用应予充分肯定。

四 苏联参战对战后俄(苏)日关系的影响

苏联参战对战后俄（苏）日关系的影响是多方面的，其中

---

① 王绳祖主编：《国际关系史》第六卷，世界知识出版社 1995 年版，第 566 页。

② ［法］亨利·米歇尔：《第二次世界大战》下册（中译本），商务印书馆 1981 年版，第 423 页。

最为直接的影响表现为双方对择捉、国后、齿舞、色丹四岛（俄称“南千岛群岛”、日称“北方四岛”）的领土争端。1945年苏联红军在对日作战过程中，既收复了1904—1905年日俄战争中被日本占领的南库页岛，又占领了包括原属日本的上述四岛在内的整个千岛群岛。苏联方面认为，它收复库页岛和领有千岛群岛是《雅尔塔协定》赋予的权利，而美英方面亦没有提出异议，日本方面作为战败投降者当时自然没有发言权。战争结束后，美国对日本实行单独军事占领。随着冷战的爆发和发展，美国的对日政策发生了重大变化，由原来的削弱和限制改为扶持和利用日本为美国的亚太战略服务。1951年9月美国一手炮制的《对日和约》[①]签订后，日本名义上获得了独立。尽管《对日和约》中明文规定“日本放弃对千岛群岛及由于1905年9月5日朴茨茅斯条约所获得主权之库页岛一部分及其附近岛屿之一切权利，权利根据与要求”，但由于美国对日态度的微妙变化，日本发现有机可乘，遂在四岛归属问题上立场逐渐强硬起来。1956年10月19日，苏日双方在莫斯科签署《关于恢复邦交的联合宣言》，其中苏方表示，待两国和平条约签订后，它将把齿舞和色丹两岛归还日本。此后，受冷战和美苏争霸等国际形势以及两国内外政策变化的影响，苏日关系充满曲折和跌宕，围绕上述四岛的领土之争也时起时伏，难以解决。冷战后，苏联解体，作为其继承者的俄罗斯与日本的关系有所改善，但两国的领土争端迄今没有找到实质性解决办法，近来双方立场的距离似有拉大的趋势。俄罗斯坚持首先签署和平条约，在此前提下，履行1956年《联合宣言》中做出的承诺，把齿舞、色丹两岛归还日本，两国间有争议的领土问题从此将不复存在。日本政府出于内政外交利

① 当时，中国被排除在《对日和约》会议之外，苏联拒绝在该和约上签字。

益的考虑，特别是把收回四岛视为消除战败国阴影和争当政治大国砝码之一，拒不接受俄罗斯归还两岛的方案，要求首先归还全部四岛，然后才能签署和平条约。最近，日本国会两院通过一项决议，声称日俄签署和约的前提条件是，必须归还北方四岛和其他北方领土。[①] 俄罗斯《独立报》认为，日本国会两院决议所说的“其他北方领土”有可能指的是千岛群岛主岛，也有人认为是指整个千岛群岛。至于是否暗含南库页岛等也在收回之列，不得而知。这样一来，俄日领土争端问题将更加复杂化，解决的前景亦将越发渺茫。

第二次世界大战结束已经60年，当年的交战双方迄今尚未正式签订和平条约的，只有俄罗斯和日本两国。造成这种局面的主要症结是两国间的领土争端，足见苏联参战对战后俄（苏）日两国关系的影响之巨大和深远。

（原载中宣部、中央党史研究室等七部委《纪念中国人民抗日战争暨世界反法西斯战争胜利60周年学术讨论会论文集》，2005年9月）

① 参见张莉霞《日本向俄提领土新要求》一文，载2005年3月14日《环球时报》第2版。

作者著译目录

著　　作

战后国际关系史纲要（1945—1982）　《中国国际关系史研究会第二届年会学术论文集》，1982 年 12 月。

第二次世界大战后国际关系大事记（1945—1979）（与卫林等合著）　中国社会科学出版社 1983 年 12 月。

第二次世界大战后国际关系简史（1945—1984）　中国社会科学院研究生院世界经济与政治系硕士研究生教材，1986 年 3 月。

第二次世界大战后国际关系大事记（1945—1987）增订本，与卫林等合著　中国社会科学出版社 1991 年 1 月。

国际关系史第九卷（与卫林、俞源共同主编）　世界知识出版社 1995 年 12 月。

21 世纪日本沉浮辨（合著，蒋立峰主编）　中国社会科学出版社 2000 年 3 月。

伙伴还是对手——调整中的中美日俄关系（合著，张蕴岭主编）　社会科学文献出版社 2001 年 1 月。

21 世纪：世界格局与大国关系（中、英文版合著，张蕴岭主编）　社会科学文献出版社 2001 年 1 月。

国际关系与东亚安全（合著，米庆余主编）　天津人民出版社

2001年5月。

2000年亚太地区发展报告（合著，张蕴岭主编） 社会科学文献出版社2001年9月。

日本：2001（合著，高增杰主编） 世界知识出版社2002年7月。

东北亚国家对外战略（合著，高连福主编） 社会科学文献出版社2002年8月。

当代亚太政治（主编） 世界知识出版社2002年12月。

列国志日本卷（主编） 社会科学文献出版社2005年6月。

日本军国主义论（合著，蒋立峰、汤重南主编） 河北人民出版社，2005年7月。

论文、研究报告

二次大战后国际关系史研究中若干争议的问题 《世界经济与政治内参》1983年第11期。

试论社会主义国家间的矛盾与冲突 《国际关系史研究会第三届学术讨论会论文集》，1985年5月。

二战后的局部战争与世界战争的危险性 《世界经济与政治内参》1985年第5期。

从联合国看战后国际关系的基本发展趋势 《世界经济与政治内参》1985年第10期。

面对“星球大战”计划的苏联 见王书中主编《星球大战》，解放军出版社1986年1月。

第三世界的发展与国际和平 《外交学院学报》1986年第2期。

美苏对峙下的苏东关系 《世界经济调研》1986年第10期。

联合国、不结盟运动等辞条 见军事科学院外军部《世界军事年鉴》1986年至2001年各卷。

波兰与苏联关系的新动向 《世界经济调研》1987年第50期。

苏联对联合国的新姿态 《世界知识》1988年第4期。

波兰团结工会问题及其教训 见《北京市总工会“坚持四项基本原则与工人阶级”系列讲座专集》，1989年9月。

东欧剧变及其对国际战略格局的影响 《国际问题资料》1990年第16期。

论联合国在当今国际关系中的作用 《世界经济与政治》1992年第7期。

东欧形势及其发展趋势 《世

界经济与政治》1994 年第 8 期

日俄关系有所进展 《日本学刊》1998 年第 1 期。

亚太国际关系中的俄罗斯 《当代亚太》1998 年第 3 期。

饮水不忘掘井人——周恩来与中日和平友好条约 《日本学刊》1998 年第 4 期。

亚太研究生机勃发的深厚源泉——纪念中共十一届三中全会召开 20 周年 《当代亚太》1998 年第 6 期。

粮食问题和中国经济形势 《中日经济学术交流名古屋会议论文集》，1998 年 10 月。

印巴核军备竞赛不可取 《南亚研究》1998 年下半年刊。

日俄关系进一步改善 《日本学刊》1999 年第 1 期。

论俄罗斯的亚太战略 《当代亚太》1999 年第 5 期

以史为鉴，着眼未来——《日本的战争责任》（中文版）评析》 《日本学刊》1999 年第 6 期。

世纪之交的日俄关系 《日本学刊》2000 年第 1 期。

可圈可点的“对话”——评冯昭奎著《对话：北京和东京》 《日本学刊》2000 年第 3 期。

俄罗斯政权更迭及其亚太政策走向 《当代亚太》2000 年第 5 期。

俄罗斯逐步强化亚太外交 《世界社科交流》2001 年第 1 期。

俄罗斯当前形势及其潜力 《世界社科交流》2001 年第 2 期。

世纪冲刺与和约搁浅 《日本学刊》2001 年第 1 期。

把日本研究推向新阶段——纪念日本研究所建所 20 周年 《日本学刊》2001 年第 4 期。

面临入世，从容应对——山东省诸城市外贸企业调查 《当代亚太》2001 年第 10 期。

身临其境看日本——“9·11”后的日本亚太外交 《当代亚太》2002 年第 3 期。

日本与俄罗斯关系的现状及前景 《世界社科交流》2002 年第 5 期。

中日青年友好交往与两国关系的未来 见复旦大学《“中日关系：邦交正常化 30 年后的思考”学术研讨会论文集》，2002 年 6 月。

板凳坐暖见力作——读刘世龙《美日关系》有感 《中国社会科学院院报》，2003 年 10 月 16 日。

毛泽东与国际问题研究 《社科党建》2003 年第 12 期。

关于“双肩挑”的几点思考——从中国社会科学院研究所主要领导干部配备说起 《社会科学管理与评论》2003 年第 4 期。

以史为鉴，开创未来——评田桓主编《战后中日关系史》 《当代亚太》2004 年第 12 期。

日本军国主义兴亡与对俄（苏）战争 《日本学刊》2005 年第 4 期。

有关苏联出兵参加对日作战的几个问题 见中宣部、中央党史研究室等七部委《纪念抗日战争和世界反法西斯战争胜利 60 周年学术讨论会论文集》，2005 年 9 月。

宦乡在中国社会科学院 中国社会科学院《院史研究》2005 年第 2 期（12 月）。

译著、译文

［苏联］**罗伊·麦德维杰夫：论社会主义民主（合译）** 商务印书馆 1982 年 1 月。

［苏联］**尼·卡普琴柯：研究国际关系和对外政策的马克思列宁主义方法论** 中国社会科学院马列所《马克思主义研究书讯》1985 年第 9 期。

［苏联］**恩·利文采夫：帝国主义矛盾的特征及其在当代国际经济关系中的表现** 《世界经济译丛》1986 年第 1 期。

［苏联］**埃·基里钦科：论帝国主义的某些特点** 《世界经济译丛》1986 年第 2 期。

［苏联］**阿·科瓦廖夫：跨国公司与欧洲共同市场：矛盾在激化** 《世界经济译丛》1988 年第 2 期。

［芬兰］**西兰帕：神圣的贫困（中文版书名《少女西丽娅》，诺贝尔文学奖获奖作家丛书第四辑）** 漓江出版社 1988 年 3 月。

［苏联］**鲁·格林伯革、康·利加伊：新形势下的苏联东欧国家经济关系——从“兄弟”关系到伙伴关系** 《世界经济译丛》1991 年第 8 期。

［苏联］**阿·马克西莫夫：东亚和东南亚新兴工业化国家** 《世界经济译丛》1991 年第 11 期。

［苏联］**阿·尤任：当今世界的最不发达国家** 《世界经济译丛》1991 年第 12 期。

作者年表

1939年6月9日 出生于山东省诸城县。

1948—1954年 先后在青岛市汇泉小学、南京市凤凰街小学读书。

1954—1960年 在南京市第一中学读书，1955年6月加入共青团。

1960—1962年 保送升入外交学院三部（俄语班）读书，攻读国际政治专业。

1962—1965年 根据高校院系调整安排，从外交学院整建制转入北京外国语学院俄语系学习，1965年7月毕业。1964年春夏之交在北京南磨房公社参加“四清”运动。

1965—1968年 分配到国家对外文委一司（社会主义国家司），奉派到北京第二外国语学院东欧语系调干学习波兰语。其间，1966年夏“文化大革命”爆发，停课参加“文革”运动，直至1968年5月奉调回对外文委，继续参加“文革”运动。

1969—1971年 随对外文委集体下放到河南信阳地区“五七”干校劳动锻炼。

1971—1972年 从“五七”干校分配到解放军总后勤部。

1972—1978年 根据组织安排，调北京市文联《北京文艺》编辑部工作。

1978—1981年 响应“业务归队”号召，经外语考核合格，调入中国社会科学院世界政治研究所，从事战后国际关系史研究。1980 年 12 月加入中国共产党。

1981—1988 年 中国社会科学院原世界经济研究所和世界政治研究所合并成立世界经济与政治研究所后，在该所世界政治研究室继续从事战后国际关系史研究，先后任研究室副主任、党支部书记等。除研究工作外，1983—1985 年间，两度为中国社会科学院研究生院国际学科硕士研究生开设“战后国际关系史”课程。在此期间，奉派参与中国国际关系史研究会筹建工作，并出任该研究会北京分会副秘书长。同时，参与十卷本《国际关系史》的筹划工作，被选入总编委会，并担任该书第九卷的主编之一（该书于 1996 年获国家图书奖）。1986 年起被军事科学院外军部《世界军事年鉴》聘为特约撰稿人，为该刊撰写国际组织等方面的辞条，直至 2001 年该刊停办国际组织栏目。

1988—1991 年 任世经政所机关党委副书记兼人事处长。1988 年被院机关党委评为优秀党员。1989 年晋升副研究员。

1991—1992 年 调入新组建的中国社会科学院党委办公室，任调研员。

1992—1997 年 任中国社会科学院机关党委副书记、书记、党办副主任。1994 年 9 月至 1995 年 1 月，在中央党校进修班 23 期学习。1995 年晋升为研究员，1996 年获国务院颁发的政府特殊津贴。

1993—1997 年 经中国社会科学院推荐和东城区人代会选举，当选第 10 届北京市人大代表。

1997—2001 年 任中国社会科学院亚洲太平洋研究所、日本研究所联合党委书记。

2002 年 退休，受聘到中国社会科学院院史研究室，从事院史文献汇编和《中国社会科学院院志》编纂工作。